百年独秀

书生革命家的家国情怀

张宝明 刘云飞 著

人民出版社

目录

陈仲甫——来自独秀山的一块"硬料"
（代序）

> 回眸百年，中共党史上有历数不尽的风流人物。放眼今朝，更有壮志凌云的时代新骄。风流并不总被雨打风吹去，总有一种情怀让人魂牵，总有一种胸怀让人梦绕。这里我们讲述的是陈独秀的多彩故事，呈现的是他的家国情怀。如若从其生平中凝出一联，正可谓："岱宗巅峰苍松劲，独秀山上顽石坚。"如若再从其历史存在中拟出横批，那就是："百年独秀"。
>
> ——题记

讲党的历史，就不能不提我党的早期领导人"南陈北李"——"北李"是指李大钊，而陈独秀就是"南陈"的指称。

拟定这个题目，源于两方面的联想：一是陈独秀字仲甫，谱名庆同，安徽怀宁人，因家乡有独秀山，曾自称独秀山民，后又以此为笔名，从此叫响。二是斯大林在《悼列宁》一文中曾称"我们共产党人是由特殊材料制成的"，加之这位"终身反对派"曾被世人以"硬骨头"作譬，陈独秀本人也曾以"顽石"作笔名，于是就想到以"硬料"一词来形容他。

1933年，陈独秀在狱中之时，有人为了帮助困境中的陈独秀，出版《独秀文存》（亚东图书馆出版），请蔡元培为该书写序。蔡元培在序中说："二十五年前，我在上海《警钟报》社服务的时候，知道陈仲甫君。那时候，我们所做的，都是表面普及知识、暗中鼓吹革命的工作。我所最不能忘记的，是陈君在芜湖与同志熟人合办一种白话报，他人逐渐的因不耐苦而脱离了，陈君独力支持了几个月。我很佩服他的毅力与责任心。"后来的学者将这段论述演绎为："近代学者人格之美，莫如陈独秀。"①

毛泽东曾赞陈独秀"为思想界的明星"，傅斯年说陈独秀是中国革命史上光芒万丈的大彗星，章士钊评价他："不羁之马，奋力驰去，不峻之坂弗上，回头之草不啮。"邓小平曾说："陈独秀，还有瞿秋白同志，李立三同志，这三个人不是搞阴谋诡计的。"②

关于陈独秀，有一种说不尽的感觉。这里，我想通过"五"这个数字来提炼并展示这块"独山玉"的气质与风骨。

一、青春叛逆秀才郎

1879 年是不平凡的一年。10 月 9 日（清光绪五年八月二十四日），安徽怀宁县北门后营的陈家又得一子，取谱名陈庆同，官名乾生，他就是陈独秀。就在同年，远在俄国、对他一生有着深刻影响的托洛茨基和斯大林也分别于 11 月 9 日和 12 月 21 日降生了。

陈独秀出生后的第三年，苏州瘟疫流行，他正在做私塾老师的父亲陈衍中不幸染疫，客死于苏州怀宁会馆。陈独秀的母亲查氏便成了抚育陈家 4 个子女的寡妇。

陈衍中去世 3 年后，小陈独秀的启蒙教育便落到了祖父陈章旭身上。此时 62 岁的陈章旭已白须附颊，被本族亲戚取了个绰号"白胡爹爹"。他有着独特的个性，在晚辈们的印象中性情严酷。祖父粗暴的教育方式对小庆同叛

---

① 见刘太希著：《〈无象庵杂记〉续集》，正中书局 1975 年版，第 24-29 页。文中有言曰："蔡元培氏曾言：'近代学者人格之美，莫如陈独秀'，抗战时，刘湘知独秀贫，托郭春涛赠独秀二万金，独秀大骂不受也。'才俊天成第一流'，诚非溢美。"

② 《邓小平文选》第二卷，人民出版社 1994 年版，第 293 页。

逆性格的形成影响深远。

在祖父去世后，长陈独秀 7 岁并已考取秀才的大哥庆元成了他的代理塾师。虽然陈独秀非常厌恶刻板无聊的八股文，平日里喜欢读一些《昭明文选》等非正统的文章，但出人意料的是，18 岁的陈独秀竟然县试夺魁，考取了秀才。

次年 8 月，陈独秀与大哥陈庆元打点行装，第一次离开安庆，到南京参加乡试。气象萧条的南京城、来赶考的秀才们那些剥落斯文雅仪的劣行让陈独秀深深地失望和憎恶。简陋的考棚、食宿之苦的煎熬，全部拥堵胸中，更加激起了陈独秀的"叛逆"情绪。这条千百年来青年们梦想的"学优而仕"的道路他已经不想走了。除了头场作了三篇八股文和一首五言八韵诗外，第二场的《五经》和第三场的策论他都交了白卷。世人极其看重的乡试在他几乎放弃的心态下失败了。

这次乡试的经历，没有将他向出仕的一极推进，却成了一种反作用力，促使他向另一极行进。在乡试期间，他结识了安徽绩溪的秀才汪希颜，汪希颜师从著名廪生胡子承（晋接）习读新学，崇尚维新，此时他刚入南京江南高等学堂陆师读书。自此，陈独秀开始接触维新思想，顿觉茅塞乍启。一接触新的思想，陈独秀便投注了极大的热忱。他崇尚维新，希望自己也和《时务报》和《国闻报》上的康梁一样，指点江山，激扬文字，张其报国思想，扬其资世良策。

二、五渡扶桑意彷徨

甲午战后，日本以小国而胜大国，极大地刺激了爱国人士。留学日本在爱国青年中成为一股潮流。

1901 年 10 月，在《辛丑条约》签订后的第二个月，陈独秀第一次东渡日本，入东京专门学校（早稻田大学前身）学习。就在留学的第一年末，他参加了由留日学生组织的"励志会"。该会成立于1900年上半年，主要人物有沈翔云、吴禄贞、金邦平等，以勉励学业、联系感情为宗旨。这个被冯自由称为"实为留学界创设团体之先河"的组织也有一定的文化建设活动，如出版《译书汇编》，收入卢梭的《民约论》，孟德斯鸠的《万法精理》，约翰·穆勒的《论自由原理》，斯宾塞的《代议政体》等西方民主思想著作。还办过一份《国民报》（月刊），颇有影响，其政论文章多由沈翔云执笔，宣传西方资产阶级学说。名义上以"联络感情，策励志节为宗旨，对国家别无政见"，但实际上只是赞同维新改良而已。

在日本留学的日子里，西方资产阶级思想让陈独秀如坐春风，他广泛阅读西方近代各种政治文化学说、文艺创作与社会理论书刊。他反思着维新改良，比照着西方思想家对民主自由的阐述，开始由"改良"转向"革命"。他决定回到国内，组织自己的革命团队。1902年3月上旬，脱离励志会的陈独秀结束了不到半年的第一次旅日生活，扬帆回国。

回到国内的陈独秀积极实践自己的革命理想，在安庆藏书楼西院的尚志学堂举行了爱国演说会。这次演说，是安徽省有史以来的第一次群众大会，被潘赞化誉为"清末安徽革命的第一声"。

1902年9月，陈独秀再次东渡日本，来到东京，进入成城学校陆军科学习。在这所军事学校里，陈独秀又结识了蒋百里和苏曼殊。经过一段交往后，1902年冬，陈独秀联合了原励志社成员中的激进派，与蒋百里、苏曼殊等组织发起了"青年会"。该会拟订会约，"以民族主义为宗旨，以破坏主义为目的"，被称作日本留学界中最早的革命团体。留日中国学生的言行举止，一直受到清朝政府的监察，南洋学生监督姚煜便是清政府约束留学生的官员。他无理压制青年学生的正当要求，早就激起留学生的义愤。1903年3月的一天晚上，陈独秀、张继、邹容等人相约来到姚宅，声言代表留日学生来取他的头颅。姚煜吓得面如土色，苦苦哀求。邹容说："你的脑袋权且留下，可是，你的头发万万留不得。"于是，张继抱着他的腰，邹容捧着他的头，陈独秀挥起剪刀，把姚煜的辫子齐根剪掉。第二天，留学生会馆的门前，悬挂着一条细黑的辫子，旁侧书写道："南洋学监，留学生公敌姚煜辫。"此事自然惹怒了清政府，于是驻日公使勾结日本警方，立即对陈独秀等人进行追捕，陈独秀等被迫于4月间回国。

1906年夏，陈独秀第三次东渡日本，苏曼殊同行。这时，他们都是芜湖皖江中学的教员。在日本度完暑假后又一起回国。

1907年春，陈独秀在科学图书社与革命党人的活动被人秘密告发，素来憎恨"乱党"的安徽巡抚恩铭急令捉拿并欲严加惩治。陈独秀又一次避祸离皖赴日。到东京后，进入正则英语学校学习，与苏曼殊等同住一间小屋。陈独秀教苏曼殊学文写诗，苏曼殊教他英文、梵文。

此时，章太炎、刘师培、苏曼殊、陶冶公及日本人幸德秋水、印度人钵罗罕·保什等革命志士发起成立了"亚洲和亲会"，章太炎任会长。该会宗旨为"反抗帝国主义，期使亚洲已失主权之民族，各得独立"。该会有着宽泛的入会标准，除主张侵略主义者以外，信仰任何主义的人均可参加。陈独秀于4月间加入该会，但因这一组织成员复杂，很少活动，只存在一年多时间便有名无实。陈独秀也深深知道，这样的组织虽然阵线广大，但对于急需自救的中国来说，似乎有些远水难解近渴。于是，他将主要精力又转到做学问之中。即使在1908年秋回国短暂度假，他也把绝大部分时间都用在了到杭州探亲访友上，有意回避政治。很快，心牵学业的他便从中国重返日本，继续他的书生生活，直到1909年10月归国。

1914年7月，经历了"辛亥革命"和"二次革命"失败的陈独秀，应好友章士钊之邀，前往日本共同编辑《甲寅》杂志，这是陈独秀第五次也是最后一次东渡日本。到达日本后，他一边协助章士钊编辑《甲寅》，一边入雅典娜法语学校学习法语。11月10日，陈独秀第一次用"独秀"的署名，在《甲寅》上发表了《爱国心与自觉心》一文。他从"爱国心"与"自觉心"的角度切入，对中国顽劣的国民性大加挞伐。文章是他对自己十几年革命救国不断受挫的总结，表达了出路难寻的苦闷和对提高国民"自觉心"这一新道路的探索。他把革命失败归结为没有先对文化思想进行革命，他痛心疾首于国家积重难返的现状，"顾作危言，以耸国民力争自由"。他说："国家者，保障人民之权利，谋益人民之幸福也。不此之务，其国也存之无所荣，亡之无所惜。"他还说："国家国家，尔行尔法，吾人诚无之不为忧！有之不为喜！吾人非咒尔亡，实不禁以此自觉也！"如此等等，他的这些"反动"言论立即招来了一片责难之声。十多封信飞向《甲寅》，诘问叱责纷至沓来，十分辱苛："不知爱国，宁复为人，何物狂徒，敢为是论。"

几个月后，袁世凯政府接受"二十一条"等事件的发生，惊醒了国人。那些抗议责骂陈独秀观点的人，转而接受并推崇这个曾让他们觉得言语癫狂的"异类"。《甲寅》在当时的中国知识界获得很大的声望，陈独秀作为主撰者的激扬踔厉、远见卓识，让许多在东京的中国有识之士闻而起敬。受此鼓舞，陈独秀思考自办一个杂志，实现自己思想启蒙的理想，这也只有靠远在上海的老友汪孟邹和他的亚东图书馆了。正当此时，上海的汪孟邹有信传到，说陈独秀的妻子高君曼咯血，病情严重，并催促陈独秀迅速回国。从来就不会为家事拖累的陈独秀此刻决定回国，因为《甲寅》杂志也要移到上海，让汪孟邹的亚东图书馆出版了。更重要的是，他要实施自己创办杂志的计划。

1915年6月中旬，陈独秀从日本回到上海。经过紧张的筹备，仅仅3个月，一份杂志便于1915年9月15日在上海诞生了。从这架发射台上，杂志同人们发射出了破坏孔教、破坏礼法、破坏国粹、破坏贞节、破坏旧伦理（忠、孝、节）、破坏旧艺术（中国戏）、破坏旧宗教（鬼神）、破坏旧文学、破坏旧政治（特权人治）的支支嚆矢。这便是20世纪初，影响中国政治文化最大的刊物——《青年》杂志（后改名《新青年》），陈独秀要以此达到启蒙民众、唤起民众、开展社会改造的远大政治理想。

三、五陷囹圄真风骨

陈独秀一生5次被捕，在狱中的时间累计达5年以上。他曾陷于北洋军阀的囹圄，也曾两度坐过法租界的洋牢，最后一次则被囚于国民党的监狱，但他从未低头，体现了一名革命者和政治家的风骨。

辛亥革命前后，陈独秀在安徽积极投身于反帝反清的斗争。一方面创办各种进步报刊，如《安徽俗话报》等，宣传反清爱国的道理；一方面又组织进步革命团体，如岳王会等。陈独秀的这些活动，很快引起了反动当局的忌恨，遭到多次通缉和追捕。

1911年辛亥革命后不久，陈独秀被革命党人、安徽都督柏文蔚委任为都督府秘书长。然而，宋教仁被刺案发生后袁世凯先发制人，免去柏文蔚等的都督职务，挑起了内战。陈独秀从安庆逃到芜湖，却被芜湖驻军逮捕，并贴出布告，要将其枪决。陈独秀非常从容，催促道："要枪决，就快点罢！"后经刘文典等当地名士极力营救，加上革命党部队以武力相威胁，陈独秀才被释放出来。出狱后陈独秀即逃往上海，后又东渡日本。当时的处境十分狼狈，陈独秀在《实庵自传》里回忆说，当时"穷得只有一件汗衫，其中有无数虱子"。

陈独秀的第二次被捕是在五四运动中。1919年6月9日，他亲自起草了《北京市民宣言》，又连夜赶到印刷厂印好。次日，陈独秀亲自去散发。6月11日晚上，陈独秀又约人一起到新世界去散发传单。当时他头戴白色礼帽，身穿一套白色西装，身上塞满了传单，所以显得鼓鼓囊囊，特别引人注意。当晚10时左右，当陈独秀正散发传单时，被警察拘捕。陈独秀的被捕，很快引起社会各界的热切关注。13日，北京《晨报》披露了陈独秀被捕的消息，各地大报纷纷转载。顿时"函电交驰，多方营救"，呼吁政府当局立即予以释放。在长沙的毛泽东闻讯，于《湘江评论》上发表了《陈独秀之被捕及营救》一文，高呼"我祝陈君万岁！我祝陈君至坚至高的精神万岁！"在强大的社会压力下，京师警察厅于1919年9月16日下午4时将陈独秀释放。

陈独秀的第三、第四次被捕是在中国共产党刚成立不久。为了加强对中共中央的领导，陈独秀于1921年9月中旬从广州回到上海，住在老渔阳里2号。由于报纸上刊登了陈独秀回沪的消息，引起了法租界巡捕房的注意，他们派出密探四处侦查。10月4日中午，包惠僧、周佛海等人一起到陈独秀家中。当时陈独秀正在楼上睡午觉，陈独秀的夫人高君曼陪大家打牌，突然听到有人敲门，包惠僧把门打开后，进来两三个"白相人"，说是要找陈独秀，大家说他不在。那几人又说要买《新青年》，包惠僧说不卖。楼下的吵嚷声惊醒了陈独秀，于是他穿着拖鞋走下楼来。陈独秀一看情形就知不妙，想从后门出走，但后门已被人把守，只好又折回到前庭。不一会儿，来了两辆汽车，把屋里的人都带走了。陈独秀被捕的消息在报纸上一公布，又震动了社会各界。首先孙中山向上海法租界打电报，共产国际代表马林也出面为陈独秀请了法国律师。在各方压力下，10月26日法租界以如下处理了结此案：禁止出售《新青年》，罚被告款100元。然而不到一年，也就是1922年8月9日，陈独秀又被上海法租界逮捕了。后经多方营救，8月18日法庭以"宣传布尔什维克主义"的罪名，罚款400元后，将陈独秀释放。

陈独秀的第五次被捕是在1932年。当时，国民政府悬赏3万元捉拿他。10月15日下午7时，由于叛徒出卖，陈独秀在上海岳州路永吉里11号楼上被捕。19日晚，军警押解陈独秀赴南京。到南京后，何应钦以"半谈话半审问"的方式会见了陈独秀，但一无所获。倒是会见结束后，出现了令人惊奇的场面：何应钦手下的一些青年军人纷纷向陈独秀要签名题字，把他"四面包围"起来，他挥毫泼墨，写下"三军可夺帅，匹夫不可夺志也""先天下之忧而忧，后天下之乐而乐"等诗句，最后"幸而墨尽，才得解围"。虽然陈独秀的地位和影响已"今非昔比"，但他的被捕依然引起了强烈的社会反响。首先是蔡元培、柳亚子、林语堂、潘光旦等八人合署的《快邮代电》在上海《申报》上发表，为陈辩白求情。另外还有傅斯年、周作人、胡适等，或发表文章，或致电蒋介石，或私下奔走，为陈独秀求取宽大处理。在国民党中统特务头子徐恩曾等的劝降失败以后，陈独秀被移交司法审判。1933年4月26日江苏高等法院判决陈独秀有期徒刑13年，剥夺公权15年。经过上诉，1934 年 6 月 30 日作出终审判决，以"叛国之宣传"罪判处陈有期徒刑 8 年。直到 1937 年抗日战争全面爆发后，陈独秀才结束了近 5 年的国民党监狱生活。

狱中的陈独秀不仅没有消沉，反而留下了诸多经典之作。正如他在 10 年前曾在一篇不足 100 字的短文《研究室与监狱》中写的："世界文明发源地有二：一是科学研究室，一是监狱。我们青年要立志出了研究室就入监狱，出了监狱就入研究室，这才是人生最高尚优美的生活。从这两处发生的文明，才是真文明，才是有生命有价值的文明。"

四、僵卧孤村五墓碑

1942 年 5 月 27 日晚 9 时 40 分，陈独秀在四川省江津县鹤山坪走完了波澜壮阔的一生，终年 63 岁。他逝世前半个月，还编写着《小学识字教本》一书，在这未完的书稿上，他写的最后一个字竟是"抛"字！6 月 1 日陈独秀葬于四川江津县大西门外鼎山之麓康庄。墓地及安葬等事皆由好友江津名士邓蟾秋、邓燮康叔侄全力赞助及同乡、同学、朋友的捐助。1943 年立碑，碑文："独秀陈先生之墓"，由陈独秀挚友葛温仲之子葛康俞手书。

陈家的祖坟位于安徽安庆城北的大龙山与凤凰山交界处的叶家冲。陈独秀的发妻高氏 1930 年逝于安庆，高氏生前在祖坟一带的山坡上选好了一块墓地，并嘱子松年，待陈独秀逝后与她合葬此地。陈独秀在江津临终前也嘱咐松年："以后回家，把我的棺木带回老家安庆去"。1947 年 5 月底，陈松年遵照父亲的遗嘱，将其棺木迁到叶家冲祖坟，与原配夫人高氏合于一冢。鉴于当时的政治形势，墓冢修得不大，墓碑上刻着"先考陈公乾生之墓"8 个字。"陈乾生"这一名字，知之者极少。正因为如此，陈独秀的墓才躲过了极左年代的一次次浩劫。至 20 世纪 80 年代初，因原墓碑无存，当地政府资助 200 元，由陈氏后代重新立碑，碑高不足 1 米，碑文为："公元一九七九年十月九日陈公仲甫字独秀、母高太夫人合葬之墓子延年、乔年，子松年、鹤年泣立”。

1987 年，政府拨款 2 万元扩修陈独秀墓地，高 2 米、宽 70 厘米的大理石碑上镌刻着安徽书画家张建中所题行书“陈独秀之墓”。1996 年，政府拨款 20 万元，修建陈独秀墓园。新修的墓冢高 4 米、直径 7 米，冢前立有黑色大理石碑，碑上镌刻的“陈独秀先生之墓”7 个字，选自唐代大书法家欧阳询的笔墨。墓园内还建了陈独秀生平陈列馆并对外开放。

五、对陈独秀的历史评价

陈独秀是中共一大至五大的总书记（委员长），领导了我们党早期的发展。在 1927 年召开的八七会议上，陈独秀被撤销一切领导职务。1929 年 11 月 15 日被开除党籍。同年陈独秀与彭述之等组成“中国共产党左派反对派”（简称“托派”）。1937 年全民族抗战爆发后，中共曾与陈独秀就合作抗日问题提出三项基本条件，其核心是要陈独秀脱离“托派”，并承认自己所犯错误，但遭到陈独秀的断然拒绝。于是，陈独秀先后获得几顶“帽子”：右倾机会主义、投降主义、反党、叛徒、托陈取消派、反共产国际、间谍。

1981 年 6 月 27 日，中共十一届六中全会通过的《关于建国以来党的若干历史问题的决议》在回顾 1927 年大革命失败时，说：“党当时还比较幼稚，又处在陈独秀右倾投降主义的领导下，致使革命在强大敌人的突然袭击下遭到惨重失败，已经发展到六万多党员的党只剩下了一万多党员。”《决议》对陈独秀的评价相较以往有了较大进步。胡耀邦在 1984 年 11 月 23 日专门召开会议，讨论由中央党史研究室主任胡绳指导、王洪模起草的《关于陈独秀一生活动的评价》一文。胡耀邦特别提到鲁迅临终前写的纪念章太炎的文章，在引述鲁迅警策文句之后，颇为感慨地说，写陈独秀这种对革命有过很大贡献的历史人物，要像鲁迅写章太炎那样，有一种深远的历史眼光，采取厚道公正的写法，这样才能正确评价前人，深刻吸取历史教训，坚持马克思主义的实事求是的精神，使后人受到教益。具体到对陈的评价，胡耀邦认为，过去很长时期对陈予以全盘否定是不公正的，陈独秀在 20 世纪最初的二十几年为中国革命作出了很大的功劳，后来犯了错误，但也不能将大革命的失败完全归咎于陈独秀。当时敌强我弱的力量对比形势十分悬殊，我们党又处在幼年时期，缺乏革命经验，即使是中央领导人，在理论上政治上也很不成熟，加上共产国际脱离实际的指导，陈独秀很难不犯错误。胡耀邦的观点为《关于陈独秀一生活动的评价》定了调。文章经反复修改，发表在 1985 年 9 月出版的《中国社会科学》杂志上。

1991 年出版的《毛泽东选集》第二版中关于"陈独秀"的注释，舍弃 1951 年版中几乎完全重复王明、康生对陈的诬陷：取消派、反革命、叛徒、汉奸等的表述，改为与 1981 年《决议》基调一致的话语。关于"托派"的注释也取消了 1951 年版中所谓"现时的托洛斯基主义并不是工人阶级中的政治派别，而是一伙无原则和无思想的暗害者、破坏者、侦探间谍、杀人凶手的匪帮，是受外国侦探机关雇用而活动的工人阶级死敌的匪帮"等表述，改为："抗日战争时期，托派在宣传上主张抗日，但是攻击中国共产党的抗日统一战线政策。把托派与汉奸相提并论，是由于当时在共产国际内流行着中国托派与日本帝国主义间谍组织有关的错误论断造成的。"

余　论

五次东渡、五次被捕、五四运动、五任总书记、逝世于（1942 年）五月、五个墓碑……这些个"五"，莫非是冥冥之中造化的安排？

生前曾任中共中央党校中共党史教研部主任、中国现代史学会会长的郭德宏先生曾总结陈独秀的五大杰出成就。他在文章中还说，"陈独秀是中国近现代史和中共党史上争议最大的历史人物。随着对他的研究的深入，他的历史地位逐渐得到了恢复。但对他的评价仍然分歧很大，他的历史地位还远远没有得到应有的肯定。"

　　凝望陈独秀的照片，我们依稀看到，那张血气方刚的面孔上张扬着"新青年"的蓬勃与勇猛，一双深邃的眼睛透着思想者的锐利与执着——这双眼睛，似乎也正穿透历史的尘烟凝望着我们，凝望着他参与创建的中国共产党正带领人民迈进在中华民族伟大复兴的征途上……

第一章　家国忧患

一、"没有父亲的孩子"

日月轮换，光阴流转，秦砖汉瓦没入沉沙，唐宫宋宇失于烟霞。中国，这个东方文明古国，曾经在漫长的历史岁月里走在世界的前列。从 17 世纪到 18 世纪末期，当西方英、美、法等国家相继进入了资本主义社会时，她的统治者却依然在封建主义道路上步履沉重地踱步，在"天朝上国"的美梦中孤芳自赏、自我陶醉。

肥腴而软弱的动物，总是最吸引虎群狼众的眼睛。

今日之"洋人"已经不是昨日之"蛮夷"。当帝国主义列强远涉重洋驱着坚船、拖着利炮叩响中国大门的时候，也就叩出了一个古老民族的屈辱与悲哀。

自 1840 年以降，中国大地内忧外患，乱事迭起，失去了长久自我封闭的平静：

1840 年，鸦片战争爆发；

1842 年，中国在来复枪声的震荡中订立了第一个城下盟约——中英《南京条约》；

1844 年，中美《望厦条约》、中法《黄埔条约》签订；

1856 年，第二次鸦片战争爆发；

1858 年、1860 年，《天津条约》《北京条约》相继签订；

1851 年至 1864 年，太平天国运动；

1858 年至 19 世纪 80 年代，沙俄持续割走中国领土 150 多万平方公里；

……

远离清政府统治中心的江南，在内外双重压迫下，成了阶级矛盾和民族矛盾风浪最大的地方。

1851 年初，洪秀全在广西桂平县金田村靠"拜上帝教"起事，进而揭竿而起迅速发展壮大，活跃在长江中下游一带。太平军主要活动区域内的安庆，凭其"长江万里此咽喉，吴楚分疆第一洲"的险要地势，自三国以降，便成了长江北岸兵家必争的军事重镇。

宜积水处多水祸，宜用兵处多兵灾。安庆，由于上通湘鄂，下连吴越，自然而然也就成了太平军与清军争夺的焦点之一。

1853 年 2 月，太平军首次攻克并占领安庆，为进一步占领南京并将其改名天京定为国都打下了基础，因此，安庆对于拱卫这个农民政权显得至关重要。1858 年湘军围攻安庆，不久，陈玉成、李秀成指挥太平军取得三河镇大捷，迫使围攻安庆的清军不战而逃。

1860 年秋，身为钦差大臣、两江总督的曾国藩决定全力夺取安庆。1861 年湘军再次包围安庆，陈玉成率太平军同湘军鏖战数月，直到城里粮食断绝，最后城池陷落，太平军将士两万多人全部壮烈战死，清军在城中大肆屠杀 3 日。

"燕赵之地，多慷慨悲歌之士"，不同地域有不同的人文特色。历史的悲欢往往潜移默化，厚厚地沉淀在人们的意识里，并作为一种遗传因素代代因袭。

安庆义门陈氏就生活在这样的历史时空中。

陈章旭，字太占，又字晓峰，1819 年（嘉庆二十四年）生于安庆怀宁，这位安庆陈氏第十七代"章"字辈男丁，娶了生于 1824 年（道光四年）的怀宁劳秉全的长女为妻，生下 4 个儿子：陈衍藩、陈衍藻(早夭)、陈衍中(字象五，出继陈章寅为嗣)、陈衍庶（字昔凡）。陈章旭虽然有 4 子 1 女，但陈氏家族传到"衍"字辈却是人丁不旺，像大清国的皇帝一样，传嗣日险，到了族脉几断的地步，4个儿子中只有三子陈衍中有嗣。陈章旭生在十一代学习儒业而功名均未显达的书香门第，他是一个廪生，教私塾，有一定的学识、才干和修养。他精明能干，迥异于常人，"上恢先绪，下启后昆"，学问极其深醇，古道热肠，周济他人也很慷慨，虽居住城郭但却深恶奢华，"老成足羡，官长咸称"。陈妻劳氏"善于勤俭持家，母义足训，教子一端，尤足世风"。

当安庆成了清军与太平军厮杀的战场时，陈章旭带着长子衍藩投笔从戎，被编入旅，从清军镇压太平军，而妻子劳氏则在战乱中带着陈衍中和陈衍庶举家离开安庆，辗转避乱于乡间。陈家室内荡然，无以为生，全依靠劳氏"勤女红以度日"，即使在这样战乱频仍、灾民流离、衣食难继的艰难中，劳夫人还不忍心衍中兄弟失学，凭辛苦做活挣钱为儿子觅得良师，给予老师的俸酬也倍于别人，并告诫儿子们："吾家累世以教书为业，毋至若辈坠读书种子。"这位女性似有男人的担承，生怕这个书香世家传此失色。"生有异姿"的陈衍中长相俊逸，常常在学习之余，不离母亲左右，母亲在灯下纺织劳作，衍中秉书苦读，母子相伴在极为动荡的世道中，保持着难得的天伦和谐。或许是受子贵母荣这一传统思想的影响，劳氏同许多书香世家中的女性一样，心怀儿子中举入仕的深切渴望。

安庆在战乱中煎熬了近8年，同治年间，战事平息，劳夫人携全家从乡间迁回老家。不久，儿子陈衍中不负母望，以县学生身份考中了秀才。这位含辛茹苦的女性十分高兴，喜形于色，半是激励半是自豪地说："吾儿本婓人子，而亦得入士林耶。"儿子陈衍中也深感母恩，当劳夫人积劳成疾时，他服侍左右，亲尝汤药，恭谨于膝下，孝名远播。宁国陈太守深慕其名，请为尊位，为优廪贡生，但陈衍中却以母亲有病推辞不往。对于儿子这样的选择，劳氏深明大义："家无长物，若恋我无以供菽水，非云孝也。"极力主张儿子到宁国赴任，陈衍中感戴母亲的教诲，严格遵守母亲的训导，依依辞别而行。等他到了宁国不久，1870年11月23日（同治九年九月二十九日），劳氏就去世了，最终也没有见到投身行伍的丈夫和儿子。衍中得知母亲死去的噩讯，悲痛至极，急忙回家奔丧。劳氏生前因为小儿子衍庶体质文弱，觉得难有成就，以此为忧。母亲去世后，衍中就继承母亲的遗愿，以兄行代父之任，23岁的衍中无微不至地教诲比自己小3岁的弟弟。在劳氏辞世5年后，陈衍庶于光绪元年（1875年）在乡试中考中举人，先考入誊录馆，议叙后补知县职，哥哥陈衍中也成就了"忠厚慷慨，孝悌两全"的美名。

陈章旭带领长子衍藩加入清兵后不久，1861年，长子陈衍藩在一次战斗中被太平军刺伤致死。已早丧次子的劳氏，至死也不知长子已阵亡的噩耗。太平天国战事平息，在军中做过幕僚的陈章旭回到家乡，因军功被保举为盐提举衔候选知县，为从五品的空头衔，以教书为业。

陈衍中的仕途也并不得意，后竟到了"屡困场屋，不得已纳粟，以府经历分发江苏"的地步，只有个八品的前程。最后却在教育领域找到知识分子的感觉，开设学馆，以执教为业，因精诚育人，得桃李天下，名声日盛，致有"皖中名士，半出其门""四方来者日众"之颂道。后来，又专程到苏州投靠安徽霍邱老乡窦军门下，任窦家4个儿子的塾师。

陈衍中仕途不济，在传嗣上却优于其他兄弟。他娶怀宁查传芳的女儿查氏（生于1852年）为妻后，共生下2子2女。

1872年，"庆"字辈第一个男丁陈庆元诞生，官名健生，字孟吉。

后来陈家又有两个女儿降生，长女嫁给了富商吴向荣，次女嫁给了陈衍庶的文友、安徽山水画家姜筠的侄子姜超甫。

1879年10月9日（清光绪五年八月二十四日），怀宁县北门后营的陈家又得一子，取谱名陈庆同，官名乾生，字仲甫，他就是陈独秀。

陈独秀出生后的第三年，即1881年（光绪七年），由于苏州瘟疫流行，正在窦军门下做塾师的陈衍中不幸染上瘟疫，客死于苏州怀宁会馆，年仅34岁。陈独秀的记忆里，没有一点父亲的印象，9岁的陈庆元和3岁的陈独秀自幼便成了没有父亲的孩子，年仅29岁的查氏便成了年轻寡妇，辛苦抚育2男2女4个子女。

此时的陈家只是靠祖宅及墓地少量土地的租金、陈章旭的私塾收入，以及已任誊录馆小吏的陈衍庶的年俸维持生计。陈氏家族按"天章衍庆遐"这一族谱传承到"庆"字辈时，的确成了名副其实的"书香寒门"了。

陈衍中去世 3 年后，陈独秀的启蒙教育便落到了上隔一代的祖父身上，庆元和独秀这两个小孙子便成了自家老塾师的塾生。

这时 62 岁的陈章旭已白须附颊，本族的亲戚们给他取了个绰号叫"白胡爹爹"。他有着独特的个性，在晚辈们的心目中性情严酷。当孩子们哭闹时，一句"白胡爹爹来了"便能立刻使其止声，其严厉可怕可见一斑。在陈独秀的印象里，他有两种奇怪的脾气：一是好洁，一是好静。家中如果有一个角落或是一件家具没有掸抹干净，陈独秀的母亲和大姐便会遭到严苛的斥责。他还不许家人走路时有脚步声，陈独秀的二姐因为走路发出响声，挨过他多次毒打。即使陈章旭的亲家母来到家中做客，也不得不蹑手蹑脚像做贼一样慢步轻声地走路，生怕他不明是谁，骂将起来自己不好出头承认，弄得很尴尬。但如此好静的陈章旭却悖于自己的癖好：他在家里开烟灯、抽鸦片还嫌不过瘾，却要时常到街上非常龌龊、非常嘈杂的烟馆里去抽。好洁好静似乎早被他抛个"干净"了。或许是人的"好群性"作怪，聚在一起抽才有趣味，也或许是"相互欣赏"的意识在作怪，抽烟者沉浸在这样的意识中，忘记了身外的世界，也或许二者兼有，让这个白胡爹爹成了烟馆里的常客。

陈独秀从 6 岁到 8 岁，都是由这样的"白胡爹爹"教读。陈独秀自小聪明，也许是"鞭打快牛"，遇到苛酷的祖父，陈独秀却反被自己耍的一些小聪明所害。陈章旭对陈庆元的学习不太看重，却对这个最小的孙子重视有加，恨铁不成钢。似乎让他在一年之内将"四书""五经"全读完他才满意。"四书"、《诗经》这些对于小独秀来说还可应付，可是他最怕读《左传》。好在似乎"白胡爹爹"还不知《周礼》《仪礼》《礼记》这"三礼"的重要，否则，对于小独秀来说后果就更严重了。即便如此，小独秀背不出书来的时候，他一动怒就动手。让这位"白胡爹爹"更生气的是，他粗暴的改造方式似乎没有收到期望的效果。在盛怒之下，他瞪着眼睛，咬牙切齿，几乎发狂而至毒打出手之后，眼前的这个性格倔强的小孙子竟然总是一声不哭。因此，他不止一次地骂出极端愤怒的话："这个小东西，将来长大成人，必定是一个杀人不眨眼的凶恶强盗，真是家门不幸！"他还多次对乡里人说，这孩子将来不成龙就要成蛇。当然，他希望孙子成龙，绝不想让他成蛇。大孙子听话善学，无须操心，小孙子非常调皮又鬼聪明，因此对他期望殷深、管教甚严。但是，他所不知道的是，自己暴躁的性情深深地影响着小孙子，直渗透入他的生命与灵魂。

知子莫若父，而父已不在，疼子莫若母，而母亦无奈何。每当遇到这种情景，处于中间的母亲查氏不知道流了多少眼泪，但她却不像公公那样悲观，于绝望处寻找希望，总是流着眼泪好言劝勉儿子道：

"小儿，你务必好好用心读书，将来书读好了，中个举人替你父亲争口气，你的父亲读书一生，未曾考中举人，是他生前一桩恨事！"

一暴一柔，在两极性情颠簸之中的小独秀，终于望着母亲的泪脸泪如泉涌。母亲一边替小独秀擦泪，一边责备他说：

"你这孩子真淘气，爹爹那样打你，你不哭，现在倒无端地哭了！"

母亲眼泪的感化，似乎比祖父手中的板子更具有改造的效力。祖父的粗暴方式造就了小独秀叛逆性格的一极，母亲的宽厚优柔，造就了他良善性格的另一极。它们一起潜移默化于这个小生命之中，载至终生。

这个不怕打骂不怕杀，只怕人哭尤其是女人哭的小独秀，母亲的眼泪成了他用功读书的强劲动力。

那个时代，安庆的世俗风气中，科举不仅仅是一种虚荣，实际上也支配着整个社会中普通人的实际生活。人们考取了功名才能做大官，捐班出身的官，人们还不大瞧得起，而且官也做不大，大官必须正途出身。做大官才能发大财，发了大财才能买田置地，做地主，建漂亮的房子，欺压乡农，荣宗耀祖。那个时代的人如果生了儿子，别人都恭维他说一些吉利的话，一概都是进学、中举、会进士、点状元；婆婆看待媳妇的厚薄，也都以儿子有没有功名或者功名大小为标准，丈夫有功名的，公婆就捧在头上，没有功名的甚至连用人的气都得受。贫苦农民的儿子，举人、进士、状元不用说，连秀才的好梦都不敢做，费尽九牛二虎之力，供给儿子读几年书，无论好歹，只要能写出百八十个字，已经算是才子了，如果能够跟着先生进城参加一次考试，胡乱写几百字交了卷，哪怕第一场就榜上无名，回家也算是出人头地，穷凶极恶的地主们对这家佃户便会另眼看待。所以此时的乡间便流行着一句谚语："去到考场放个屁，也替祖宗争口气。"农民的儿子如果考取了秀才，便是一步登天，打下了将来做土豪劣绅的基础，一生吃穿不尽。所以，无论城市乡村，屡考不中的人们，往往埋怨祖坟的风水不好，掘棺改葬。在这样的社会风俗中，在人们尤其是妇女的头脑里，科举当然成了一件神圣的事业，况且，"相夫教子"本是妻子的天职，教子读书也便成了女人自然的担负。

小独秀的母亲虽然处事外圆内方，但她似乎秉承了婆婆劳夫人的心志，依然将崇重科举作为引导儿子的持家原则。是虚荣也好，振兴家业也罢，这个没有受过任何教育的妇人，在冥冥之中努力将书香门第的传统延续下去。

小独秀的母亲虽然也知道"忠孝节义"的传统教育标语，但她却从来不用这些东西教育自己的儿子，她只是让儿子参加科举考试，最低也要中个举人，替丈夫出口气，告慰丈夫的在天之灵。

陈章旭的严管和查氏的宽厚终于结出了果实。陈庆元不负期望考取了秀才。在全家欢乐的同时，聪明的小独秀却喜惧参半，为了母亲的喜而喜，惧的是，哥哥已经为自己树立了一个绝好的榜样，母亲一定会让自己成为第二个陈庆元，那么，视八股文章和参加科举考试为灾难的他，越来越感到痛苦已经不远了。

1889 年 7 月 10 日（清光绪十五年六月十三日），陈家被称为"白胡爹爹"的陈章旭因病寿终正寝，这一年，陈独秀 11 岁。

查氏失去了公公，孙子失去了爷爷，这是自然的人世代谢，重要的是孩子一下子失去了老师。重教的查氏便开始忙着为儿子寻找塾师，也许小独秀习惯了祖父的教育方式，在陈章旭去世后一年多的时间里，母亲为儿子请的好几个塾师都没有与小独秀共同度过磨合期。在他十二三岁时，查氏不得已让性情温和、为人仁厚的长子陈庆元担负起了教弟读书的重任。

历史往往有着惊人的相似之处，"衍"字辈的辅学故事在"庆"字辈身上得到了很好的演绎。想当年，这对兄弟23岁的父亲陈衍中无微不至地教诲小自己3岁的小弟陈衍庶，成就了弟弟的学业。而今，这似乎成了陈家的传统因袭了下来：长小独秀7岁的哥哥庆元成了弟弟小独秀的代理塾师。

庆元的教育方式却与陈章旭截然不同，一是因为家庭角色和地位不同，二则也是性格使然。庆元督弟弟之学却避其所难，知道弟弟不喜欢八股文章，就在温习经书外，又教他读《昭明文选》。初读《昭明文选》，小独秀一样是头疼，但渐渐地就读出味道来了，他在这些内容的对照下反观八股文，对八股文极为鄙视。这样，一方面是母亲的严命重托，教习八股，预备应考，另一方面是"顽劣"弟弟的心不在焉，剑走偏锋，欲逃束缚，让大哥陈庆元夹在中间很是为难。

1895年，甲午新败，中日签订《马关条约》，民族危机更加深重，资产阶级改良派康有为及其弟子梁启超发起"公车上书"，使已经酝酿并宣扬的维新思想发展成为爱国救亡的政治运动。随后，康有为在北京创办了《中外纪闻》，宣传西学，政治团体强学会在北京成立，国内的学会、学堂、报馆一时纷纷出现，有席卷全国之势，被称为"思想界之大飓风""火山大喷发"的维新思想也同样传到了山城安庆，但是在母亲和大哥的管制和熏陶下，读八股、学旧学的陈独秀有着新学免疫力，认为那些学习欧文、谈论新学的人都是洋奴，为名教所不能容。

1896年（清光绪二十二年），陈独秀已经17岁了。距离县考只有一两个月，陈庆元见弟弟依然故我，内心焦急，怕有负于母亲的重望，又怕有碍于弟弟的前程，就用很为难的口吻对弟弟说：

"考期已近了，你还是看看八股文章吧！"

陈独秀没有说一句话，深知弟弟的哥哥知道他这是默认了，于是就很高兴地拿出合于小考格式的清代路德的文章给弟弟讲解。而此时的陈独秀表面在听讲，心神早已飘游到他钟爱的《昭明文选》那里去了。也真难为了这位"阿弥陀佛的大哥"，挑剔的弟弟还真是让他大动脑筋，他努力地寻找弟弟学习的兴趣所在。知弟莫如兄，四五年的朝夕相处，辅读在侧，陈庆元不久便知道弟弟的兴趣不在所习内容，忠厚老实的陈庆元只得顺其自然。

庆元对母亲说："兄弟可以考中秀才，母亲就准备喜蛋吧！"查氏笑着说："还没考上就准备，不叫人笑话吗？"

但出人意料的是，这段时间里，陈独秀通过自己的察言观色发现望子成龙的母亲一直面带喜悦，究其原因，原来是一直忠厚老实的大哥却向母亲隐瞒了真情，说弟弟学八股文非常用功，一向信任长子的母亲没有起任何疑心。

这样一来，本来就厌弃八股文的陈独秀，他的县考、府考结果可想而知，名次自然都不高。但在"昭明太子"的帮助下，他的"经古"考取了提堂。考试开始后，他走入考场，发现自己的座位在前排，靠近宗师的桌案，打开试卷，看到卷面上印着"提堂"字样。陈独秀不是考幼童，县试、府试也不是第一名，但因考取了提堂，得以靠近宗师入座。学院出的考试题目是难懂的《鱼鳖不可胜食也材木》这一截答题。"以其人之道还治其人之身"，他也就写了篇不通的文章来对付，自己一直钟爱的《昭明文选》又派上了用场，他将上面所有鸟兽草木的难字和《康熙字典》上荒谬的古文杂烩在一起，凑足了一篇皇皇大文预备交差了事。当他收拾考具正要交卷时，李宗师亲自走过来收取他的试卷，他翻开卷子看了两三行，就说："站住，别慌走！"这让陈独秀很是吃惊，还以为犯了考场上的什么忌讳，就疑惑地看着李宗师，只见他略略看完全篇，面带讶异的神色，睁大眼睛从头到脚审视了他一会儿，问他十几岁，为什么不考幼童。陈独秀回答说自己17岁了。他点点头说道："年纪还轻，回家好好用功，好好用功。"

陈独秀回到家里，便把试场上的文稿交给陈庆元看，这位大哥看过后，皱着眉头个把钟头都没有说话。在大哥看来，这种不通的另类大文必有不祥的结局，待考试结果水落石出，他这个大哥姑息小弟的导学内幕必定大白于母亲的面前。误弟前程，负母厚望，颜面何在？失望的神色像浓重的阴云笼罩在他的脸上。陈独秀深知哥哥的心情，也知道哥哥的忧伤是自己造成的，因此也心怀愧疚，心绪沉重。但在他心目中，自己本就没端正过对应考的态度，没把它当作正经事对待，参加考试纯粹是敷衍母亲而做的不情愿的事情，自己原本也是一个受害者。在那个视考取功名为至高追求的社会里，陈独秀的确已成了一个与世俗社会格格不入的小叛逆者。

在一段凝重的沉寂后，突然捷报传来：陈独秀县试夺魁，考取了秀才！

他成了陈家"庆"字辈的第二个青年才俊！

一篇不通的文章竟蒙住了不通的大宗师，获得了县试第一名。不知其详的查氏高兴得差点落下眼泪，并为此"开贺"（安徽话，意为庆贺），大哥陈庆元也如释重负，而一不小心考取秀才的陈独秀却由此更加鄙视科举了。

二、江南乡试

陈家这个在怀宁的书香寒门，先前是不被当地的绅士重看的。传至"衍"字辈后，似乎文曲吉星更加朗照，陈衍中、陈衍庶两兄弟先后考中秀才，陈衍庶还考中了举人。而"庆"字辈似乎后浪更高，庆元、独秀兄弟年纪轻轻就先后考取秀才，陈家大有腾达前途。于是亲友邻舍们便对陈家的祖坟发生了兴趣，陈家神话便传本迭出。有的说陈家的祖坟风水占好，连安庆城外迎江寺号称"长江第一塔"的振风塔（又叫万佛塔），也被人们富有创造力地想象成了陈家祖坟前的一管笔！甚至，人们也仿着许多历史人物编造出神话，说陈独秀出生的前夜，他的母亲曾做有异梦。由此可见，人们对这个小秀才的前途十分看好，认为他将来必定考过举人、进士而成为状元郎，大有作为。陈家笼罩在人们想象的力量描绘的神秘色彩之中。

几家富户竟看重了这个寡母二子的陈家，先后托人向查氏询问这个小秀才婚事是否订就。查氏此时要算最快乐了，成就感和荣耀感激荡在心头。一个女性，特别是一个寡妇，能像大丈夫一样调教出有出息的儿子，能如此提升自己家庭的地位，没有比这更让她幸福的了。在她的观念中，女性的人生价值就是通过自己丈夫或儿子这些男人价值的实现而实现的。

对于本来就是为了母亲而学习的陈独秀，看到母亲高兴，自然特别高兴，但同时一丝丝隐忧又涌上心头，毕竟，科考之路才刚刚迈出了一小步，前面的路似乎还很漫长。隐隐约约地，他似乎听到了乡试的钟声。

再说陈独秀的叔父陈衍庶自考中举人入仕以后，"以知县治河有功"，蒙山东巡抚张曜保举知州补缺，后以直隶州用，钦加四品衔，就办盛京（今沈阳）文案事件，蒙将军裕禄奏留奉天（今辽宁）候补知州。署奉天军粮同知，调署昌图府怀德及柳河等地知县。复蒙盛京将军奏保免补直隶州补缺后候升知府，以知府赏顶戴花翎，权新民府擢道员。历任辽阳州、新民厅、凤凰厅、直隶厅过班升道，分省补用。

陈衍庶钦加四品衔后，以官宦致富。他在东北候补知府以后，在辽阳、新民等处为地方官。1904年，日俄战争爆发，东北辽东一带成了两军战场。战争中需要的如马匹等军需补充需就地解决，一些精明的商人就从蒙古贩卖大批马匹到战区出售，陈衍庶在自己所辖境内按匹征抽税捐。在那个非常时期里，临时征税均为地方官自饱私囊，没有人上缴国库，陈衍庶就此聚敛了丰厚的财富，在新民府彰武县买了二百多亩田地，又因他擅长书画，在北京琉璃厂投资约一万两白银开设了一家古玩铺——崇古斋，收藏真迹古玩，自称"石门湖叟"。他亦官亦商，在东北、北京（这两地财产共设一管事经理）、杭州、安庆等地广开商店，置产业，聚资数万，还在安庆贵池殷家汇置地八百多亩。仅在安庆四牌楼附近的房产就有近十处，又在安庆南水头盖有一座公馆，是当时安庆有名的陈家大洋房。这个久久不被人瞧得起的书香寒门，一跃而拥有巨资，成了令人仰慕的"安庆望族"，实是有赖于陈衍庶。

陈衍庶官运亨通、家业中兴，被人垂羡。但对于他来说，家资越多，心情越沉重，先后娶妻二房却始终没有子嗣，实是美中遗憾，家财再多，何人继承？况且"夫不孝有三，无后为大"，实在愧对宗祠。眼看年事已高，生子无望，心如火焚。他不禁想起了祖上，陈家按《陈氏宗谱》传到"天、章、衍、庆、遐"这一族段，"天"字辈嗣有祖父陈天植、祖叔陈天畴兄弟，祖父陈天植有子陈章旭，祖叔陈天畴有子陈章寅。但这个"章"字辈的叔叔陈章寅却无子嗣。于是便按祖上旧例，在族人的共同参与下按约定俗成的程序，将自己的哥哥陈衍中过继给了陈章寅。

陈衍庶的第二位妻子谢氏，1862 年生，原籍浙江，世居北京。她十分能干，是家中的支事者，在这个时为五世同堂的大家庭里，她是最高当权者。族谱赞她"居巾帼而识大义，能继公未了之愿，慷慨捐资，重建祠宇，族人怀德"。她深知丈夫心事，为不能为夫生子感到无比内疚，于是一再主张过继一子为嗣。夫妇二人均有此心，按照封建家族传统，过继之事必在一族之内，过继之人必是陈家血脉，为保持陈氏血统的纯正，外姓人是不能进入家谱的。

但看看族内，只有哥哥陈衍中有二子，况且，长子陈庆元继承父嗣，并已兼祧大哥陈衍藩。只有小侄陈独秀了，如让他继承自己殷厚的家业，对已去世的且于自己有深情厚谊的哥哥也是一个很好的报答。

陈独秀一举考中秀才，陈衍庶夫妇与嫂子同喜，但也有隐忧，喜的是认为聪慧过人的小独秀过继给自己为子，绝不会辱没自己，凭着他的资分一定会将这份家业发扬光大，他是最合适的人选了。忧的是，查氏含辛茹苦终于培养出的这样优秀的儿子，肯割爱于己吗？

但过继之事已无法等待，于是陈衍庶便先托族长与三嫂商议。开明的查氏深懂其中的道理，一则丈夫有子庆元为嗣，族有先例，可成人之美，解去四弟无嗣之忧；二则四弟广有家资，从物资方面，从贫母莫若随富叔。更重要的是，四弟官巨学饱，以儿子前途为计，跟随衍庶左右，必定广识达人，博进才学。基于这些考虑，查氏就爽快地答应了四弟夫妇的要求，陈衍庶也乐遂心愿，很快便在陈氏祠堂办结了过继手续。这个后来常称自己是"没有父亲的孩子"在不可能有选择意识和选择权利的年龄有了新的父亲。

学业的彰显，家业的辉煌，已经到了谈婚论嫁年龄的陈独秀成了许多富户择婿的目标。在母亲和继父的慎重选择下，他与霍邱高晓岚订了婚。高晓岚本名高大众，1876年3月4日生，小陈独秀3岁，她长相清秀，没有接受过教育，是一个传统的无才便是德的旧式妇女。她的父亲高登科，字敬亭，与陈衍庶为同科举人，是安庆统领，不久又为副将，属二品武官，因有军功被清廷赏赐穿黄马褂，且赐以世爵，置有4000多亩土地。按传统标准，陈独秀与高晓岚可谓郎才女貌，他们的家庭也可谓是门当户对了。

这一文一武两家结亲，可谓珠联璧合，在世人的眼中，无疑是天作之合、地结之姻。高晓岚是高登科前妻詹氏所生的独女，詹氏不幸早逝，父亲高登科后又续弦亢氏，生有一女高君曼（小众）。高晓岚备受继母苛待，几乎被当作丫头使唤。高登科得知情况后，便把她接到任上，随衙抚养。高晓岚逐渐出落成了眉清目秀、身材修长的成熟姑娘。她穿着朴素大方，性情柔顺孤僻，刺绣缝补，料理家务样样能干，丝毫没有富家小姐的贵族骄横之气。

甲午中日战争的阴云在人们的心头似乎很快散去，封建王朝的考制还在执着地运转，许多人还在穷经皓首地拼争着一个做高级奴才的美梦。

1897年8月（清光绪二十三年），朽而不灭的科举乡试将在南京如期举行。

对于对科举深恶痛绝的陈独秀来说，这是一场不可避免的灾难。慈善母亲的殷殷期待让他绝无退路。这一年中，他开始认真研诵，积极用功，纵然多病，也坚持不懈。无论是有点兴趣的经义和策问，还是索然寡味的八股文，他都将其作为备考的内容。这样做，倒不是他想通了，而是他认识到，退无路，不如拼力一搏，考个举人了却母亲一桩心愿，入仕以后可以摆脱这种家庭束缚，专心做点自己喜爱的学问。

陈庆元更是为弟弟筹计深远，让他为将来做官铺路，于是在督促弟弟练字时，特意让他练习端正拘恭的馆阁体，以备后用。而陈独秀喜欢临碑帖，他主意已定，没有进官志向，只想考个举人就立即收手，觉得练习馆阁体的楷式书法没有丝毫的用处。宽仁敦厚的大哥为不伤手足之情，也没有在言语上表露什么。陈独秀对哥哥始终保持着温和的态度，兄弟相处中，虽然也有言语上的冲突，最终行动上他也常常没有依照兄长的话去做，但二人从未反目，却在这样的朝夕相处中感情日深。

乡试的日期到了。1897 年 7 月，陈独秀与大哥打点行装，带着无奈的应付差事的心情，第一次远离母亲，也是第一次离开安庆，要到南京参加乡试了。

江南乡试就是江苏、安徽两省的秀才必须到南京去考试，所以当时江苏、安徽这两省的秀才常常以此自豪，他们认为别的省份都是一省举考，而他们却是两省举考，考取"举人"的概率比别的省份要高得多。

陈独秀与大哥、大哥的同学、大哥的先生、大哥先生的几位弟兄一行人坐在去南京的轮船上，而同科赶考的许多秀才们却坐着比轮船慢得多的民船开往南京，民船的船头上扯着"奉旨江南乡试"的黄布旗，显得格外招摇。

陈独秀下了轮船，骑上驴背，前往南京城。这一行人除了陈独秀外，都是到南京参加过南京乡试的。到了城北，当他看到南京城高大的仪凤城门，觉得往日让他引以为傲的省城安庆相形失色成了山城小镇。他坐在驴背上，一路幻想着，城内的房屋街市不知道该如何的繁华美丽，又想到上海的城门更不知道该如何的高大。因为，他曾听说上海比南京要更热闹很多倍。但进入城内，行走在城北的街道上，眼前的景象却让他越来越失望，与想象中的南京的繁华相比，相去甚远。街道的平阔是安庆城不能相比的，但南京只有其"大"，这里的房屋却和安庆差不多，一样的矮小破烂，境况也和安庆一样荒凉。

小驴子是这个城厢内外唯一的交通工具，这里没有人拉的东洋车、马拉的马车，更没有公共汽车。小驴子四蹄的响声和着驴脖子上的铃铛声，再加上骑在驴背上的人的充满诗意的表情，便构成了南京城里一道平时少有的独特风景。

城南的街道和城北的不同，它和安庆一样窄小。甲午战后的巨额赔款让南京民生也受到了巨大的冲击，物价飞涨，陈独秀这些临时增加的一万多来此乡试的书生秀才们更使这里的物价急剧飞升，米卖到七八十元钱一升，猪肉卖到一百块钱一斤。

如果南京城里的自然景观让陈独秀失望的话，他切身实地地感受到的那些满口仁义道德文章的前来应试的所谓正人君子的秀才们龌龊的品行，更是让他骤然而生出彻底的绝望！

异乡的第一夜，他们一行人是在熟人家里的楼板上睡过的。

第二天一大早起来，不善言辞的陈庆元、年长而尊的陈庆元的先生以及年龄尚小的陈独秀3人留下来看护行李，其他人都分头去寻找租住的寓所。午后，寓所找到了，等到搬过去的时候，找房子的人都睁大着眼睛，面面相觑，异口同声地说："这屋子又贵又坏，真上当！"这让陈独秀感到莫名其妙：他们刚才亲自看好的房子，怎么忽然觉得上了当呢？过了三四天，陈独秀才从他们与别人的谈话中找到了原因。原来他们看房子的时候，明明看见房东家里有一位花枝招展的大姐，坐在窗口做针线活，等到真搬过来后，发现那位仙女像一阵清风，不知道飘到哪里去了——他们中了房东们招揽考生惯用的"美人计"。应考的秀才们上当的固然很多，但接下来的事实证明，房东上当的也不是没有。房东招租到这些秀才们，也的确是引"狼"入室，不过这些"狼"更具有欺骗性。

家中年轻的妇女被人骚扰了，挂在厨房里或屋檐下的咸鱼和腊肉常常会不翼而飞，而对于这些劣行，房东们谁也不会想到，那些"读书人"骨子里还会藏着那些鼠盗狗偷的劣性。

这些秀才们在商店购物时，还偷拿店家的东西藏在袖子里，即使店家看见，也不敢声张，因为他们人多势众。他们开口便说："我们是奉着皇帝圣旨来乡试的，你们诬陷我们做贼，便是诬陷了皇帝！"天高皇帝远，他们这几句话，未必能让商人害怕。商人最怕的是如有言语得罪，秀才们便要动粗，一打起来，路过的认识不认识的考生就都上前动手相助，而帮助的真正目的却是趁乱捞东西，这样一来，店家的损失就更大了。法不责众，官也无奈，再则，南京城每逢乡试，临时增加一万多人，平均一人消费五十元，市面上就有五十万元的进账，临时商店整个城南到处都有，特别是状元境一带。因此，商人们只要能够赚到钱，受点气也就算不得什么。但这班"文武双全"的秀才们，在钓鱼巷嫖妓时却格外温和，为让妓家降价，不惜屈尊枉驾口口声声自称寒士，装出可怜的样子。

八月初七的大考终于在紧张而肃穆的气氛中开始了，陈独秀和大哥等人融入了乡试秀才们汇集而成的滚滚洪流中，这洪流显示了此时的青年人对腐朽的晚清依然怀着炽热的梦想。陈独秀身背考篮、书籍、文具、食粮、做饭的锅炉和用来蔽日挡雨的油布颠簸在人流中，经过兄弟二人的齐心协力，大哥陈庆元才好不容易代他领取了试卷。陈独秀一进答题的考棚，就三魂吓掉了两魂半，考棚与监狱有着"异曲同工"之处，格局也与监狱相似，在称谓上，监狱也曾叫作"号子"，这里名叫"号筒"。低矮的号舍大小如当时警察的岗亭，高个子站在里面要低头弯腰，这矮屋的三面是参差不齐的砖墙，里外都没有用石灰粉刷，墙壁是黯淡的，里面还布满了蛛网和灰尘。陈独秀走进号棚，茫然地走进号筒，钻进简陋的号舍，好不容易清扫完污秽，坐进去拿一块板安放在面前，就算是写字台，也是困倦时坐着睡觉的地方。考棚内，在每条十几丈长的号筒里，又有百十个不等的号舍，其中总有一两间空号，这便是这个号筒内的公共厕所，这在考场里被特别叫作"屎号"。陈独秀措放好带来的物品，坐下喘息：这里便是他临时的"家"了。

乡试共分3场，每场3天，共9天。

八月的南京，烈日当空，天气依然奇热，号门与高墙之间只容一个半人来往的窄窄的长巷，被乡试秀才们用遮挡阳光的油布封住，到了吃饭的时候，他们便从号舍里钻出，在号门正对的高墙上挂起随身带来的锅炉做饭，原本几乎封闭的号筒更加不通空气，长巷简直成了火巷。

不通厨事的陈独秀离开了母亲，个人的饮食也遇到了尴尬，在9天的乡试期间，水煮挂面成了他始终不变的餐种，并且往往被他弄得半生不熟或者烂熟如粥，无奈地"自做自受"。

如此恶劣的试场环境，磨去了秀才们最具有标志性意义的斯文体面，礼义廉耻在这作龙门一跃的非常时期已经无人顾及。有一幕场景，给了陈独秀深深的震撼：

考头场时，看见徐州的大胖子，一条大辫子盘在头顶上，全身一丝不挂，脚踏一双破鞋，手里捧着试卷，在如火的长巷中走来走去，走着走着，上下大小脑袋左右摇晃着，拖长着怪声念他那得意的文章，念到最得意处，用力把大腿一拍，翘起大拇指叫道："好！今科必中！"

眼前状如裸猪、丑态毕现的"今科必中"先生，让陈独秀看呆了一两个钟头，他陷入了沉思。他眼前似乎又浮现出汹涌的赶考人流，这人流经过一番震荡，渐渐合成了这一个徐州大胖子。而自己或许是这位大胖子身上的某根神经，或许也就是某根肋骨吧！

气象萧条的南京城，同行者租房中"美人计"的呼声，被骚扰的女人，房东们丢失的咸鱼和腊肉，袖筒里偷来的商品……来赶考的秀才们这些剥落斯文雅仪的劣行让他生出憎恶之感。简陋的考棚、食宿之苦的煎熬，眼前形形色色的令人哭笑不得的景象，全部涌塞胸中，几乎让他窒息。沐猴而冠，这些状如动物的秀才们是国家未来的精英，他们一旦官服加身，顶戴花翎，国家和人民前途若何！如此这般"群贤毕至""俊采雅集"的乡考盛事，"简直是隔几年把这班猴子狗熊搬出来开一次动物展览会"。他由此又联想到了国家的一切制度，恐怕都有这一毛病，他又想到了梁启超们在《时务报》上说的话很有道理，也是此后他由选学妖孽转变为"康梁派"的最大心理动机。他的内心激荡着前所未有的鄙弃情绪，这条千百年来青年们梦想的"学而优则仕"的道路他已经不想走了。这次对他来说本来就十分勉强的乡试终于被他彻底抛弃了，这一两个钟头的冥想也彻底改变了他的人生轨迹。

头场他作了3篇八股文和一首五言八韵诗。出得场来，他无论如何也不想再进去了，这让肩负母亲使命的大哥很是讶异并且着急，关键时刻，怎么能打退堂鼓呢？此前的心血岂不白费了？怎样面对满怀期待的母亲，又怎么面对众目所望的乡族？于是被他称作"阿弥陀佛"的一向温厚的大哥又骂他，又哄他，一定要他进去。他是进去了，但不做文章……叫他大哥莫奈何他。

第二场的《五经》和第三场的策论他都交了白卷，他彻底与科举考试这一封建王朝的象征性制度决裂了。

三、清廷叛逆

一场无奈而尴尬的乡试之旅宣告结束，陈独秀无功而返。世人极其看重的乡试在他几乎放弃的心态下失败了。这次乡试的见闻，没有将他向出仕的一极推进，却成了一种反作用力，促使他向另一极行进了。看到徐州胖子时那一两个钟头的思索让他失望，他放弃了这次中举的机会，这思索如骤风一场，有着拨云见日的清醒，又如急流一般，涤濯了他心中残存的传统入仕理想的腐朽碎片。但是这次乡试他却有着对自己来说比乡试意义更大的收获。

在乡试期间，他结识了安徽绩溪的秀才汪希颜，他师从著名廪生胡子承习读新学，崇尚维新，此时他刚进入南京江南高等学堂陆师读书。自此，陈独秀开始接触维新思想，顿觉茅塞乍启。他反观自己，6岁开始读书，到17岁考中秀才，都囿于旧文化教育的环境中，孤陋寡闻，目光狭隘，封建正统式的书香家庭成了他接触新事物的最严密的屏障，处于对国家政治状况一无所知、思想完全僵死的睡眠状态。随着洋务运动的兴起，尽管西洋文化已经传入中国，无论主观也好，客观也罢，主要的人生内容还是以求取功名、进入仕途为封建家庭孝子贤孙的目标，即便有机会接触新知，在家庭的影响下，也会视西洋文明和新学传播者为洋奴而不屑一顾。

回到安徽，他在汪希颜的介绍下，与汪希颜的胞弟汪孟邹、李光炯、邓艺荪、江讳等皖省维新派人士有了密切交往。流传在他们中间的当时以宣扬维新思想为载体的《时务报》让他耳目一新、激情高涨，真可谓成了识"时务"的俊杰。此时的资产阶级维新派正处于变法的前夜，正同封建顽固势力进行着激烈的论战，资本主义思想同封建主义思想的正面交锋风起云涌，蔚为大观，陈独秀感觉真是酣畅淋漓，眼界大开。维新派持进化论力挺"变"，以"变"兴国，顽固派坚守"祖宗之法"，决意"宁可亡国，不可变法"。顽固势力坚持科举取士制度，反对提倡西学。维新派抨击科举制度是封建统治者"牢笼天下"的愚民政策，"为中国锢蔽文明之一大根源"，"今变法之道万千，而莫急于得人才，得才之道多端，而莫先于改科举。"揭露八股取士制度有"锢智慧""坏心术""滋游手"三大罪状，指出"欲开民智，非讲西学不可"，主张普及文化教育，设立新式学堂，造就维新人才，挽救民族危亡。

在和这几个维新人士的交往中，康有为、梁启超的文章是他们讨论的主要内容，他在康梁学说的浸濡下接触了西方文明和现代自然科学知识。维新领袖的政教学术使他激动难抑，只觉"昨非而今是"，维新思想已深入其心。这成了他一生政治反叛的肇端。

此时的陈家已开始为大有科举得中把握的他准备婚事。高家似乎也有对陈家后生存着中举有变的担忧，并且认为，乡试刚刚结束的这段时间，是学子们相对最为清闲的时期，于是两家商定，等陈独秀科考回来就为二人完婚。而此时，被家人认为处于最清闲时期的他，已经开始为自己新的人生理想忙碌了。

经过一二十天与维新人士的交往，陈独秀觉得自己找到了颇有价值的人生方向，对科举入仕有了更深刻的鄙夷。他结束了十年孔孟经书的生活，从一个被动读经的青少年变成了接受新学的康梁派，他完成了从"选学妖孽"向资产阶级改良派思想的转变。

9月的安庆，似乎吉庆而忙碌。陈独秀回到家里，一切都已安排妥当，他只得奉命与整装待嫁的高晓岚结合，和与自己"思想距离不止一世纪"的旧式女子举行了婚典。文武攀亲，门当户对，珠联璧合，才子佳人，越俎代庖的家长们为他们二人铸造了看似美满的姻缘。

烫金双喜,大红灯笼,"百年谐好","鸾凤和鸣",这一切拧成一条绳索,将一对从未晤面的新人绑定。新郎无奈的神色掩遮不住内心的苦涩、惆怅、迷惘。窗明几净的新房上,他自撰的一副对联写着:金榜题名算是喜,洞房花烛亦为乐。这不是对封建枷锁下成功的事业与爱情的绝妙讽刺吗?"洞房花烛夜,金榜题名时",这一古人所称道的人生两大快事,到了陈独秀这里便走了味儿。

一对新人长揖,叩头,跪拜,一切都是预设好的框架、模式。长者们的笑脸,众人言不由衷的称赞,是新婚大事最常见的喜庆氛围的渲染。

三寸金莲,古老的发髻,悠悠晃晃,摇摇摆摆,幽深的洞房周遭的火红……

这是他一生唯一的一次婚礼。这一年是丁酉年,清光绪二十三年(1897年)。

新婚诚新鲜,但此时的陈独秀已经志从康梁,心中埋下了肥硕的维新思想的种子。在乡里,他由接受维新思想到积极宣传、广为播布。当时康梁被人骂为离经叛道,名教罪人,湖南的叶德辉所著《翼教丛篇》当时曾为攻击康梁言论的代表,作为后生小子的陈独秀"愤不能平,恒于广座之中为康先生辩扬"。为此,乡儒们将他视作"康党""孔教罪人",对他畏惧而且愤怒,如瘟疫般远离他。

一接触新的思想,陈独秀便投注了极大的热忱。新婚不久的他,在强烈爱国心的支配下,在改良主义思想的感召下,奔走在刚刚寻到的报国路径上。他崇尚维新,希望自己也与《时务报》和《国闻报》上的康梁一样,指点江山,激扬文字,张其报国思想,扬其资世良策。

鸦片战争、中法战争、甲午战争,中华民族灾难深重,昏昏沉睡的国人,这鲜明而残酷的对比,给他带来极大的精神刺激,至少,时事日非,不堪设想的社会现实使他在思索中认识到了科学之于国家的重要性。康梁学说给了他第二次思想大启蒙,他望着安庆城下滚滚东去的美丽、壮阔的长江,陷入了深深的思考。在救亡图存的深沉思考下,他开始秉笔撰写心怀天下的处女作《扬子江形势纪略》。他以忧国忧民的责任感,以清廷为表述对象,向政府建言献策。对长江的自然地理、水文地理、军事地理、经济地理等方面进行了较为详尽的分析论述，既有宏观的战略透视力，又有微观的战术设想。从它所具有的战略地位"防内乱，御外侮"到如何设防，以破解帝国主义瓜分中国的侵略意图。不到弱冠之年的他，凭着年少的激情，从实际出发，写出了洋洋7000余字的文章。其语言昂扬之气如江水奔腾，爱国之情扑击人面，体现了他对中国国事日趋衰微凋敝原因的思考。为了引起国民注意，他还将这篇文章自刻自印自发行，但这篇署名"怀宁陈乾生仲甫撰"的厚重大文，在"风多响易沉"的时势里，却只泛起了一点点涟漪，并没有产生太大的影响。但是，这是陈独秀宣扬自己思想的第一次方式性探索，弥足珍贵。

妻子高晓岚虽然目不识丁，但懂三从四德，有着封建传统的教养，婚后的夫妇二人受到乡邻"夫贵妻贤"的赞誉。

他将自己写的《扬子江形势纪略》这篇文章饶有兴致地读给妻子听，以征求意见，寻得共鸣。不料高氏听完，轻声柔语地说："夫君之言，为妻懂之甚少，不必再难为妻子，我会伴君安分度日，上待父母尽心尽力，下做贤妻生儿育女。"一瓢冷水从体外凉到体内，孤独置换着他所有的温情，他觉得，两人之间的思想相差不止一个世纪。

陈独秀常常劝妻子多识些字，多关注文化与时政，而高晓岚对丈夫的劝告却不屑一顾，总以"夫主外，妻主内，女子无才便是德"相对，思想已难共鸣，障壁、裂痕，情感在向着两极分化。

中举的希望、新婚的喜悦很快便被冲淡了。

陈独秀在乡里无所顾忌的维新宣传活动，引起了母亲及兄长的深深忧虑。他在乡试前后的变化让家人十分不解。"儿大不由爷"，似乎陈独秀已经无人能够约束，这令因循守旧的陈衍庶也深感不安，他喜爱才学超拔的嗣子，但嗣子激越的言论很容易将他这个清廷官员推上风口浪尖。顽固派与维新派的斗争尘埃尚未落定，更何况身处官场，也更具有文人特质的他不愿意卷裹进政治的大是大非之中。

皇榜张布，陈独秀成了落第秀才，"上轿女子哭是笑，落第秀才笑是哭"，而陈独秀却未哭也未笑，因为这结果早在意料之中。他已经绝弃科举，追求新知了。

四处纵维新之火的陈独秀让陈家大动了一番脑筋，认为改变他的生活环境应该是一个很好的办法，于是陈家人最终决定让陈独秀跟随嗣父到东北任上，陈独秀也没有拒绝，在他看来，这也许是他奔走四方的更好机会，他要到更广阔的地方开阔自己的眼界，结遍天下俊才人物。

陈独秀到达东北以后，在嗣父的幕中从事文书记述之事，与父亲朝夕相随。陈衍庶的书画造诣与收藏的艺术作品对他产生了深刻影响，成了陈独秀深厚艺术素养的渊薮。但这未尝不是家传，陈独秀的祖父即擅长丹青，在幼年时也给了他不少的影响，陈衍庶在"白胡爹爹"的启蒙下，书画功力也有了很厚的底子，中举入仕以后，他书宗汉隶，画工山水，成了一位有声于时的书画家。他还长于诗赋，酷爱收藏字画古玩，离开了八股文章的禁锢，初尝了维新思想的甘源，跟随嗣父的陈独秀一下子沉浸于艺术的瀚海之中。嗣父一生酷爱书画，自号石门渔隐，石门湖叟，并以邓石如、刘石庵、王石谷、沈石为师，斋名"四石师斋"。深刻影响陈独秀的不唯陈衍庶，更有陈衍庶周围的画家圈——后来成为山水画家和篆刻名家的萧逊（谦中）、潘勖等弟子。陈独秀的二姐还嫁给画家姜颖生的侄子姜超甫，姜超甫与叔父姜颖生同为闻名桑梓的画家。陈独秀生活在"四王"的画风中，渐渐谙熟书画之道。

其实，陈衍庶还是很喜欢嗣子陈独秀的才质，对他抱有很大的期望，陈独秀随身在侧，他亲自教导，希望他"子承父业"，成为这个封建家庭的最好的继承者。他常常教导陈独秀："不得功名，何以为官？要想出人头地，就得先苦读几年书，把书念好。"

惯见嗣父等人染翰挥毫，还常赏鉴家中友人所藏历代名家字画，朝夕濡染，使他对文人绘画操作方式和中国宋代以来的文人画演进乃至整部画史轮廓有相当丰富的感性认识和比较深刻的理性审思。在美术理论基础上，超越了一般纸上谈兵的专门理论家，陈独秀是有条件成为画家的，但他并未循此路径操弄画笔，他虽然喜爱艺术而厌弃举子业，却也熟读书经，在祖父和大哥的屏蔽下没有过早地受到新学的影响，但也给了他积累国学的环境和机会。在叛逆的心理状态下以自己的聪颖积累了深厚的国学根底，也可谓是相辅相成。

正在嗣父的新民官厅里协助文书工作的陈独秀，并没有像那些纯粹的书画家们那样完全沉醉在艺术的天国里。如果说民族危机和民族仇恨在家乡还是耳闻的话，那么来到东北的他，却对那些外族侵略和民族屈辱有了切身的体会。

此时的东北，几乎成了沙俄的东三省。从 1858 年到 19 世纪 80 年代，沙俄通过与清廷签订的《瑷珲条约》《北京条约》以及以后 5 个勘界议定书，共侵吞中国北方 150 多万平方公里领土。

陈独秀惊于耳目所及，痛在心头。20 世纪初的几年里，中俄关系严重敌对，由此，他心里深切地埋下了仇俄的种子。

"芳林新叶催陈叶，流水前波让后波"。国乱日纷，灾难日深。也就在陈独秀心仪康梁、沉浸在文史丹青之际，陈家也经历着人丁更替，就在陈独秀的长子陈延年出生后的第二年，即 1899 年，陈独秀的母亲查氏身染重病。消息传到沈阳，陈独秀与在沈阳同知候补的大哥陈庆元匆匆南返。当兄弟二人风尘仆仆带着秋冬季节的清寒到达家中时，母亲已经身归道山了。人到中年即撒手人寰，母恩深重，"子欲养而亲不待"，这令儿子十分痛心。兄弟二人料理完母亲的丧事，按照当地守孝三年（满 27 个月）的丧制，兄弟两人开始为慈母守丧，在守孝期间，陈独秀结识了在安庆"作童子师"并长自己两岁的房秩五。

1898 年 6 月 11 日，资产阶级改良派在几年的酝酿中终于开始由历史的幕后走到台前。光绪帝颁布《定国是诏》，开始变法，实施新政，百日维新开始。以实际摄政的慈禧太后为首的顽固派与以没有实权的光绪帝支持的维新改良派展开了生死较量。9 月 21 日，慈禧太后宣布"临朝听政"，发动戊戌政变，囚禁光绪帝于中南海瀛台。同时下令逮捕维新人士，惩办倾向变法和参与新政的官员，谭嗣同、杨锐等六人被捕，后被杀于菜市口刑场。康有为、梁启超逃往海外。一切新政均被废除，唯京师大学堂(北京大学的前身)一果仅存。

一阵刀光血影过后，资产阶级改良派建立君主立宪制的美梦灰飞烟灭。

戊戌变法的失败，是后党对帝党的胜利，也是中国政治上层保守力量对革新力量的胜利。流水落花春去也，自下而上变革的流产，一度标新立异的新知识群体，被放逐于中国政治的边缘。

1900 年，山东义和团在"扶清灭洋"的大旗下蓬勃发展，由山东、直隶蔓延到京津地区。在东北，义和团也由营口、锦州、朝阳地区向沈阳发展。6 月中旬，英、法、德、美、俄、日、意、奥八国组成联军，出兵镇压。6 月 21 日，清廷对联军宣战。不到两个月时间，联军攻陷北京，在北京烧杀抢掠。慈禧太后在京城沦陷前携光绪帝狼狈逃往西安。逃走途中，命令"铲除"义和团，义和团运动的烈火在中外反动势力的合围下被扑灭了。

故技重演，八国联军在北京沦陷后的一番抢掠后，于 1901 年 9 月 7 日又与清廷订立了城下之盟——《辛丑条约》，除八国外，西班牙、比利时、荷兰三国公使也从《辛丑条约》这锅熬好的粥里各分了一杯羹。

从 1900 年 7 月初到 9 月，参加八国联军的沙俄，妄图独占东北，趁联军和清军、义和团激战之时，也开始了单独行动，10 万军队兵分 5 路突破中俄边界，奸淫掳掠，血洗海兰泡，在江东六十四屯大肆屠杀并火烧瑷珲城，继而兵占海拉尔、珲春及哈尔滨、营口、沈阳，屠杀东北人民，夺命20 多万，制造了一个个骇人听闻的惨案。

从甲午战败到八国之辱，这些或目见或耳闻的华夏惨剧、国民惨象，深深震撼并刺激了陈独秀。在家守丧的他，并没有闭目塞听，而是在密切关注着时局，灵敏地感受着国家这个母体每一次疼痛的颤抖。他同时深味着国和家这两个母亲一亡一衰的苦痛，他深深思索着，开始梳理个人、家、国的关系。一国的盛衰荣辱，全国人共同承担，国家是全国人的大家，人人都有尽力于这个大家的义务。"国亡家破，四字相连"。中国为何不如西方，为何要被外国欺侮？他决定到外国看个究竟，站在他国的角度上回望灾难深重的母体中国。以他山之石，攻成美玉。他痛感国家贫弱而备受外侮，开始有了"天下兴亡，匹夫有责"、以天下为己任这一民族良心的承担。

他在思索着，同是亚洲国家的日本，不久前与中国还是师徒关系，不能望中国之项背，也是封建体制，何以"明治维新"之后在短时间内即成为资本主义强国，加入侵略中国的队列中？如此迅速的转变和发展，其中必有缘故。

甲午战后，日本以蕞尔小邦胜华夏大国，极大地刺激了爱国人士。从洋务运动时，中国就开始向国外派遣留学生，维新变法时期，派人出国、游历更成了一项重要内容。日本距离中国较近，国情也曾相似，有很大的借鉴意义。许多有良知和家国责任感的知识分子，都到日本寻求救国良方，留学日本成了涌动于中国有志青年中的一股爱国热流。

1901 年（光绪二十七年），陈独秀开始作留学日本的准备。为筹集赴日经费，他又与妻子发生了矛盾，本来就不和、没有感情可言的夫妇，在将近3 年的日常生活中时有口舌之争，在对待家的问题上有着很大的分歧。1900年高晓岚刚生一女陈玉莹（筱秀），已经是两个孩子父亲的丈夫远游在外，只有自己养儿育女维持家事，她无法理解丈夫的思想。此次丈夫又要远赴东瀛，关山阻隔，烟波万里，不知何时才能回来，况且他还要借自己十两重的金镯作为路费，怎么能依？她真的希望过普通的正常人的生活，她甚至不知道丈夫到底要干什么。于是一个旧式妇女、一个新式丈夫因此时常吵架。但这个家庭妇女无论如何也阻挡不住执拗的丈夫。无法沟通也无法相互理解的婚姻隐隐有了裂痕，不仅仅是因为这些家庭琐事，更重要的是，深恶封建制度和封建礼教的他，对这样一个旧式婚姻和旧式女子有着不浅的厌恶，志不同，道亦不合，但他已经无法顾及这些了，他要走出家门、走出国门寻求新的出路。

陈独秀和哥哥陈庆元一同离开安庆，抵达东北，陈庆元依然到沈阳候补。陈独秀回到嗣父任上，在东北短暂停留后，即东渡扶桑。兄弟二人自此分别，不想竟成永诀。

四、《安徽俗话报》

1903 年夏，陈独秀从日本到达上海，轰动一时的《苏报》案已接近尾声。他与同在上海的章士钊、张继取得了联系，并商议筹办《国民日日报》，以接替被清廷查封的《苏报》，继续坚持民族民主革命宣传。

8 月 7 日，《苏报》案发生后不到一个月，《国民日日报》在上海创刊，社址在上海新马路梅福里。该报社由谢李石出资，章士钊、陈独秀、张继等人任主编，陈去病、苏曼殊、谢无量等担任撰述，陈大复襄理笔政。为了应对官府审查，他们还聘请了一个叫索茂尔的外国人担任经理。

《苏报》案风声刚息，报人们汲取教训，避免重蹈《苏报》覆辙，为《国民日日报》生存计，这份"提倡国民革命精神"的革命报刊，风格"论调之舒缓，即远较《苏报》之急峻有差"，且文章多不具真名，但其宗旨仍在于排满革命，和《苏报》相同，并且规模更大，几乎所有栏目的文章都不同程度地含有鼓吹革命的用意，其中又有大量暴露清廷腐败、攻击官僚的文学作品。该报第一个不采用清朝光绪年号，而用黄帝纪元，意在否定满清政府。章士钊称其为"《苏报》第二"，"不啻为舆论矗立一指明方向之界碑"。该报一经面世就风行一时。

虽然是章士钊为主笔，陈独秀为协助，但是后来由于陈独秀的雄于笔、勇于事的为文为人风格，报纸的实际主编是陈、章二人，他们负责全部文字和校对。陈独秀在《国民日日报》上倾注了极大的热忱，精力惊人，常常通宵达旦。

"两人蛰居昌寿里之偏楼，对掌辞笔，足不出户，兴居无节，头面不洗，衣敝无以易，并亦不浣。一日晨起，愚见其黑色祖衣，白物星星，密不可计。愚骇然曰：'仲甫，是何物耶？'独秀徐徐自视，平然答曰：'虱耳。'其苦行如此。"

章士钊十分佩服陈独秀的工作热情，也很赞赏他的文字功力和编辑才能。两人的革命大义更是心照不宣。

10月初，苏曼殊也辗转来到上海，找到《国民日日报》，并与陈独秀住在一起，两人情趣相投，都以救国救民为神圣职责。

章士钊、陈独秀两人都十分喜爱苏曼殊，早在他未来上海之前，便发表了他的两首诗。还发表了他的《呜呼广东人》和《女杰郭耳缦》等。他的诗文很受读者喜爱，于是，他用汉语写作的信心也日益坚定。他酷爱法国文学，尤其是小仲马的《茶花女》，让他百读不厌。当时国内已流行林纾翻译的《巴黎茶花女遗事》，他读过后并不满意，计划重新翻译《茶花女》。这一消息传出后，立即在读者中引起反响，他们都在翘首盼望新译本《茶花女》的问世。

陈独秀也读过林译本《茶花女》，和苏曼殊亦有同感。但是，他认为在法国文学中，唯有雨果的《悲惨世界》最具有时代特征；他劝苏曼殊与其译小仲马不如译雨果，那样将更具有社会意义。同时，他还表示愿意助一臂之力。苏曼殊应允了陈独秀，开始翻译《悲惨世界》，并在《国民日日报》上连载。陈独秀也参与了这项工作。在这期间，陈独秀指导苏曼殊写作，字句间为他指点，对苏曼殊的文字修改不少。这时苏曼殊的汉文根基很浅，文字也不是很通顺，陈独秀俨然是他的老师。此后，陈独秀与苏曼殊生活在一起，常以文字相往来，过从极密，苏曼殊受益不少。

《悲惨世界》在《国民日日报》上只连载了11回，题名《惨社会》，恰在此时，《国民日日报》停刊，苏曼殊也借故离开报社，《悲惨世界》也因此没有译完。镜今书局的老板陈兢全很想出单行本，他对陈独秀说："你们的小说没有登完，是很可惜的，倘若你们愿意出单行本，我可以担任印行。"于是，陈独秀便担任起译著的整理和润色，并从第11回译至14回，书名为《惨世界》，署名苏子谷（苏曼殊）、陈由己（陈独秀）同译。

苏曼殊是个富有理想主义情怀的文人，不屑于争权夺利，不愿受人制约和管束，向来是天马行空，独往独来，这与陈独秀极为投契。

苏曼殊和陈独秀常以诗文自娱，他曾在去日本的时候，写下赠别诗：

东行别仲兄

江城如画一倾杯，乍合仍离倍可哀。

此去孤舟明月夜，排云谁与望楼台。

他非常敬重陈独秀，视为知己，时常将自己的悲欢都表达给他：

过若松町访仲兄

契阔生死君莫问，行云流水一孤僧。

无端狂笑无端哭，纵有欢肠已似冰。

在这个时期，陈独秀还结识了拟东渡日本学习陆军未遂、暂住章士钊处的何梅士，二人一见如故，并与章、何二人共同居住在章士钊办的上海东大陆书局的楼上，"夜抵足眠，日促膝谈，意气至相得"。何梅士在上海暂居半年后，东渡扶桑。

20世纪40年代，章士钊回忆起这段交往时还曾赋《初出湘》一诗曰："我与陈仲子，日期大义昌。《国民》既风偃，字字挟严霜。格式多创新，不愧新闻纲。当年文字友，光气莽陆梁。"道出了章、陈二人的革命友谊和共办之报纸的凌厉风格和社会效应。

当爱国与反清成了同一个话题时，他只能是一个不被清廷所容的异端了。他秉笔疾书，大言倡义，他利用社团、报刊宣传了大量激进的反清反帝主张，他四处点火煽风，成了清朝当局一个十足的叛逆。

两次东渡日本的陈独秀不仅经受了欧风的吹拂，更是经受了日本历史文化的洗礼。日本的明治维新，更是让先进的知识分子想从中找出拯救积弱而衰的祖国的良方。而日本的西乡隆盛是个对明治维新起着重要作用的人物，是著名的军事家、政治改革家，为明治维新"三杰"之一。他曾率领士族武士发动政变，推翻德川幕府的统治，为明治维新开辟了道路，从而开创了日本的新纪元。后来与新政发生矛盾而辞职，又被乱兵拥戴为领袖，在作战中兵败重伤，命部下将自己头颅砍下。陈独秀等留日学生对日本的民族精神怀着深深的敬仰，特别是日本的武士道精神。秋瑾、章炳麟、鲁迅等都曾穿着日本的佩刀的武士服留下小照，这也是他们改造国民性渴望的一个反映。

一日，陈独秀看着一幅《西乡南洲游猎图》，想到这个充满矛盾的失败了的英雄，又想到了自己自心仪康梁以来的风雨坎坷，国势日衰的夕照乱象，不禁涌起一股难以抑制的悲壮之情，于是他挥笔写下了一首律诗《题西乡南洲游猎图》：

> 勤王革命皆形迹，有逆吾心罔不鸣。
>
> 直尺不遗身后恨，枉寻徒屈自由身。
>
> 驰驱甘入棘荆地，顾盼莫非羊豕群。
>
> 男子立身唯一剑，不知事败与功成。

此时的陈独秀已与康梁保皇派彻底决裂，也表明了对清廷的彻底绝望。面对游猎图中的西乡隆盛，他想到了使日本走向富强的明治维新，他也不免将日本的社会改良运动同中国的"百日维新"相比较，在这种残酷的对比中，饱受革命思想浸染的陈独秀看不到改良派的出路，朝廷已无可希望，不足以信赖和依靠，自上而下的改良道路已被实实堵上。中国之大，积弊之深，单纯期望开明君主就把腐朽积弱的国势扭转过来，显然很不现实。

此时他已与清政府对立起来，成了清廷眼中的"乱党"。同是维新，但中国的维新人士却没有西乡隆盛幸运，他再也抑制不住自己心中的不平之鸣。

不久，陈独秀见到了 1901 年入保定师范学堂的吴樾，吴也是安徽人，和陈独秀少年时的好友张啸岑同窗，此时他回家度假，后转道上海与陈会晤。两个人纵谈国事，陈独秀对吴樾产生了深刻影响，自此次谋面后，吴樾反清情绪更加高涨。这时，因在扬州涉嫌某案的刘师培也避入上海，想以教员谋生，结识了章太炎、蔡元培等"爱国学社"成员，因此也与陈独秀相识。

由于《国民日日报》的排满倾向为清廷所忌恨，所以该报又处于风口浪尖上。于是清廷"通令长江一带，严禁售阅"。10 月 7 日，上海知县发布告示，不准商民购买或寄售《国民日日报》。第二天，魏光寿分咨沿江省抚，查禁该报，并谘请外务部行文总税务司，转知邮政局"毋得代寄《国民日日报》。杜其销路，绝其来源"。《国民日日报》面临着严峻的考验，遭受着围追堵截，而此时，报社内部也起了纷争，一时间报纸滞销，经费短缺，内外交困，被迫于 12 月 1 日停刊，报终人散，《国民日日报》真的成了清廷打击下的"苏报第二"。

1903 年 12 月，陈独秀从上海回到安庆，得知同在"安徽爱国会"的房秩五、吴守一两人同在桐城学堂任学长。他几乎天天到学堂和二人嬉笑怒骂、纵谈国事。同时，受上海、苏杭等地创办白话报的启发，认为以办白话报的形式来鼓吹反清革命，倡行反帝爱国，以及启蒙民智都是非常有意义的。况且从上海回到安庆的陈独秀觉得"安徽的风气闭塞，较沿江的其他各省更甚"，于是他在评论时政酣畅淋漓中与二人商议筹办《安徽俗话报》，同时，又写信给安徽知名人士胡子承等商议。胡子承便写信给已于这年冬天在芜湖开办新书店"科学图书社"的汪孟邹：

> 陈君仲甫（即仲辅，独秀先生）拟办《安徽俗话报》，其仁爱其群，至为可敬、可仰；然内地风气至为阻塞，加以专制之官吏，专与学堂、报馆为仇，若无保护而行次于内地，恐后祸未可预测耳。盖办报有二种；如南北官报之官样文章，实无益于群治；反是而欲输入东西政治文

明之思想于吾群，则必受官吏之凌辱，不卜可知。

此事应如何应付，本社诸同志与栋老（栋臣先生）会面时当可妥商也。[1]

汪孟邹与该社同人商量妥当后，便邀陈独秀到芜湖来。

1904 年初，26 岁的陈独秀身背一个包袱，手拿一把雨伞来到了芜湖科学图书社。他头上没有辫子，在日本留学时就已经剪掉了。在险恶的环境中，他为了不招人注意，又蓄养了一段，但还没有养到结辫子的长度，只好披散着，颇似革命党的装扮。

他来到芜湖，就开始了各方面的筹备工作。从他为图书社小客厅书写的对联"推倒一时豪杰，扩拓万古心胸"，足见其当时宏伟的革命豪情和创新气概。正当他拖着因积劳而染疾病的身体殚精竭虑、四处奔波时，从上海传来了好友病逝的消息。

2 月 16 日，与陈独秀、章士钊同在上海办《国民日日报》的何梅士病逝于日本东京。噩耗传到上海，章士钊"闻而痛极"，三人在半年多的上海同居生活中，形影相属，晨昏相聚，互为知音。于是章士钊驰书淮南，告丧于陈独秀。此时的陈独秀因长期劳累，卧病在床，听何梅士之殁闻，悲痛万分，顿觉"人生朝露，为欢几何"，拖着因此加重的病体写下了《哭何梅士》诗一首：

> 海上一为别，沧桑几万重。
> 落花浮世劫，流水故人踪。
> 星界微尘里，吾生弹指中。
> 棋卿今尚在，能否此心同。

陈独秀很快复信上海，并将此诗附上，寄给章士钊。章士钊也随即写

---

[1] 汪原放：《回忆亚东图书馆》，学林出版社 1983 年版，第 13 页。

了两首悼亡七绝，并在诗下加了长注，表达了对这位革命同人的深沉哀悼："回首忍倾东海泪"，"漫天风雪哭雪痴"。

4月15日，署名"由己"的《哭何梅士》连同章士钊的两首七绝及注发表在了刚刚于2月份创刊的《警钟日报》上。该报由蔡元培任主编，刘师培、陈去病等执笔，原名《俄事警闻》，创办动因还是在于"拒俄"，以"抵御外侮，恢复国权"为宗旨。

陈独秀长期沉浸于失去故友的悲痛之中。这里不仅是出于一般友情，还有一种更深沉的革命战友情。多灾多难的国家需要的是何梅士这样的革命志士。不久他又写了一首《夜梦亡友何梅士而赋此》一诗。"神州日变日益急，方以病亡为尔惜"，"男儿壮举何悲泣"，"况复捐躯从知己，同种同心此爱一"。

他与房秩五、吴守一一起筹办《安徽俗话报》。三人商定，由房秩五负责教育栏，吴守一负责小说栏，其余各栏由陈独秀一人负责，并兼做该报排版和校核。报纸先是在安庆编辑，房、吴二人在安庆编辑撰稿，寄到芜湖由陈独秀统稿。

《安徽俗话报》为十八开本，每本二十页左右。每月两期，朔望发行。每期印数四千，每本售价五十文，因汪孟邹的芜湖科学图书社没有印刷设备，所以每期都由陈独秀统稿后，寄往上海章士钊办的大陆印刷局印制。印好后，再从上海寄到芜湖。

《安徽俗话报》创办经费大多是汪孟邹的业师胡子承联络皖省名士周栋臣等捐助的，社址设在芜湖长街徽州码头科学图书社。

1904年3月31日，《安徽俗话报》第一期就由科学图书社出版发行，面诸公众了。

陈独秀对俗话报寄予了极大的热情，每期寄到芜湖时，他成了最忙的人，亲自动手分发、打包、送邮局邮寄，可谓事无巨细，躬亲以为，情绪高涨，乐此不疲。

在革新感情的驱使下，寄居在科学图书社楼上的陈独秀，可谓是"以社为家"，一心想着以《安徽俗话报》为依托，一展革新大业宏图。生活疏于自我打理的他，臭虫布满衣被竟然毫无察觉。

在第一期的俗话报上，刊出了他的《开办〈安徽俗话报〉的缘故》这一具有发刊词意义的文章。在这篇报人的自剖中，他从有钱人到穷人，又讲了俗话报较现实报的好处，到安徽民众现状，人们"没有报看，好像睡在鼓里一般"，他提出两个主义："第一是要把各处的试题，说给我们安徽人听听，免得大家躲在鼓里，外边的事体一件都不知道。……告诉大家，大家也好有个防备"；"第二是要把各项浅近的学问，用通行的俗话演出来，好教我们安徽人无钱多读书的，看了这份俗话报，也可以长点见识"。"这报的好处，一是门类分得多，各项人看着都有益处。二是做报的都是安徽人，所说的话，大家可以懂得。三是价钱便宜，穷人可以买得起。还有多少好处，一时也说不尽。读书的人看了，可以长多少见识，而且本省外省本国外国的事体，没有一样不知道，这真算得秀才不出门能知天下事了。教书的人看了，也可以学些教书的巧妙法子。种田的看了，也可以知道各处年成好歹。做手艺的看了，也可以学些新鲜手艺。做生意的看了，也可以晓得各处的行情。做官的看了，也可以明白各地的利弊。当兵的看了，也可以知道各处的虚实。女人孩子们看了，也可以多认些字，学点文法。还看些有趣的小说，学些好听的歌儿。就是有钱的人，一件事都不想做，躺在鸦片烟灯上，拿一本这俗话报，看看里边的小说，戏曲和各样笑话儿，也着实可以消遣。做小生意的人，为了衣食儿女，白天里东奔西走，忙了一天，晚上闲空的时候，买一本这俗话报看看，倒也开心，比到那庙里听书、烟馆里吃烟，要好得多了。我说的这些好处，大家如若不相信，再请看看后头的章程，便可知道详细了。"从陈独秀的"广告宣传"可知，他要将《安徽俗话报》办成全民性的报纸，可谓妇孺皆可，老少咸宜。接着他列出了办报的章程，对报纸"论说、新闻、历史、地理、教育、实业、小说、诗词、闲谈等"13个门类作了简介。

鉴于时下各类报刊"风多响易沉"、民众畏官府而不敢读报的现状，他在这篇报人自述里，对民众的担心进行了很好的安抚、呵护与关照，免除他们读报的后顾之忧。他反复申明"我这种俗话报的主义，是很浅近的，很和平的，大家别要疑心我有什么奇怪吓人的议论。""想大家都是喜欢的，大家只管放心来买看看。"但是，他最终还是自我难控地违背了这种表白，而成了一班老辈们心目中的"洪水猛兽"。

在这份创刊号上，他还以"三爱"为笔名发表了一篇曲作《醉江东·愤时俗也》，呼出了"眼见得几千年故国将亡，四万万同胞坐困"的焦虑，勾画了清廷官员的祸国洋奴的形象："拍马屁，手段高，办公事，天良尽。怕不怕他们洋人逞洋势，恨只恨我们家鬼害家神。安排着洋兵到，干爹奉承，奴才本性。"这是他在《安徽俗话报》首刊诗词栏的开卷之作。

在这份创刊号上，还有一篇《瓜分中国》的论说。他警醒国人道："各国驻扎在北京的钦差，私下里商议起来，打算把我们几千年祖宗相依的好中国，当作切瓜一般，你一块，我一块，大家分分，这名目就叫作'瓜分中国'。"他接着呼吁："不如趁着外国兵还没有来的时候，偷点空儿，大家赶紧振作起来，有钱的出钱……我们中国地大人众，大家肯齐心竭力办起事来，马上就能国富兵强，哪还怕洋人欺负的道理呢？"

以后，针对中国稀奇古怪的坏风俗，他还陆续发表了《恶俗篇》系列。在婚姻上，从结婚、成婚、退婚三方面规矩的不合乎情理，列举了种种腐风陋俗，指出在封建男权主义社会里，男女不平等，女人受压抑受玩弄甚至受迫害的社会现实，呼出了妇女解放的先声。从妇女的装扮上，道出了"女为悦己者容"这种"失我"的心理状态。感叹"中国的妇女，一生一世在黑暗地狱中，受极重的刑罚，如同犯重罪的囚犯一般"。批判了荒唐的婚姻习制，并说出妇女们不能自觉，"受了这个愚，便永远在黑暗地狱，受尽了万般的苦楚，一线亮光都没有。到如今越弄越愚，连苦恼都不晓得，相习成风，积非成是，像这样坏风俗，真是大有害于世道人心呀！"他反对封建礼教、旧道德。讲出令人耳目一新的两大好处："一是增进人类的幸福"，"一是保全国家的安宁"。强调了家国相连："若家家不安宁，那一国如何能安宁呢?""于国家的治乱都很有关系哩。"

在《敬菩萨》一篇里,他分析了烧香敬神的荒唐实质,从提倡科学的角度呼吁靠迷信自我安慰、自我麻醉的民众,"将那些烧香、打醮、做会、做斋的钱多办些学堂,教育人才",来整顿国家,或是办些开垦、工艺、矿务诸样有益于国,有利于己的事。以上这些反对封建礼教、反对愚昧迷信的论述,是他后来在新文化运动中思想的肇端。

更为重要的是,此时的陈独秀真正明白了家与国存亡相依的关系。他在《说国家》一篇中,不惜以自己为例子,现身说法:"我生长二十多岁,才知道有个国家,才知道国家乃是全国人的大家,才知道人人有应当尽力于这大家的大义。"他还谦虚地说:"我从前只知道,一身快乐,一家荣耀,国家大事,与我无干。哪晓得全树将枯,岂可一枝独活,全巢将覆,焉能一卵独完。"并告知民众,有一定的土地、人民和主权这三样事才算得是个国家,他最后启发人们道:"以上三样,缺少一样,都不能算是一个国。可怜我们中国,也算是世界上一个自古有名的大国。到了今日,这三样事怎么样呢?列位细细地想想看呀!"

陈独秀对国家的思考步步深入,又发表了《亡国篇》系列,他在"亡国的解说"一章里说:"这国原来是一国人所公有的国,并不是皇帝一人所私有的国。皇帝也是这国里的一个人。"他廓清了中国历代异姓皇帝的更迭,只可称作换朝,不可称作亡国。只有这个国家让外国人做了皇帝,或土地主权被外国占去才算是亡国。更为深刻的是,即使皇帝和官吏不换,若这国的土地、利权、主权被外国占去,国即亡了。他据此爆出惊人之语:当今中国,已经亡国了!接着他就以土地被瓜分,铁路、矿产、货物三样利权被侵夺,审判、国防、收税、航路等主权的大量丧失这些事实为据,推出结论:"事到如今,若还说没有灭种,还没有亡国,真是不害羞的话了。"更为可贵的是,他通过思索找出了导致亡国的深刻原因,那就是"国民劣性"。这应该是一个惊人的发现!他说:"(亡国)也不是皇帝不好,也不是做官的不好,也不是兵不强,也不是财不足,也不是外国欺负中国，也不是土匪作乱。依我看来，凡是一国的兴亡，都是随着国民性质的好歹转移。我们中国人天生的有几种不好的性质，便是亡国的原因了。"这些原因是"只知道有家，不知道有国"，"只知道听天命，不知道尽人力"。虽然说有些笼统，但毕竟寻到了国民疲敝的根源，悟出国民素质、国民意识、国民性之于一国兴亡的意义，发现了启民智这一救民进而救国的出路。但改造国民性毕竟是一个漫长的过程，需要的是时间和足够的耐心。对于性情急烈的陈独秀来说，虽然找到了，但是乱象日危的中国，又怎会为这些先知者假以时日？

在《论戏曲》一文里，他更是在戏曲改革上对开启民智寄予了厚望，对戏曲改良提出建议，并从戏曲对社会的功用角度与其他社会改造方式相比较说："现在国势危急，……像那开办学堂虽好，可惜教人太少，见效太缓。做小说，开报馆，容易开人智慧，但是认不得字的人，还是得不着益处。"在他看来，通过将人人都看的对国民影响巨大的戏曲改良成新戏，"多唱些暗对时事的开通风气的新戏，无论高下三等人，看看都可以感动"，戏曲便成了"开通风气第一方便的法门"。

《安徽俗话报》以其白话的语言形式和雅俗共赏、包罗万象的内容深受民众的欢迎。文艺方面有《论戏曲》、章回体小说《黑天国》连载、《西洋各国小学堂的情形》等，历史方面有《中国史略》系列连载等，教育方面有《国语教育》《王阳明先生训蒙大意的解释》等，军事方面有《枪法问答》《中国兵魂录》等。这些以连载的形式发表的文字深深震撼着人们。

这样一种万象纷呈的报纸，或倡导改良教育，或谴责封建伦理道德，或激励爱国热情，或呼吁挽救民族危亡，均在轻松活泼的语言中传递出一种痛切时弊而难以更移的焦虑，因此，对时弊民瘼，字里行间难免溢出一些激烈的言辞。

在《安徽俗话报》这个文化舞台上，陈独秀既是主办人、撰稿人，又是编辑者，他以"三爱"为笔名在这份报纸上陆续发表作品近50篇。从天文地理到古今中外历史，从政治到实业、教育、军事、文艺，无一不出自他的手笔，涉及面极其广阔。他说理通俗，犀利流畅，显示了他渊博的知识、横溢的才华。

在内忧迭起、外患方急的时局中，学校、报社、出版社是对革命启蒙和文化教育作用最大的三种社会机构。选择以言论警世比起投笔从戎更能发挥忧国书生的笔墨之长，又是"秀才造反"的必经途径。

苦心人，天不负。在陈独秀的努力下，该报发行半年，便从初刊 1000 份售额飙升到 3000 份，销路之广，影响之大，在当时全国各地近 40 种白话报中名列首位。代派处也发展到了 58 家，除安徽外还有上海、南京、北京、保定、镇江、南昌等地。办报还是结识有识之士、吸纳同人的最好途径，报纸刊行过程中，先后有 30 多人为该报撰稿，通过该报，陈独秀还团结了一批进步人士。

这份报纸的主题思想是反帝爱国和反对封建专制和国民陋俗，表面上普及知识，暗中鼓吹革命，是安徽最早负有革命使命的刊物。

到暑假时，桐城中学迁往县城，房秩五赴日本入师范学校，吴守一也回桐城授课，于是，陈独秀将报纸全部迁至芜湖。在艰难困苦中，他独自一人承担起了报纸的编撰发行工作，他偶尔也在安徽公学、安徽公立速成师范学校授课，依然维持着报纸的运转。

生性激进的陈独秀还在《安徽俗话报》上发表《枪法问答》《中国兵魂录》等文章，显示着这一时期他"铁血革命"的激情。此时他已经没有心思再埋头编报，他要从革命理论的王国走向革命实践的天地。办报这一鼓吹宣传方式毕竟与革命实践不同，它需要处静，而此时的陈独秀，奔走淮上，处动难止，似乎"投笔从戎"了，已经无暇再兼顾报纸，《安徽俗话报》顿失栋梁，难以为继。本是朔望发行每月两期的报纸，自从 6 月 17 日正常出版发行后，直到 9 月 13 日才发行了第 21、22 两期的合刊，但报纸上已经没有了陈独秀的文章。

另外，有着革命精神实质的《安徽俗话报》，竟然触犯了洋人，因报上登载了不利英国的外交消息，驻芜湖英国领事对清廷施压，要求将其勒令停办。

不仅如此，这份惊世骇俗的报纸还引起了思想保守者的非议，这压力也是不可忽视，就连芜湖科学图书社的发起者、具有新思想的胡子承也在不安中向科学图书社提出了改良报纸的建议：

> 至《俗话报》出版以来，同人皆颇欢迎，而局外则多訾议。如"自由结婚"等语，尤贻人口实。其实此时中国人程度至"自由结婚"尚不知须经几多阶级……鄙人甚敬此报，甚爱此报，而又不敢随声附和此报，意欲更图改良，立定宗旨，可乎？请与重翁（陈重辅，即陈独秀）等商之。①

胡子承提示他们："现在民智低下，胆子甚小，毋令惊破"，希望报纸"辞旨务取平和，万勿激烈"。他对陈独秀的个性有所了解，很敬重他，为免引起变故，他又函嘱书社同人："重辅血性国人，于社事尤为关照，凡事请与酌行。"这个具有新思想的人尚且有如此反应，可见，报纸在当地的确被视为"洪水猛兽"，它的处境也就可想而知了。

在主笔陈独秀看来，对于报纸的言论风格，他已经做出了难得的自我抑制了，该报不是太激烈了，而是太柔和了，再对该报进行改良，还不如不做。同人的反应让他心冷。

当汪孟邹将意思传达给他时，陈独秀当即决计不续办了，无论汪孟邹怎么与他商量，他始终都不答应。他决定了的事断无更改，认定的道路断无回头。就连汪孟邹为了将报纸凑足一年，让他再坚持办一期的要求他也不去满足了。他决计迁到芜湖，在安徽公学任国文教师，以此学校为革命基地，由鼓吹的幕后走向革命的台前，从事安徽革命运动的实践。《安徽俗话报》就此停刊。

---

① 汪原放：《回忆亚东图书馆》，学林出版社1983年版，第16、17页。

五、暗杀行动

陈独秀在《辛丑条约》签订后的第二个月，即 1901 年 10 月到达东京后，入东京专门学校（日本早稻田大学的前身）学习，后又在东京师范学校补习。按照中国学生留日惯例，在正式入学之前，必须先补习日语和数理化等普通课程。日语成了他掌握的第一门外国语。

带着救国理想的清国留学生大多不会中规中矩地研究学术，他们关注国内政治动态，筹办各类政治组织，日本东京几乎成了维新变法后反清队伍的输出基地。不安分的陈独秀更是难以做个听话的学生。就在留学的第一年末他就参加了由留日学生组织的"励志会"，该会成立于 1900 年上半年，主要人物有沈翔云、吴禄贞、金邦平等，以勉励学业、联系感情为宗旨。这个被冯自由称为"实为留学界创设团体之先河"的组织也有一定的文化建设活动。如出版《译书汇编》，收入卢梭的《民约论》、孟德斯鸠的《万法精理》、约翰·穆勒的《论自由原理》、斯宾塞的《代议政体》等西方民主思想著作。还办过一份《国民报》（月刊），颇有影响，其政论文章多由沈翔云执笔，宣传西方资产阶级学说。名义上以"联络感情，策励志节为宗旨，对国家别无政见"，但实际上只是赞同维新改良而已。

该会"初时论颇激昂，渐次变质"，很快就因政见不同而分裂，陈独秀加入的时候，该会就分裂为稳健派（其中有曹汝霖、章宗祥等）和激烈派。前者接近官场，被看作清廷鹰犬，两派势不两立。性情激越的陈独秀与校友张继站在激烈派一方，由于不满稳健派的作为，他们后加入而先脱会。张继原名溥，字溥泉，直隶沧州（今属河北）人。1899 年赴日留学，先是入东京善邻书院，后入东京专门学校，此时他目睹清廷腐败，并受法国资产阶级民主革命思想的影响，较为激进，对陈独秀的影响很大。

在日本留学的日子里，西方资产阶级思想让陈独秀如沐春风，他广泛阅读西方近代各种政治文化学说、文艺创作与社会理论书刊。他反思着维新改良，比照着西方思想家对民主自由权利的阐述，开始由"改良"转向"革命"，让他兴奋一时的"康党"追求也就此结束，开始了他的"乱党"生涯。在这相对自由的空洞里，他的眼界更开阔了，这是他在政治上鄙夷的封建卫道者嗣父的身边所不能接触的，他爱上了法国人的革命风格以及法国思想家的透辟的革命理论。风风火火的革命最适合他的个性，最符合他的叛逆性格。

就在陈独秀改良之梦觉醒之时，同在日本的梁启超却依然于 2 月 8 日在横滨创刊《新民丛报》，继续做着君主立宪的改良美梦。

在国内，他的一些旧友也正经受着梁启超等维新思想的洗礼，他们几乎把《新民丛报》奉为圣典。他的好友汪希颜极力推崇梁启超主编的《新民丛报》，在给他的胞弟汪孟邹的信中推荐该报说："日夕观览，大鼓志气，大作精神，大拓胸襟，大增智慧。""吾谓学游六年，不如读此报一年，读书十卷，不如读此报一卷。此报一出，而一切之日报、旬报、月报皆可废矣。"赞其"本天演之公例，辟人群之义务，洞环球之全局，溉教育之根源。""兄既自购一份，又为吾弟另办一份，负欠典衣，在所不顾，而此报终不可不阅也。"真是如得异宝。

日本留学生的励志会，给了陈独秀很大的启发。他想起了自己在心仪康梁时接触的有识之士，不知他们是否已经被戊戌变法的结局震醒，是否接触到了这些足以让他们寻找到报国出路的新思想。他决定回到国内，组织自己的革命团队。

1902 年 3 月上旬，脱离励志会的陈独秀结束了不到半年的第一次旅日生活，扬帆回国，船归上海滩。他先到南京拜访了朋友汪希颜，讲了自己在日本的经历，表明了自己回国的目的，汪希颜和葛温仲将自己在陆师学堂的同学章士钊（行严）和赵声（伯先）介绍给了陈独秀。

这个被西方新思想鼓舞着的异常活跃的革命青年在与章士钊及赵声进行一段短暂的接触后，便从南京回到了安庆，也把异域的革命火种带回了故乡。不久，在他的鼓动下，潘赞化、何春台、葛温仲、张伯寅以及武备学堂的学生柏文蔚、安徽大学堂的学生郑赞丞等热血青年组合在一起，发起成立演说会，并在藏书楼开辟一个阅览室，陈列他从东京、上海带来的各种进步革命书刊。之后，仿照日本东京的中国留学生团体"励志社"，成立了"安徽青年励志学社"，每周聚会，以相奋勉。传播新知，牖启民智，宣传爱国新思想，鼓吹革命，举行爱国演说，进行了一系列反清活动。

1901年2月，沙俄向清政府提出书面约款十二条，企图全面掠夺中国东北主权。3月15日，上海爱国人士在张园集会，"力拒俄约"。回到国内的陈独秀与何春台等发起了演说会。他们认为"非集合群力，不足以图存，然民智锢蔽，亦非启发鼓吹不为功"。于是他们在安庆藏书楼西院的尚志学堂举行了第一次演说会。这次演说，是安徽省有史以来的第一次群众大会，被潘赞化誉为"清末安徽革命的第一声"，陈独秀则成了20世纪初安徽地区的主要革命领袖。这次演说影响不是很大，于是陈独秀便想重返日本，再图大计。

1902年9月，陈独秀又与潘赞化、葛温仲等再次东渡日本。

重返东京后，陈独秀进入成城学校陆军科学习，在这所军事学校里，陈独秀又结识了1901年赴日留学的蒋百里、1898年就赴日的苏曼殊。这所学校创办于1898年，是清廷洋务派派练新军指挥官的军事院校，为清廷培养军事人才，并派有督学，担负监督留学生的责任。这所学校里汇聚着许多热血青年，其中不乏有着强烈革命倾向的志士。经过一段交往后，1902年冬，陈独秀联合了原励志社成员中的激进派，与蒋百里、潘赞化、苏曼殊等组织发起了"青年会"。效法意大利马志尼的资产阶级民族革命，部分留学生已把目光从日本的明治维新移向欧洲大陆的资产阶级革命。意大利在独立之前，有革命团体"少年意大利"，所以留学生们便把会名定为"少年中国会"，但又怕这一名称太过分，引起清廷不满，不利于该会的发展，又改名为"青年会"。该会拟订会约，"以民族主义为宗旨，以破坏主义为目的"，被称作日本留学界中最早的革命团体，会员们翻译了《法兰西大革命史》，直接介绍欧洲资产阶级革命典范的法国大革命。倾向暴力革命的留日学生还在会后留影，显示了他们只求热血化碧涛而不懂斗争策略的特点。"嘤其鸣矣，求其友声"，在这个激进得有点极端的组织的活动中，陈独秀还结识了邹容、章炳麟、刘季平、汤尔和等，他们都是成城学校的"清廷异端"。

早在1894年，认识到"和平方法，无可复施"的孙中山在檀香山创立了中国第一个资产阶级革命团体兴中会，提出"驱除鞑虏，恢复中国，创立合众政府"的革命主张。很快，中国的上海、日本的东京成了宣传革命的两大中心。因此，为防止留日学生的"变异"，清廷便在日本派驻督学。1902年夏，兼有督学责任的驻日公使蔡钧，听说留日学生图谋不轨，密奏朝廷，建议暂停向日本派遣留学生。此时，苏、浙、赣三省留日学生9人打算自费入成城学校陆军科。按日本校方规定，入校须中国公使出具保单。这当然遭到了蔡钧的拒绝。督学或学监实际是清廷安排在日本的耳目，他们与激进的留学生有着不可调和的矛盾。清廷为了防止留日学生的反政府活动，除加强原有的各省监督制外，还加设专事管理学生总监督一职。

1903年，时任湖北省学监的姚昱因为"无端撄留学生之逆麟"激怒了学生，于是，邹容带头，联络了张继、陈独秀、翁浩和王孝缜，探听到姚昱某夜有奸情，便结队潜入姚宅，当场捉奸，张继抱其腰，邹容捧其头，陈独秀持剪刀，割发代首，剪去了姚昱的辫子，以泄愤恨。他们还把剪下的辫子悬挂在清国留学生会馆门楣，使姚昱威信扫地。被剪去辫子的姚学监，无法继任公职，陈独秀等几个肇事者也因此被清廷驻日使馆提请日本警方强行遣返原籍。

1903年4月，沙俄在1901年议定分三期从东北撤兵的第二期撤兵时间已到，但是他们不仅不再撤兵，反而又向清廷提出"俄约七条"，企图使东北成为其独占的势力范围。日本报纸报道了沙俄政府独霸我东北的消息，引起了东京中国留日学生的强烈不满，29日，东京留日学生500多人集会，决议组织拒俄义勇队，并且电告北洋大臣袁世凯："俄祸日迫，分割在即，请速严拒，留学生已编义勇队，准备赴敌。"但清政府驻日公使蔡钧密电端方，污蔑学生"名为拒俄，实则革命"，要求严密饬拿。此种倒行逆施的行为，使留学生彻底绝望，"学生等以报国无路，莫不义愤填膺，痛哭流涕。

至是青年会同志乃向各省同乡会大倡革命排满之说"。5月上旬，拒俄义勇队改名军国民教育会，决定用鼓吹、暗杀、起义三种手段回国发动反清。在国内，各大城市的爱国人士也发起了全国规模的"拒俄运动"。上海、东京有十多万民众集会示威，一致抗俄。

5月初，陈独秀等到达上海，邹容留上海加入《苏报》阵营。受"拒俄运动"的影响，他迅即回到安徽开始积极活动，联络潘赞化的堂兄弟潘瑨华、潘璇华等筹备组织"安徽爱国会"，积极发动安徽地区的"拒俄运动"。

留在上海的邹容不久就写出了《革命军》一书在上海出版，发出了急风暴雨式的革命宣言，它惊世骇俗，不胫而走，一时"洛阳纸贵"。它宣传了"平等""自由""天赋人权"等资产阶级政治思想，抨击了封建君主专制制度，最能振奋人心的内容则是"扫除数千年种种之专制政体，脱去数千年种种之奴隶性质，诛绝五百万披毛戴角之满洲种，洗尽二百六十年残惨虐酷之大耻辱"等反满言论，他把满清贵族集团实行卖国和民族压迫的种种事实公之于众，推动了人们的觉醒。

回到安徽的陈独秀也开始了将近一个月的活动准备，他们在安庆城内张扬出不到五百字署名"皖城爱国会同人敬启"的《安庆爱国会知启》一文，文章从针对沙俄违撤兵之约，发出热血男儿奋起抗争的强烈号召，并发布了将在藏书楼开演说会的消息，这无疑是一个布告式的会议通知。1903年5月17日下午1点，为响应上海、东京"拒俄运动"，陈独秀与潘瑨华等人在安庆藏书楼召开演说会，给清廷施加压力，不让其接受俄约。参加大会的有高等学堂、武备学堂、桐怀公学等学校学生及社会爱国人士三百多人。

演说在大雨中进行，十分悲壮。首先由陈独秀演讲。他情绪激昂，眼含热泪，首先对7条俄约逐条解读，揭露俄人狼子野心，指出"诚如是约"，"则东三省已非我有"，并激励民众说："我国与俄战之仇固结不解，我国之人有一人不与俄死战皆非丈夫！"接着他讲了自己在东三省时见证的俄国暴行，又指斥中国"思之当一大痛哭"的国民性。将中国国民性在爱国方面与外国进行了对比："中国人性质只争生死，不争荣辱，但求偷生苟活于世上，灭国为奴甘心受之。外国人性质，只争荣辱，不争生死，宁为国民而死，不为奴隶而生。"为改变这种现状，他提出了灵通国事消息、激发爱国思想、强健国民体魄这三个要件。他还将"漠视国事"令人寒心的国民分为4种：不问国难明哲保身的国贼逆党、只保身家无深谋远虑的绅商、似开通而又不开通之士流、全国中不知瓜分之迫的乡鄙农民。

他还警醒国人道："凡我国中人士，十有八九不出此四种，国安不得亡，种安不得灭！"呼吁在场民众"尽力将国事承担起来"。

陈独秀的演说慷慨激昂、振奋人心，发人深省，让听众为之唏嘘，也为之赞叹。

之后王国桢、潘瑨华、潘璇华、葛光庭等20多人相继演说，众人演说完毕，陈独秀正式宣布成立"安徽爱国会"，得到全体与会者一致赞同，并公推陈独秀、潘瑨华等7人为爱国会负责人，还将爱国会章程公布于众。陈独秀又出示了爱国会会员名单、宣言及宗旨，当场在《爱国会会员名簿》上签名加入者就有136人。演说结束、爱国会成立后，又在会内分演说、体操等部，并决议创办《爱国新报》，其"宗旨在探讨本国致弱之源，及对外国争强之道，依时立论，务求唤起同胞爱国之精神"。

由于陈独秀与时在《苏报》的章士钊、邹容的关系，本就是上海爱国学社重要宣传阵地的《苏报》也成了刚刚成立的爱国会的政治盟友。于是，安徽爱国会的演说会进行到第10天，陈独秀一篇署名陈由己的演讲稿便刊登在了《苏报》上。6月7日，列有20条的《安徽爱国会章程》又登堂该报，阐发了其宗旨："本社因外患日亟，结合士群为一团体，发爱国之思想，振尚武之精神，使人人能执干戈卫社稷，以恢复国权基础。"成立后的安徽爱国会进行了积极的爱国救亡活动，刚创刊不久的天津的《大公报》以及《中外日报》都报道了陈独秀和安徽爱国会拒俄运动的消息。

1902年4月，蔡元培、章炳麟等人发起成立了中国教育会，不久，因"成城学校事件"被日本政府驱逐的吴稚晖等回到上海。11月，他们吸收南洋公学因学潮而退学的学生组织爱国学社，每周开会演说，倡言革命，震动全国。

1903 年春，南京陆师学堂 30 余名退学的学生到上海加入爱国学社。从 6 月初起，《苏报》接连发表章士钊、章炳麟、张继等人的激烈反清文章，并极力赞扬《革命军》，"其宗旨专在驱除满清，光复中国。笔极锐利，文极沉痛，稍有种族思想者，读之当无不拔剑起舞，发冲眉竖"。《苏报》激进的革命言论早已引起了清廷的憎恨。1903 年 6 月，清廷勾结租界采取了行动，下令查封该报，经理陈范携带家眷逃往日本，主笔蔡元培逃往青岛，吴稚晖逃往英国，章炳麟、邹容于 6 月底至 7 月初先后被捕入狱，上海爱国学社也被解散。

与《苏报》、上海爱国学社有着密切联系的"安徽爱国会"当然也难以幸免。虽然"安徽爱国会"有着"辟平日跑反之狂言，当尽死守土地之责任；除平日为己之私见，当守合群爱国之目的；改平日骂官之浅见，以振独立尚任之精神"的表白，但是他们也明确表示了对清廷的失望以及绕开政府的应对措施："联络东南各省志士，创一国民同盟会，庶南方可望独立，不受异族之侵凌。"这些对清廷来说都是十分危险的反动言论，让地方政府十分恐惧，在此之前，闻得风声的当地知府桂荣亲自赶往藏书楼宣谕禁止演说及会社活动，并上报两江总督端方，端方也十分惊慌，欲除之而后快。

于是，安庆的大街小巷便贴满了知府桂荣签发的布告：

> 访闻近有东洋游学回国之人，在该处（安庆藏书楼）私设社会，演说悖妄之词，谣惑人心，实属荒谬，有违国家法律。现奉抚面谕，不准演说，私设社会，如违拿办等因……

端方不仅晓谕查禁，还通令缉捕归国留日学生，并密电令饬皖统领韩大武：

皖省之"励志学社"与东京拒俄义勇队互通声息，名为抗俄，实为排满，且密布党羽，希图大举，务将何春台、陈仲甫等一体缉获，无任逃遁。

电文中陈独秀被列为首要分子加以通缉追捕，为防备爱国会成员出逃外省，端方又谘请外务部告知各省缉拿，6月27日，清外务部向沿海各省督抚发出缉拿查办爱国会成员的通电，言称爱国会"猖狂悖谬，形同叛逆"，"着沿海沿江各省，务将此败类，严密查拿，随时惩办"。于是一张缉捕大网就此张开。

端方的密电传到安徽统领韩大武的文案吴汝澄（守一）处，吴便连夜找到爱国会会员房秩五，将电令内容告诉了他，又与房秩五一起到潘瑨华家，并立即通知爱国会各会友逃避。原来，吴汝澄和房秩五、陈独秀曾一起留日，现在也是爱国会会友。第二天，当韩大武令吴汝澄将电令译出，随即派人赶往缉拿时，爱国会成员已经于前一天夜里远遁了，陈独秀也星夜只身逃往上海避捕。到上海后和章士钊一起办《国民日日报》。

1904年夏天，桐城潘瑨华以考察北洋警察的名义，到保定会晤吴樾、张啸岑，交换对时局的看法，商讨革命活动。潘瑨华向二人转达了陈独秀的意见："要努力唤醒广大群众，起而救亡，救亡就必须推翻清室的腐败统治。同人等进行革命，要能谨慎而不懦怯，要有勇气而不急躁。"

"俟河之清，人寿几何"。晚清知识界多受日本武士道精神影响，盛行"崇侠"尚武之风，吴樾、秋瑾等人，不屑于空谈误国"生而多言"，唯愿"死而少言"，以实干兴邦，铤而走险。"坐而论道"何如"起而行之"！就连深受俄国虚无主义影响的蔡元培也认定革命只有两条途径：一是暗杀，一是暴动。

1904年，日俄战争在中国东北爆发，在两国争夺中国利益的这场刀兵中，清政府竟然宣布中立，激起了国人对统治者的仇恨情绪，于是，激进人士对清廷采取极端手段也就势所必然了。

全国上下一片激进排满的革命浪潮，此时的上海，更是聚集着一批热衷暗杀的刚烈志士，暗杀活动的潜流正汹涌而动。在这些人中，最为积极的是杨笃生，他为试验炸药而失去了一只眼睛也继行不辍，曾与周来苏、苏凤初携带日制炸弹，约张继、何海樵一同潜入北京，准备炸毁紫禁城和颐和园这些最具清廷象征的建筑，以使天下震动。但在北京几个月，最终无机可乘，后来又联合吴樾、马鸿亮等人组成北方暗杀团，谋划炸死清廷军机大臣、陆军部尚书铁良。

1903 年东京拒俄运动中成立的"拒俄义勇队"，后更名为"军国民教育会"，该会以鼓吹、暗杀、起义三步为革命手段。由杨笃生、何海樵等人主持，并有黄兴、陈天华、张继等人参加，其目标是"欲先狙击二三重要满大臣，以为军事进行之声援"。不久，军国民教育会中的秘密组织暗杀团在上海成立分会，为了与黄兴等人领导的华兴会拟在 10 月 10 日发动的长沙起义相呼应，便吸收各省主要同志，组成爱国协会，作为华兴会的外围组织，以暗杀为主。杨笃生、章士钊分任正副会长。此时的章士钊便想起了在安徽办报的陈独秀，于是在这年的秋天给陈独秀写信，邀他前往上海。

陈独秀一到上海，便在杨笃生的监盟下，加入了这个暴力组织"军国民教育会暗杀团"。这个会团在入会时，设置黄帝牌位，按人数发书面誓言，入会者在誓言上签名，并宰杀一只鸡，将鸡血滴在纸上，洒于酒中，跪地宣誓，并饮鸡血酒。仪式后每人各藏一张誓约。此时的蔡元培已经是该团的成员，并且身兼光复会会长、中国同盟会上海分会会长之职，为双料革命党人。刚刚加盟的陈独秀便天天跟从杨笃生等人试验炸药，因此与也常常来试验练习的蔡元培相晤而识，有了第一次亲密接触，后经常聚谈。由于主客观两方面的原因，平生最讨厌杀人的陈独秀当然不会在暗杀团做出成绩，他只是欣赏钦佩参与暗杀者那种爱国牺牲的精神，但不赞成他们的行为方式，他认为"此种爱国行为，乃一时的而非持续的，乃治标的而非治本的"。后因暗杀团两次起义先后流产，上海的暗杀活动暂时停止，在上海住了一个多月的陈独秀又回到了安徽。

在上海月余的陈独秀已深深感到了山雨欲来的革命形势，于是他又加紧了更为直接的革命活动。他力促本年春李光炯、卢仲农在湖南长沙创办的"安徽旅湘公学"迁回芜湖，成了迁校运动中的中心人物，并答应赴该校任教。该校曾聘革命党人黄兴、赵声任教，以培养革命骨干，散布革命种子为宗旨，指导学生阅读革命书刊。该校迁到芜湖后，继续宣传革命，联系同志，成了安徽革命运动的主要策源地。此时，陈独秀在启蒙与革命之间摇摆，在家庭背景下生成的暴烈性情让他一手持枪，在书香门庭里熏染的文才素养又让他一手执笔。

1905年2月，安徽公学开学。学校设中学、师范两部，招收的学生都是安徽有志革命的进步青年。夏天，学校刚步入正轨后不久，为了促进安庆革命形势的发展，以暴力推翻清廷，挽救民族危亡，陈独秀与柏文蔚、常恒芳等人以安徽公学为基地筹备组织反帝反封的革命团体"岳王会"，取岳飞"精忠报国"之义。"岳王会"还在芜湖租下两间房子，作为联络处。柏文蔚是学校体操教员、常恒芳是师范班学生，会员除安徽公学中的优秀学生外，还有武备学堂的部分军人，共30人左右，并订立会章，旨在反清。他们在芜湖进行第一次集会，用烧香宣读誓约的形式接纳新人入会。它的入会形式与暗杀团的歃血盟誓相似，严守秘密，不作宣传，以暴力行动为主要手段，举行反清活动。它表面上是旧式会党，实质上是新式职业革命组织。

1905年春，吴樾利用假期，草拟了万言"意见书"，并交给张啸岑一份，嘱咐他如果事后离开人世，设法交给可以发表的人，万一无法发表，就交给湖南的杨笃生或安庆的陈独秀。此后，吴樾便拟定了刺杀铁良的计划，并先到南方安排家中后事。路过芜湖时，拜访了陈独秀，并恰巧遇见了赵声，于是三人便进一步秘密策划。

此时的陈独秀心志似乎已全部在暴力革命上了，男子立身唯一剑的英武气度鼓舞着他。

为应付严重的国内危机，遏制蓬勃发展的革命形势，维持风雨飘摇的封建统治，清政府决定实行"预备立宪"，派载泽等五大臣出洋考察宪政。此时做好了一切准备、伺机谋杀铁良的吴樾一直没有机会下手，于是转而谋刺五大臣。他在北京正阳门火车站狙击五大臣。但因炸弹受震自爆，吴樾当即身亡，五大臣中载泽、绍英受伤。吴樾死难后，陈独秀积极处理烈士的身后之事，他以隐语的方式致函张啸岑："北京店事，想是吴兄主持开张。关于吴兄一切，务速详告。"张啸岑遵照吴樾生前嘱托，将自己保存的吴樾"意见书"寄给陈独秀，陈独秀将吴樾一件西式外套，遵嘱寄赠上海的杨笃生以为纪念。烈士已去，清廷在加紧对事件追查的同时，对出洋大臣稍加调整，仍凑足五人，于12月11日起程了。

吴樾的刺杀行动并未发生多大的效应，这就是单个的暗杀行动最终的结局。

为使岳王会发展壮大，陈独秀发扬了办报的"敬业"精神，似一个苦行僧，行李在肩伞在手，游走于江淮南北，到处寻访革命志士。他先到怀远、蚌埠，然后经蒙城、涡阳、亳州、太和、阜阳、正阳关到达寿县。在寿县栖身半月，遍访江湖侠义之士，结识了孙毓筠（少侯）、张澍侯（之屏）、石敬武、宋健侯等。最后经合肥返回芜湖。另外，岳王会成员宋少侠、方健飞等也分头行动，为扩大组织努力。经过一番筹组，岳王会势力已相当可观，"大者聚徒数万，小者结党数千"，其领导骨干熊成基、倪映典、吴旸谷、方刚、郑赞丞、龚振鹏等通过岳王会公开或半公开"华族会""慰心会"这些岳王会的外围组织力行反清。这些坚贞不渝、至死不屈的领导骨干为同盟会在江皖地区的发展，奠定了雄厚基础。

10月，柏文蔚到南京任南洋第九镇33校第2营前队队官，联络了一批人，于次年初创立了南京分会，并任分会会长。常恒芳也到安庆邓绳侯创办的尚志学堂当训导主任，也发起组织，成立岳王会安庆分会，任分会会长。岳王会总会设在芜湖，陈独秀任总会长。岳王会安庆分会设立后，陈独秀还经常到尚志学堂为师生做演讲。

就在岳王会组定之时，孙中山同黄兴、宋教仁等兴中会、华兴会、光复会成员70多人，在日本东京集会，决定成立统一的革命政党。1905年8月，中国同盟会召开成立大会，通过了同盟会章程，推举孙中山为总理，并以他提出的"驱除鞑虏，恢复中华，建立民国，平均地权"为政治纲领，以《民报》为机关刊物。

同盟会成立之后便以席卷神州之势，遍地开花，孙中山派遣同盟会干部回国发展各地组织，统一全国革命力量，影响较大的"岳王会"自然也是同盟会的整合目标。衔同盟会使命赴安徽的正好是岳王会成员吴旸谷，他在东京追随孙中山并参与发起了同盟会，因与安徽的革命团体有着密切关系，他便成了派驻安徽的最佳人选。很快，这个原岳王会成员便赶赴南京，游走于柏文蔚、倪映典、龚振鹏等人之间，并秘密集会于鸡鸣寺。吴旸谷先从岳王会南京分会入手，他携带的孙中山的十六字纲领也显示了十足的魅力，柏文蔚在吴旸谷的游说之下由其作介绍人加入同盟会，很快，岳王会南京分会全体加入同盟会。当吴旸谷谋寻长江同盟会盟主时，柏文蔚推荐赵声并将其召入盟伍，举为"长江五省盟主"，不久赵声就得到了孙中山的委任状。

不仅如此，勤奋的吴旸谷还到合肥建立同盟会安徽分部"武毅会"。在吴旸谷的影响下，许多岳王会会员都相继加入了同盟会，安庆的岳王会分会长也成了同盟会会员。南京、安庆这两个岳王会分会的全体加入，使岳王会顿折两翼，芜湖岳王会总会决议接受吴旸谷、张根仁的介绍，全体加入同盟会。"华族会""慰心会"自然也成了同盟会的外围组织。最后只剩下了总会长陈独秀一人，保持着惊人的冷静与沉默。

从外围到两翼，从两翼到中心，由蚕食到吞并，一花怒放，一花凋零，岳王会与同盟会终于完成了荣枯消长。岳王会成员们喝下的血酒早已经过消化系统排出体外了。带有旧式帮会色彩的革命组织的信仰和忠诚度很是让人怀疑。革命组织的统一是必需的，但像这样集体大逃逸的投靠现实，的确让人一叹一喜。煞费心力建立的革命组织如此早夭，带给人的不仅仅是感慨。他的倔强又一次派上了用场：不加入同盟会。并且他觉得同盟会的口号与自己的革命意图和革命理想相去甚远。在他看来，如何反帝才是当务之急。

对于这个书卷味、书生气十足的陈独秀来说，摇笔呐喊还是最适合的。但他的爱国激情却常常被书斋外热闹的革命行动所鼓舞，他一次次走出书斋，又无奈地退回。对于革命行动的具体实施在他内心有着许多困惑与矛盾，天生不喜欢杀人、怕见生命喋血，但又怀着强烈的忧国之心、深沉的救国焦虑，使得他曾经十分热衷于暗杀，但却始终没有付诸行动。他曾经赞赏并推动吴樾这一慷慨悲歌之士谋刺清廷要员，但结果让他深深认识到，革命的对象是难以用暗杀手段来斩绝的，革命理想若要实现，不是几个人或几个组织团体所能成功的，需要民众觉醒，通过国民运动，革命才有前途，中国才有希望。

六、旧式婚姻的反叛者

对于政治，他不是很擅长，像那些封建社会中的文人士大夫一样，学优则仕，怀瑾握瑜，理想如虹，但又多有谪叹。其实，文化与政治并没有必然的联系，但在中国却成了传统，这生活在封建末世中的陈独秀的身上，仍有着深刻的铭痕，妇人之慈又根植于心。

他不加入同盟会，但也决不会与革命的同盟会对立，对于一个心存革命者来说，行教育，做策问，是书生政治家们政治行程受阻后潜意识的"退守"现象。此时的陈独秀便以正常的书生形象出现在公众面前。他除了执教于安徽公学、做国文教师以外，还邀荐刘师培到安徽公学和皖江中学教书，不久，化名金少甫的刘师培又邀苏曼殊到皖江中学任教。

1906 年 3 月，他与徽州旅芜同乡会共同创办了徽州初级师范学堂，并任该校监学及教育、地理等课程教员。由于陈独秀、刘师培、苏曼殊等旅日者的加入，徽州初级师范学堂徽州公学和皖江中学便显得东洋味很浓，这又遭到了清政府的指责，称这三个学校经学科最少，课本多为东洋，有"重外轻内"之嫌。更为严重的是，清廷大员汪昌麟视察这三个学校后，竟认为它们是打着修学造业的幌子，把学堂作为乱党的"护身之符"。为保存国粹计，声言要对三个学堂进行整顿。

在这种情况下，这个心系兴国的"乱党"难免乱心。但刘师培、苏曼殊这些志气相投的书生革命者相伴左右，着实让他有着太多的心理安慰。他们似乎有着同样的心理背景和心理感受。

时间到了暑假，清廷大员视察三学堂的报告刚出炉不久，为躲避"欲来山雨"，为驱散愈积愈厚的心头愁云，也为重返故地给自己"充电"，感受东京的革命形势，陈独秀与苏曼殊又一次东渡日本。

短短的假期结束，陈独秀、苏曼殊与邓以蛰从日本乘船回国，闲来无聊，便在船上海阔天空地扯起了山海经。苏曼殊还沉浸在与日本女友交往的悲伤之中，言语中充满着忧伤和自豪。陈独秀了解他的急躁性情，有意挑逗他，便佯装不信，他一再解说，陈独秀还是摇头，他真的急了，"突突"跑进舱内，捧出日本女友的众多发饰给陈独秀看："仲甫，这可是真的呀！"说着便失声痛哭，把发饰全部抛入海中。为此，陈独秀作《偕曼殊自日本归国舟中》一诗歌以戏谑道：

身随香船朝朝远，魂附东舟夕夕还。

收拾闲情沉逝水，恼人新月故湾湾。

回到国内已是处暑后，三学堂依旧风平浪静，陈独秀还做芜湖皖江中学教员，与刘师培、苏曼殊、章士钊为一校同事。

半载平和的时光渐渐逝去，但清廷对"乱党"吴樾等刺杀活动的追究并未停止。1907年春，陈独秀在科学图书社与革命党人的活动被人秘密告发，素来憎恨"乱党"的巡抚恩铭急令捕拿并欲严加惩治。陈独秀又一次避祸离皖赴日。到东京后，进入正则英语学校学习，与苏曼殊、邓仲纯同住一间小房。陈独秀教苏曼殊学文写诗，苏曼殊教他英文、梵文。在苏曼殊的影响下，他较多地接触了梵文和印度文化。同年6月，陈独秀还为苏曼殊的著作《梵文典》数卷作诗。

对同盟会心存芥蒂的陈独秀，虽然与在东京的同盟会成员章太炎、张继、刘师培过从甚密，但有意避谈政治，只是切磋中西学问。他们也知道陈独秀的秉性，他不会参加同盟会，所以也不言令彼此尴尬的政治话题，权作书生相处。

此时，章太炎、刘师培、苏曼殊、陶冶公及日本人幸德秋水、印度人钵罗罕·保什等革命志士发起成立了"亚洲和亲会"，章太炎任会长。该会宗旨为"反抗帝国主义，期使亚洲已失主权之民族，各得独立"，有着宽泛的入会标准，除主张侵略主义者以外，信仰任何主义的人均可参加。陈独秀于4月间加入该会，但因这一组织成员复杂，很少活动，只存在一年多便有名无实了。陈独秀也深深知道，这样的组织虽然阵线广大，但对于急需自救的中国来说，似乎有些远水难解近渴，他将主要精力又投入偷闲做学问之中。

但在自己的故乡，此时革命起义正风起云涌，6、7月间，革命党人徐锡麟刺杀清廷巡抚大臣恩铭，被捕牺牲，其心被清兵挖出炒食。他与秋瑾共同策划的浙皖起义也随即失败，秋瑾也在"秋风秋雨愁煞人"的悲壮中被杀于古轩亭口。同盟会的领袖孙中山领导的潮州、惠州起义也相继失败。

文学艺术、学术研究，历来是失意于政治场围中的文人疗救政治伤痛的良药，此时离家去国、客居他乡的陈独秀也不例外。潜心致学，这应该是他社会角色的复位，也是政治冲锋遇阻后的退守，文人的气质让他不能在政治舞台上飘举善舞长袖，他只能离开政治拼争，将自己放逐到政治的边缘，遁隐到国学文艺之中，用文艺去自娱自遣自宣泄，用学术去填充政治掏出后的虚空。

作为书生气很重的革命家，他的身上或轻或重地保持着书生的傲气，他不愿受人摆布而努力保持人格上的独立。他们即使置身于暗流涌动的政治生活中，也仍然坚持"性情中人"的行为方式，率真、冲动，等等，而不能也不会给自己戴上虚假的面具。这是他们作为普通人的优点，更是他们作为政治家的致命弱点。

岳王会的终结是他文人情怀重新显露的无奈退守。苏曼殊厮守在侧是他闲情复活的重要条件，苏曼殊这个具有中日混血的文学家，能诗文，善绘画，通英、法、日、梵诸文，有着"诗僧""情僧""革命僧"的称号。他在1884 年出生于日本横滨，母亲是日本人，6 岁回广东香山原籍，12 岁去上海姑母家，15 岁又回横滨，第二年剃度为僧。尽管他聪慧伶俐、诗心荡漾，但是，耳濡目染的语言环境，使他不谙韵律，作不出好诗。陈独秀与苏曼殊在 1902 年发起青年会时相识，感情日深。在日本时，他曾跟随陈独秀学诗，被陈独秀称作"绝顶聪明""天分高，善颖悟，又很勤奋"的诗才。诗词酬唱，文事互助成了他们交往的主要内容。

这个不僧不俗、亦僧亦俗的苏曼殊的爱情经历对陈独秀的影响也是不容忽视。

此时的陈独秀想在东京潜心钻研学术，打造学业。即使在 1908 年秋回国短暂度假，他也把绝大部分时间都用在了到杭州探亲访友上，有意回避政治。虽也有公开活动，也只是应邀参加了安徽教育总会秋季大会，在开幕式上作了倡言改良教育的讲话。他无意关注中国如火如荼的同盟会的革命实践，更不会投身进去。很快，心牵学业的他便从中国重返日本，依然继续他的书生生活。

寄情山水，物我两忘也是隐者向往追求的绝佳境界。对于这个政治的失踪者，山光物性也绝对是一个不小的诱惑。日本的日光山名胜华严瀑布，就留下了他放松身心的足迹。仁者乐山，智者乐水，山水有灵性，自然也激发出了他的创作灵感，为观瞻佳美造化作了《华严瀑布》诗十四章，在赞美瀑布丽景之中宣泄出了内心的不快。诗中真义依然有着两年前"我心恻恻没来由"的莫名凄伤。

在他的诗中，日光山群峰是皱着的长眉，华严瀑布垂着"百丈泪"，有生者对死者的凭吊，有"知音复几许"的幽叹，有"置笔泪沾臆"的伤悲。他在与华严瀑布作灵魂和精神的对话，与其说是对话，不如说是独白。这与无生命者的独语，是他内心深处的"不是幽人不得知"的情怀的充分流露。

学人相访，切磋学问，是他文人生活中的一种不可缺少的方式。研究国学，是他与文人墨客互相学习的主要内容。一天，陈独秀造访设在东京的

《民报》社馆，拜会同盟会喉舌主笔国学大师章太炎，当时钱玄同、黄季刚在座，听到有客人来访，恐有不便，就躲进隔壁房间里，里外只隔着两扇纸的拉门，如处一室。陈独秀与章太炎纵论汉学发展，谈到清朝，并列举汉学名家多在安徽、江苏两省，当提到湖北，说那里未出过大学者，章太炎也附和着如此说，这时国学深厚、脾气乖僻的湖北人黄季刚气愤不过，忍不住大声回答了二人的对话："湖北固然没有学者，然而这不就是区区，安徽固然多有学者，然而这也未必就是足下。"章、陈二人的学理谈话无意间伤及他人，遭到抢白，闻听此言也觉尴尬，索然扫兴，陈独秀随即告辞。

1909 年 3 月，陈独秀迁居江户，与苏曼殊、邓庆初、邓以蛰常常聚首。该年初春，苏曼殊在一次演奏会上与调筝女百助枫子相识相爱，为她拍下许多照片寄赠好友们，但最终冲不破清规戒律。自从他芒鞋破钵、皈依佛门后，便常常在灵与肉、佛与魔的冲突中挣扎，陷入难以言喻的矛盾之中，密友陈独秀成了他最好的倾诉对象，他写了《本事诗》10 首，向陈独秀和盘托出凄苦、复杂的心情。"我亦艰难多病日，那堪重听八云筝。""还卿一钵无情泪，恨不相逢未剃时。"多愁善感的苏曼殊，欲爱不能，欲罢不忍，心灵上的痛感，只能借诗歌传递友人以排遣。

形体如闲云野鹤、内心有愁云惨雾的陈独秀，自然也为友人的情感困厄而产生了共鸣，他于是和诗 10 首，深沉地抒发了自己的悲悯和哀怨。隐隐流露出的壮志豪情却浸染了难以化解的苦涩。他开导自己的朋友："一柱一弦亲手托，化身愿作乐中筝。""相逢不及相思好，万境妍于未到时。"但和诗更多的还是倾吐自己胸中的块垒，表达了信仰和追求：

> 湘娥鼓瑟灵均法，才子佳人共一魂。
> 誓忍悲酸争万劫，青衫不见有啼痕。

> 丹顿裴伦是我师，才如江海命如丝。
> 朱弦休为佳人绝，孤愤酸情欲语谁？

慵妆高阁鸣筝坐，羞为他人工笑颦。

尽日欢场忙不了，万家歌舞一闲身。

诗中提及屈原，自见他内心报国无门的苦闷与孤愤，比及白居易，自不会做自哀自怜、泪濡青衫的江州司马。诗中他还将才学恢宏、命运多舛的但丁和拜伦奉为导师，虽然现实中有种种无奈和失望，但仍保有不灭的政治理想。他慵妆高坐，自娱自乐，不取媚于他人，保持自己独立的人格，特立独行，孤直高拔，在万般喧嚣中竭力做一个清闲而有雅趣的人。

11月14日、15日，清朝光绪皇帝和慈禧太后先后死去，幼帝溥仪继位，决定次年改元"宣统"。宫廷的巨变刺激了国内的革命者，他们又开始加紧活动，这一变故，对长期在情绪的谷底隐伏、徘徊的陈独秀来说，未尝不是一个好机会。

1909年10月，陈独秀从日本归国，暂居杭州。这时，与他隔别十年的大哥陈庆元在东北因肺病客死沈阳的噩耗轰然传来，这个青少年时代对他影响巨大堪称亚父的大哥溘然早丧，的确让他惊惶悲绝！山遥遥，水迢迢，他立即仓促北上，到沈阳与兄长作生死一晤，少小兄弟长相聚，今朝生死两茫茫！墨泪融合、长歌当哭，为悼念兄长，他在沈阳寓宅悲作五首长篇诗《述哀》。诗歌情促辞工，似为讣告，他分寄与友人，后又跋山涉水亲自护送大哥的棺木返回故里。亲人远逝，忽失手足，生时相隔难相见，死后咫尺亦天涯。情深义重、有长者之风的大哥的去世，让离群于政治场上的陈独秀痛彻心扉，倍感孤苦，人生短暂命如丝的强烈感慨油然而生。这首哭兄丧诗读来抑郁苍凉，摧肝裂肺！

诗作回忆了兄长生前与自己的相处往事，对自己的才学积累的影响和帮助，抒发了兄长身后留给自己的痛苦，感叹母逝兄殁，人命危浅，手足缘薄。

历经变故的清廷似乎依然稳泰，葬完兄长，陈独秀又开始延续着在日本的生活模式。

为自己的人生理想，陈独秀常常游离于自己的家庭之外，自从母亲去世后，他很少回家，缺失着本有的家事天伦。他与妻子高晓岚很少在一起，二人情致、才识、个性本就有着天渊之别，此时更是人疏情薄。在妻子高晓岚的心中，丈夫陈独秀是一个思想怪异的另类；在丈夫陈独秀的眼中，妻子高晓岚是一个锈漆斑斑的古董。长久的分别，换不来夫妻的相悦。陈独秀的政治活动，难免多次遭到官府的查抄，陈独秀是一个非常危险的"丧门星"。她梦想劝丈夫安守本分，莫犯抄家灭门之罪而累及全家。妻子做梦也没想到父亲为她选择的郎君，竟堕落成了清廷勒捕的嫌犯。在陈独秀的理想中，在外屡遭通缉追捕，回家如果能够得到妻子理解与安慰，也能使疲惫的心稍有小憩，没想却常常遭到妻子的数落与怪罪，这使他对这个本就不中意的旧式妇女更加嫌恶。

勤务家事、哺养子女的妻子指责丈夫不知益家反害家，而这个恪守封建妇道的妻子不知，她正在陈独秀的"恶俗"之列。由此家庭失和，充斥着口舌之争。

无休止的争吵，渐淡的感情，高、陈两家的指责，异分已是难以避免的了。

就在陈氏夫妇关系远散的过程中，高晓岚的同父异母的妹妹高君曼走进了陈独秀的生活。

高晓岚母亲死后，高登科的续弦亓氏于 1885 年生下了高君曼。高君曼本名小众，又名君梅，小陈独秀 6 岁。高君曼与姐姐高晓岚生活环境不同，她是生父生母的掌上明珠，从小娇生惯养，少有挫折，受教于家庭教师，知书达理，思想开阔。在性格上，她活泼开朗，干练洒脱，热情奔放。曾在北京女子师范学校就读，思想进步，见识广博，并热爱文学，特别爱读陈独秀发表在各报刊上的作品，对姐夫很是仰慕崇拜。

她身材高挑，时装新潮，一头短发下，明眸皓齿与微露的笑容，处处显示着清丽恭良的新式女性特质。在二人的交往中，妻妹满腔的热情、新颖的思想、不凡的谈吐，让陈独秀耳目一新，很快两人便觉相见恨晚。

后来，高君曼寻找机会，借着各种理由与陈独秀单独接触，或促膝谈心，或小径漫步，交流思想、热烈讨论。当时，陈独秀常常去藏书楼发表时事演说，高君曼便常常去那里阅读进步报刊或听姐夫演讲。

起初，二人朝夕相处地探讨学问，在传统的伦理观念里，人们几乎不敢设想会发生什么。这种思想，当然也包括恪守传统的高晓岚。她甚至认为，亲戚之间往来的加频与感情的加深，总不是一件坏事。

探讨、约会。情感，在两人的一爱一慕中升华。

当他们难割难舍的沉醉有所昭露时，一个难题便摆在了这个封建家族的面前。两个性情刚烈的叛逆者的出现，使得最终结果只有两种：打破或者扼杀。

对于已决定随时因家族压力双飞远遁的二人来说，扼杀已坚持的这份感情已是不可能了。嗣父陈衍庶甚至以"退继"相威胁，但陈独秀根本无意继承其遗产，陈氏家族的所有努力都无济于事。

乡邻的传说沸沸扬扬，陈、高两家严厉指责。但二人并不在乎，我行我素，毫无畏惧。

妹妹与丈夫的日渐亲密让高晓岚看在眼里，疼在心里，封建的规训使她只能将痛苦深埋心底，暗自叹息落泪，履行着无爱的妻子职责。

陈独秀与高君曼的"自由恋爱"在众人的非难中达到了感情的饱和点。

1909 年底，陈独秀从日本回国，在杭州与高君曼正式同居，木已成舟，封建的权威已无能为力，陈独秀与高晓岚的夫妻关系已名存实亡。

对这一"喜新厌旧"之举，当事者自得其乐，文朋骚友亦叹为观止。陈独秀与其妻妹的侠胆温情在"多数"那里"有伤风化"，而在"少数"那里则无疑是一个壮举。

31 岁的陈独秀在陈、高两家一片反对和讥讽声中，与高君曼在西湖正式宣布结为伉俪，与家庭中断了联系。革命的波折，没有爱情的婚姻，使得陈独秀沉浸在婚姻自主与爱情滋润的巨大幸福之中，二人相敬如宾，偕友人"徜徉在湖山之间，相得甚欢"。此时的高君曼，一身入时的江南装扮，亭亭姿秀，绵绵温雅，时常伴随陈独秀出访高朋，听琴瑟互答，过着美好的闲逸生活。陈独秀在两人相处的过程中写下了感怀20首，其中一篇写道：

> 委巷有佳人，颜色艳桃李。
> 珠翠不增妍，所佩兰与芷。
> 相遇非深恩，羞为发皓齿。
> 闭户弄朱弦，江湖万余里。

9年奋斗中的苦闷、寂寞、不满现实与对未来的期待，交织着与佳人相娱的幸福及报国无门的悲慨与惆怅，同时也表达了他无意逃避现实，积极投身革命的入世精神。

高君曼也写了《月词》和《饯春词》等诗作与陈独秀相为酬唱。

1910年春，陈独秀在杭州陆军小学堂任历史、地理教习，佳人新得，意气风发，他曾得意地在致好友苏曼殊的信中说："公远处南天，有奇遇否？有丽句否？仲现任陆军小学堂历史地理教员之务，虽用度不丰，然'侵晨不报当关客，新得佳人字莫愁'。公其有诗贺我乎？"他所到之处，广结文朋诗友，通过杭州陆军小学堂教习刘季平结识了沈尹默。西子湖畔，陈独秀与刘季平、沈尹默、马一浮、谢无量等江南文人雅士诗酒相娱，互相观摩，逸情满怀。这种在"往来无白丁"的雅境中的应酬是高晓岚所不能伦比的。高君曼赢得了友人们的交口称赞，汪孟邹曾夸赞她是"女中豪杰"。陈独秀得意于娶了个才貌双全、志同道合的侣伴，有着"佳人进美酒，痛饮莫踟蹰"的狂放与欢畅。他写的《灵隐寺前》一诗正表达了那种把酒临风的惬意：

> 垂柳飞花村路香，酒旗风暖少年狂，
> 桥头日系青骢马，惆怅当年萧九娘。

章士钊在回忆陈独秀与高君曼在杭州这段美好的时光时曾有诗赞道：

三月江南噪阳春，胜友连翩六七人，

最是怀宁陈仲子，平生思归迈苏程。

这毕竟是陈独秀一生中最安然自得的美好时光。

二人弃家出走并自行成婚，被两家视为大逆不道，高家认为姐妹同嫁一人礼教难容，遂将高君曼逐出家门，与其断绝关系，嗣父陈衍庶更视二人为败坏门风，比参加革命党更难容忍，扬言永远不许他们踏入陈家大门。高晓岚成了被同情的对象，高君曼与陈独秀成了苦难的制造者。就连陈延年、陈乔年兄弟俩对他们二人的结合也深为不满，成了后来一直难以开解的家庭疙瘩。虽然他们兄弟二人对继母及父亲的成见难以释怀，但是高君曼始终都以母亲般的爱去关怀着他们，毕竟他们还是姐姐的儿子，她的心里也非常明白是自己伤害了他们的妈妈，伤害了自己的姐姐。

高晓岚这位善良的旧式妇女，恪守妇道，嫁到陈家33年中，生育了延年、乔年、玉莹（筱秀）、松年等子女，她总是穿着蓝布长褂，宽大的裤脚管用绳子扎得紧紧的。自从丈夫挣脱了婚姻的羁绊，她只有做封建婚姻的牺牲了，悖逆传统道德的双方一个是自己的丈夫，一个是自己同父异母的妹妹，她能有什么办法呢？虽不满丈夫行为却忍辱负重，上孝公婆，下抚子女，于1930年9月9日郁闷于胸，积劳成疾，在安庆亡寿，终于第55个春秋。

高晓岚去世后，高君曼带着两个孩子为姐姐奔丧，虽时光匆匆，20多年过去了，但在陈家一年多的时间里，陈氏家族对她仍耿耿于怀，鄙恨难泯。

陈独秀率真质朴的性情，使他身边总多有良友。在杭州陆军小学教书时，与早在东京成城学校时就认识的刘季平交好。刘季平才识过人，义气干云，苏报案发后，被捕入狱病死后的"革命军中马前卒"邹容被弃之荒冢，他冒死将邹容遗体偷运到上海华泾入葬，人称"义士刘三"。

有一次，刘季平宴请沈尹默，酒后沈尹默回寓所即兴写了一首五言古诗，第二天送给刘季平指教，刘季平将它张挂在墙上，被来访的陈独秀看见，就问沈尹默是何许人。隔了一天，陈独秀径直造访沈尹默，一进门，就大声说："我叫陈仲甫，昨天在刘三家看到你写的诗，诗作得很好，字其俗入骨。"素昧平生，就臧否他人，这种坦率给了沈尹默当头棒喝，因受到这样的刺激而从此发愤钻研书法了。陈独秀当时的音容给他留下了深刻的印象，几十年后还如在眼前。从此，沈尹默便与陈独秀成了良友。

此后一两年间，陈独秀差不多每天都偕同沈尹默、刘季平几个人到马一浮家里聊天，一起青梅煮酒，时常作诗。在他们中间，陈独秀似乎更多了一种爱好，那就是在作诗吟月或酒醉饭饱之余，每天总要独自写几张《说文》上的篆字，始终如一，运笔不辍，显示了让人感佩的恒心。

陈独秀这个意兴遄飞的书生，在江南的风月中雅致浓厚，他每天练练书法，读读《说文》，研究甲骨文，还写作并发表了《说文引申义考》等文字学著作，过着文友日间聚、红袖夜添香的诗意生活。这种远离政治、不思国事的生活让他有着某种轻松，虽然他自言"感愤极多"，但也承认"作诗不少"，他积聚并压抑在内心深处的诗意才情在这种轻松中得到了很酣畅淋漓的释放。他着笔于"清泉漱石齿，树色暖碧空"的山水物象，陶醉在"烹茶自汲水""人行松涧中"的清幽生活。《游韬光》《游虎跑》《咏鹤》《寄士远长安》《雪中偕友人登吴山》《杭州酷暑寄怀刘三沈二》等都是他寄意达情的工丽诗作。

特别是《咏鹤》这首托物言志诗，更是他得意之余难抑失意的上浮：

> 本有冲天志，飘摇湖海间。
> 偶然憩城郭，犹自绝追攀。
> 寒影背人瘦，孤云共往还。
> 道逢王子晋，早晚向三山。

不仅如此，他还作了组诗《存殁六绝句》，悼念亡友吴孟侠、何梅士、汪仲尹、熊子政、章谷士、葛循叔和存友赵伯先、章行严、孙少侯、郑赞丞、江彤侯、苏曼殊，并将信抄寄给苏曼殊。结识新朋友，不忘老朋友，组诗对死者的惋叹，对生者的赞美，融于存与殁者的组对中，显示了挚友们的特征与卓越，寄托着对往事、对旧友的追思。能有追忆之人，又有追忆之时，可见此时陈独秀避出政治的悠闲了。在这一时期，那动辄写长篇组诗的创作力度，也是他远离政治、自我麻醉的最好注脚。

1910 年的苍茫冬日，陈独秀又创作了五律组诗《感怀二十首》，抄寄时任《民立报》编辑的友人，其中两首得以发表。这组诗起溯上古、纵论中世，感世忧时，抒发了他多年奋斗中的苦闷寂寞，对黑暗现实的不满和对未来的期待等各种复杂的情怀。

他在释放宣泄，也是在隐忍积聚，彷徨中，他只有将"光明冀来日"。

第二章　革命与启蒙

一、革命与流亡

1911 年 10 月，武昌起义的炮声惊起了一番新梦，陈独秀似乎从这炮声中看到了革命的曙光，为之欢欣鼓舞，陆军小学也成了革命党通讯联络机关，并准备起义。在武昌首义的鼓舞下，各省纷纷响应，宣布对清政府独立。陈独秀便又开始了积极的革命活动，他奋笔疾书，草成多篇战斗檄文遍贴杭州，交给革命党光复会干部周亚卫和商文蔚等人写成大字报，在夜晚贴于杭州鼓楼门房，使得"省垣官吏闻之悚然"。但第二天，檄文便被换成了官府严令镇压的告示。1911 年 11 月 5 日，杭州光复。此后，陈独秀与安徽同盟会的管鹏、韩衍、金维系等人努力督促新军响应，未获成功，后来他又与陶寿铭等人劝说安徽巡抚朱家宝，朱为形势所迫，在袁世凯的指示下，顺应时势，"响应"革命，被推为安徽都督。11 月 11 日，安徽宣布独立。后经革命势力的激荡整合，著名革命党人孙毓筠被公推为皖省都督。

孙毓筠，字少侯，出身满清贵族，他出资捐官达三品道台。1905 年夏，陈独秀为大力发展"岳王会"势力，遍游淮上，在寿县客居半月，结识了在此地的孙毓筠。在陈独秀的影响下，他开始倾向革命，不久东渡日本，加入同盟会，被孙中山派回江淮组织新军起义，后因叛徒出卖被捕入狱，判处终身监禁。武昌起义成功、南京光复后，他又恢复了自由。

孙毓筠当然不会忘记他的启蒙者陈独秀，再加上陈独秀在安徽的革命影响，刚做皖督的他便邀陈独秀做自己的高级幕僚。12月中旬，陈独秀应邀出任安徽省都督府秘书，与高君曼同回安庆，往在离家很近的宜家花园。

和整个中国的革命形势一样，皖省的革命阵营内也混入了不少立宪派和旧官僚。陈独秀任皖督秘书后，积极实施改革，他的革新目标是改善人民生活，择优任用旧官僚，大力革除革命障碍。但他性情急躁，期求速效，急于事功，被人认为"过激"。孙毓筠才识疏薄，多有陋习，吸食鸦片，控制不了安徽革命局势，行政工作实际均由陈独秀主持。

1912年元旦，从海外归来不久的孙中山在南京宣誓就任中华民国临时大总统，宣告中华民国成立，定都南京。但革命阵营内鱼龙混杂，立宪派与旧官僚作祟起乱，新军割据，离心离德。革命阵营外，袁世凯觊觎安徽，采取各种手段，分化瓦解革命力量。孙毓筠托病请假，让柏文蔚代理安徽都督。但柏文蔚没有立即应允，而是与陈独秀等人商量后，以皖军总司令名义整肃驻皖各军，安庆秩序暂得安定。

受帝国主义扶植并存野心的袁世凯用威逼利诱的手段，力促南北议和，不久南北两府在上海英租界举行议和谈判，最终达成协议，以清帝退位、袁世凯赞成共和为条件，孙中山向袁世凯让出总统之职。至此，革命党军心涣散，军事重心已经不在南京，驻扎在南京浦口的柏文蔚已经没有留守的必要。

在这种情况下，陈独秀于6月赶赴南京，到浦口与柏文蔚秘密商谈安徽前途。鉴于南京和安徽的现实情况，孙毓筠在安徽处境艰难。为保存革命力量，陈独秀要柏文蔚回到安徽督政，柏文蔚就率部回到安庆就任安徽都督并兼任民政部长。同时任命陈独秀为秘书长，让他与参谋长徐子俊、高级参谋徐唯一、机要秘书王曙笙4人规划一切施政方针，充实、整顿行政机构。孙毓筠离职后前往北京定居，任袁世凯公府顾问，后来与杨度成为筹安"六君子"，推动袁世凯复辟。

陈独秀在都督府倾注了大量的革命激情，他与柏文蔚决定秉承孙中山的意志，坚定革命立场，不违背革命宗旨。他还对袁世凯保持了高度的警惕，竭力联合管昆南、卢仲农等，主张积极扩充军备，以防备袁世凯，与皖府亲袁派胡万泰等进行了顽强的斗争。

2月12日，清宣统帝在袁世凯的逼迫下下诏退位，统治中国260多年的清王朝就此寿终。第二天袁世凯通电赞成共和，与袁世凯妥协的这两个条件都满足后，孙中山便向袁世凯让出了临时大总统职务，随后，袁世凯又要弄阴谋，迫使孙中山再次妥协，不去南京就职，避免了受南京势力的约束。3月10日，孙、袁二人正式履行总统交接程序，临时政府迁往北京。辛亥革命的成果就此落入了神往帝位的权谋家袁世凯手中。

在积极参与革命的过程中，陈独秀对当时形势的判断还是冷醒的，他也看出了袁世凯的"司马昭之心"，预知到了革命的前途。柏文蔚督皖、他任秘书长之初，好友汪孟邹找到他表示想找点事做，他瞪着眼睛说："做什么！这里是长局吗？马上会变的。回去，回去，你还是回到芜湖，卖你的铅笔、墨水、练习簿的好。我来和烈武说，要他帮一点忙，你还是到上海去再开一个书店的好。"[1]汪孟邹接受了陈独秀的建议，到上海四马路惠福里开办了亚东图书馆。

果然不出陈独秀所料，袁世凯阴阳两手，表面赞成共和，实际加紧专制统治。为应对袁世凯的阴谋，1912年8月，同盟会联合几个小党派，改组为国民党，推举孙中山为理事长，党务实际为代理理事长宋教仁主持。国民党想重组真正的内阁，限制袁世凯的权力。拉拢宋教仁不成的袁世凯在极端仇恨中于1913年春收买凶手，在上海火车站刺杀了准备北上参加竞选的宋教仁。

"宋教仁案"使袁世凯遭到了国内舆论的强烈谴责，他决定武力镇压国民党，于6月先后下令罢免了江西的李烈钧、广东的胡汉民、安徽的柏文蔚这三个国民党人担任的省府都督。

柏文蔚被袁世凯免职后，由孙多森继任，陈独秀由不满袁世凯而鄙视新

---

① 汪原放：《回忆亚东图书馆》，学林出版社1983年版，第20页。

任皖督，他递上辞呈，没等批准，便留下一封书信径直离任。不久，陈独秀就偕同高君曼随柏文蔚一起迁居南京，寓住一院，闭门谢客，借以休息。他们还在每天黎明坐船到府城桥下纳凉，常常到深夜才回。

罢免三督之后，袁世凯还派兵南下，妄图剪除国民党的势力。在袁军凌厉的攻势下，孙、黄二人号召南方各省起兵反袁，掀起了"二次革命"。7月，被罢免的江西都督李烈钧在湖口誓师，江苏、广东相继独立。黄兴受孙中山指派前往安徽请柏文蔚出山，柏文蔚潜往上海会晤孙中山，秘密策划反袁大计，孙中山委任他为安徽讨袁军总司令。

柏文蔚接任后，陈独秀与他商定了组织安徽讨袁军总司令部事宜之后，又携刚刚生育了女儿陈子美、不久又有身孕的高君曼赶往上海，将她们安置好后随即与柏文蔚返回安徽。

7月17日，安徽宣布独立，柏文蔚被公推为讨袁军总司令，胡万泰为代理皖督，孙多森主持民政，陈独秀协助制订讨袁大计，并起草了气势雄浑的安徽独立宣言：

> 临时总统袁世凯凶残狡诈，帝制自为，戕贼勋良，灭绝人道，恶贯满盈，人民发指。近日更无故派兵蹂躏苏赣，东南各省同深义愤，声罪致讨，吾皖岂能独后。兹特邀集军商绅界会议决定，即日宣布独立。

但革命党力量涣散，皖督高层孙多森在宣布独立一周后就逃往上海，宣称安徽民政长印信无效。柏文蔚也被亲袁派都督胡万泰驱逐出了安徽。"二次革命"很快被镇压下去，袁世凯的势力得到了进一步巩固，陈独秀也被严令通缉。

7月21日，陈独秀从安庆逃到芜湖。芜湖的驻防军龚振鹏曾与柏文蔚同在反袁旗帜下，但头脑简单。他原来是柏文蔚手下的一旅长，7月间反袁将领在正阳关召开军事会议，因权位之事，他对柏文蔚产生误会。回到芜湖以后，态度发生了很大变化，惨杀无度，每日枪决民众不可胜数。陈独秀见其残暴，对他严加痛斥，劝说他取消芜湖军政分府，师长袁家声也比以良心，委婉讽劝。本就对柏文蔚耿耿于怀的龚振鹏，看到他的秘书长也如此张狂，在言语冲突之后便将两人绳捆索绑，逮捕入狱。龚振鹏让他的秘书写出陈独秀的罪状，又出示布告，扬言要将他枪决。陈独秀却很从容地催促道："要枪决，就快点吧！"当地知名人士刘叔雅、范鸿仙、张子刚等人极力游说，范鸿仙当时对龚振鹏说："陈独秀是社会上颇有影响的名流，杀不得！"柏文蔚也亲往芜湖周旋，时任旅长的张永正闻讯带领卫士匆忙赶来，以兵相挟，迫于各方压力，龚振鹏只得将陈独秀释放。

获得自由的陈独秀逃到上海，开始了真正意义上的政治流亡生活。袁世凯乘势追击，全力缉捕革命党人，被袁世凯新任命的安徽都督倪嗣冲坐镇安庆，发出通告，称陈独秀为"柏逆文蔚、龚逆振鹏死党，蓄志谋叛之犯"，缉拿陈独秀等参与讨袁的革命党要犯。还派兵查抄陈家，高君曼已经被陈独秀预先安置在上海，他的两个儿子陈延年、陈乔年在乡亲们的帮助下逃到乡下得以幸免。但他大哥陈庆元的儿子陈永年却被抓走了，后由乡人极力作保，才得以释放。这些，都是乡民们眼中的"乱党"陈独秀为陈家带来的动荡。

此时的陈家已经衰落不堪。1909 年，陈独秀的嗣父陈衍庶在杭州创办公司，1912 年 10 月与英国订立合同，在东北为英商收购大豆，英方违反合同，公司严重亏本，官司又因英国驻华使节向中国政府施压而败诉，只得将公司数万不动产抵押给对方，陈家于是破产，陈衍庶也于第二年 5 月 10 日郁郁而终。

亡命上海的陈独秀跳出了政治的旋涡，又开始了"闲居"生活，但"闲居"心难静，他断绝了经济来源，这个身边有着两个婴幼儿的父亲生活难以为继，生存成了无法回避的难题。他在闲暇的时候，常常到汪孟邹的亚东图书馆里去，试图寻到摆脱困境的灵感和机遇。他为刚刚开张不久出版发行的胡子承的《新编中华民国地理讲义》写过评论式的"广告词"，还替亚东图书馆编辑出版了一本《新体英文教科书》，可以想见，这些都是糊口之作。

他又一次在政治的高压态势下陷入了苦闷，"二次革命"失败，他在辛亥革命时期的幕僚角色的终结，使他觉得政事剧变，国势无常。他联系自己，只觉百政疲敝、民生断绝、生计难维。在他的宣扬中，似乎他对革命已经"心死"了。打算闭门读书，以编辑为生，但此时国内的经济形势也受到战争的很大影响，他编辑的《新体英文教科书》销路不畅，原定出版四册，最后只出了前两册，使他竟至于说出"故已阁笔，静待饿死而已"的落魄话。此刻的他似乎"堕落"成了一个困顿于人间烟火的平常人，他写信对在日本的朋友章士钊说："仆欲习世界语，为后日谋生之计。足下能为觅一良教科书否？东京当不乏此书。"

1914年，农历甲寅年5月，章士钊在东京创办了政治性月刊《甲寅》杂志，抨击袁世凯违反共和原则，反对袁世凯实行专政。在此之前的1912年3月，陈独秀作为安徽代表，到上海参加共和烈士吴禄贞追悼会时，见到了阔别6年刚从英国归来的章士钊。不久，章士钊在"二次革命"中任黄兴的秘书长，失败后，章士钊流亡日本，创办杂志。

陈独秀得知章士钊在日本并创办杂志的消息后，旋即给他写信，或许出于安全保密的考虑，对老友的称谓变成了"记者足下"。他痛心疾首地谈了对时局和社会现实的看法，还对《甲寅》前途是否长久表达了顾虑，并简述了自己的生活现状及短期打算。

这本是友人之间的私人信函，但章士钊这个"执笔终日的第一号政论家"却从中看到了它的"标本性"价值：国家无希望，民生无寄托。为此，他竟然未征询陈独秀的意见便将它刊登在《甲寅》上，并附加按语，赞他"了了数语，实足写尽今日社会状态"。但他难以苟同陈独秀"国人唯一之希望，外人之分割耳"这句话，认为言语实在过激。但这一愤激之反语，实在是他在对革命活动中种种遭际的失望和痛心，也是对关心国家前途命运者的一种警醒。

陈、章二人虽为挚友，但两人的政治革新理念有很大差别，章士钊寄希望于上层政治体制改革，主张民主制，反对统一制；主张多党制，反对一党制，认为只要执政者能"有容"，能"用才"，实现这些改革，中国就能长治久安。而陈独秀却不以为然，他坚信中国不能靠执政者的觉悟来赎救。政见的龃龉，陈独秀对自己理论的强烈执着，让老友章士钊喟叹陈独秀是他"弱冠涉世交友遍天下认为最难交者"。他有着"由己"不由人的执拗性格和顽强意志。凡是他认准的目标，从不屈从别人，"均以大无畏不顾一切之精神处理之"，像一匹"不羁之马，奋力驰去，不峻之坂弗上"。在偏执的个性之中，有着对事物敏锐深邃的观察力和坚强的改造志向。他不计家庭被难和生途困厄，义无反顾，以坚忍不拔的姿态做了封建伦理制度及一切守旧顽固势力"终身的反对派"。

政见不同不影响私谊，章士钊鉴于陈独秀的困顿的生活处境，决定要帮他一把。况且陈独秀想学世界语，在东京是很方便的。更重要的是，他深知这个老友的珍贵价值，虽然政见分歧，但反袁的意志是一致的，《甲寅》需要陈独秀惊天地、泣鬼神这"一管笔"。于是他邀请陈独秀到东京加盟新创杂志。

对陈独秀来说，一来可以实现学习世界语的谋生之计，二来这也正中了他依托杂志、启蒙国民的心怀，三来又能实现他以"编辑为生"的清雅愿望。况且，身处寂寞又不甘寂寞的他又有了释放心中压抑吐却胸中块垒的地方，这个机会他不会放弃。

很快，他便于1914年7月应邀起程东渡扶桑。这是他第四次往返大洋，也是最后一次踏上日本的土地，开始"度他那穷得只有一件汗衫，其中无数虱子的生活"。

到达日本后，他协助章士钊编辑《甲寅》杂志，同时入雅典娜法语学校学习法语。在这里，他结识了同样协助章士钊的编辑高一涵。又以《甲寅》为媒，认识了李大钊和易白沙。后来，张东荪、梁漱溟、苏曼殊也都为杂志撰稿。

小陈独秀整10岁的李大钊，1914年初在朋友的帮助下赴东京留学，入早稻田大学政治本科。章士钊看到李大钊投给《甲寅》的稿件后，非常赏识他，并约见李大钊，定为主要撰稿人。除此之外，胡适也向杂志投稿，陈独秀很是赏识胡适的文才，两人以文相识，但尚未直接晤面。

在辛亥革命的政治旋涡中浮沉几年的陈独秀失望政治，又难忘政治，这使得他在行动上不再热衷于组织政治团体。8月，第一次世界大战爆发，在日本的中国政治流亡者将目光投向西方，李根源等人在东京成立了"欧事研究会"，其成员有黄兴、李烈钧、钮永键、程潜、陈炯明、邹鲁、沈钧儒等。这些都成了后来的政治名流。陈独秀参加了该会，但比较低凋，没有什么活动。行动上的疏远不代表意识中的遗忘，言论上却难以自控。

在日本，他为章士钊的政治小说《双枰记》作序，序言中依然力言爱国与革命，赞颂赵声、杨笃生、吴樾、陈天华等烈士"有道德、有诚意、有牺牲精神，由纯粹之爱国心而主张革命"。反观自己，觉得"坠落不堪，愧对亡友"。

回顾辛亥革命的过程，他反思到了造成失败的深刻原因是国民为私而斗，为私而息，全没有自觉的纯粹的爱国心。这一时期，他似乎感觉到，救国的手段不仅仅是组织革命团体进行暴力活动，而要解决深层次的根本性的问题还在于唤醒民众和思想启蒙，没有国民的觉悟即使暴力革命成功，还依然建不成他理想中的国家。革命的实践，让他在启蒙与革命的抉择中最终心仪前者，启蒙到达一定的程度时，革命便水到渠成：这便是他内心深处对启蒙与革命的逻辑排序。

革命实践的惨痛教训，让陈独秀觉得启蒙的迫切和重要。但启蒙不可避免地要走向革命，一次次将这个激进的启蒙主义者推向政治的前台，这就是陈独秀的政治悲剧。

他目光犀利，他思想深远，他的文字具有强烈的感染力，一旦与媒体结合，便会爆发出一种势不可挡的冲决一切堡垒的滚滚洪流。

辛亥革命和"二次革命"中他切身的经历让他看到了革命结局的冰冷及其深刻原因："吾苟偷庸儒之国民，畏革命如蛇蝎，故政治界虽经三次革命，而黑暗未尝稍减。"在政治上，他总结出："其原因之小部分，则为三次革命，皆虎头蛇尾，未能充分以鲜血洗净旧污。"在文化上，他总结出："其大部分，则为盘踞吾人精神界根深底固之伦理、道德、文学、艺术诸端，莫不黑幕层张，垢污深积，并此虎头蛇尾之革命而未有焉。此单独政治革命所以于吾之社会，不生若何变化，不收若何效果也。"从这篇文章也可以看出他对革命的失望和对启蒙的向往。

11月10日，陈独秀第一次用"独秀山民"的署名，在《甲寅》上发表了《爱国心与自觉心》一文。

从《甲寅》杂志开始，"独秀"这个名字伴随了陈独秀的一生。汪孟邹曾说他："你太不客气了，以为世界上只有你一个人是秀的。"陈独秀回答道："哪里！我们安庆有一座独秀山，我不过说我是这座山下的居民而已。"

他从"爱国心"与"自觉心"的角度切入，对中国顽劣的国民性大加挞伐。文章是他对自己十几年革命救国不断受挫的总结，表达了出路难寻的苦闷和对提高国民"自觉心"这一新道路的探索。他把革命失败归结为没有先对文化思想进行革命，他痛心疾首于国家积重难返的现状，用"正言若反"的表达方法"顾作危言，以耸国民力争自由"，以前瞻性的危言震惊闻者。他说："国家者，保障人民之权利，谋益人民之幸福也。不此之务，其过也存之我所荣，亡之无所惜。"他还说："国家国家，尔行尔法，吾人诚无之不为忧！有之不为喜！吾人非咒尔亡，实不禁以此自觉也！"如此等等，他的这些"反动"言论立即招来了一片责难之声。

这正是陈独秀想要的结果，为进一步推动国民的觉醒，他不惜让众人围攻，成为众矢之的。非难者或非难的观望者，在争论的过程中明了是非、醍醐灌顶。于是，十多封信飞向《甲寅》，诘问叱责纷至沓来，十分辱苛："不知爱国，宁复为人，何物狂徒，敢为是论。"

几个月后，为平读者愤，章士钊撰文回复抗议信，为陈独秀辩护。但此时，袁世凯政府接受帝国主义灭亡中国的"二十一条"等事件的发生，惊醒了国人。那些抗议责骂陈独秀观点的人，转而接受并推崇这个曾让他们觉得言语癫狂的"异类"。

后来，李大钊又以"致《甲寅》记者"的形式写了一篇《厌世心与自觉心》，这显然是以一唱一和的双簧形式来探讨和挖掘中国国民性的。批评之中激起更多的读者对陈言的愤慨而参与进来，展开一场大讨论，所谓"真理不辩不明"，他的"作者之责在于奋生花之笔，扬木铎之声，激吾民之觉悟"等言论，很显然是二人不用论争即可达到的共识。这种双簧戏在《甲寅》上只是一个肇端，也是报人惯用的"技法"，而后来的《新青年》则更将这一"技法"发挥到了极致。

事实终于印证了陈独秀曾经的雄辩，所以章士钊盛赞他"如汝南晨鸡，先登坛唤"。

《甲寅》在当时的中国知识界获得很大的声望，陈独秀作为主撰者的发扬踔厉、远见卓识，让许多东京的中国有识之士闻而起敬。

由于受《甲寅》杂志的鼓舞，他就思考自办一个杂志，实现自己思想启蒙的理想，要实现这个理想，也只有靠上海汪孟邹的亚东图书馆了。

正当东京同人在共同创办杂志时，上海的汪孟邹有信传到，信中介绍了陈独秀的家事，说高君曼咯血，病情严重，并催促陈独秀迅速回国。

从来就不会为家事所累的陈独秀此刻决定回国，因为《甲寅》杂志的印刷和发行也要移到上海汪孟邹的亚东图书馆了，更重要的是，他要实施自己重办杂志的计划。

1915 年初，《甲寅》杂志出版 4 期后移往上海，章士钊在第五期上大致解释了此举的原因，从此便由上海的亚东图书馆印刷发行了。但不到 9 个月，因第九期发表了章士钊的《帝政驳议》而被禁刊了。在《甲寅》同人的努力下，它成了梁启超的《新民丛报》之后、陈独秀的《新青年》之前影响最大的报刊。

二、风云激荡《新青年》

1915 年 6 月中旬，陈独秀从日本回到上海，和阔别一年身体有恙的妻子高君曼团聚，与陈延年、陈乔年、陈玉莹一起住在法租界嵩山路南口吉谊里 21 号。20 日，汪孟邹设宴为刚刚归国的陈独秀接风洗尘。在酒席宴间，陈独秀没有忘记自己的理想，他对汪孟邹说，自己很早就想再办一个杂志，想请亚东负责印刷发行。但是，此时的亚东图书馆从 1913 年起生意就很不好，资金异常困难，又承担《甲寅》的出版和发行，的确难以承受。在陈独秀的心里，他决心以十年为期，让全国的思想大为改观，他信心十足地鼓动汪孟邹说，只要十年、八年的工夫，一定会发生很大的影响，让汪孟邹认真想办法，解决资金问题。

他的雄心壮志撼人心魄，成竹在胸让人觉得非深思熟虑所能言。心有余而力不足的汪孟邹正为"社务乏款"而焦灼举债，再出一本杂志实在是没有力量。但是好友的事情又不能不尽力，于是，他将陈独秀介绍给上海群益书社的陈子沛、陈子寿兄弟。或许是陈独秀的鼓动起了作用，二人竟然承揽了这份"业务"。

杂志名定为《青年杂志》月刊，商定月编辑费和稿费 200 元。7 月签约，8 月作出预告。

经过紧张的筹备，虽然有许多困难，但从陈独秀回国后仅仅 3 个月的时间，一份杂志便于 1915 年 9 月 15 日在上海诞生了。从这架发射台上，杂志同人们发射出了破坏孔教、破坏礼法、破坏国粹、破坏贞节、破坏旧伦理（忠、孝、节）、破坏旧艺术（中国戏）、破坏旧宗教（鬼神）、破坏旧文学、破坏旧政治（特权人治）的支支嚆矢，这便是 20 世纪初影响中国政治文化最大的刊物——《青年杂志》，陈独秀要以此达到启蒙民众、唤起民众运动，从而实现社会改造的远大政治理想。

在第 1 卷第 1 号也即创刊号上，陈独秀的《敬告青年》一文，成了《青年杂志》的发刊词。

在这篇文章中，他申明了杂志的宗义，让青年们"利刃断铁，快刀理麻"，与一切旧的"陈腐朽败"的东西决裂，勇做"新青年"。他依然延伸了《甲寅》杂志的"自觉心"的唤醒，论述国家兴亡决定于国民的觉悟和智能这一"自觉心"。这个"老青年"由此把救国的希望寄托在自觉改造后的新青年们的身上。梁启超曾作《少年中国说》，希望有一少年中国出现，希望国民成为"新民"。而陈独秀却选择了青年这一群体。青年"如初春，如朝日，如百卉之萌动，如利刃之新发于硎"，是人生最可宝贵的时期，"青年之于社会，犹新鲜活泼细胞之在人身"。

赢弱的国民，"病夫"的称号，让他渴望暮气横秋的中国能像一个朝气蓬勃、活力四射的青年一样健壮有力。青年们可塑性强，充满激情，少有家庭的牵绊，少有私利为权衡，易于接受新思想的洗礼，是社会中坚力量的储备，他们有着美好的理想和憧憬，唤醒了，团结了，定会形成一股冲决一切顽固、腐朽势力的洪流，荡涤一切污浊，洗刷出一个清新的世界。

他创办杂志的目的就在启蒙后昆、打造开创新时代的全新的青年，以新型的国民拯救衰老濒危的中国。他无限动情地说："予所涕泣陈词者，惟属望于新鲜活泼之青年，有以自觉而奋斗耳！"

他明确指出衡量"敢于自觉，勇于奋斗"的新青年的 6 个标准：

1. 自主的而非奴隶的；

2. 进步的而非保守的；

3. 进取的而非退隐的；

4. 世界的而非锁国的；

5. 实利的而非虚文的；

6. 科学的而非想象的。

这是他对青年进行思想启蒙的奋斗纲领，他要让这些"自新"的方向激发成为当时青年们的奋斗目标。

他痛恨正被旧社会、旧文化浸染的青年，他认为，即使外表华美健壮有着青年的年龄和生理特征，如果头脑被"陈腐朽败"的意识占据，依然不是青年。他用生物进化论中的"优胜劣汰"来观照青年，从而观照国家和社会。

更重要的是，他重点强调了科学与人权"若舟车之有两轮"。中国要脱离蒙昧，必以二者并重。他鼓舞青年们，勇于做开创新时代的青年，并对新时代做了壮丽的憧憬和描绘：人人都有"自主自由之人格"，"各有自主之权，绝无奴隶他人之权利，亦绝无以奴自处之义务"，应追求自我解放，人人自由平等。他激励青年们："人之生也，应战胜恶社会，而不可逃遁恶社会，作退避安闲之想。"

《青年杂志》一出世，即振聋发聩，它树立起"民主"与"科学"两杆大旗，向打破旧体制、改造旧社会的大道上挺进。它嘹亮的战斗号角，不仅青年为之欢欣鼓舞，整个思想界、文化界、政治界都受到了强烈的震撼。

时间虽然紧迫，但是他还是做了充分的准备，因为他有急切的救国热情，因为他对出版发行者作过承诺。他有繁重的家事，妻子高君曼肺病发作，陈延年、陈乔年工读，陈子美、陈鹤年正蹒跚学步，又加上延年不满高君曼与自己同居，常闹纠纷，生口角，父子反目。这么多人丁，家庭的经济负担全在陈独秀一人的身上。但好在有汪孟邹及其亚东图书馆在，陈家的生活尚可维系。这个激进的启蒙主义者从来就是一个"工作狂"，他早已经忘记了曾经自称性情懒惰，发出过"视执笔为文，宁担大粪"牢骚式的表白，几乎把全部的心志都用在杂志上。

在创刊号上，还刊登了他的《法兰西人与近世文明》和译文《现代文明史》《妇人观》这几篇文章。由此可以看出，《青年杂志》的诞生，揭开了新文化运动的序幕，它要以伦理、宗教、道德等一切意识形态和文化领域里的大革命，来实现动摇社会基础的政治大革命。法兰西人激进的革命精神及其创造的文明让陈独秀深为心仪，他在东西洋文明的对比中，认为以法兰西人为代表的西洋文明才可称得上是近世文明，东洋文明的代表印度和中国，则名为"近世""其实犹古之遗也"。他认为近世文明的特征是"人权说""生物进化论""社会主义"三种学说，都由法兰西人始创。不难看出，他更景仰这三种学说背后法兰西人激进的革命精神。

陈独秀在这份杂志上释放了自出山以来积聚的最宏大的能量。他先后在《青年杂志》前六号上发表了《今日教育之方针》《抵抗力》《现代欧洲文艺史谭》《东西民族根本思想之差异》《一九一六年》《吾人最后之觉悟》等文章。

特别是在《抵抗力》一文中，他从达尔文"物竞天择，适者生存"的进化论角度推及个人与国家，提出"万物之生存进化与否，悉以抵抗力之有无强弱为标准。优胜劣败，理无可逃"。

正在陈独秀全心躬耕于《青年杂志》的时候，扫除了登基障碍的袁世凯不顾举国反对，于1915年12月12日悍然下令恢复帝制，宣布改即将到来的民国五年为"洪宪元年"。

袁世凯复辟的过程，似一面镜子，照出了一些知识分子和辛亥革命老臣的人心百态，也照出了历史正义的忠奸；它显示了奸人的勾结，也促成了朋友的和解。一方面，由于不同意孙中山改组国民党为"中华革命党"而与孙中山异分的黄兴，也在袁世凯一步步倒行逆施中与孙中山和解。后来唐继尧、蔡锷、李烈钧等宣布云南独立，共同组成讨袁护国军，发动了"护国战争"。另一方面，一部分政治文化名流成立以杨度、孙毓筠为正副会长的"筹安会"，为袁世凯称帝大造舆论，在其称帝过程中力抬龙椅。辛亥革命时为皖督、尚西学、启民智的孙毓筠以及为杨度所惑的学者严复、武昌首义后任湖北军政府外交部长的胡瑛、为上海光复建立功勋的李燮和都参与了复辟，拥戴袁世凯为"中华帝国"皇帝，纷纷公开向已倒了的帝制投怀送抱。他们几乎都曾经是非常激进的辛亥革命急先锋，辛亥革命阵营的分裂可见一斑。更重要的是，这一"同盟会之袁党化"冲击波，的确让人怀疑一些革命者的原初动机和学者们的"立言"本心。还可以让人从中看出，封建帝制在这些先进的知识分子和早期革命者的意识中尚且如此，更不用说普通国民了。

1914年元月，袁世凯下令解散国会，停止参众两院议员的职务；2月，下令解散省议会，5月，他又废除《临时约法》，撤销国务院，中华民国名存实亡，并在筹安会一班人的簇拥下跑步奔向皇位。

在袁世凯称帝的短短几个月间，贵州、广西、浙江、四川、湖南等省先后宣布脱离袁世凯政府而独立。云南、贵州、广东、广西4省还在广东肇庆成立了护国军务院，唐继尧、岑春煊分任正副抚军长。连保皇派领袖梁启超也加入其中为抚军兼政务委员长。

迫于举国压力，袁世凯宣布撤销"承认帝制案"，仍称大总统。6月6日，他便抱着"譬如朝露"的皇帝断梦在举国怒讨中绝望死去。黎元洪、冯国璋分任中华民国正副总统。康有为在新政府成立后，上书继任总统黎元洪，请求以孔教为国教，并列入宪法，其弟子梁启超也随声附和。

陈独秀在国民党人轰轰烈烈的革命暴力活动中，依然表现得出奇的冷静，他的心志只在于自己的《青年杂志》、自己的启蒙大业，他要做的就是唤醒民众，进行全民运动，做辛亥革命所未做的另一番大业。

但他深知，要想将这番大业做好，非匹夫所能为。此前他抱着救国理想游走四方，广结革命朋友的积累，在此时发挥了巨大作用。想想身边人才，李大钊、高一涵仍在日本，虽然易白沙在自己回国后也归国，但在亚东图书馆为《甲寅》主持发行工作，对《青年杂志》只起协助作用。于是他就想广招人才，组建《青年杂志》阵营。他想起了在东京时以文相识的同乡胡适，但此时的胡适正在纽约哥伦比亚大学跟随杜威学哲学。这也正是陈独秀联系胡适的原因，他深深地知道，中国的文学改革，以本国之力不能很好地完成，他要的就是能传递西洋文明的海外学者，以"西洋文学"的他山之石来攻"文学革新"之玉。

启蒙的目的是革命，革命的准备是启蒙。在长期的关注和学习中，他认为，近代欧洲文明史可谓是革命史。欧洲文艺复兴后，政治界、宗教界、伦理道德、文学艺术没有不随之革命的。"今日庄严灿烂之欧洲，乃革命之赐也"一语，可见他对革命的向往和憧憬。

《青年杂志》创刊之始，他就不断催促与胡适熟识的汪孟邹，让他与大洋彼岸的胡适写信联系，就在《青年杂志》第二期筹备之时，汪孟邹给胡适寄去了第一期《青年杂志》，介绍主撰者陈独秀，提及章士钊、陈独秀与《甲寅》的关系，并转述了陈独秀向他约稿的意愿，希望胡适能于课余时担任《青年杂志》撰述，或论文、或小说戏曲都可以，多多益善，但至少有一种。这种不容商量的强制口吻，可见当时《青年杂志》人才之短缺及陈独秀的迫切心情。在陈独秀的心里，他已经为胡适在杂志中定位，为他的撰稿定向——

"文学革新"。

不久，胡适给汪孟邹回信，表示学务繁忙，难以拨冗，但没有断然拒绝。于是耐不住陈独秀催促的汪孟邹又焦灼地给胡适写信道：

> 陈君望吾兄来文甚于望岁，见面时即问吾兄有文来否，故不得不为再三转达，每期不过一篇，且短篇亦无不可，务求拨冗为之。以增该杂志光宠，至祷，至祷。否则陈君见面必问，炼（汪孟邹自称——引者注）将穷于应付也。

1916年2月，同样耐不住催促的胡适致信陈独秀，提出了自己建议，以为要想打造中国的新文学，应该从译介西方名著入手，让国人取法观摩，在借鉴之中达到改造中国新文学的目的。虽然他答应在年初寄文，但学务繁忙的胡适仍然没有动笔。此时杂志虽然因护国战争爆发而停刊，但他们对胡适的催稿却没有停止，1916年3月10日，汪孟邹又复信胡适说："陈君盼吾兄文字有如大旱之望云霓，来函云新年中当有见赐，何以至今仍然寂寂，务请吾兄陆续撰寄。"

在颇有微词的催促中，胡适只好将自己的译著《决斗》寄给陈独秀。不久，他又给陈独秀写了一封信，提出"文学革命之八事"，陈独秀将信附上自己的见解，发表在复刊后的《新青年》第2卷第2号上，由此，"陈言"与"胡说"联合揭开了中国文学革命的序幕。

就在《青年杂志》出至1卷6号而停刊时，担任印行的群益书社收到了上海青年会的一封信，说群益的《青年杂志》和他们的《上海青年》（周报）名字雷同，应该及早更名，省得犯冒名的错误。于是书社经理陈子寿到陈独秀宅中商量此事，打算将《青年杂志》更名为《新青年》，陈独秀表示赞同。其实，陈子寿也是由杂志的精神而作此更改的，这也正中陈独秀的下怀。

在续刊第2卷第1号时，陈独秀致函胡适，告诉他《青年杂志》已更名《新青年》，即将出版，并向他约稿，希望他能写些美国见闻式的文章，来照鉴中国的社会现象。

1916 年 9 月 1 日,《青年杂志》更名为《新青年》,在中断了半年后重新出版,陈独秀发表《新青年》一文,号召青年做"新青年"而不做"旧青年",做"真青年"而不做"伪青年",饱含热情地与青年们谈人生归宿,谈人生幸福,谈国家前途。

从 1913 年起,汪孟邹的亚东图书馆一直陷于经济困顿之中,为改变这种状况,1916 年 9 月,汪孟邹开始与陈氏兄弟商讨亚东与群益合并,成立新的出版公司。陈独秀非常赞成,在整个 11 月,他一直撮合亚东与群益合并另行改组,并决定与汪孟邹一同北上,竭力襄助其筹集资本。虽然他与嗣父几乎断绝了父子关系,但是,他还是抱着一丝希望,到嗣父生前在北京琉璃厂办的崇古斋古玩铺碰碰运气。

安排好下一期《新青年》的编辑事宜,11 月 26 日,陈独秀便与汪孟邹前往北京,为书局引资。次日下榻天津大安旅社,第三天转辗至北京住进前门中西旅馆。

故都的秋冬景象是萧条凄凉的,一个独裁者刚刚倒下,一个皇帝梦刚刚破灭。帝国皇帝不散的阴魂、甚嚣尘上的尊孔复古思想,让这座城市似乎仍有着难以化释的沉闷。然而,陈独秀此刻却怀着火热的希望,努力促成两社的合并,以期《新青年》有更大的发展,一切似乎非常顺利,他想的是如何以随之而来的《新青年》的大发展来打破这种沉闷,使整个北京城乃至整个中国为之改观。

有一天,陈独秀在琉璃厂,正好与从此经过的昔日好友沈尹默不期而遇,故友重逢,异乡遇旧,喜出望外,万分感慨。在互叙别情时,自然问及彼此现状。沈尹默早于蔡元培入北大,已经是这所学府的教授。两人的相遇,带给陈独秀以及《新青年》的影响是深远的。

李大钊于 1916 年 5 月回国,汤化龙请他编《晨钟报》。高一涵 7 月回国后,李大钊约他入《晨钟报》社。1917 年 11 月,李大钊在章士钊的推荐下任北大图书馆主任,很快成了《新青年》阵营的入围者。

1917年3月，年仅27岁光彩照人的博士胡适被聘为北大文科教授，主讲中国哲学史，并加入了《新青年》的阵营。这样很快便聚拢起以北京大学教授为主体的编撰精英。钱玄同、刘半农、沈尹默等教授最先加入，在钱玄同的努力下，周树人、周作人兄弟也先后与之同行，编辑群体不断增员，《新青年》同人的聚合，汇成了新文化运动的滚滚洪流。

编辑阵营的急速扩大，大大增加了杂志的影响力，《新青年》受到了广大知识分子的普遍欢迎，读者称之为青年的"良师益友"，有人说"青年得此，如清夜闻钟，如当头一棒"。1917年，它的每期发行量竟达到了一万六千多份。

萃集在这里的各路文化精英成了《新青年》的丰厚资源，杂志的发展使编辑制度的改革成为新的可能。为了更好地传播办刊思想，把握杂志的舆论导向，提高发文质量，1918年1月，有着丰富办报经验的陈独秀召开编辑部会议，决定将《新青年》改为同人刊物，文稿全部由编辑部成员撰写翻译，不再发表编辑者以外的投稿。杂志采取集议制度，每期印出前均以编辑会议形式定稿，计划从7月采取轮流编辑的办法，由陈独秀总负责。次年元月，在陈独秀负责主编的6卷1号上，公布了轮流编辑的办法和本年度六号的编辑次序：陈独秀、钱玄同、高一涵、胡适、李大钊、沈尹默。这次改革，极大地增强了《新青年》的战斗性，使编辑队伍辐射出内中蕴积的强大能量。

早在5卷5号上，陈独秀就发表了《克林德碑》一文，表明改造中国社会的道路："要拥护那德先生（德莫克拉西，Democracy），便不得不反对孔教、礼法、贞节、旧伦理、旧政治。要拥护那赛先生（赛因斯，Science），便不得不反对旧艺术、旧宗教。要拥护德先生又要拥护赛先生，便不得不反对国粹和旧文学。"他还说："现在世界上有两条道路：一条是向共和的科学的无神的光明道路；一条是向专制的迷信的神权的黑暗道路。"他揭橥"民主"与"科学"的大纛，陷阵冲锋，他的言论发挥出了霹雳裂重云的强大威力，他就是要让德、赛两先生并立而竞进，由它们开创出中国的新纪元！

在6卷1号上，他还就反动营垒里对《新青年》的责难发表了《〈新青年》

罪案之答辩书》，高举"科学"与"民主"两面大旗，对守旧势力给予了有力的回击，表现了他干练坚决的勇武气概："西洋人因为拥护德、赛两先生，闹了多少事，流了多少血，德、赛两先生才渐渐从黑暗中把他们救出，引到光明世界。我们现在认定只有这两位先生，才可以救治中国政治上、道德上、学术上、思想上一切的黑暗。若因为拥护这两位先生，一切政府的压迫，社会的攻击笑骂，就是断头流血，都不推辞。"

这位 20 世纪中国思想文化巨人，高举"科学""民主"两面大旗，通过其导引的新文化，牖启 4 亿人民思想解放，走出中世纪，促进中国社会不失时机地向现代型转变。新文化运动的历史风云虽已飘然远去，而曾经发生过空前震荡的"警钟适铎"，却经久不息，黄钟大吕之音难以被历史尘埃所湮没。

在东京学习的日子里，陈独秀从中西文明的对比中审视中国，很快便找到了问题的关键，中国的腐朽文化造成了积弱难强的国民，中国的腐朽文化主题即是孔教。要实现共和，必废除帝制；要废除帝制，必须击溃支撑封建制度的孔教理论。

1916 年，他在《青年杂志》第 1 卷 6 号上发表了《吾人最后之觉悟》，继续他的国民觉悟的启蒙，提出"伦理觉悟"为"最后觉悟"，主张彻底破坏"儒者三纲"，希望引入西洋文化来冲击本土文化，以进化论的原理使中国文化涅槃、中国政治更新，他的解构与建构方式即是引入西洋文化，让国民在比较中选择。

从袁世凯、张勋先后复辟可以看出，辛亥革命的缺失在于仅仅打破了其上层的制度形式，而未改变厚厚积淀在国民头脑中的封建意识，封建思想这一根基尚未动摇过。他决定要改造中国的国民性。从他具体的行动可以看出，这应该是他对辛亥革命失败的反思后最大的收获了。

但注重启民智的他也知道，建成"为国人谋幸福"的理想国家绝非一朝一夕的事情。不破不立，不塞不流，只有打破旧文化，建立新文化，才能从根本上改观国人面貌。所以，他将希望寄托在中国的青年一代身上，热情宣传鼓动，在《新青年》上号召青年为三个目标而奋斗：自居征服地位，勿自居被征服地位；尊重个人独立自主之人格，勿为他人之附属品；从事国民运动，勿囿于党派运动。

"筹安会"会员们的堕落及反动，袁世凯称帝的闹剧，更是让陈独秀觉得反孔的重要和迫切。在《青年杂志》创刊号上，他就发表了一篇《答王庸工》，就"筹安会"改共和国体为立宪国体的理由进行了逐一批驳。"袁帝"死后，康、梁呈请总统将孔教立为国教，列入宪法，尊孔复古，更是让反对孔教的陈独秀拍案而起了。

他当即撰写并发表了《驳康有为致总统总理书》，批判了康、梁主张，从此，他便高举"打倒孔家店"大旗，发表了《宪法与孔教》《孔子之道与现代生活》《袁世凯复活》《再论孔教问题》《复辟与尊孔》等一系列反孔文章，向封建文化开刀，对孔教纲常大加挞伐。他说："非独不能以孔教为国教，定入未来之宪法，且应毁全国已有之孔庙而罢其祀！"[①] 认为孔庙不毁，共和招牌当然挂不长久，并开列出了孔教当废的种种理由："儒术孔道，非无优点，而缺点正多。尤与近世文明社会绝不相容者，其一贯伦理政治之纲常阶级说也。此不攻破，吾国之政治、法律、社会道德，俱无由出黑暗而入光明。"

他站在反对旧礼教的前沿阵地，以西洋文明为武器，以进化论为依据，以"除恶务尽"、穷寇猛追的气魄与执着，对一切尊孔复辟的事件和言论作出最迅速的灭顶式的回应。

从1卷6号易白沙的《孔子平议》到5卷6号陈独秀的《答张寿朋》，"打倒孔家店"、反对封建礼教在《新青年》上轰轰烈烈地讨论了将近3年，并一直延伸到《每周评论》上。陈独秀与胡适、李大钊站在反孔的战壕里，在北京吹响了炮轰孔家店的号角，与四川"只手打孔家店"的吴虞等组成强大的反孔阵线，指斥康、梁由尊孔、立君到复辟的必然路径，驱赶着复辟的阴魂。

他还在《新青年》上与时任北大教授、终生拖着长辫的辜鸿铭展开论战，

---

① 陈独秀：《再论孔教问题》，《新青年》2卷5号。

批驳了那些前清遗老们维护中国旧文化、抵制西洋文明的谬论，还有仇恨新文化运动的林琴南、曾是林琴南的学生又是北大学子的张厚载等人。

批判封建文化，自然会将目光关注到封建文学上，他认为"旧文学、旧政治、旧伦理，本是一家眷属，固不得去此而取彼"。[①] 他最初约稿胡适的主要目的便是希望他能从西洋传来"小说戏曲"等新式文学作品，为自己的文学革命做筹划和人员上的安排。不久，他又致信胡适："文学改革，为吾国目前切要之事。……《青年杂志》文艺栏意在改革文艺"，"吾国无写实诗文以为模范，译西文又未能直接唤起国人写实主义观念。此事望足下赐以所作写实文字，切实作一改良文学论文，寄登《青年杂志》"。

胡适果然不负所望，很快便寄来了一篇《文学改良刍议》，拉开了文学革命的序幕，让约稿的陈独秀"快慰无似"。随即，他又发表了《文学革命论》，力推胡适为文学革命领军："文学革命之气运，酝酿已非一日，其首举义旗之急先锋，则为吾友胡适。"并宣称"余甘冒全国学究之敌，高张'文学革命军'大旗，以为吾友之声援"。呼吁："推倒雕琢的阿谀的贵族文学，建设平易的抒情的国民文学"，"推倒陈腐的铺张的古典文学，建设新鲜的立诚的写实文学"，"推倒迂晦的艰涩的山林文学，建设明瞭的通俗的社会文学"。他还指出，中国人要过"现代生活"，就必须与孔教决裂，与以孔教为核心的整个旧文化、旧伦理、旧道德、旧思想、旧风俗、旧习惯决裂。他革命的高度热情生成了非此即彼、绝无调和的选择。他"大义灭亲"，将同乡"桐城三祖"也列入"十八妖魔"，他性如霹雳烈火，呼喊出了铮铮誓言："有不顾迂儒之毁誉，明目张胆以与十八妖魔宣战者乎？予愿拖四十二生丁大炮，为之前驱！"他将文学革命与思想革命、政治革命有机结合起来，新人耳目，振聋发聩。这两篇文章成了当时青年们的文学"圣经"。

这种决心和气魄，鼓舞了文学革命同人，从语言文字到各种文学样式，从革文言、做白话的语体改革到文学的精神转变，从体育到美术，从小说到

---

① 陈独秀：《答易宗夔论〈新青年〉之主张》，《新青年》5 卷 4 号。

戏曲，他们纷纷参与进来讨论、批判，很快形成一股革新浪潮。陈独秀在《答胡适》中说："改良中国文学，当以白话为文学正宗之说，其是非甚明，必不容反对者有讨论之余地，必以吾辈所主张者为绝对之是，而不容他人之匡正也。"表达了他对文学革命的坚强信心和不可调和的坚定立场。他们以新文学理论为向导，引领出了新文学开天辟地、五彩缤纷的丰硕实绩，开创了中国现代文学的全新时代。文学改革论文《我之文学改良观》《历史的文学观念论》《文学革新申义》《新文学及改良文字》《戏剧改良各面观》《白话文的价值》等陆续出现在《新青年》上，以理论为新文学的兴起扫平障碍，铺平大道，他们翻译介绍西方戏剧《国民之敌》《娜拉》等，自创新戏剧《终身大事》《老夫妻》等。胡适、沈尹默、刘半农、鲁迅、周作人等大量写作白话诗，鲁迅、周作人、陈衡哲等做的白话小说，开始了文学革新的实践，特别是鲁迅的《狂人日记》《药》《风波》等，更是具有开山的意义，最终古典文学陈腐之气几乎被他们扫荡殆尽。在语言文字方面，《世界语之价值》《论注音字母》《句读符号》《国语的进化》《减省汉字笔画的建议》《国语文法的研究法》等大文，让中国的文学出落翘楚，走向世界，力图改革中国语言的面貌。20世纪中国新文学的巨构在这里剪彩奠基，"五千年的历史在这里盖上了一个深深的印鉴，中国文学古典与现代的泾渭在这里呈现"[①]。

在教育改革方面，无论是在理论上还是在实践中他都是积极的先行者。凭着多年在教育第一线获得的深刻认识，他深深知道改革旧的教育制度和教育方法对启蒙国民的重要意义，于是，在《青年杂志》1卷2号上的开篇位置，他就发表了《今日教育之方针》一文，将文化革命引入了中国新教育改革的探讨与研究。此后，他又陆续发表了南开学校讲演稿《近代西洋教育》《新教育的精神》《教育缺点》《新教育是什么》《平民教育》等一系列文章。认为教育是"改造社会最后的唯一工具"，是启蒙大业的实践方式。他虽然

---

① 张宝明、王中江：《回眸〈新青年〉·语言文学卷》，河南文艺出版社1998年版，第538页。

不是一个教育救国论者，却是一个终身迷信教育功能的人，正因为对教育的执着，后来他才在离开北大后，又南下广东去任陈炯明的"教育委员会委员长"。客观上，北大依然存有的腐败风气让他并不遗憾自己的离去，但他难免会有心理的失衡，任委员长一职，的确也平衡了他离开北大的愤怒情绪。

他认为，中国的教育必须取法西洋，吸取西洋"自动的而非被动的""启发的而非灌输的""世俗的而非神圣的""直观的而非幻想的""全身的而非单独脑部的"教育精髓。

《新青年》为20世纪初青年们追求个性解放、思想自由、女权觉醒、婚姻自主进行了有力的推动。这个时期，陈独秀积极活跃，思维敏捷，激情高涨，成为新思想的领军人物，他不愧是"思想界的明星"，在除旧布新的各个领域都有他的皇皇大文。

繁忙的学校事务，影响不了他高产量的论作出稿。即便如此，《新青年》每月一期的频率，在性情激越的他看来，还是慢了些，对于时患"急惊风"的中国，他已经不愿做一个"慢郎中"。

世界似乎节奏越来越快，时事似乎越来越多。1917年8月4日，段祺瑞政府对德宣战，参加了第一次世界大战，次年战争结束，中国成了战胜国之一。1917年11月7日，俄国十月社会主义革命爆发，建立了苏维埃政府。许多中国的知识分子又将目光转向了这个不久前还是沙皇专制的国家，次年，新成立的苏俄政府宣布废除中俄间一切不平等条约又让整个中国对这个政府心存感激和向往。在国内，张勋拥戴废帝溥仪复辟，10天即宣告失败。他与胡适约定的"二十年不谈政治"似乎也难以顾及，《新青年》也渐渐露出了谈论政治的峥嵘。李大钊在1918年10月出版的《新青年》5卷5号上面，发表了《庶民的胜利》和《布尔什维主义的胜利》两篇卓越的文章，为这个杂志涂上了社会主义理论的第一笔。"布尔什维克"常被反动势力翻译成"过激派"。

但是，虽然他和李大钊可以违背"二十年不谈政治"的约定，但在《新青年》这一学理研究之风异常浓厚的杂志上谈论政治，一时还显得不太协调，谈政治，并不受大多数人的欢迎，正如他说："本志（《新青年》）同人及读者，往往不以我谈政治为然"，"至于政治问题，往往关于国家民族根本的存亡，怎应该装聋推哑呢？"他反复表白："我所谈的政治……乃使关系国家民族根本存亡的政治根本问题。"很显然，为国家、为民族的前途，他不会恪守与个人、与团体的任何一次约定。谈论政治是他的必然走向，并且，对于他来说，已经是如鲠在喉，不吐不快，迫不可待。其实，即便是在创办《青年杂志》之初，其心理动机仍然是指向政治的，他的文学革命的目的仍是政治革命："今欲革新政治，势不得不革新盘踞于运用此政治者精神界之文学。"这是他对二者何为目的、何为手段的最好表白。

政治气象如白云苍狗，变幻无常，使这个激进民主主义者再也不能平静坐在学理的研究室里做一个被压抑着不问政治的纯书生了。在对《新青年》风格转向利弊进行权衡之后，便与同样热衷谈政治的李大钊商量决定别辟蹊径，另起炉灶，他要脱出文化启蒙而张扬出自己的政治激情，从"犹抱琵琶半遮面"到"铁骑突出刀枪鸣"，再创办一个比《新青年》更迅速、刊期短、与国内外政治现实更同步的刊物，拨开笼罩在北京乃至全国的重重阴霾。在他看来，最好让谈政治与研学理二者互为补充、并行不悖。第一次世界大战胜利的消息深深地刺激了他。他觉得月刊《新青年》的周期太长了，远远不能跟随多变的政治时局。在连续几次参与有关世界大战胜利的集会和演讲后，他便加快了新刊物诞生的步伐。

1918年11月27日下午，陈独秀在北大文科学长办公室召开《每周评论》创刊会议，李大钊、高一涵、张申府等参加，商讨刊物创办事宜，会议公推陈独秀为书记及编辑，其他人为撰述，后来胡适、张慰慈、彭一湖先后加入。编辑部设在沙滩北大新楼文科学长办公室内，社址及发行处在宣武门外骡马大街柴市胡同79号。第二天，他又和蔡元培、李大钊一起在北京中央公园举行了连续3天的演讲大会，3人均发表了演讲。他指点政治的锋芒由"锥处囊中"到"脱颖而出"了。

经过20多天的积极准备，8开4版针砭时弊的战斗性刊物《每周评论》于1918年12月22日创刊，每周日出版发行。先后设十几个专栏，主要是国内外时事述评、文艺时评、社论、随感录、国内劳动状况、通信、读者言论等。主要撰稿人有陈独秀（署名只眼）、李大钊、张慰慈、张申府、王光祈、周作人、高一涵、胡适等。它与《新青年》密切配合、协同作战，成为五四运动前后最重要、最有影响力的进步刊物之一，是新文化运动的又一重要阵地。

陈独秀在发刊词中阐明了《每周评论》的宗旨："主张公理，反对强权"，只希望以后"强权不战胜公理，便是人类万岁，本报万岁！"他强调"强力拥护公理，平民征服政府"，为后来的反帝反封建的新民主主义革命发出了先声。

《每周评论》大力宣传反帝反封建反对军阀统治的思想，介绍十月革命、宣传社会主义学说。陈独秀把自己的主要精力全部放到《新青年》和《每周评论》这两个杂志上了，在这两种刊物上，他大作频出、形式多样、领域广阔。《新青年》使他成了一个文化与精神领袖，《每周评论》更使他成了一个政治领袖。他对于变革中国社会有着强烈的责任感及其实践，突破了狭义的知识文化界域，从学理的象牙塔走向了政治的十字街头。

陈独秀是《每周评论》的笔政，在半年多的时间里，他在这个刊物上共发表了140多篇文字精辟、思想犀利的评论和随感录，充满了强烈浓厚的政治变革色彩。其中《除三害》《贫民的哭声》《我的国内和平意见》等文章更是体现了他鲜明的爱憎和强大的自信心、深沉的自觉的爱国心。他对军人、官僚、政客进行了尖锐的抨击，他指出"把这班政客烧成了灰，用五千倍的显微镜，也寻不出一粒为国为民的分子来"，畅言中国若不除去这"三害"，扫荡这"狗党"，政治就没有清宁的日子。他同情下层人民，痛恨社会不公与贫富悬殊的不平等，发出让贫民起来斗争的号召，从而让"文武官"与"三害"们发出与贫民同样的哭声。

《每周评论》诞生后，在同一段时间内，陈独秀发表在它上面的文稿远远多于《新青年》，这是他的努力重心转移的一种重要的征兆。在《每周评论》上，李大钊也是一个非常活跃的政治写手，写下了大量的政治评论，凸显着思想的棱角，展示着斗争的锋芒。一陈一李配合默契，成了《每周评论》的两大支柱。

《新青年》和《每周评论》政治越位、四处点火的陈独秀犀利的战斗锋芒引起了倾心学理的胡适的深深忧虑。他不是一个热衷空谈政治的人，他认为如今那些谈论政治者并不实地考察中国现实的社会需要究竟是什么，而一味纸上谈兵，空论无用的政治学理。分歧已经存在，裂隙隐然可见。

胡适的担忧并不是没有根据和必要的，《新青年》推翻一切旧的营垒，遭受到了顽固保守势力的攻击，这一种不可忽视的力量，给他的临八面之风而站立的好战友陈独秀以狂烈的吹袭。

三、北京大学文科学长

1916年9月1日，还在法国的蔡元培在教育部长范源廉的推荐下被黎元洪政府任命为北京大学校长，蔡元培希图一改官僚气和衙门气十足的北大校风，扫除北大已臭名远扬的乌烟瘴气的腐败氛围。归国后，他为振兴北大，正思广揽人才，除旧布新。

蔡元培到北大后做的第一件事，就是聘任陈独秀出任文科学长。

蔡元培抵达北京后，先拜访了医专校长汤尔和，汤尔和对蔡元培说："文科学长如未定，可请陈仲甫君；陈君现改名独秀，主编《新青年》杂志，确可为青年的指导者。"又给了蔡元培十多本《新青年》杂志，让他了解陈独秀。

对于陈独秀，这位蔡校长并不陌生，他想起了上海爱国学社和安徽爱国会，想起了"暗杀团"，想起了吴樾。他想到的每一幕都让他兴奋不已，他深深了解其人其才，其革新精神、理想和意志，对新北大将是一种不小的影响，在他眼里，这个陈仲甫是再合适不过的学长人选了。他还想起了刘师培曾给他说的话："有一种在芜湖发行之白话报，发起的若干人，都因困苦及危险而散去了，陈仲甫一个人又支持了好几个月。"①陈独秀这种毅力和责任心给蔡元培留下了极佳的印象，让蔡元培很是钦佩，以致后来他在评价陈独秀时说："近代学者人格之美，莫如陈独秀！"本就欣赏陈独秀人格魅力的蔡元培，在翻阅了《新青年》杂志后，决定聘任他。

沈尹默回到北大后，又将自己在北京琉璃厂附近偶遇陈独秀的事情告诉给了蔡元培。这真是"踏破铁鞋无觅处，得来全不费工夫"，此刻，这个陈仲甫与自己竟然近在咫尺！

在他对陈独秀"本有一种不忘的印象"的好感的支配下，1916 年 12 月 26 日上午 9 点，蔡元培找到陈独秀的住所，登门拜访，他极力邀请陈独秀出任北京大学文科学长，但却出乎意料地遭到了陈独秀的拒绝，理由是正在全心全意办《新青年》杂志，而杂志又远在上海，他还没有北上的意识和思想准备。其实，并非陈独秀清高，在他的理想中，此时做一个文科学长从事教育，能以自己的思想观点影响几人？他的目标是办 10 年杂志，"使全国思想都全改观"。在大学里影响几位学生，莫如登上《新青年》杂志的高台，振臂一呼，应者云集。在他的人生经验中，在学校教书远没有办刊物对国民思想影响大。况且，此时《新青年》杂志的发展势头让他正信心满满。

虽然明知人各有志，但求贤若渴的蔡元培还是不愿轻言放弃。他很具有矛盾调和的智慧和精神，也很具有三顾茅庐的诚意。他在那几天里几乎天天去造访陈独秀，有时去得很早。因忙于为亚东及群益书社筹集资金，陈独秀白天四处接洽，晚间看戏，睡晚起迟，常常是他到陈独秀的住处时，陈独秀和汪孟邹还没有起床。这位"道貌温言，令人起敬"的蔡校长竟招呼茶房，不要叫醒他们，只要了一条凳子静静地坐在房门口，耐心地等候着这个比他小一轮的"老后生"醒来。他这种谦恭仁厚的品德深深打动了汪、陈二人，于是他们商定以后早睡早起，以待此客。

交谈中，当陈独秀说出自己的想法后，蔡元培说："那没关系，你把杂

---

① 蔡元培：《我在北京大学的经历》，《东方杂志》第 31 卷第 1 号。

志带到学校里来办好了。"他想让陈兼顾办杂志和在北大任职，两不相误。陈独秀推荐了打算近期回国的胡适，此时胡适正让他和汪孟邹为他在国内谋求职位。但蔡元培考虑到胡适不在国内，一时还回不来，北大定职事不宜迟，况且他对胡适不太了解，年龄又比陈独秀小了一轮。但陈独秀推荐的人选，一定会有非凡之才，他让陈独秀催促胡适回国，回国后当即入职北大。

陈独秀的拒绝是有他自己的考虑的，他一来不想让好不容易得来的创办杂志并稍有起色的成果丧失，二来教书影响毕竟有限，只能是养家之为，不能作救国路径。去北大教书虽然有丰厚的报酬，但与自己的启蒙大业比较起来，似乎微不足道。"知我者谓我心忧，不知我者谓我何求"，可以理解陈独秀拒绝进北大任文科学长的心理。蔡元培提出的条件让陈独秀有点心动，已经无愧于一个资深报人的他，当然知道入住北大、进驻人才济济的北京这个政治中心对《新青年》意味着什么。但他又怕此事掣肘于办刊，谨慎答应蔡元培暂定到北大做文科学长。

在北京"勾留月余"后，陈独秀带着十几万的招股引资成果回到上海，但结果却未能如愿，由于种种原因，群益和亚东依旧"各奔前程"，合并失败。然而，北京此行，却有了个意外的收获，那就是做北大文科学长，到北方开拓更广阔的战斗阵地。

陈独秀回到上海后，对他的邻居——老"岳王会"同人岳相如说："蔡先生约我到北大，帮助他整顿学校。我对蔡先生约定，我从来没有在大学教过书，又没有什么学位头衔，能否胜任，不得而知。我试干三个月，如胜任即继续干下去，如不胜任即回沪。"

1917年1月，他写信给大洋彼岸的胡适，简述了此次北京之行的目的、收获，对亚东、群益合并后的憧憬——书局成立后，"编译之事，尚待足下为柱石，月费至少可有百元"。他介绍了北京大学的近况，蔡元培让他任文科学长一事，并告诉他即使不愿意任学长，学校的哲学、文学教授"俱乏上选"，来到北大，就可担任教授。

得到了陈独秀的允诺，北京大学文科学长任命的程序在蔡校长的努力下变得异常简捷，在这里，陈独秀似乎成了蔡元培革新北京大学的精神支柱。

1917年1月11日，蔡元培以北京大学的名义，向北京政府教育部致函，提出请派陈独秀为北大文科学长的申请，并附寄陈独秀的一张履历。政府对蔡校长的支持异常给力，第三天，教育部的回函就送到了北京大学，称"贵校函开前安徽高等学校校长陈独秀品学兼优堪胜文科学长之任，……当经本部核准在案，除令行外，相应函复"。

1月15日，蔡元培便以校长名义发布学校第三号布告：

本校文科学长夏锡祺已停职，兹奉部令派陈独秀为文科学长。

当月，陈独秀到京就任，月薪300大洋，《新青年》编辑部也按照二人约定迁到北京，但出于谨慎，编辑部并未进入学校，而是设在北池子箭杆胡

陈独秀与蔡元培

同9号，这个四合院既是陈独秀的住宅，也是《新青年》杂志的编辑部。

自此，陈独秀不仅站在《新青年》突兀的高台上演说，还奔走在人才济济的北京大学这一最高学府的深深庭院中。这高台与庭院的结合，构成了一幅壮丽的文化革新图景。

陈独秀与杂志的北迁，有利于同处于政治中心的封建残余们短兵相接地战斗，杂志与北大的结合，扩大了以北大教授为核心的编辑阵容，扩大了以北大学生这一知识群体为先导的读者群。

三个月后，陈独秀在北京基本稳定，他便将妻子高君曼和陈松年、陈子美两个孩子接到北京，住进北大，陈延年、陈乔年兄弟仍然留居上海。

蔡元培时代的北大，新旧各派人物兼收并蓄，百家争鸣，但是"极高明而道中庸"的蔡校长内心倾向在新的一面，让新旧两派在激烈残酷的斗争中显示了"新文化"强大的魅力和生命力。

北京大学不只在学说、学派上"兼容"，在新旧、文理、中西、汉宋也能"并包"，对各路人才涵容吸纳，无论长幼、学历背景、政治观点而唯才是举。在文科方面，激进者有陈独秀、胡适、李大钊、钱玄同、刘半农、周树人、周作人，保守者有辜鸿铭、刘师培、黄季刚。一时间，北大成了大师云集的场所，读书治学的空气非常浓郁。

为改变北大的旧面貌，1918年1月19日，蔡元培还在北京大学发起并组织了"进德会"。规定三种会员标准：

甲种会员：不嫖、不赌、不娶妾；乙种会员：在前"三戒"的基础上再加上不作官吏、不作议员"二戒"；丙种会员：在前"五戒"的基础上再加上不吸烟、不饮酒、不食肉"三戒"。

陈独秀加入"进德会"，成了甲种会员，并在后来的选举中与蔡元培、章士钊、沈尹默、刘师培等被选举为该会的评议员，李大钊被选为该会的纠察员。此会成立伊始就有近500人参加，其中教师70多人，职员90多人，学生300多人，约占学校总人数的三分之一。

北京大学学术独立、思想自由的立校风格与《新青年》的新旧冲突、精彩论战的气象相映生辉。蔡元培主持下的北大的改革卓见成效，老树满绽新花，焕发出了勃勃生机。北大自由的教育和管理氛围，让各种社团、组织找到了他们萌生而至茁壮的沃土。这样的气息，让陈独秀也感觉到，他加盟北大是正确的选择。

蔡元培引进了陈独秀，陈独秀引进了胡适，构成了支撑北大文科的金三角，这三个角却是老、中、青三代"兔子"，他们的生肖都是"兔"，蔡元培大陈独秀 12 岁，陈独秀又大胡适 12 岁。不仅如此，北大似乎成了"兔子"的天下：蔡元培是丁卯兔，陈独秀、朱希祖是己卯兔，胡适、刘半农、刘叔雅是辛卯兔，他们休息的房间恰又按地支排序到"卯"，"卯字号"名人响彻北大，一时出现了"兔依丹桂、校园飘香"的景象。此时的陈独秀身为北大文科学长，却与其他西装革履、发光鉴人的教授学者迥然不同，完全一副勇往直前、奔走呼号的战士形象。

《新青年》上教育革新的探讨与他在北大的整顿与改革互为推动，他在北大努力实践他的教育思想和理念，在文科学长的职权范围内进行了一系列的革新，他严明校纪、完善制度，严格考核学生学业，亲自审定学生的升、留级与毕业条件。将文科原来所有课程全是必修改为自由选修，还可选修或旁听其他门、其他年级的课，大大增加了学生选修课的自由度。还根据学科发展，增设课程，力求培养从事高等学问的高等人才，凸显出大学研究学理的功能。他注重发展学术，并大量购置必备学术参考书，文科各门还开设阅览室，供学生自由阅读和查询。

1918 年 1 月 16 日，陈独秀与沈尹默、周作人、王星拱等人向学校评议会提出了组织大学俱乐部、划分大学区域、指定教员制服等议案。

6 月 12 日，他还与蔡元培分别担任了北京大学入学实验委员会的正、副主任。

9 月 21 日，他在北京大学开学仪式上发表演说，认为研究学理、备毕业后应用、得毕业证书这三个大学生求学的目的，只有研究第一个"始与大学适合"，并提出了注重外国语、废讲义、多购参考书三个研究学理的方法。

12月，他出任北京大学附设国史馆编纂处编纂股主任，又出任《北京大学日刊》编辑。他在《北京大学日刊》先后发布了几十份《文科学长白》，针对学生纪律松弛的实际状况，订了严格的各种规章制度，并予以严格执行。

有一次，班上有一个学生是黎元洪的侄子，他经常缺课并让人代为签到，陈独秀误认为是另外一个学生许德珩，发布公告言其经常旷课，并给予记大过处分，当许德珩看到布告时惊异而且愤怒。盛怒之下就把布告牌给砸碎了。性情刚烈的陈独秀在恼怒之下就砸布告牌一事又给其记过一次。许德珩又把布告牌砸了，并站在陈独秀的办公室前，叫他出来说理。事情很快传到蔡元培那里，经过核实，是陈独秀弄错了，蔡元培让陈独秀收回成命，并对他进行劝慰，事情遂告平息。

《新青年》的宏言大论深深鼓舞了北大师生，陈独秀还特别鼓励和支持文科师生成立各种进步的学术文化团体并出版相应的书刊，大力推动新思潮迅猛而广泛的传播。在陈独秀文科学长任上，北大文科师生在1917—1918年一年中就发起成立了"音乐会""画法研究会""成美学会""少年中国学会""新闻研究会""国民社"等社团，并出版了一些刊物。

1918年秋，北大学生傅斯年、罗家伦等拟创办《新潮》杂志，因缺乏经费找到陈独秀，陈独秀对傅斯年说："只要你们有办的决心和长久支持的志愿，经费方面，可以由学校负担。"虽然傅斯年当时是北大保守派黄季刚派的中坚人物，虽然陈独秀对他办杂志的动机是不是由保守派派来的"细作"心存怀疑，但是出于支持后学、共扬新思想的心理，他还是慷慨应允并给予了有力的支持。不仅如此，他还向蔡元培建议，并与李大钊等协商，把图书馆的一个房间拨给他们专用，并由胡适做顾问，学校拨款扶持。12月3日，《新潮》杂志社成立，次年1月该月刊出版。这个纯粹的学术文化团体也没有辜负陈独秀的帮助，在鼓吹文学革命方面不遗余力，社团成员秉承了《新青年》的精神，既高张新文学理论，又切实实践了新文学的创作，成了新文化运动的首批重要收获，在青年学生群体里产生了巨大的影响，超过了其他诸刊而仅次于《新青年》，它和《新青年》一起对文学革命的深入和整个新文化运动的发展，起到了巨大的推动作用。

在《新青年》上，陈独秀或文风活泼，或言语犀利，亦庄亦谐，气贯长虹，文如其人，他性情刚烈、风格豪放，非同寻常。从生活小事即可见一斑。1918年6月，文科哲学门第二届毕业时师生合影留念，校长蔡元培也在其中，陈独秀和梁漱溟比肩而坐，前排教师都双脚不出肩宽，唯独他叉开两腿挺身危坐，甚至自己的左脚旁逸斜出，一直横伸到了左侧梁漱溟的前面。照片洗出以后，哲学门的班长孙时哲前往学长办公室给他送照片，他一看，说："照得很好，只是梁先生的脚伸出太远一点。"孙时哲提醒并更正说："这是先生的脚。"陈独秀再看自己那只豪放的左脚，为之大笑。

陈独秀炮轰旧文化、抨击旧道德、砸烂孔家店、废掉文言文等一系列革故鼎新的风云言论，并不是受到了所有人的欢迎，他使激进者欢呼、保守者

陈独秀与北大部分师生合影

指斥。无论是"居庙堂之高"者，还是"处江湖之远"者，都有对他的反面回应。

即便是到了晚年仍称"拼我残年，极力卫道"的林琴南便是典型之一。这个代表着旧文化的保守者，在与《新青年》激进派几番论战后，便失去了自己论辩的风度，以旧文学形式发泄胸中郁愤。1919年2月17日，林琴南在上海研究系的《新申报》上登出了自己的文言小说《荆生》，极力丑化、影射攻击陈独秀、胡适和钱玄同，他以荆生指代军阀徐树铮，以田恒指代陈独秀，以秦二世指代胡适，以金心异指代钱玄同，设计出了荆生听见田其美和田恒、狄莫和秦二世、金心异几人放言高论，诋毁前贤，将他们痛打一顿的情节。

3月19日至23日，林琴南又在该《新申报》上发表小说《妖梦》，继续极尽其影射之能事，攻击蔡元培、陈独秀、胡适，说某人梦见这班非圣非贤的人，都给一个怪物拿去吃了。蔡元培被影射为元绪公，因为《论语》有"蔡，大龟也"的话，所以他把蔡元培比作了乌龟，骂人骂得异常刻薄阴损。在小说中包含着恶意的恐吓，在理论上战不过，就想借外来的力量，也即是反对新文化运动的军阀徐树铮的"伟丈夫"来摧毁异己的思想。这两篇小说，都是由他的原弟子张厚载寄给《新申报》的。不仅如此，林琴南还在3月18日的北京安福系《公言报》上发表致北大校长蔡元培的公开信，对北大"覆孔孟，铲伦常""尽废古书，行用土语为文字"等进行指责，并要求斥逐陈胡诸人。陈独秀不屑理会这种谩骂式的论争，"诬蔑和辱骂绝不是战斗"，对于这一已超出学理探求的成了泼妇骂街式的个人纷争，作为北大校长的蔡元培挺身而出，当日就致函《公言报》，在答林琴南函中不失风度地批驳了他的指责，并理直气壮地为北大新派教员辩护。

在陈独秀的家乡安庆，他的革新思想和言论也同样遭到了嫉恨。省会安庆的省立第一女中有一个国文教员陈慎先，深通词章之学，非常崇拜孔孟，最热心卫护旧文化。有一天，他对学生们说现有一种杂志名《新青年》，是你们怀宁的陈独秀主编的，他们诋毁孔孟，反对纲常，言辞邪说，层出不穷，实为世道人心之大忧，将来必酿神州陆沉之祸。后来他每次上课，必大骂《新青年》。

有一次，他又对他的学生说，陈独秀愈搞愈不像话了。有一个什么美国留学生名胡适者写了一篇什么《文学改良刍议》，寄回国中，陈氏居然给他发表，自己也写了一篇什么《文学革命论》来附和他朋友的意见。还说他甘冒全国学究之敌，要拖四十二生丁大炮来轰击旧文学的堡垒，这话说得太荒谬，太好笑，非丧心病狂者何致如此？我一夜睡不着，写了一封数千言的长信驳他，托程演生先生转去，看他怎样回我的话。但他那封长信转到《新青年》，却没有任何反应，他更加愤恨，将信的底稿油印出来，发给学生当国文讲义，足足讲了两星期。可见他对陈独秀及其反对旧文化的极端憎恨。他似乎预料到了旧文化面临的危机，每日愁眉不展，人一天一天消瘦下去。一日，他在《新青年》上读到一篇很激烈的抨击孔子的文章，便复述几段给学生听，一面讲，一面连声骂"谬论"，因气得太厉害，脸色变成了苍白，声音也嘶哑了，几乎晕倒在讲坛上面。

《新青年》的"谬论"越来越多，陈慎先的忧愤也愈积愈重，几乎超过了他的健康负荷。深爱他的学生眼看他这样痛苦，同情心更油然莫遏，因此对他所痛恨的异端陈独秀也切齿仇视起来。他的那些既没有见过陈独秀本人又没有亲睹过《新青年》的学生们下课便讨论陈独秀，有人主张大家联名写封信寄给他，表示对他"谬论"的抗议，有人主张召开怀宁同乡会开除陈独秀的省籍，学生苏雪林天性颇带有几分野蛮，认为这些都不是好办法，最好是带把手枪上北京找到陈独秀和胡适，教他们每人吃他一颗子弹，什么问题都解决了。即使为此偿命，但替中国除了一大害也很值得，他把主意说给同学们听，大家都拍手叫好，并提议组织"除奸团"，用抽签的方法，选出暗杀陈、胡的英雄和保卫中国文化的烈士。

从这一上一下的两个现实故事中，我们可以知道，当时新旧思想之激战到了什么程度。文化保守势力设置的阻力对于陈独秀及其文化同人来说是多么沉重！

　　林琴南看辩论不过，就想借助武力来压倒新派。他找徐树铮解决未果，又恼羞成怒，去找他在国会做议员的同乡，希望他们在国会里提出弹劾案，弹劾教育总长和北京大学校长，从而达到打击新派势力的目的。

　　北京大学和新派教员学生的革新队伍，《新青年》《每周评论》《新潮》等刊物摧枯拉朽的反旧浪潮，让守旧势力、国故党和北洋政府非常嫉恨，北京大学成了攻击守旧势力的"反动中心"。此时的北京，北洋军阀、安福系、袁氏余孽仍暗流涌动，北洋政府开始对蔡元培施加压力并发出恫吓，甚至派侦探跟踪他的行迹。

　　为应对这种危机，蔡元培与"老谋客"商量，"老谋客"劝他为了保存北大，应该解聘陈独秀，约制胡适等人，但蔡元培说："北京大学一切的事，都在我蔡元培一人身上，与这些人毫不相干。"

　　而恰在此时，北大的体制正处于改革之时，文、理科合并，由原来的学长负责制改为教务长统一领导制。由此，有人便似乎嗅出气息，开始散播流言的种子。

　　"山雨欲来风满楼"，一时间，北京城谣言扬起，半月中越传越盛，并从北京电传到了上海各大报纸，大有"黑云压城城欲摧"之势。谣言说，陈学长与学生同狎一妓，且陈为"进德会"会员，这种行为不配做大学师表。

　　还有谣言说教育部有训令下达到北京大学，让学校将陈、胡、钱、刘辞退，北大文科学长和胡适等4人已经在政府的干涉下被驱逐出学校，并被执行逮捕，陈独秀已经逃到了天津。曾经是林琴南的学生、此时又是北大学子的张厚载也在报纸上写了一些消息不实的北大报道，在社会上造成了不良影响。为此，蔡元培曾写信对自己的这位学子进行劝诫，并叮嘱"往者不可追，望此后注意"。

　　谣言如火乘风，漫天飞舞，问题变得越来越严重，北大新派人物不得站不出来辩诬。1919年3月10日，胡适致函《北京大学日刊》辟谣，张厚载也在这期日刊里就暗地里攻击新派人物对胡适表示"谢罪"。5天后，陈独秀也在《每周评论》上发表了《关于北京大学的谣言》。指明了谣言的起因是"国故党"反对《新青年》，并引了《时事新报》《中华新报》《国民日报》《晨报》等许多报纸对守旧势力谣言的批评，之后他又对"国故党"造谣的心理谈了自己的感想。他指出那些旧势力有着"倚靠权势""暗地造谣"两种劣根性。拿不出自己的知识本领来堂堂正正地与革新派论战，总喜欢用这两种武器中伤他人。他点名批评写诬蔑小说的林琴南和《神州日报》的通信记者张厚载师徒两人，说他们反对《新青年》"尽可以从容辩论，不必借传播谣言来中伤异己"。

3月18日，一向对北大不怀好意的《公言报》又发表了一篇《请看北京学界思潮变迁之近状》的长篇记事。对北京大学新旧学派进行评论，站在旧派势力的立场上为其张本。"北京近日教育虽不发达，而大学教师各人所鼓吹之各式学院，则五花八门，颇有纪者。国立北京大学自蔡子民任校长后，气象为之一变，尤以文科为甚。文科学长陈独秀氏以新派首领自居，平昔主张新文学甚力，教员中与陈氏沆瀣一气者，有胡适钱玄同刘半农沈尹默等，学生闻风而起，服膺师说，张大其辞者，亦不乏人。……自胡氏主讲文科哲学门后，旗鼓大张，新文学之思潮亦澎湃而不可遏，既前后抒其议论于《新青年》杂志，而于其所讲授之哲学讲义，亦改用白话文体裁。近又由其同派之学生，组织一种杂志曰《新潮》者，以张皇其学说。……两种杂志之对抗，《新潮》之外，更有《每周评论》之印刷物发行，其思想议论之所及，不仅反对旧派文学，冀收摧残廓清之功，即于社会所传留之思想，亦直接间接发见其不适合之点，而加以抨击……然若视新文学派之所主张，当更认为怪诞不经，以为其祸之及于人群，直无异于洪水猛兽，……唯陈胡等对于新文学之提倡，不第旧文学一笔抹杀，而且绝对的菲弃旧道德，毁斥伦常，诋排孔孟，并且与主张废国语而以法兰西文学为国语之议，其卤莽灭裂，实亦太过。"言中之意，在为旧派反攻新派摇旗助威。

第二天，蔡元培发表《致〈神州日报〉函》，为陈独秀"辞职"等事辟谣，说陈独秀并没有辞职一事，并简单对学校体制改革进行了说明，文理合并改为教务长统一负责，曾经由学长和教授主任会议定，陈独秀也参加了会议，通过了改制办法，定于暑假后实行。

虽然这样，但风波似乎仍没有停止的迹象，来自政府和守旧势力的压力越来越大。3月26日夜，蔡元培将北大教授沈尹默和马叙伦召集到北京医专校长汤尔和家里，商讨解决学校面临的困境以及文科学长陈独秀的去留问题。

汤尔和与沈尹默都是陈独秀向蔡元培的引荐人。起初，因报纸造谣猖獗，争相传播的嫖妓流言对北大影响严重，汤尔和主张解聘。蔡元培对撤去陈独秀文科学长之职来平息事端难以苟同，4人商讨到12点才最终做了艰难的决定，同意解除陈独秀学长职务。但是，这种秘密商讨的消息竟然不胫而走，此事很快流传社会，一时间，"北京大学文科学长陈独秀已辞职"的消息又很快出现在了许多报纸上。解除陈独秀文科学长职务之箭已在弦上，不得不发了。

作为当事人的陈独秀，当然知道这一切发生的原因是什么，明知这是论敌攻击北大新思潮的几个领袖的一种手段。他本不在乎是否在北大任文科学长，愤怒的是，自己最终落败在顽固势力的手段和阴谋之下，光明磊落的他平生最恨阴谋与黑暗。

他也知道，在北大群体中，起最大作用的就是当初推荐自己进北大的汤尔和，"成也萧何，败也萧何"。来，是他们让来的；走，也是他们让走的。但以这种方式，以这种理由让自己离开，的确让人愤怒，他不由得有些厌恶北京这种阴私而奸诈的习气。他觉得汤尔和等人被论敌和政敌利用，自坏阵营了。

4月1日，陈独秀与回寓所的汤尔和在路上相遇，陈独秀"自北而南，以怒目视"。但是在"撤销学长风波"的整个过程中，他没有因这些影响他的活动，仍把主要的精力都放到了书写文章和编撰《新青年》文稿上。他在政治色彩极浓的《每周评论》上发表大量的论文和随感录，大谈国内外政治，并开始将目光关注到了社会主义上。

他在一则随感录中说，"欧洲各国社会主义的学说，已经大大流行了，俄、德和匈牙利，并且成了共产党的世界，这种风气，恐怕马上就要来到东方"。但此时，他决定离开北大，回归上海，并给汪孟邹写信，表达了南归之意。

4月18日，在他敬重的汤尔和的力促之下，蔡元培召集文理科教授会议，决定提前实行文理合并改制，由教授会领导，教授会主任由文理科主要教授轮流担任，本来"教务长代替学长"这一改制决定拟于暑假后实行，但由于报纸造谣的舆论压力日趋紧迫，这一体面的人事变动得以提前施行，陈独秀的行政职务不复存在。另外，保留陈独秀北大教授身份，继续担任教授，但由校方给假一年。给陈独秀放假一年，其实是变相的"停职"处罚，暂时让北大避避风头。

但这一行为的结果，却是在客观上向论敌和政敌示了弱，让他们计谋得逞。

在"倒陈风波"发生之时，陈独秀的战友胡适正在上海，对这件事很有不满和惋惜之处，他后来给汤尔和写信说，汤尔和不能明察，成了北大一些教授的"代言人"，最终"堕奸人术中了"。

他认为陈独秀由此离开北大，创立共产党以及后来中国思想的左倾，《新青年》的分化，北大自由主义者的变弱，3月26日夜的会议为始作俑者。他认为陈独秀在北大，在自己的影响下而没有左倾，离开后，渐渐脱离了自由主义的立场，就更左倾了。说汤尔和改变了北大的命运，"实开后来十余年的政治与思想的分野"。他为蔡元培与汤尔和因"头巾见解"和"小报流言"而驱逐一个有主张的"不羁之才"而愤愤不平。

汤尔和则认为，陈独秀本为"不羁之才"，不会安于教授生活，即使没有这件事情，也会离职而去。但汤尔和的解释正说明，陈独秀的"嫖妓"与文科学长职务被解除无因果关系，在小报流言的压迫之下，为维护北大形象计，对陈独秀行政处罚的原因"莫须有"。

就在撤销陈独秀文科学长之职的尘埃刚刚落定，各大媒体评论指责欲起之时，一场更大的风暴开始了。

四、"五四运动的总司令"

第一次世界大战时，日本趁西方国家无暇东顾之机，加紧了对中国的侵略。1914 年秋，日本派兵侵入中国山东，取代德国在山东的侵略地位。接着，又以支持袁世凯做皇帝为条件，提出旨在灭亡中国的"二十一条"。第二年 5 月 7 日，袁世凯签字接受了"二十一条"，这一天被国人定为"国耻日"，国人的反帝情绪日益高涨。1919 年初，"一战"的胜利国在巴黎召开和平会议。中国政府代表提出废除帝国主义国家在中国的一切特权，取消"二十一条"，收回日本在大战时夺去的德国在山东的特权。然而，"弱国无外交"，这一正义要求被美英等国操纵的会议无理拒绝。

有良知的国民对"一战"的结束将会给中国带来的福音充满着殷殷期待。11 月 11 日，战胜的消息传来，举国欢庆。北京大学决定从 14 日放假 3 天，并在天安门举行演讲大会，庆祝协约国的胜利。他们相信，作为战败国的德国必然要归还在山东占领的国土，山东问题很快就会有一个圆满的结果。

但是，强权战胜了公理，5 月 2 日，北京《晨报》发表《外交警报敬告国民》一文，将这一外交失败的消息告知国人，日本将接续德国在山东的权益。这一屈辱的结果使对战后国家前途和命运寄予厚望的国人震惊和愤怒。于是，爱国学生奔走相告，北京大学和专门以上学校的学生商讨在"国耻日"举行游行示威，表达抗议。此后，各种消息不断传来，巴黎和会上的中国代表团如果在和约上签字，后果将不堪设想。此时北洋政府总理钱能训已电告巴黎和会中国代表团，同意在和约上签字，时任外委会委员长的汪大燮亲自坐着马车赶赴东堂子胡同蔡元培的住宅，把密电内情告知蔡元培。蔡元培立即召集傅斯年、罗家伦、康白情、段锡朋等学生代表到自己家中会面，透露了严峻形势。他们知道，已经等不到 5 月 7 日了，学生们立刻发布通知，于次日晚 7 点在北大法科礼堂举行集会。第二天晚上，北京大学举行学生大会，还邀请了高师、工专、农专、法专等学校代表参加,《申报》主笔邵飘萍在会上报告了巴黎和会上中国外交失败的经过和原因。学生们听了悲愤交加,学生谢绍敏当场撕下衣襟咬破中指,血书"还我青岛"4个字。

当时北洋政府亲日派交通总长曹汝霖、驻日公使章宗祥、币制局总裁陆宗舆都是安福系的得力干将。驻日公使章宗祥不久前带着日本小妾回国,留日学生像送葬一样送他,白旗丢了一车厢,把他的小妾都吓哭了。这次集会上有人建议以此方法对付这三个人,赢得了学生们的一致赞同,决定次日举行集会游行示威,并给卖国贼送白旗。

当夜,许多学生一夜没睡,做了许多旗子。新潮社的主将傅斯年是游行的总指挥,另一主将罗加伦拟写了传单和标语,并写了《北京全体学界通告》,国民杂志社和平民教育演讲团的著名社会活动家许德珩拟就了《北京学生界全体宣言》,宣言措辞悲壮,沸人心血:"务望全国工商各界,一律起来设法开国民大会,外争主权,内除国贼,中国存亡,就在此一举了!今与全国同胞立两个信条道:中国的土地可以征服而不可以断送!中国的人民可以杀戮而不可以低头!国亡了!同胞起来呀!"

1919年5月4日,周日,天气晴朗。在北大红楼后的一片空场上,游行学生集合结队。临出发时,蔡元培在出口处挡了一下,说有什么问题校长可以代表同学向政府提出要求。不过,学生不肯,他也就没有执意阻拦。游行队伍前面挑着写有"北京大学"的横幅,沿北池子大街向天安门行进,和其他学校的学生汇成了声势浩大的请愿洪流。

游行的队伍受到教育部官员的劝阻和警察的拦截,教育部打电话让蔡元培拦阻学生,遭到了蔡元培的拒绝。天安门广场上汇集了3000多人,学生宣读宣言,演讲,高呼口号,到处飘扬着"废除二十一条""惩办卖国贼""拒绝在和约上签字""还我青岛"等标语旗帜。

新文化运动中,北京大学建立的许多社团的成员起到了策划、组织和领导作用,扮演了极为重要的角色。傅斯年、罗家伦、许德珩、张国焘等学生中坚都是社团的发起者和组织者,平日就非常活跃。北大自然在这次游行中成了主角。

在这一片愤怒的海洋中，教育部司长劝说无效，步兵统领李长泰出面，在看过学生的传单后，同意他们到公使馆表达爱国的意思，但希望学生不要闹出国际争端来。

下午两点半，游行队伍开始出发，到东交民巷英、美驻华使馆递交"说帖"，呼吁英、美主持正义。但学生没有达到目的，一些凶横的巡捕更是让学生气愤。不知道谁喊了声"直奔曹宅"，学生的矛头直指三大卖国贼。

此时，曹汝霖已经知道学生游行的消息，但他没有感觉到危险，参加完总统徐世昌的午宴后照样回家。游行队伍到了赵家楼胡同的曹宅，只见门窗紧闭，周围有200名军警把守，但军警一看这阵势也不知如何是好，任凭学生如何交涉，曹汝霖就是不肯出来。愤怒的学生们便用旗杆将沿街房瓦揭下抛进曹宅。后来又翻墙跳窗，从里面打开了大门，他们没有找到曹汝霖，就砸屋里的东西，撕床上的绸被子。学生在一个小院子里意外地发现了正在这里的章宗祥，以为是曹汝霖，于是便对他大打出手，直至用砖头瓦片将他砸得头脸出血，倒在地上。等学生取下客厅里曹汝霖的照片一对，才发现弄错了。无法发泄的学生们放一把火烧了曹宅，火起后，军警赶来逮捕了32名学生。

蔡元培虽事先劝阻学生，但事后他却站在学生一边，与学生同甘苦，共患难。此时，胡适正在老家办理母亲的丧事，不在北京。陈独秀正在忙着《每周评论》和《新青年》的编辑组稿。从1919年1月到5月，陈独秀与反动势力展开了激烈的论战，对北洋政府、反动议员、腐朽卫道文人猖狂攻击《新青年》和他本人，进行了有力的反击挞伐。陈独秀这5个月所写的战斗檄文，为五四运动做了思想、舆论上的准备。

5月4日晚上，北大学生聚集在三院大礼堂，商讨营救被捕学生的办法，蔡元培出现在学生面前，向学生保证在3天之内把被捕学生营救出来。

第二天，蔡元培会同其他13所学校校长在北大开会，成立校长团，并赶赴警察厅、国务院、教育部。在国务院和总统府，钱能训和徐世昌都避而不见，并以种种借口不肯释放。第三天，校长团继续开会，并与警察厅和教育部交涉。迫强大的社会舆论压力，再加上5月7日的国耻日即将来临，北洋政府担心会发生更大的变故，被捕学生最终被保释出狱，但条件是，蔡元培和各校校长答应警察总监吴炳湘提出的两个要求：不参加国耻日群众集会，立即复课。

此后，北洋政府督促教育部发布了更强硬的183号训令："通令各校对于学生当严尽管理之责，其有不遵约束者，应即立予开除，不得姑宽。"更为严重的是，京城中谣言四起，有人说要"烧北大房子，杀北大学生"，有人说"要以三百万金收买凶手刺杀蔡元培"，有人说"段祺瑞的有力助手、陆军次长徐树铮就命令他的部队把大炮架在景山上，炮口对准北大示威"，更有从政府和安福系传出消息，准备罢免蔡元培的职务，让马其昶做新校长。在这种情况下，蔡元培向总统和教育总长提出辞职并留下一则启事，悄悄离京入津。此后北大学生又在与政府的斗争中掀起了"挽蔡"运动，学生和北大教职员也到教育部请愿。教育总长傅增湘因对蔡元培同情并挽留，遭到了安福系的责难也愤而辞职。因此，北京政府总统徐世昌亲自发出一道挽留指令，并希望蔡元培早日返回北大，消弭风波。但是学潮并没有就此平息，15日，一位北大学生参加5月4日游行后不幸死去，在他的追悼会上，学生们决议长期罢课，抵制日货，要求罢免曹、陆、章三个卖国贼，拒绝在和约上签字，挽留蔡校长回校。5月19日，北京各高校一律罢课，北京学联发表《罢课宣言》《上大总统书》，运动愈演愈烈。

6月初，有消息说巴黎和约就要签字了，外交上已经惨败，北京政府又不肯罢免三个卖国贼。此时蔡校长已经离津出走到故乡西湖，虽经政府专员沈朋年南下诚挚邀请他返校，他也明确表示不回，事情全没有结果。学生便又组成每组10人的讲演队，上街向群众讲演。6月2日，政府出动大批军警进行镇压，逮捕学生100多人。6月3日，学生继续上街讲演，又被逮捕700多人，运动很快便波及全国各地。对"六三"事件，陈独秀在《每周评论》上愤怒地说："这时候陡打大雷刮大风，黑云遮天，灰尘满目，对面不见人，是何等阴惨暗淡！"消息传到上海，在学生的要求下，商人罢市。工人也举行罢工，遥助学生。很快，不断升级的政治抗争蔓延全国。6月10，在罢课、罢工、罢市的强大压力下，北京军阀政府罢免了曹、陆、章3人的职务，并将新闻登诸报端，迫于全国各界的压力，巴黎和会上中国代表团最终没有在和约上签字。五四运动取得了阶段性的胜利。

在学潮兴起之初，陈独秀在5月7日给胡适写信，将五四运动各方面的情况介绍给他。他时刻关注着运动的发展，并和李大钊一起就巴黎和会、北洋政府的卖国行为撰写大量文章，以《每周评论》为阵地，批斥一切卖国行为，在思想舆论上推动学生运动向纵深发展。

在《对日外交的根本罪恶》中，他指出造成这种罪恶的是政府，希望学生看清事情的本质，而不仅仅在于三个卖国贼。他还反讽亲日政府道："禁止国民集会，拿办爱国的学生，逼走大学校长，总算对得起日本人了！"

在《为山东问题敬告各方面》中，陈独秀指出，日本在侵害东三省后侵害山东，关系着全体国民的存亡。他号召全体国民发扬民族自卫精神，"无论是学界、政客、商人、劳工、农夫、警察、当兵的、做官的、议员、乞丐、新闻记者，都出来反对日本及亲日派"，"万万不能把山东问题当做山东一省人的存亡问题，万万不能单让政客奔走呼号，别的国民都站在第三者地位袖手旁观，更绝对的万万不能批评学生和政客的不是"。可以说，陈独秀的这些呼告和声援，为发动社会各界加入运动直至波及全国起到了巨大的推动作用，他虽然没有走到游行队伍中，但是，他激烈犀利的言辞，确实鼓舞了亿万国民，正如毛泽东后来所说的，在文化精神上他的确是五四运动的总司令。

在《山东问题与国民觉悟》中，陈独秀指出，对山东问题，国民应该有对外"不能单纯依赖公理"、对内"不能让少数人垄断政权"两种彻底的觉悟，应该由这两种觉悟抱定"强力拥护公理、平民征服政府"的两大宗旨。

在《我们究竟应当不应当爱国》中，他就北洋政府弹压国内的爱国运动，讨论了一个似乎不需要讨论的问题，对当局进行了讽刺，提出了自己对所爱之国的标准："我们爱的是人民拿出爱国心抵抗被人压迫的国家，不是政府利用人民爱国心压迫别人的国家。我们爱的是国家为人谋幸福的国家，不是人民为国家做牺牲的国家。"

在《研究室与监狱》中，他说："世界文明发源地有二：一是科学研究室，一是监狱。我们青年要立志出了研究室就入监狱，出了监狱就入研究室，这才是人生最高尚优美的生活。从这两处发生的文明，才是真文明，才是有生命有价值的文明。"他以此极端的话语鼓舞学生为爱国要不怕牺牲，勇于献身，在反动政府加紧迫害爱国学生之际，有志青年们将他的出入监狱与研究室的话当成了座右铭。

在《每周评论》上，他还发表了许多简短有力的"随感录"，如《只有叹气!》《自家人不如外国人》《本是同根生，相煎何太急!》《别得罪亲日派》，等等，都显示了他对时事的关注，对一切卖国压制学生的言论和反动举措及时地给予了回击。

五四运动后期，胡适料理完母亲的丧事回到北京时，正值学校罢课，他亲自出面要学生复课，遭到学生的拒绝。胡适又想用釜底抽薪的办法，提议把北大迁到上海，并让同意者签名，傅斯年、罗家伦都签了。陈独秀知道后，把傅斯年和罗家伦叫去训了一顿，迁移北大的事情遂告结束。

蔡元培离京回乡时，在上海与陈独秀关系密切的好友清楚地知道在北京有很多危险，便发电报催促陈独秀南下，陈独秀回答说：我脑筋惨痛已极，极盼政府早日捉我下监处死，不欲生存于此恶浊之社会也！于是他执意留在北京继续与李大钊主编《每周评论》。

陈独秀不仅在《每周评论》上强力声援爱国学生和全国工商界爱国运动，还亲自走出了他们《每周评论》的研究室，走进了反动政府的监狱，以实际行动印证了他的宣言。

五、"研究室与监狱"

1919年6月9日，陈独秀与李大钊等人共同讨论，亲自起草了《北京市民宣言》，并交给胡适，把它译成英文。宣言内容为：

> 中国民族乃酷爱和平之民族。今虽备受内外不可忍受之压迫，仍本斯旨，对于政府提出最后最低之要求如下：一、对日外交，不抛弃山东经济上之权利，并取消民国四年、七年两次密约。二、免徐树铮、曹汝霖、陆宗舆、章宗祥、段芝贵、王怀庆六人官职，并驱逐出京。三、取消步军统领及警备司令两机关。四、北京保安队改由市组织。五、市民须有绝对集会、言论自由权。我市民仍希望和平方法达此目的。倘政府不愿和平，不完全听从市民之希望，我等学生、商人、劳工、（军）人等，惟有直接行动，以图根本之改造。特此宣告（言），敬求内外人士（士女）谅解斯旨。①

当天夜里，陈独秀与高一涵一起，到蒿祝寺旁边一个为北大印讲义的小印刷所去印刷这个宣言。当时只有两个印刷工人在，他俩警惕性很高，把宣言印成后，又将底稿和废纸用火烧掉。印完后，已是次日凌晨一点多了。

6月10日，陈独秀与高一涵等带着印制好的宣言来到中央公园，因为在假期中，北京学校和机关人员下午多到这里吃茶、乘凉、会友。他们就把一张小传单式的宣言用茶杯压在没有人的茶桌上。等吃茶人回来，他们读到传单后大声叫好，拍手欢呼，陈独秀等也随着一块高兴。

陈独秀的活动立即引起了耳目众多的京师警察厅的高度关注，警察厅命令各区严密监视他的动向，并发出指令："据探报陈独秀等以印刷物品传播过激主义煽惑工人等情，并在大沟头十八号设立印刷机关，实属妨害治安，立即按照所开地址，分别按名严密监视，并将该印刷机关派员检查，以遏乱萌，除分行外合亟令仰该署、队遵照立即办理。"并列出了陈独秀、李大钊等人的基本情况。

---

① 《民国日报》1919 年 6 月 14 日。

第二天下午，陈独秀又约了北大理科教授王星拱、北大预科教授程演生、内务部佥事邓初及高一涵4人到香厂新世界附近一个四川菜馆子浣花春去晚餐。餐后，陈独秀、邓初和高一涵去新世界散发传单，另外两人去南游艺园散发。

秀才们有所不知，他们头天散发的传单已到了军警手上，警察厅已经张网以待。在各个游戏场、电影院、戏馆、公园附近，当局布下的身着便衣的军警密探已经扮作游客，散布在各个角落。

陈独秀一行三人来到新世界，看到戏场、书场、台球场内都有电灯照耀，如同白昼，因为怕人发现，便登上没有游人、也没有电灯的新世界5层屋顶花园。从屋顶刚好能看到下一层露台上正在放映露天电影，他们便将传单撒了下去。正撒时，屋顶花园阴暗的角落里走出一个人来，向陈独秀要传单看，陈独秀便从口袋里摸出一张给那人，那人一看，马上说："就是这个。"不由分说，即刻叫埋伏在屋顶花园里的一伙暗探将陈独秀抓住。高一涵一见这种情况，便慌忙跑到屋顶花园的天桥上，探子发现了他，大叫道："那里还有一个！"高一涵在一刹那间，把手中拿的传单抛出，赶快跑下去，混在戏园的观众中，并脱去长衫、丢掉草帽，躲藏起来。他转眼看邓初还在台球场内，把传单一张一张放到茶桌上，便赶快小声告诉他："独秀已被捕。"邓初说："不要开玩笑吧。"正在说话时候，远远地看到陈独秀被探子们捉到楼下。陈独秀怕高一涵他们不知道险情，为保护他们，故意高呼："真是暗无天日，竟敢无故捕人！"

陈独秀被京师警察厅派来的便衣暗探押上了汽车。当押解陈独秀的汽车走到半道上，被北京政府步军统领衙门的人截住，双方各执一词，都说是自己的人捉到了陈独秀，互不相让，结果警察厅人多势众，强行将陈独秀带到警厅。时任北京政府步军统领的王怀庆与京师警察厅总监吴炳湘也争执不下，王怀庆主张对陈独秀以妨害治安绳以军法，吴炳湘则以违犯警律施以处置，结果双方争到总统徐世昌处，徐世昌让交到法庭处置，打算以当时最让反动势力痛恨厌恶的"过激党"的罪名对陈独秀加以论处。

　　当夜 12 点，反动当局又派出大批军警，破门而入，包围查抄了陈独秀在北池子箭杆胡同（亦为《新青年》编辑部）的住宅，带走了许多书籍、信札。

　　步入不惑之年的陈独秀被捕了，一时引得舆论鼎沸，新闻媒体纷纷报道，发文谴责，自 6 月 13 日起，北京的《晨报》《北京日报》《公言报》，上海的《申报》《时报》《时事新报》《民国日报》《神州日报》等全国各地报刊，都在显著位置发表消息、评论，刊登各社会团体、名流、学者和青年学生的通电与函件。顿时，群情激愤，"函电交驰，多方营救"，强烈谴责反动当局的倒行逆施，据理为陈独秀辩护，要求立即将其释放。一时竞相鼓噪，直吵得反动当局心惊胆战，寝食不安。

　　陈独秀的被捕，引起了全国各界特别是学生界、思想界的极大震动。安徽协会、国民大会上海干事部、江苏省教育会、全国校友会、北京学生联合会、中华工业协会、全国学生联合会等纷纷致电北京政府有关部门，余裴山、黄昆仑、章士钊、岑西林等也都致电营救。北京大学、民国大学、中国大学中的刘师培、马裕藻、马叙伦、程演生、马寅初、王星拱等几十位教授，联名致函京师警察厅，要求保释。

　　章士钊在致代总理龚心湛的信中说："方今国家多事，且值学潮甫息之后，讵可蹈腹诽之诛，师监谤之策激动人心？""试观古今中，每当文网最甚之秋，正其国运衰歇之危。以明末为殷鉴，可为寒心。今日谣诼繁兴，清流危惧，乃迭有此罪及文人之举，是真国家不祥之象，天下大乱之基也。""且陈君英姿挺秀，学贯中西。皖省地缩南北，每产材武之士，如斯学者，诚叹难能。""育一人才，至为不易，又焉忍遽而残之耶！特专函奉达，即请饬警厅速将陈君释放。钊与陈君总角旧交，同岑大学，于其人品行谊，知之甚深。敢保无他，愿为左证。"

　　6 月 24 日，李达在《民国日报》上发表了《陈独秀与新思想》一文。他说："陈先生捕了去，我们对他应该要表两种敬意。一、敬他是一个拼命'鼓吹新思想'的人。二、敬他是一个很'为了主义肯吃苦'的人。""捕去的是陈先生，是一个'肉体的'陈先生，'肉体的'陈先生可以捕得的，'精神的'

陈先生是不可捕得的。""要求快恢复'无罪的''有新思想的''鼓吹思想的'陈先生的自由来。"

北京市中等以上学校学生联合会发表函电称："陈先生夙负学界重望，其言论思想，皆见称于国内外，倘此次以嫌疑遽加之罪，恐激动全国学界再起波澜。当此学潮紧急之时，殊非息事宁人之计。""陈先生向以提倡新文学现代思想，见忌于一般旧者，此次忽被逮捕，诚恐国内外人士，军警当局有意罗织，以为摧残近代思潮之地步。现今各种问题，已极复杂，岂可再生枝节，以滋纠纷？""陈独秀先生为提倡近代思想最力之人，实学界重镇"，请速予以释放。中华工业协会的电文中说："陈君提倡新思想，著书立论，无非研究学理的关系，既不与共和国家法律相抵触，亦适合共和国思想自由之心理。兹值全国人民愤激甫息之时，当局岂可遽兴文字之狱，而以北京学潮迁怒陈君一人？窃恐大乱之机将从此始！"务记"立予释放，以全士气，而救国危"。

毛泽东在他所主办的《湘江评论》创刊号上，撰发了署名"泽东"的《陈独秀之被捕及营救》一文，高度称赞陈独秀在当时思想界的地位和影响，指出："我们对于陈君，认他为思想界的明星。陈君所说的话，头脑稍微清楚的听得，莫不人人各如其意中所欲出。"说他的被捕，"无非是为着'赛因斯'和'德莫克拉西'"。毛泽东说，今日中国最需要的是科学与民主，而"陈君平日标揭的就是这两样"。"陈君为这两件东西得罪了社会，社会居然就把逮捕和禁锢报给他。"但是，"陈君之被逮，决不能损及陈君的毫末。并且留着大大的一个纪念于新思潮，使他越发光辉远大。"文章结尾写道："我祝陈君万岁！我祝陈君至坚至高的精神万岁！"

1919 年 7 月 31 日，曾任北京大学庶务主任的李辛白在《每周评论》上发表了署名为"辛白"的《怀陈独秀》一诗："依他的主张，我们小百姓痛苦。依你的主张，他们痛苦。他们不愿意痛苦，所以你痛苦。你痛苦，是替我们痛苦。"表达了陈独秀为革命无私奉献的高尚精神。

社会舆论由对陈独秀的同情与赞扬，进而转为对黑暗腐朽的政治制度的揭露和批判。6月17日，《申报》与《国民日报》载文揭露："陈独秀之被捕，《益世报》之封禁，皆北京最近文字狱也。陈为提倡新思潮之首领，旧派衔之已久。"最高反动当局"因痛恨蔡孑民、陈独秀二人入骨，奈蔡早已出京，恐陈再去，急授意王怀庆及吴炳湘，实行逮捕……陈君本教育界巨子，平日提倡新思潮，久为党派深忌，欲得而甘心……中国进化一线新机，恐亦因此摧残殆尽，国家前途，更不堪设想"。同一天，《时事新报》刊载署名"明己"的时评，明确指出："陈先生只因言词直爽，触怒权奸，竟得了这个结果"，而"罪恶的渊薮"则是当局。

名士田桐也致书总统徐世昌，以激烈的言辞质问道："近来北京，政出多门，阁下辄日某事难办，由段祺瑞之暴戾恣睢也；某事难办，由武人派之飞扬跋扈也……而今逮捕陈独秀也，乃阁下之机关阁下之爪牙阁下之心腹，行阁下之意思，初无他人之意见存乎其间者，犹得委之于他人乎？"电文直斥徐世昌："阁下未为总统，先有豫为儿总统之决心，较之儿皇帝更下一等矣。"电文尖锐地揭露反动当局，对陈独秀"不杀复不释"的惶遽状态，"此乃小人之智，士君子之所不为，天下后世所为讪笑者。愿阁下思之。"

7月11日，《时事新报》刊载《怎样恢复陈独秀的自由生活》一文，更进一步说明："陈先生为什么要给那一般魔鬼去仇视去冤苦呢？……因为他是一个最大的学者，他抱定了要求解放和改造的主张；他要贯彻他的主张：为一个国家和一个国家的国民求幸福。他想到'莠苗不去，嘉禾不生'的，所以，他竭力要铲除那种不适应人生、不适应世界新潮的顽旧思想，和那靠傍强权武力、只知道自私自利的独裁主义；他更想到那造成这种坏思想和劣根性的原质是什么……就是几千年遗传下来的一种无益的学识，'阶级的''利欲的'不良教育。"因此，作者认为，感谢和营救陈独秀，"根本"的就是"要吾们人人下个大大的决心，肯拿陈先生的志愿做自己的志愿，担负重大的责任，尽力宣导，着手去做那解放和改造的事业"，"继续着陈先生去做"。

9月上旬，孙中山在上海会见徐世昌、段祺瑞的和谈代表许世英时，郑重提出陈独秀被捕之事，他说："你们做的好事，很足以使国民想念，我反对你们是不错的。"极力要求释放陈独秀，许世英表示，立即打电报回去。

如海如潮般的舆论冲力，使北京反动当局再也承受不了这样的喧嚣。没想到抓捕一个"书生"陈独秀，像捅了一个硕大的"蜂窝"，让他们遭到了这么大的压力和这么多的责骂。在尴尬屡现、丑态百出之后，北京警察厅不得不在强大的社会舆论压力下释放了棘手的陈独秀。

1919年9月16日，被拘押了3个多月的陈独秀，在众人的欢呼声中走出了监狱，恢复了自由。北京、上海各报刊纷纷发表这一喜讯，北京大学和进步团体举行了各种形式的欢迎庆祝活动。北大学生在第三院举行大会，热烈欢迎陈独秀出狱，张国焘任大会主席并致辞，他热情奔放地说："陈独秀先生是北大的柱石、新文化运动的先锋、五四学生运动的领导者、我们可敬的老师……"抗议北京政府非法逮捕他，对于他遭受的迫害表示深深的慰问，对于他的出狱表示由衷的欢迎。陈独秀也当场发表了演说，他表示自己对北大全体师生在这场运动中的表现表示感谢，声称他自己不受压迫与威胁，此后无论在不在北大，仍会继续奋斗！

李大钊在《新青年》6卷6号上发表的《欢迎独秀出狱》一诗，喜赞陈独秀的出狱是"光明复启"，陈独秀的思想"好像花草的种子，被风吹散在遍地"，"什么监狱什么死，都不能屈服了你"。同期发表的刘半农的长诗《D——!》给陈独秀唱了一首"牺牲的赞歌"，"牺牲的神、牺牲的神！你是救济人类的福星！奋斗与你结合着，才能造成我们的人生，超度我们的灵魂！""不幸败了，牺牲了幸福，还保存了我们人格上的光明。"

1920年1月，陈独秀在《新青年》7卷2号上发表了一篇《答半农的D——! 诗》，说道："我不会做屋，我的弟兄们造给我住；我不会缝衣，我的衣是姐妹们做的；我不会种田，弟兄们做来给我吃。……倘若没有他们，我要受何等苦况，为了感谢他们的恩情，我的会哭会笑，更觉得暗地里增长。"表达了他们对人们多方援助的感谢。对于被捕，他乐观幽默地说："不过几个顽皮的小兄弄把戏。他们一旦成了人，自然会明白，自然向他们戏弄过的人赔礼。那时我们答道：好兄弟，这算什么，何必客气！"

这次被捕，终于在正义战胜强权的轰轰烈烈的气氛中结束，但是陈独秀的活动，依然受北洋政府的严密监视，并勒令不准离开北京。

但是，陈独秀被捕后，李大钊也避难出京，不久又返回北大。胡适趁此机会接办了言辞尖锐的政治号角《每周评论》的编辑工作。一改原来格调，取消原刊头而代之以"杜威演讲录"5个特大字号，并取消了"国内大事述评""国外大事述评"两个专栏，取消反映当前政治斗争的报道和评论文章。接着，他又在第31期上发表了《多研究些问题，少谈些"主义"》，向正在中国兴起与传播的马克思主义发起了攻击，向反动派表示他与陈独秀、李大钊并非"同志"。李大钊发表了致胡适的公开信《再论问题与主义》，批驳胡适的观点，指出："我们的社会运动，一方面固然要研究实际问题，一方面也要宣传理想的主义。"并大胆声明："我是喜欢谈谈布尔什维主义的。……我总觉得布尔什维主义的流行，实在是世界文化上的一大变动。"于是，一场关于"问题"与"主义"之争便在五四精神领袖中展开了。但即便胡适有如此献媚的举措，也没有讨得当局的欢心，8月31日便强力迫使《每周评论》停刊，并将其查封了。9月1日，胡适因为刊物被查封的事情，与虞春汀去找警察厅总监吴炳湘，鉴于《每周评论》以前的影响，政府一直认为，国内新思潮的波涛汹涌，全是因为《每周评论》这类刊物给蛊惑的，吴炳湘劝胡适不要办了，如果要办报，可以另起报名，胡适只好作罢。

陈独秀出狱后，李大钊在他的办公室里欢迎自己的战友回归。此时的北大情况已有所改变，校内评议会乘蔡元培出走，正式批准陈独秀辞去文科学长的职务，转聘他为国史馆编纂。陈独秀辞去文科学长之后，还拒绝了蔡元培让他任史学系教授的邀请，开始专心从事社会运动。

1919年10月5日下午，刚刚出狱20天的陈独秀便在胡适的寓所召集《新青年》编辑部会议。由于此前《新青年》6卷5号辟为"马克思主义研究"专号，集中刊登了一批宣传马克思主义的文章，引起了胡适的恐慌和不满。胡适在这次会前对沈尹默等人说，他想一个人来编《新青年》，反对大家轮流编辑，再度想独揽编辑权。鲁迅对沈尹默说："你对适之讲，'也不要你一人编。《新青年》是仲甫带来的，现在仍旧还给仲甫，让仲甫一人去编吧'。"于是会议决定，《新青年》从7卷1号起，由陈独秀一个人主编。

经过将近一个月的紧张准备，因陈独秀被捕延迟了4个月的《新青年》6卷6号出版了。陈独秀并没有因为3个月的监狱生活而收敛战斗的锋芒，他又更积极更坚定地投入革命运动之中，虽然处在反动政府的监视之下，他还是频频出入一些带有政治色彩的公开场合。10月12日，他参加欧美同学会成立周年纪念会并致辞，对刚刚过去的五四运动给予了高度评价，然后又参加了少年中国学会欢迎许德珩、陈宝锷赴欧勤工俭学的茶话会。11月10日，刘师培病逝，陈独秀到场主持丧事。30日，北京学界在女子高等师范学校召开李超女士追悼大会，陈独秀发表了演说。12月4日晚，在东兴楼饭店，与沈尹默兄弟、马寅初、周作人等人，为刘半农、潘力山钱行。17日晚，与李大钊、钱玄同、周作人等人参加"新潮社"在香厂涣花春举行的聚会。他还与蔡元培、李大钊等人发起成立北京工读互助团。次年1月18日，他和蔡元培一起到北大三院参加北大学生组织的平民夜校开幕式，并发表演说，阐明平民主义及互助博爱主义。

不仅如此，他还对一些新创办的杂志进行了指导，1919年11月，陈独秀在自己的箭杆胡同寓所接待来访的瞿秋白与郑振铎等人，应他们的请教，对他们即将创办的《新社会》旬刊进行思想指导，他希望《新社会》办成为劳动界灌输新思潮的通俗报纸，要做一些切实的社会改造运动，不要说空话等。这年冬天，他还支持恽代英在武昌创办的"利群书社"，以及次年7月毛泽东在长沙创办的"文化书社"，分别为这两个书社向亚东图书馆作了300元营业额的担保。由此可见，无论从"同行"的角度，还是从提携后进的角度，陈独秀都是站在一切有益于爱国的立场上的，从不谋求个人私利。

1919年12月，广东军政府政务会议通过陈炯明的倡议，拨款百万创办西南大学，委托章士钊、汪精卫为筹备员。二人又邀请蔡元培、陈独秀、吴稚晖加入。章士钊又致电陈独秀，请他来广东共同担任，又在给蔡元培的信中催促陈独秀尽快南下。陈独秀复电章士钊，约定先到上海，然后转乘轮船到广东。

1920年1月29日，陈独秀秘密离开北京抵达上海，担任西南大学筹办员，住在法租界环龙路老渔阳里2号原柏文蔚的住宅，在此之前，陈钟凡到了上海，准备乘船赴法时，李大钊给他发来了电报，为了不让陈独秀累及在上海的家人，让他在上海为陈独秀另找房子，陈钟凡就与张国焘帮他找到了渔阳里2号的房子。

离开北京的陈独秀为了不引起北京政府的注意，依然在《新青年》上发表了大量的文章。2月2日，他又乘"大通"号轮船从上海前往武汉，于4日抵达汉口。五四运动后，湖北建立了学生联合会、各界联合会和妇女联合会等团体。当时以学生联合会和各界联合会的名义邀请陈独秀到武汉讲演，以扩大五四运动的影响。此时陈独秀因《新青年》《每周评论》、全国性的"救陈"运动而声名远播，他到武汉后住在文华书院，同行的还有北京学生联合会代表顾文华和刘大渠。

到达汉口的第二天，他便在文华书院发表题为《社会改造的方法与信仰》的演讲，提出改造社会的三个方法：打破阶级的制度，实行平民社会主义；打破继承制度，实行共同劳动工作；打破遗产制度，不使田地归私人传留享有，应归为社会的共产。提出两大信仰：平等，劳动。第三天，他又应邀参加文华学校的毕业典礼，并以学校教育为话题发表演说。第四天，他又应汉口青年会会长邀请在武昌高等师范学校以《新教育的精神》为题发表演讲。主张教育要趋重社会、注重启发、讲究实际运用。演讲结束后，会见参加会议的议会议员，就教育方面的问题交换了意见。陈独秀的演讲日程排得非常紧张，下午3点，他又应邀参加堤口下段保安会召开的欢迎会，并在会上发表演讲，希望武汉国民"尊重国家"，"考求生计"；"提倡国货而对于外交取一致行动"，"扩充实业以裕民生"。会后，又参加了小范围的讨论会，谈及自治问题，主张武汉市参考美国城市的自治办法实行自治，一直讨论到晚上7点才散会。随后接受武昌学界在普海楼的宴请，宴毕，直接到大智门乘车北上。紧张的汉口之行就此结束，陈独秀受到当地民众的热烈欢迎，人们把他视为思想界的明星，但是，北洋政府却将他视为洪水猛兽，必欲逐之而后快。

在演讲的时间里，作为记者的包惠僧到文华书院访问陈独秀，两人自此建立了联系。陈独秀几次讲演的内容难免涉及反封建、反对北洋军阀、要自由、平等方面，于是湖北的官员对陈独秀有关政治的宣讲非常惊骇，似乎怕他的新思想"毒害"了他们的议员们，便下令让他停止演讲，赶快离开武汉。

陈独秀没经过北京政府许可离开北京前往上海、武汉，的确也是犯"法"的，短暂的3天停留，他便又火速回京。而此时北京当局已知道陈独秀脱离了他们的监控不在北京。于是，便派警察到陈独秀在北京的寓所北池子站岗，一旦他回到家便实施逮捕。

高一涵得知这个消息后，便与李大钊商议，决定派人先到西车站将陈独秀截下来，把他接到王星拱的家里暂避一时，再设法将他护送出北京。

为确保安全，他们放弃乘坐火车和小汽车。李大钊挺身而出，自愿护送陈独秀从公路出走。当时正值阴历年底，正是北京一带生意人往各地收账的时候，李大钊衣着朴素，很像个生意人，他又是河北乐亭人，北方口音，最适合送陈独秀。于是，他们在王星拱家准备好后，二人便雇佣了一辆骡车，从朝阳门出走南下。陈独秀坐在骡车里，也经过了一番装扮，他头戴毡帽，穿着王星拱家里厨师的一件满是油渍的背心。李大钊跨在车把上，携带几本账簿和一些印好的店家红纸片子。沿途住店等一切事情，都由李大钊出面办理，不让陈独秀张口，以免露出南方口音。在李大钊的机智应对下，他们顺利地到达了天津，李大钊又为陈独秀买了张外国船票，陈独秀便坐在了前往上海的船里。就在这次护送途中，"南陈北李"计划组织建立无产阶级政党。

先斩后奏的陈独秀这次倒是对北京政府显得有礼有节，在途中，他还给京师警察厅的总监吴炳湘写了一封信，对自己擅自离开北京的事情做了解释。称"夏间备受优待，至为感佩，日前接此间友人电促前来面商西南大学事宜，匆匆启行未及报厅，颇觉歉仄，特此专函补陈，希为原宥，事了即行回京，再为面谢。"

广东方面为了陈独秀能顺利出京，也向京师警察厅发来了陈炯明的专电："西南派陈独秀襄办学务，请查释保护出京。"后来，国务院指示警察厅"准漳州陈炯明电开，此次提议西南创办大学，经函约陈独秀来议，顷闻陈君在京被羁，殊与筹办大学有所障碍，希迅饬保护出京赴沪并往惠覆等语，查陈独秀是否被羁在京，暨所称是否托词"。陈独秀私离北京的事件自此结束。

六、信奉马克思主义

在新文化运动前后，这个激进的民主主义者高举"民主"与"科学"两大旗帜，拥着"德先生"和"赛先生"，打破所有腐朽的旧文化、旧道德，鼎力实行文学革命，开启民智、改造国民性，意图走向政治的革新，开展全民运动，建立一个新的共和式国家。他崇尚西方法兰西式的民主和革命的文明，但是，中国在巴黎和会上的外交失败，让他对欧洲国家非常失望，而就在这时，毗邻的与中国国家体制相似的俄国，用马克思列宁主义实现了无产阶级专政。

更让这个深沉而强烈的爱国者高兴的是，1917 年十月革命后，新成立的苏俄政府于 1919 年和 1920 年两次发表对华宣言，废除沙俄政府与中国签订的一切不平等条约，放弃俄国在中国取得的一切特权，在这截然相反的鲜明的两相比照中，他开始很有兴趣地关注此时已经由李大钊等一些先进的知识分子传入的马克思主义理论。

他开始思考工人问题，在北京大学时，他就与蔡元培一起发表关于"劳工神圣"的演讲。他与李大钊的深厚友谊，使他更是最早接触了传入中国的马克思主义，对于这个激进的革命者来说，以暴力手段来实现建立一个理想中的国家，无论如何都是让他兴奋的。随着逐步的了解，他开始逐渐向往社会主义，并希望像苏俄那样建设一个统一的独立的国家。

他在北京与各派顽固保守势力论战，战得异常辛苦，但他痛并快乐着，理想在鼓舞着他，至少他的灵魂不孤寂。他当初离开上海，到保守势力集聚的中心北京，就是想冲入狼群，短兵相接，拼个死活。而今，他在理论上取得了彻底的胜利，而在实践上，却是秀才遇见兵，军阀政客的机谋手段让他对北京大学也失去了希望，他觉得北方政治空气太腐败。

五四运动过程中，北京是学生运动的中心，而在经济相对比较发达的上海，却是以工人为运动的主力，而运动的最终胜利，也就是让当局真正妥协的不仅仅是学生队伍，而是学生队伍后面更强大的工人队伍。这一发现，印证了马克思的理论，他认识到了中国劳工的力量，青年是中国的未来，但是，青年还需要一段成长路程，他似乎不愿静静等待，就像对于文学和政治，他不满意胡适的文学改良，而高呼文学革命，他不满意胡适的改良政府，而鼓动推翻当局，一切平缓的方式似乎都不能解了他的急迫的救国渴望。

上海有着庞大的工人队伍，他要由启蒙青年扩大到唤醒工人群众！他要将教育对象主体转移到工人阶层！

他要走出研究室，走进工人队伍，去切身感受马克思理论在工人队伍中发挥出的强大魅力。而去南方办教育，成了他的离开北京的最好的理由，他也要以这种方式来实现唤醒民众的目标。

但无论如何，在北京，他的《新青年》《每周评论》等是他较为满意的，他后来说自己除了做几本《新青年》，此外都无所成就。所以他在新文化运动、五四运动暂告结束时，就对它们进行了总结。他先后发表了《新文化运动是什么》《五四运动的精神是什么》的演讲，他认为新文化运动是团体的活动，注重创造的精神，是人的运动。五四精神是爱国救国，其特有精神是"直接行动"和"牺牲的精神"，这就是他对五四新文化运动的最好总结。

到达上海后，陈独秀在候船赴粤之际又发表谈话，表示广东腐败空气不如北京浓厚，他抱有无穷希望来改造广州社会。对汪精卫、章士钊、吴稚晖提出的西南大学在上海租界办和在巴黎办中国大学的主张，他表示反对，认为那样便失去了学校的独立性，办成以后也没有什么价值。但是广州方面似乎不听他的意见，不久他便接到了章士钊的来电，说西南大学校址已经定在上海租界，大纲已经由政务会议通过，不久他就和汪精卫一起到上海，让陈独秀不要再到广东了。他对此很不满意，并发表谈话，对广州军政府决定设址上海和在法国里昂办学的理由进行批驳。后来，章士钊、吴稚晖偕李石曾到上海会晤陈独秀，章士钊断言广东政局多变，非十年不能安静，陈独秀没再强求，而是顺其自然。

在上海，他与王光祈、毛泽东、康白情、汪孟邹等于1920年初发起成立了上海工读互助团，以图教育与职业合一，学问与生计合一。这个"永远的新青年"与青年学生频频接触，会见从北京来的毛泽东，多次会见北京学生联合会代表罗家伦、许德珩、张国焘等，宣传马克思主义，表示必须走俄国革命的道路，彻底推翻军阀主义。他还参加全国各界联合会召开的上海工读互助团筹备会。在此之前，他于1919年初在北京与蔡元培、李大钊、胡适、王光祈等17人发起了北京工读互助团，让青年实行半工半读，如果试办有效，就推行全国。希望通过这个组织的逐渐推广，实现"各尽所能，各取所需"的理想。但是这些理想很快便由于种种原因化为泡影。

随着对马克思主义了解的逐渐深入，他开始走进工人群众，四处发表演讲，他认为只有做工的人最有用、最宝贵。1920年4月18日下午1点，他参加了由中华工业协会、中华工会总会、电器工界联合会、中华全国工界协进会、中华工业志成会、船务栈房工界联合会、药业友谊联合会代表发起的"世界劳动纪念大会"筹备会，发表题为《劳工旨要》的演讲，并被推为筹备会顾问。

1920年5月，上海的社会主义者在陈独秀的领导下，以新青年社为中心组织成立了"马克思主义研究会"。经常参加座谈的有陈独秀、李汉俊、邵力子、施存统、陈公博、陈望道、戴季陶等人。研究会编译、刊印马克思主义著作，组织讨论会，以多种形式宣传马克思主义。

按照出版时间，《新青年》7 卷 6 号正好在 5 月 1 日，正逢五一佳节，陈独秀决定出一期纪念号。他想到这期纪念号出版后，会引起一些北京编辑同人的不满。于是，在出版前，他给北京的李大钊、胡适等 12 人写信告知情况，征询《新青年》此后的走向，让他们讨论是否继续出版，并提出了如果继续出版的三个编辑人方案：由北京编辑同人一人单独担任；由北京同人轮流编辑；由自己在上海一人担任。三种结果让同人们讨论决定。

不久，他又邀请陈望道加入了编辑部，使得杂志的"过激"色彩更浓厚。1920 年 5 月 1 日，陈独秀主编的"劳动节专号"如期出版，他发表了有关资本主义、社会主义、工人问题许多论述文章。此后，杂志开始发表反映苏联国内政治生活的文章。这期纪念号页数大大超过了平时，群益书社决定加价，这引起了陈独秀的强烈不满，他决定抛开群益书社独立出版。汪孟邹从中苦苦调解无效，群益书社为此还提起了诉讼。

为了不让胡适在《新青年》杂志上感到寂寞，就像当年他让胡适写"文学改良"文章一样，他给胡适出了个"命题作文"：《新青年》以后要对万国虚无主义的病根下总攻击，让他担任"攻击老子学说及形而上学的司令"。

1920 年 9 月 1 日，脱离了群益书社的新青年社成立，并出版了 8 卷 1 号，自此，《新青年》逐渐成了中国共产党的机关刊物，开始系统地介绍马克思主义和苏联革命与建设的经验，也成了批判各种反马克思主义思潮的重要阵地。在这一期上，他发表了《谈政治》一文，批驳胡适等人"不谈政治"的主张，一改过去反对阶级斗争的观点，大谈阶级斗争的重要作用，指出："若不经过阶级战争，若不经过劳动阶级占领权力阶级地位的时代，德谟克拉西必然永远是资产阶级的专有物，也就是资产阶级永远把持政权抵制劳动阶级的利器。"此时的他认为，必须用阶级战争的手段来改革社会制度，"劳动者的国家终究会有诞生的一天"。他开始以社会主义者的身份，用阶级分析和阶级斗争的方法去进行政治鼓动和政治实践。

在陈独秀离开上海去广东前，他写信告诉北京同人自己的去向，将《新青年》编辑事务移交给陈望道，新加入的编辑者还有沈雁冰、李达、李汉俊3人，如有来稿让他们直接寄给陈望道。陈独秀此举更引起了胡适的不满，《新青年》阵营进一步分裂。胡适接信后要每人传阅并提示杂志已不准邮寄，陶孟和提出停版建议让大家开会讨论。

《新青年》阵营内，有些人认为政治"色彩过于鲜明"，就连感觉到北京压力的陈望道也主张以后趋重哲学文学，对于这一"回归"倾向，陈独秀却不以为然。他就此给胡适写信表明了自己的态度。不久胡适回信，提出了解决"色彩过于鲜明"的三个办法：一、顺其自然，另创一个哲学文学杂志。二、要改变内容，恢复"不谈政治"的戒约，如果上海同人有难处，北京同人先做"不谈政治"的宣言。主张陈独秀离开上海之时，将杂志从9卷1号移到北京，由北京同人发表新宣言，声明不谈政治。三、停办。

信发出后，鲁迅和周作人、陶孟和都主张不必声明不谈政治，但胡适不听，又给陈独秀写信，再次强调了自己将杂志"移回北京而宣言不谈政治"的看法，陈独秀看到胡适的信非常生气，立即给李大钊等8个人回信，对胡适的主张表示非常不满，认为他提议"另办一杂志"仅仅是反对自己，声明胡适如果另起炉灶，与《新青年》没有关系。陈、胡关于《新青年》走向的分歧，到了短兵相接的地步。钱玄同较为认同胡适的提议。陈独秀因南方盛传胡适、陶孟和与研究系关系较近，疑心他是受了政府派别的指使，觉得胡适另有企图，所以非常气恼。

为调和这种紧张关系，李大钊取中庸之道，写信告诉胡适，他和钱玄同、周氏兄弟都赞成他提出的第一种办法，并将就研究系问题向陈独秀解释。虽然存在着这样的不快，但是同人们还是极大地克制了自己，胡适依然在《新青年》上发表文章，夹在中间的编辑陈望道很谦虚谨慎地表示，对于杂志内容问题，他不愿意多说话，他"只依照多数意思进行"。

在李大钊的努力下，胡适对陈独秀的态度也发生了一些改变，他给李大钊等8人写信表示，陈独秀的回信对他有很大误解，他不是反对陈独秀个人，也不反对杂志，如果陈独秀因自己"宣言不谈政治""另办一杂志"的主张而生气，他甘愿取消，只提出将杂志移到北京编辑，仍然趋重哲学文学，这仍然要和陈独秀商量，他抱怨杂志"此时在素不相识的人手里"，"差不多快成了《Soviet Ruissia》的汉译本"。后来，胡适又给陈独秀写信，辩明自己与研究系的关系问题，并说这是陈独秀"卤莽"，信了别人的谣言，并告诉他说："我究竟不深怪你，因为你是一个心直口快的好朋友。"

为了让大家客观地了解同人想法，《新青年》编辑部决定对杂志的分歧进行表决，1921 年 1 月 26 日，北京同人的表决结果由胡适整理出来：

赞成移北京编辑者：慰慈、一涵、守常。

赞成北京编辑，但不必强求，可任他分裂成两个杂志，也不必争《新青年》这个名目：豫才、启明、玄同。

赞成移北京，如实不能则停办，万不可分为两个杂志，致破坏《新青年》精神之团结：抚和、孟和。

由此看来，杂志移往北京是北京同人的共同期望。

但是，陈独秀最终没有答应让杂志重回北京，他给胡适的理由是："因为近来大学空气不大好。"

对胡适分裂《新青年》、排斥上海编辑部，以及渐渐明确的态度，陈望道也表示愤慨，因为胡适的语言中似乎不满之意全在针对他自己。于是，他在给周作人的信中说，他并不想要在这个杂志上占有一段时间的历史，他无意留恋这个招牌，而且自己对胡适的所鼓吹的实验主义并不信奉，他断定不能信任胡适的态度，并列出了一些文章来印证，认为胡适口头上宣称不谈政治，实际上却很热衷。自己不做文章，又企图支配杂志，明确表示自己与胡适早已经有了不能弥补缝合的分裂。胡适也明确了自己的态度说："我不是反对你编辑《新青年》，而是反对你把《新青年》作宣传共产主义之用。"这才是胡适真正的内心独白。这个原本"兼容并蓄、百家争鸣"的杂志在激进的陈独秀的主导下，变成了政党思想理论的"一枝独秀"了，不是杂志变了，而是它的主编陈独秀彻底变了。他不再仅仅宣扬知识分子的独立思想，他要组织一个政党，用《新青年》为一个政党组织张本。

1921 年 1 月，上海早期党组织的经费发生困难，李汉俊致陈独秀信，提议"新青年书社"按月支出 200 元做党的经费，陈独秀没有允许，因为此时的《新青年》杂志由于没能按月编出，书社拒绝支付编辑费，资金也较为紧张，由此李汉俊认为陈独秀私有欲太重，非常不满。2 月，《新青年》在 8 卷 6 号交付排印时，稿件被租界巡捕房包探搜走，并被罚 50 元大洋，不准在上海印刷。

1921 年 2 月 15 日，陈独秀致函胡适，告诉他《新青年》已被封禁，只能移到广东才能重续，并表示十分赞成他们再办一个报。同时，他又写信给周氏兄弟，希望他们能继续给《新青年》供稿。4 月 1 日，新青年社迁到广州畅兴路 26 号。出版 8 卷 6 号，实际上编辑部仍然留在上海。1921 年 10 月 1 日，《新青年》在出版了 9 卷 6 号后停刊，新青年社解散。1923 年，《新青年》季刊在广州创刊，在陈独秀的直接领导和支持下，由瞿秋白担任主编，大量刊登列宁的著作，广泛介绍国际无产阶级革命运动的经验，重视中国革命纲领、策略的理论阐述，成为中共中央机关的理论刊物。

在《新青年》创刊停刊的前后 7 年里，它开创了中国知识界、特别是青年知识界思想大解放的时代，傲立于新旧思潮大激战的时代。陈独秀这个"老青年"和他的《新青年》引领了时代潮流，教育培养了整整一代知识青年。《新青年》划分了中国文学史和思想史的新旧时代，它开拓出了思想启蒙、政治改良、文化革命的广阔道路。正是在这个舞台上，陈独秀、李大钊、胡适、鲁迅等这些先进的知识分子，开展了一场轰轰烈烈的启蒙运动，从旧道德到新道德、从旧学到新学、从君主专制到自由民主、从旧文学到新文学、从文言文到白话文，等等，他们在这条广远的战线上实现着中国文化各领域转型的伟大壮举！它后来的季刊也同样为中国早期的共产主义者提供了丰富的理论指导，为革命运动作出了不朽的贡献。

第三章　书生革命家

一、"南陈北李"相约建党

1917 年 11 月 7 日，列宁领导布尔什维克党推翻了资产阶级临时政府，建立了苏维埃政权，俄国十月革命取得胜利。1919 年 3 月，共产国际在列宁的领导下成立，总部设于莫斯科。1919 年底到 1920 年初，苏联红军粉碎了帝国主义的武装干涉和白匪势力，中俄交通打开了。随着中俄交通的打开，以维经斯基为首的共产国际代表团以筹办"俄华通讯社"和担任俄文《生活报》新闻记者的身份来到中国。

俄共（布）远东局海参崴分局外国处的代表维经斯基与翻译杨明斋对中国的情况还十分陌生，他们肩负的使命是联系中国共产主义运动的领袖人物，但是，不知道谁才是合适的人选。他从少数俄侨口中了解了五四运动的情形，知道现居上海的陈独秀是这一运动的领袖，并且上海又是社会主义运动的一个中心。杨明斋建议维经斯基立即到上海去找陈独秀。他虽然并不了解陈独秀，但是起码认为，中国的共产主义运动必须找有学问的有巨大号召力的人才能更好地组织起来，维经斯基接受了杨明斋的建议。1920 年 4 月初，他们来到中国，路过北京时，经北京大学俄籍教授鲍烈维、伊万诺夫两位介绍会见了李大钊。在北京大学图书馆里，李大钊在自己的办公室接待了维经斯基（化名吴廷康）及其夫人库兹涅佐娃、翻译杨明斋（已是俄共党员）等人。鲍烈维与李大钊来往颇密，并常常给他带来莫斯科出版的关于共产主义的小册子。在交谈中，他们得知李大钊在几年前就已接受并宣传马克思主义，对俄国的十月革命非常向往。李大钊又向维经斯基谈起自己的战友陈独秀，并告诉他，在护送陈独秀离开北京时，他们两人就约定，要借鉴俄国革命成功的经验，分别在上海和北京筹备创建中国共产党组织。令维经斯基激动不已的是，他此次来华的使命就是到中国发展共产党组织。但李大钊并不知道维经斯基来华的目的，为了安全起见，维经斯基也并没有公开自己的真实身份，也没有向他表明真实的来意。维经斯基此时在李大钊的眼里就是一个新闻记者。

维经斯基根据苏联的经验，结合中国的实际情况，认为中国的先进分子建立起共产党组织并加入共产国际是当务之急。李大钊告诉维经斯基，陈独秀与自己以《新青年》和《每周评论》为阵地，大力宣传了马克思主义。陈独秀在给自己的信中表示，他非常痛恨北京政府，认为非彻底革命推翻军阀统治不可，要取得中国革命的胜利，就必须走俄国革命道路。而且现在，陈独秀在上海正努力宣传马克思主义，并筹建共产党组织。维经斯基表示，鉴于李大钊与陈独秀的关系，希望能在李大钊的介绍下认识陈独秀，于是，李大钊就写了一封介绍信交给维经斯基，让他到上海去找陈独秀。

李大钊此时努力的重点仍是介绍马克思主义和推动工人运动，但还没有实施成立共产党组织的行动。

1920年7月初，直皖战争一触即发，李大钊催促张国焘离京避乱，张国焘表示想到上海去，并和陈独秀商谈一下关于马克思主义研究会和组织工人运动的步骤。李大钊表示赞同，他对张国焘说，陈独秀最近的来信中表达了更加急进的意思，主张采取实际行动大干一场，但没有明确说出如何干法，也许是信中不便多说。张国焘前往上海，正好可以当面商讨。他让张国焘转达自己的意见，虽然自己主张从研究马克思主义入手，但如果陈独秀有进一步的计划，他也很赞成。

张国焘在直皖战争的炮火中来到上海，陈独秀非常高兴，让张国焘住在自己家里，方便商讨共产主义运动的事情。后来张国焘谈起李大钊的意向，陈独秀开门见山地说，研究马克思主义已经不是最主要的工作了，现在需要组织一个中国共产党，并滔滔不绝地说明各项理由。他还说，组织共产党一事，已经与在上海的李汉俊、李达、陈望道、沈定一、戴季陶、邵力子、施存统等人谈过，他们都一致表示赞同。陈独秀还表示，即将成立的党组织应再出版一种理论性刊物，定名为《共产党》月刊，再计划组织一个社会主义青年团，作为共产党的后备军。

陈独秀最注重如何开展各项实际工作。他向来不尚空谈，说干就干，认为首先要在各重要地点组成若干共产党的小组，并立即开展宣传、组织工作。他向张国焘谈了自己的设想：他自己负责在南京、安庆、芜湖发起社会主义青年团组织；让沈定一、施存统、俞秀松3人负责发起浙江杭州一带的组织；他给毛泽东写信，让他筹建湖南的共产党组织；让李汉俊联络武汉的董必武和恽代英，在武汉发起成立共产主义组织；并让即将前往日本东京的施存统负责在留日学生中发展中共组织。至于北方，陈独秀希望李大钊和张国焘尽快行动，先组织北京小组，再向山东、山西、河南等省以及天津、唐山等城市发展，如有可能，东北、蒙古和西北等广大地区也可发展。张国焘支持陈独秀的意见和设计，并答应立即返回北京展开行动，这让陈独秀非常高兴。

8月底，张国焘回到北京，向李大钊汇报了上海的情况，李大钊完全同意陈独秀的发起成立共产党组织的做法，并致信陈独秀表明意见，随即与张国焘在北京着手组建共产主义小组。经过一系列努力，9月中旬，李大钊在自己的办公室里主持召开中国共产党北京小组第一次会议，到会的有李大钊、张国焘、罗章龙、刘仁静、陈德荣、张伯根等。会议宣布中国共产党北京小组成立，并一致赞同组党，自愿成为党员。此后，北京的社会主义青年团也很快成立。11月底，北京小组召开会议，决定将本小组正式命名为中国共产党北京支部，李大钊被推举为书记，张国焘负责组织工作，罗章龙负责宣传工作。

维经斯基来到上海后，凭借李大钊的介绍信很快找到陈独秀，在最初的接触中，他依然没有公开自己的真实身份。在与这个年长自己十几岁的中国思想界巨擘畅谈时，他感受到的是陈独秀身上洋溢着的"老青年"的活力和开创事业的勇气和魄力，维经斯基十分满意。他更为高兴的是，陈独秀几乎与上海乃至全国的进步政治团体都有联系，无政府主义、工团主义、基尔特社会主义、新村主义等的青年信仰者，对陈独秀都十分尊重。但为谨慎起见，要选择最合适的人选，他还要多方比较。

通过陈独秀，他很快便结识了活跃在上海的一些政治人物。如李汉俊、陈望道、邵力子、戴季陶等。他感觉到了陈独秀的领导基础和群众基础，在给上级的信中，维经斯基称陈独秀是"当地的一位享有很高声望和有很大影响的教授""一位享有声望的中国革命者"。

在研究室里，陈独秀通过《新青年》出版"劳动节纪念专号"，体现了中国共产主义知识分子面向广大劳动群众、反映劳动者疾苦的精神。在研究室外，陈独秀经常深入工人中间宣传马克思主义，积极筹建工人组织，已经由一个民主主义者转变成了马克思主义者。陈独秀这个在中国青年中具有精神领袖地位的人物，他的威望和在中国的巨大影响力，让维经斯基坚信，他是在中国走好共产国际"东方路线"最合适的人选。

维经斯基想把中国的革命团体联合起来组成一个中心组织，建成共产党。但他并不了解中国的复杂情况，把所有宣传过社会主义、从事过工人运动和学生运动的社团，不论其信仰哪一种社会主义，甚至是无政府主义他都一视同仁，当成"革命小组"，他在接触了张东荪等人后，觉得他们没有前途，才又找到陈独秀，经过多次与陈独秀接触后，维经斯基向他亮明身份，表明来意。陈独秀想要建立一个由有独立信仰的中坚分子组成的以国民为后援、代表广大人民群众的利益的政党，党员要以信仰马克思主义和共产主义为前提。维经斯基想要陈独秀与无政府主义合作，组成政党，但陈独秀表示无法认同。最后，他只得接受陈独秀的意见，终止同无政府主义者的合作，支持、帮助陈独秀在上海建党。

1920 年 8 月，在维经斯基的帮助下，中国共产党的发起组织在上海正式成立。参加者有陈独秀、李达、李汉俊、陈望道、沈定一、邵力子、施存统、杨明斋 7 人。大家一致推举陈独秀为党的总书记，并明确发起组的主要工作任务：宣传马克思主义，帮助各地建立共产党和社会主义青年团组织，指导和开展工人运动，联系北京、武汉、济南、长沙、广州等地共产主义小组和社会主义青年团。

维经斯基到上海不到一个月，便在上海成立了共产国际东亚书记处，分设中国科、日本科、朝鲜科，陈独秀帮助他确定了中国科的任务。

不久，李大钊在北京，王尽美、邓恩铭在济南，毛泽东在长沙，刘伯垂、李汉俊在武汉相继建立了党组织。为了广泛宣传马克思主义，统一建党思想，陈独秀决定将自己编辑的《新青年》作为党的公开机关刊物，还决定再创办一个理论月刊《共产党》，作为秘密机关刊物，报道国际工人运动和苏俄的消息。此外，还决定成立"青年团"，筹备上海的机器、纺织工会。

他决定让共产主义组织在中国遍地开花，还要将中国的共产党组织延伸到海外。5 月 9 日，陈独秀与即将赴法勤工俭学的赵世炎交流建党意见。到法国后，赵世炎与陈独秀、李大钊经常保持联系，上海党的发起组成立后，陈独秀就通知他在法国组建共产党。此时，他的两个儿子陈延年、陈乔年已经在法国勤工俭学。

为了更好地了解和把握马克思主义，统一全党认识，向国民表明共产党的宗旨和任务，陈独秀还约陈望道翻译了《共产党宣言》，并由自己和李汉俊校对后出版。另外，他还委托恽代英翻译了考茨基的《阶级斗争》一书，此书出版后，极大地推动了当时一些革命知识分子由民主主义向共产主义世界观的转变。

为了加大舆论宣传力度，1920 年 8 月 15 日，陈独秀亲自筹办的工人刊物《劳动界》周刊创刊了，陈独秀、李汉俊二人担任主编，向工人宣传马克思主义和社会主义，为扩大党的群众基础创造舆论。《劳动界》创刊不到两个月，陈独秀、俞秀松、李汉俊等又与上海工商友谊会创办了《伙友》周刊，目的是"诉说伙友们的苦恼""研究伙友们将来的职务"。陈独秀在这两种刊物上发表了约 20 篇关于工人运动的文章，弘扬"劳工神圣"，宣传马克思主义，号召工人阶级组织自己的工会。他选择了办工人刊物这种向广大工人阶级宣传社会主义、马克思主义的极好方式，树立了将共产主义知识分子与工人运动结合在一起的典范。不久，上海和广东分别建立了中国社会主义青年团，10 月，广东的社会主义青年团出版了《广东群报》，大力宣传新思想，介绍社会主义学说。陈独秀对其给予了很大的支持，为创刊号写了《敬告广州青年》一文，后《广东群报》又成了陈独秀批判无政府主义的重要阵地，成了"广东一年来恶浊沉寂空气里的一线曙光"。11 月 7 日，中共上海发起组创办了《共产党》月刊，陈独秀指派李达担任主编。它是上海发起组在中国树立起的第一面共产党大旗，开创的第一个旗帜鲜明的共产党理论刊物。陈独秀发表了《短言》发刊词。这个刊物被各地中共早期组织列为必读的教材之一，广为流传。它为建立全国性的马克思主义政党做了极为重要的思想准备和组织准备。

不久，他主持上海共产党发起组起草了《中国共产党宣言》，确立共产主义者的理想是建立没有经济剥削、没有政治压迫、没有阶级的共产主义社会。这表明中国共产党自开始建立起就严格遵循马克思主义的原则。《宣言》没有公开发表，只是作为内部吸收党员的标准。陈独秀经常参加青年团领导机关会议，与各种假社会主义思潮进行斗争，指出"只有共产主义才是真正的社会主义"。

在陈独秀的带动下，上海共产党早期组织成员纷纷走进工厂，向工人揭露资本主义制度的罪恶，宣传劳动创造世界和工人阶级的伟大作用，启发工人的觉悟，号召工人组织起来为争取自由和权利而斗争。陈独秀成了工人群众眼中天才的政论家和发动群众的宣传员。

1921 年 1 月，维经斯基返回俄国时再次路过北京，他这次带着两封信到北大图书馆找李大钊和张国焘，一封是陈独秀在离开上海前往广东前写给李大钊的介绍信，另一封是中国共产党上海小组代理书记李汉俊写给李大钊的，两封信都告知李大钊，维经斯基是可以深谈的同志。维经斯基在多次与李大钊的交谈中表示，他非常推崇陈独秀先生以及他在上海所接触的中国革命人物，对中国共产主义者的初期活动表示满意。他这次路过北京，准备回俄国去，向共产国际汇报他初步活动的结果，在临走之前很希望中国的共产主义者及其建立起来的各地雏形组织能够尽快联合起来，举行第一次全国共产党代表大会，正式成立共产党，并迅速加入共产国际，成为它的一个支部。召开全国统一大会也是陈独秀的愿望，北京小组成立后，他多次在信中与李大钊提起举行全国会议。

1920 年 10 月，拥护孙中山的陈炯明率领粤军讨伐桂系，打败了控制广东军政府的桂军。孙中山回广东重组军政府。次月，孙中山任命陈炯明为广东省省长，兼粤军总司令。陈炯明于是以省长的名义邀请陈独秀出任广东教育委员会委员长，以主持广东教育，提倡新思想，发展新文化。

陈独秀一直认为"广东人民性质活泼勇健"，有着光荣的革命传统，很想借此机会到广东宣传马克思主义，建立广东党组织，同时从事教育改革工作，接到陈独秀征求意见信的李大钊也非常赞成这种想法，两人在通信中都表示要尽早召开中国共产党第一次全国代表大会。

在接到邀请后，陈独秀还是提出了三个条件：一、教育独立，不受行政干涉。二、以广东全省收入十分之一拨充教育经费。三、性质措施，与教育所提倡之学说作同一趋势。陈炯明对陈独秀的条件表示同意，不久又电促陈独秀，强调答应第二个条件，无论如何绝不短发教育经费。陈独秀获得陈炯明的答复后，决定前往广东。

1920 年 11 月，维经斯基接受了陈独秀的建议，在上海拜会孙中山。孙中山表达了要把广州的斗争与俄国联系起来的急切愿望。次月，陈独秀把党的书记职务交给李汉俊，《共产党》主编任务交给李达，《新青年》主编任务交给陈望道，安排好这一切后，他便于 17 日早晨在袁振英的陪同下，一起乘轮船离开上海前往广州，住到了离江边不远的看云楼。不久，维经斯基与鲍烈维也赶到了此地与陈独秀会合。1921 年 1 月初，维经斯基在陈独秀的陪同下再次会见了孙中山，想通过观察陈炯明从而确定是否可以在广东很好地发展共产党组织。

无政府主义在北大蔡元培时期曾经很活跃。被蔡元培聘请到北大教书的李石曾和吴稚晖将无政府主义思想传播到了校内。他俩"一战"时在巴黎办了个《旅欧周刊》，经常介绍蒲鲁东、巴枯宁、克鲁泡特金等人的思想，鼓吹无政府主义。蔡元培本人当时也有无政府主义的思想倾向，这就助长了他们在这方面的宣传。所以北大在最初一个时期，倾向于无政府主义思想的学生还不少。其中最活跃的有黄凌霜、区声白、赵太侔等人。他们在当时都主张不要国家、不要家庭，所以他们的名字上多半不冠姓。在北京共产主义早期组织建立之初，这些无政府主义者纷纷加入，但是后来又反对"无产阶级专政"、集中领导和组织纪律等，对共产主义发动攻击，陈独秀多次与区声白等北大学生或论战或谈话，试图说服他们抛弃无政府主义，但区声白、黄凌霜等表示，宁愿不参加共产党组织也决不放弃自己的信仰，后退出共产党。

陈独秀到广东后就以无产阶级政党的标准对广州无政府主义者组织的共产党小组进行改造。他还在公立法政学校发表《社会主义批评》的演讲，指出"社会主义"有无政府主义、共产主义、国家社会主义、工团主义、行会社会主义五派，只有俄国的共产主义才是真正的马克思主义。此后，陈独秀还在《新青年》上发表《下品的无政府党》等文章，最终将无政府主义从理论到组织上都清除出了共产主义阵营。

陈独秀在广东仿照上海的工作方法，宣传马克思主义、组织工会，深入到工人群众中演讲，创办或鼓励支持创办革命刊物。指导谭平山、沈玄庐等人创办了《劳动与妇女》周报，经常为其撰稿，宣传妇女解放与劳动解放是一致的，批驳守旧势力攻击社会主义主张公妻的谬论。

经过一番努力，1921 年 3 月，陈独秀认为，孙中山、陈炯明在广州已建立了政府，正是开展民众运动的好机会，但需要一个领导组织，在他的建议下，谭平山、陈公博等人经过酝酿成立了广东共产党组织，成员包括刘尔崧等 7 人，并在每周开一次例会。起初由陈独秀任书记，谭植棠任宣传委员、陈公博任组织委员，确定以《广东群报》为机关报，还着手重建广东社会主义青年团，通过团的外围组织吸收了大批团员和党员。陈独秀对无政府主义者保持了高度的警惕和抵制，特别指出，不能让无政府主义者参加，以便建立一个真正的共产党。

此时的上海党组织自从陈独秀走后，由于代理书记李汉俊刚从日本帝国大学毕业回国，缺乏经验，难以支撑局面，于是他就派拟去苏联留学路过上海的包惠僧到广州找陈独秀，提议要么请陈独秀回来，要么把党的机构搬到广州。陈独秀在兴昌马路《新青年》发行处接待了从上海来的包惠僧，包惠僧说明来意后，陈独秀表示，他不同意李汉俊将党组织搬到广东的提议，认为广东到处是无政府主义，对共产主义及其领袖造谣诬蔑，无论是在地理位置上还是舆论环境上上海都是最合适的。他认为，我们刚刚建立党组织，不要急躁，要学习，要进步，要尊重客观事实，不能一步登天。

在广州，陈独秀住在距离江边不远处的看云楼，他不常到教育委员会上班，也不常出去，经常在家里接待客人、写东西，有客人的时候居多。包惠僧经常到那里找陈独秀交谈，在他眼里，陈独秀不说假话，为人正直，喜怒形于色，语言诙谐，爱讲笑话，脾气较大，不怕得罪人，办事不迁就。陈独秀身体很好，精力充沛，不是与别人谈话就是写作。

陈独秀希望独立自主地干革命，认为革命要靠自己的力量尽力而为，不能接受第三国际的钱，因为，当时广州的无政府主义者区声白、朱谦之等经常在报上责骂陈独秀崇拜卢布，是"卢布主义"。于是陈独秀坚决不要别人的钱，怕拿别人的钱而受制于人。

在教育方面，陈独秀一到广东，就到各个学校就教育话题发表多次演讲，并提出刷新教育的三种方案。1921 年 1 月中旬，广东省公署设立广东全省教育委员会，陈独秀任委员长，主持一切教育行政事宜。之后，他委派与自己同来广东的袁振英为省立一中校长，支持他首创男女同校，开了全国男女同校的先河。但是，因为想夺取广东的教育权，国民党的邓家彦等人唆使少数无聊学生办了一个《广州批评号》，肆意诬蔑陈独秀的私德。另外，陈独秀教育方面的改革也遭到了一些旧势力的强力抵制。

3月中旬，广东高等师范守旧派教职员集会，反对该校由国立改为省立，并向陈炯明递交他们一致通过的呈文，对陈独秀大加弹劾，以全体辞职相要挟，让陈炯明收回成命。但是陈炯明依然支持陈独秀，陈独秀以强硬的态度推行了自己在广东教育上的改革。然而，反对者还是常常制造谣言，对他进行肆意攻击。

对陈独秀的排斥似乎愈演愈烈，广东的国民党与少数无政府党联合夹击陈独秀，省议会的一些议员还大造"讨父""废德仇孝""公妻""妇女国有"等是"禽兽学说"的谣言，并诬蔑陈独秀宣扬"百善淫为首""万恶孝为先"，提出了将陈独秀驱逐出境的议案，但谣言毕竟是谣言，他们最终也没有得逞，陈独秀继续主持全省教育大会，发表演说，改进教育。有一次在宴会上，陈炯明郑重其事地问陈独秀："外间说你组织什么'讨父团'，真有此事吗？"陈独秀幽默地回答说："我的儿子有资格组织这一团体，我连参加的资格也没有，因为我自幼便是一个没有父亲的孩子。"

正当陈独秀在广东颠簸于教育改革的是非之间时，上海的李汉俊函电交驰，多次催陈独秀及广东代表到上海参加中国共产党第一次全国代表大会。他致电陈炯明，请求辞去教育委员长职务，正在广西讨伐桂系军阀陆荣廷的陈炯明复电，表示愿为陈独秀扫除一切障碍，不允许他辞职。

1921年6月3日，列宁委派马林为共产国际驻华代表来到中国。他给马林的任务是："查明是否需要在那里建立共产国际办事机构。同时负责考察远东各国情况，并将他们的社会情况向共产国际汇报。"

马林原名亨德里克斯·斯尼弗莱特，荷兰人，他到中国后，因为躲避上海工部局侦探的监视，便于开展工作，才改成这个名字。他体格强健，有点像普鲁士军人，说起话来往往像雄辩家，有时声色俱厉，目光逼人。他坚持自己主张时有股倔强劲儿，有时好像要与他的反对者决斗。他先到北京同李大钊、张国焘交换了意见，建议召集全国性建党会议，并和先于他到达北京的尼科尔斯基一起前往上海，寄居在爱文义路一个德国人家里。

　　马林到达上海后，立即着手帮助召开中国共产党第一次全国代表大会，他们很快与陈独秀离沪期间主持上海党组织工作的李汉俊、李达取得联系，并交流了情况。马林建议及早召开党的代表大会，宣告中国共产党的正式成立。李汉俊、李达在征询陈独秀、李大钊的意见并获得同意后，分别写信给各地党组织，要求每个地区派出两位代表到上海出席党的全国代表大会。

　　各地同志都希望李大钊能前往上海出席一大会议，但他因正值北京大学学年终结期间，校务繁忙，不能抽身前往，所以最后决定由张国焘和刘仁静作为北京共产党早期组织代表出席。张国焘作为大会筹备人之一，5 月中旬最先到达上海。另一代表刘仁静比张国焘迟几天到达。

　　6 月中旬，部分参加大会的各地代表开始陆续到达上海，会议筹备者结合代表们的意见，决定在 7 月 1 日正式举行大会，会议地点初步定在借用的法租界蒲石路博文女校的教室内，到上海的多数代表也居住在博文女校。

　　大会预定的日期逐渐接近，但仍没有等到陈独秀，会议的筹备者函电交驰，不断催促陈独秀和广州的代表速到上海。

　　陈独秀收到了李汉俊写来的信，信中告知共产国际代表已到达上海，要召开中国共产党全国代表大会，并要求陈独秀回上海，还寄来了 200 元路费，请广州支部派两个代表出席会议。接信后，陈独秀便在谭植棠家召开广东党员会议，简略讲了李汉俊信中的内容，表示自己不能前往，至少现在不能前往。因为自己兼任大学预科校长，正在争取一笔款项修建校舍，自己一走事情便会半途而废，前功尽弃。再则，广州的其他事务特别繁忙，脱不开身。便指派陈公博、包惠僧出席，陈公博负责的报纸编辑工作暂由谭植棠代理，包惠僧在参加会议后回湖北开展工作。

　　会议结束后，两人便按照陈独秀的安排分别行动。包惠僧带着陈独秀致各代表的信件及对大会的意见乘海船到达上海，住在新渔阳里 6 号。陈公博刚刚结婚，带着新娘乘坐邮船到上海，住在公共租界里的大东亚旅馆。两人见面后，陈公博让包惠僧给陈独秀发电报告两人已平安到达。

　　上海的同志等了好几天才等到陈独秀指派的代表包惠僧和陈公博，通过包惠僧的介绍以及从他带来的陈独秀信件可知，陈独秀已不能参加会议。他在信中除说明自己辞职尚未获准不能抽身出席外，还向大会提出关于组织与政策的4点意见。

不仅广州的代表到达得晚，汉口、长沙、济南和日本的代表直到7月20日后才陆续到齐。至此，预定参会的代表都已到齐，大会的最后筹备工作也接近尾声。

1921年7月23日，中国共产党第一次全国代表大会在上海法租界望志路106号（今兴业路76号）李书城、李汉俊兄弟住宅中秘密召开。为了方便两位共产国际代表出席，会址改设在李家。代表们围坐在客厅长餐桌四周，室内没有特别布置，陈设简单，气氛庄重。出席代表共13人，代表着全国50多名党员，共产国际代表马林和尼科尔斯基出席了会议。

张国焘作为会议主席说明了这次代表大会的意义。开幕式上，马林首先发言，祝贺中国共产党的建立，介绍了共产国际的情况，并谈了自己在爪哇从事革命活动的经验。他指出，中国共产党的成立具有重大的世界意义，共产国际增加了一个东方支部，苏俄布尔什维克又多了一个亲密战友，并对中共提出了建议，要特别注意建立工人组织，在本次大会中选出一个起草纲领和工作计划的委员会，最后他还对今后的工作提出希望。尼科尔斯基介绍了共产国际远东局的情况，要求中共把会议议程及时报告共产国际远东局。接着，代表们商讨了会议的任务和议程、议题，一致确定先由各地代表报告本地工作，再讨论并通过党的纲领和今后工作计划，最后选举中央领导机构。

出席会议的包惠僧将陈独秀致代表们的信交给大会，让大家讨论陈独秀向大会提出的关于组织与政策的4点意见，要求大会在讨论党纲党章时予以重视：一、培植党员；二、民权主义之指导；三、（党的）纪纲；四、慎重进行征服群众政权问题。在对国内政治现状分析时，有的代表争论南方的孙中山和北方的军阀政府的不同时，有人说，我们的领袖陈独秀还在广州做教育厅长，可见南方政府比北方政府进步有希望。

7月24日举行第二次会议，各地代表报告本地区党团组织的状况和工作进程，并交流了经验体会。25 日、26 日休会，用于起草党的纲领和今后工作计划。27 日、28 日两天举行三次会议，集中议论此前起草的纲领和决议。确立党的最终目标是用无产阶级军队推翻资产阶级政权，实现共产主义，同时确定党成立以后的中心任务是组织工人阶级，领导工人运动。

7 月 29 日晚 7 点，举行第六次会议，原定议题是通过党的纲领和决议，选举中央机构。会议刚开始几分钟，突然有个陌生人掀开房间的门帘，窥探了一下，说声"我找错了人家"就转身走了。大家都怀疑此人是法租界的暗探，张国焘立即让大家收拾好文件，准备离开，并把情况告诉马林和尼科尔斯基。马林十分机警，从座位上一跃而起，用手拍了一下桌子说："我建议会议立即停止，所有的人分途离开。"说完就和尼科尔斯基匆匆先走了，各个代表也都分头散去。李汉俊因为是房子的主人，没有离开，陈公博愿意留下与他做伴。

10 分钟后，一个法国巡捕带着一批警探围住了李家。他们追问李汉俊开的是什么会议，开会的人去哪里了，那两个外国人是什么人，都被李汉俊从容镇定地应付过去。警探们大肆搜查，没有发现可以定罪的证据，便悻悻而去。

第二天，因不方便再回李汉俊家，为了解昨晚散会后情况，张国焘、李达和夫人王会悟一同来到陈公博所住的公共租界里的大东亚旅馆。李达是处理大会事务的负责人，王会悟已是社会主义青年团团员，协助丈夫工作。经过讨论，大家都认为为安全起见，必须更换会址，王会悟非常热心地表示，如果在上海找不到合适的开会地点，可以到她的家乡去。她家住在浙江嘉兴的南湖湖畔，从上海去那里只有一个多钟头的火车路程。她还表示，南湖风景优美，她可以租用一个大画舫，一边游湖一边开会，并由她安排代表们的住处，在那里开几天会不成问题。大家一致赞成。王会悟就开始回去安排，张国焘通知代表们次日搭车前往。

次日清晨，代表们分别搭乘沪杭线的早班车，于上午 9 点多钟到达嘉兴南湖，登上了王会悟早就租好的大画舫，只有陈公博请假缺席。

7月31日上午，南湖万顷碧波，湖畔芦苇掩映着亭台楼阁。载着代表们的大画舫在湖中环游一遍后，就或行或止地任由它在幽静的湖面上荡漾。王会悟在画舫外负责观察外围情况，代表们精简讨论，不再长时间发言，集中研讨急需解决的问题，等全部议题讨论完毕也已是日薄西山。第四项议题是选举，进行迅速，代表们讨论后一致认为当前党员人数少，暂时不根据党章组设人数较多的中央执行委员会，只选出三个委员，分担书记、组织、宣传等工作。根据这个共识，大会决定设立党的领导机构中央局，代表们一致推举陈独秀任中央局书记，李达负责宣传工作，张国焘负责组织工作，并要求三位被选委员立即就职，并将大会通过的各项决议由中央整理后形成正式文件，所有尚未决定的事务，由新成立的中央局全权处理。会议还决定，为密切与第三国际的联系，党的中央局应每月向第三国际报告工作，在必要时，派一个特命全权代表前往设在伊尔库茨克的第三国际远东书记处。

所有议程全部完成，会议主席张国焘宣布大会闭幕。

会议结束后，马林对中共的有些工作不太满意，又召集张国焘、李达、周佛海和包惠僧开会，提出陈独秀既然已当选为中国共产党的中央局书记，应尽职尽责，不能让他人代行书记职务。一个国家的共产党领导人，不能在资产阶级政府里做官，决定让包惠僧重返广州接回陈独秀，重新布置党的工作。

为了贯彻党的一大决定的加强党对工人运动领导的精神，1921年8月11日，中国共产党在中国的产业中心上海成立中国劳动组合书记部，作为领导全国工人运动的总机关，张国焘为总主任。张国焘等在《共产党》月刊上发表成立宣言。劳动组合书记部出版了指导工人运动的刊物《劳动周刊》，并在此刊上发表了《中国劳动组合书记部宣言》。此时的《新青年》仍然作为中国共产党的机关理论刊物，由陈独秀主编。

党的一大结束后，张太雷从莫斯科回来，带来了共产国际第三次代表大会的一个通知，让马林设法组织中国、日本代表团参加共产国际筹备召开的远东各国共产党和民族革命团体代表大会。但马林没有征询李达和张国焘的意见，便擅自派张太雷赶赴日本，去联络日本社会主义者，组建日本代表团。另外，他还让张国焘拟定一个劳动组合书记部的工作计划和预算，由共产国际来负担中共的工作经费和党的工作人员的薪金，并要求中共中央向共产国际汇报工作和经费支出情况。

包惠僧回到广州后，陈独秀在陈炯明不同意辞职的情况下请假与包惠僧一起乘船前往上海。在船上，陈独秀对包惠僧说，共产主义在中国怎样进行，还要摸索，作为共产党人首先要信仰马克思主义，其次是发起工人运动，实现无产阶级专政。

陈独秀回到上海的当天，负责宣传的李达和负责组织的张国焘便向他汇报了一大后马林在上海的工作情况，马林的傲慢作风、对待中共的方式及固执的性情使得他与代理书记李汉俊关系很不和谐。这使陈独秀还没与马林见面就对他产生了反感，他认为"共产国际代表不应干涉党的内政"，马林简直是胡作非为，更不满共产国际将中共看作它的一个支部的倾向，强调"中国革命一切要我们自己负责的，所有党员都应无报酬地为党服务，这是我们所要坚持的立场"。并声称决不和马林见面。

但这只是陈独秀一时的气话，他还是对自己的抵触情绪进行了克制。次日，他就和马林见了面，但是，二人还是在很多问题上难以达到共识。马林指出，共产国际是全世界共产主义运动的总部，各国共产党都是共产国际的支部，中共的一切工作方针、工作计划应该在共产国际的统一领导下进行。

陈独秀却认为，中国的革命应结合中国国情，"中共目前不必要第三国际（即共产国际）的经济支援，暂时保持中俄两党的兄弟关系，俟我们的工作发展起来后，必要时再请第三国际援助，也免得引起中国的无政府党及其他方面的流言蜚语，对我们无事生非的攻击"。他还说：

"革命是我们自己的事，有人帮助固然好，没有人帮助我们还是要干，靠别人拿钱来革命是要不得的。"

他不会忘记，在广州，无政府主义者曾指责他崇拜卢布，攻击他的革命是"卢布主义"。这是他的一个痛处。

陈独秀对马林在人格上表示尊重，但他秉性倔强，在观点上与年富力强同样倔强的马林意见不合时，二人总是"互以盛气相凌"。

一次，陈独秀向马林表示拒绝接受共产国际经费支援时说道：

"何必国际支援才能革命！"

这让马林"大惶恐，逊谢不已"，陈独秀也感到自己失言。马林因此称陈独秀是"火山"。

在一次中央会议上，陈独秀与马林意见不合，发生激烈争论，致使会议不能进行。马林到隔壁房间抽烟，陈独秀仍然余怒未消。过了一会儿，罗章龙对马林说：

"时间已到，继续开会。"

"'火山'是否熄了？"马林问。

罗章龙回答："熄了！"

马林说："革命党头脑应该冷静。"

当时毛泽东也在场，会议结束后，他提议：以后开会，大家不能发脾气。大家都表示支持。

马林急于使中国共产党成为第三国际的支部。此后，他和尼科尔斯基以每周一会的方式召集陈独秀、张国焘和李达开会，听取工作报告，这让陈独秀感到痛苦，他向马林汇报了一次就再也不去了，反复强调要独立干革命，一连几个星期都不出来与马林等会面，并拟要求共产国际撤换马林的国际代表职务。马林也针锋相对，主张开除陈独秀党籍。

作为两位共产国际代表翻译的张太雷面对这种僵局非常着急，在二人立场上，他赞同马林的意见，认为只有融入共产国际，革命才能有发展前途。于是他以各国共产党为例劝导陈独秀。陈独秀依然坚持结合中国国情、保持独立自主、尽力作为、不能让人牵了鼻子的立场。

为了让陈独秀转变观点，马林还以共产国际代表的名义写了一封长信，让陈独秀三思。陈独秀接到马林的信还没来得及回复，便又发生了一场变故，而这场变故却改善了两人的关系。

二、陈独秀的被捕与营救

陈独秀与包惠僧从广州回到上海后，住在法租界环龙路渔阳里2号。报纸上刊登的陈独秀回到上海的消息，引起了法租界捕房的注意，便派出密探侦察。

1921年10月4日中午，陈独秀与周佛海等就与马林的分歧和僵持商量解决的办法。陈独秀的夫人高君曼要求一块打牌，消解一下大家的烦躁情绪。于是，便与周佛海、从苏联回来的杨明斋3人打起了麻将。陈独秀又与当时任《民国日报》副刊《觉悟》主编兼上海河南路商界联合会会长等职、是中共党员又是国民党党员的邵力子在楼上谈话，柯庆施也在。这时包惠僧跑来告诉周佛海，他路上见到杨淑慧去周佛海的住宅找他了。周佛海与杨淑慧正谈恋爱，于是他就将牌让给包惠僧打，自己到南成都路辅德里住宅找恋人杨淑慧，一起去法国公园散步了。经过渔阳里，杨淑慧提出要去看高君曼，周佛海没让去。

下午两点多，包惠僧、高君曼、杨明斋3人刚打了两圈牌，就有人来拍打前门。当时上海一般习惯出入后门，这是一种反常的情况。包惠僧去开门时，进来两三个人。其中有一个说：

"我们要拜会陈君独秀先生。"

包惠僧说："陈先生不在上海。"

"陈君不在家。"高君曼也附和着说。

"陈先生不在家，那么，我们既然来了，买几本《新青年》还是可以的吧。"

包惠僧说："这里并不是卖《新青年》的地方，大自鸣钟下有卖的。"

那几个人说着说着就跨进门来，他们指着堆在地上的《新青年》说：

"这儿不是有吗？"

听到外面的吵嚷，陈独秀穿着拖鞋走下楼来，见到这情形想从后门出去，到后门一看，有人把守，又回到前院。

包惠僧等在与那几个人谈话中难免露出紧张的表情，但谁都没有说出陈独秀在这里。这时又上来几个人，便将陈家所有的人都集中到一个小房间里，不准交谈，同时四处搜查，查出了一大包书籍和信件，凡是到家的人来一个就逮捕一个。到了下午6点左右，来了两辆汽车，警探们不由分说便将陈独秀夫妇、包惠僧、杨明斋、柯庆施5人带上车押到巡捕房里。

捕房分别问了这几个人的姓名、职业、与陈独秀的关系等，并做好供词记录。陈独秀报名王坦甫，包惠僧和其他人都报了假名，并在供词上按下了指纹。高君曼报名林氏。捕房以为没有抓捕到陈独秀，便让把守陈宅的包打听继续在陈宅蹲守，不论是谁，凡到陈宅去的，全部拿下。这时褚辅成（字患生，北京众议院副议长，上海法学院院长）去拜访陈独秀，包打听不分青红皂白，将他也抓到了巡捕房，巡捕房有人认识他，问他：

"你到陈宅干什么事？"

"我去拜访陈仲甫。"

"你是否认得陈独秀？"

"笑话，我不认得怎么去看他？"

"那你跟我们去见见他吧。"

于是，巡捕便将他带到了拘留陈独秀的地方。陈独秀一见褚辅成，正要打手势叫他不要说出自己，褚辅成却先对着陈独秀大声惊问道："仲甫，怎么回事，一到你家就把我搞到这儿来了！"这一下陈独秀就暴露了，巡捕房便通知蹲守陈宅的人，陈独秀已被捉拿到，以后去的人可以不再抓了。

周佛海在公园散步后，送恋人回家，顺道去看马林，马林托周佛海带一封信给陈独秀，信中亮出了第三国际的头衔。对陈独秀说："如果你是真正的共产党员，一定要听第三国际的命令。"

周佛海再到陈宅已是黄昏了。他敲开了后门，忽然一个大汉问道：

"你找谁？"

周佛海说："我找陈先生。"

那人说："不在家。"

周佛海很奇怪，知道不妙，马上退出。

回到住宅不久，陈望道神色仓皇地跑去告诉他：

"去仲甫家的人都被捉到巡捕房去了。你这里一定很危险，赶快把重要文件烧掉，去躲避一下。"

周佛海暗自庆幸，若是自己被捉去，搜出身上第三国际的公文，一定会被判几年刑。

在这个炎热的傍晚，张国焘吃过晚饭，穿着一身短衫裤，像个小店员似的悠闲地踱到陈宅。平时他到陈家，都从后门出入，不须经过通报，就直接走进去，他敲开紧闭的后门，一个陌生的大汉问：

"你找谁？"

"找陈太太。"张国焘顿觉异样，就站在门外说。

"你找她有什么事？"

"我来收裁缝工钱。"

那人打量了一番张国焘之后继续问：

"你为什么不会说上海话？"

张国焘向他编造说，自己的裁缝铺开在什么什么地方，并说了老板的姓名和招牌名称。因为老板是湖南人，自己也是湖南人，还没学好上海话。

那大汉信以为真，说："陈太太不在家！"就把门关上了。

张国焘知道陈独秀已经出事，便赶快走出了渔阳里，在确定无人跟踪的情况下，赶快通知其他同志，让他们不要再去陈宅。

在法租界，邵力子也被带到了巡捕房里，陈独秀看到被同时抓来的人，对警探厉声抗议："你们是来抓我的，为什么连我的客人也连带地抓来呢？"

警探们弄清褚辅成、邵力子2人的身份后，便将他们释放了。

陈独秀等5人便被送进了牢房，包打听指着他们对看监的人说：

"他们都是教育界的名人，对待他们要好一点。"

晚上，监里给他们送来两床棉被，他们合在一起铺一条、盖一条。牢房里放着一缸冷水、一个马桶，高君曼被关在隔壁，彼此见不着面，但可以听见说话声。

陈独秀对他们说："从搜去的信件内可以证明我是在搞共产党，因此，我可能要被监禁一个时期，你们不可说出真情，一切都推在我身上好了，这样，我虽一时不能出狱，其余的人可以先行获释，继续积极工作。"

在思想上他已经做好了长期坐牢的准备，对此后的事情作了安排：

"看来，国焘似乎未被捕，他虽有些地方顾虑不周，但有主张，有办法，说得到，做得到，这是很难得的。他的主张大致都是对的，与我之间没有芥蒂，对问题的争论也是因为相处甚密，说话不拘形迹，现在统治者们既然这样无情地压迫我们，我们只有与共产国际建立更密切的关系，不必再有疑虑。"

他还要求监狱中同志，出狱之后，应与张国焘和谐地分工合作，如果大家都赞成的话，可以由张国焘暂时代理书记职务，那么，自己纵然在监狱里住上几年，如果党的事务有人主持，也就安心了。

陈独秀这种舍己为人、舍己为党的精神令大家都非常感动。基于这种考虑，他们便商议如何应付警探的讯问，通宵都没有睡觉。

固然，"出了研究室便入监狱，出了监狱便入研究室"的精神勇气要有，但毕竟"进入"监狱并不是自己的目的。

在监狱里，他们很关心再有同志继续被捕，陈独秀尤其关切，每当有犯人送到监狱，他总是站起身来张望一番，看是不是又有同志被捕。他最担心年轻气盛的张国焘，因为他身上经常带着一些重要文件。

第二天，在公审公堂审问时，法庭认为其余的人都是陈独秀的党徒。

陈独秀说："他们是我的客人，林君是家庭妇女。客人陪我太太打牌，有事我负责，和客人无关。"

后来捕房把高君曼放了，其他人仍带回监狱。

在牢中，陈独秀对包惠僧说："我家里有马林给我的信，如果搜出来可能要判七八年刑。我是打算坐牢了，你们出去以后继续干，不愿干也不勉强。"

每每在关键的时刻，陈独秀革命的英雄气十足，他的激情与胆量显示出侠士的风采。

陈独秀的再次被捕在社会上又一次引起了轩然大波，成了媒体报道的焦点，闹得满城风雨。隔了一天，也就是 10 月 6 日，上海的《时报》刊登如下消息：

陈独秀被逮

联合通信社云

《新青年》杂志主撰，前任北京大学文科学长之陈独秀君，昨年以来，任广东省教育行政委员长，迩因身患胃病，请假来沪就医。星期二（四日）午后二时许，法捕房特派巡捕多人，赴环龙路渔阳里二号陈君住宅搜检，将积存之《新青年》杂志并印刷品多种，一并携去。同时将陈君及其夫人，及拜访陈君之友人（内有褚、邵两君，皆国内知名之士）五人，一并带入捕房，研询一过，除陈君夫妇外，外来之褚、邵诸人，当即交保出外候讯。昨晨九时，捕房将陈君夫妇，并传齐案内诸人，解赴公堂请究。被告陈君，延请巴和律师到堂辩护，奉判陈独秀准交五百两，人洋铺保，候展期两礼拜再讯，其余诸人，均交原保云。又函住居法新租界，平日以提倡新文化为职志之陈某，迩因编辑共产、社会主义、工党主义、劳动主义、新青年等书籍，有过激行为，被探目等，于前日至该处，抄出是项书籍甚夥。当将陈及妻林氏并牵涉褚、牟、杨、胡等四人，一并带入捕房。陈夫妇管押，余均交保出外。昨日传至公堂，被告陈独秀，延巴和律师代辩称，此项书籍，是否有过激性质，敝律师尚未详细查察，求请展期讯核。官判陈交五百两，人银并保，陈林氏开释，余均交寻常保出外，听候展期讯夺。

同一天，上海的《申报》也刊登了陈独秀被捕及审讯的消息：

陈独秀被捕为编辑《新青年》等书籍故

　　住居在法租界地方之陈独秀，迩因编辑共产主义、社会主义、工党主义、劳动主义、新青年等书籍，被特别机关探目黄金荣、包探程子卿侦悉，以其有过激性质，于前日偕同西探至该处，抄出是项书籍甚夥，当将陈及其妻林氏并牵涉入褚树成、牟有德、杨一生、胡树人等，一并带入捕房。除陈夫妇外，均交保出外。昨日传至法公堂请究，先由西探上堂禀明前情，并将书籍呈鉴。被告延巴和律师代辩称此项书籍，是否有过激性质，敝律师尚未详细查察，请求展期讯核。中西谳员判陈交五百两，人银并保，陈林氏开释，余均交寻常保出外，听候展期讯夺。

　　得知陈独秀被捕后，马林为营救陈独秀四方奔走，他凭着丰富的斗争经验和在上海的人际关系，花了许多钱请律师（律师名巴和，是当时在上海开户营业的一位著名法国律师）为他辩护，买铺保。他还从共产国际给他的活动经费中拿出 400 美元打通了会审公堂的关键人物。

10 月 7 日，天津的《大公报》又进行了跟踪报道：

陈独秀为法捕房捕去

　　上海电：陈独秀于前晚（四日）为法捕房捕去，拘禁西牢。闻其被捕之故，系因陈氏前在新青年杂志宣传过激主义之故，有人告发，认为有害租界之治安者。惟其时陈氏正在广东，故无可如何，此次来沪，遂被捕矣。对于《新青年》之纪事，定在八日审讯；一说陈氏不日即将释出云。

同一天，北京的《益世报》也同样对陈独秀被捕予以追踪：

陈独秀在沪被捕

上海五日电云，陈独秀前夜为本地法租界逮捕收监。陈之被捕，系因曩执笔于《新青年》，宣传过激主义，有人告其害及租界之治安，惟当时陈尚在广东，故搁置未理。此次陈氏回到上海，遂被收监矣。至对于《新青年》纪事之公判，有八日开厅之说，则陈不日当可释放云。

共产党方面设法多方营救，李达通知各地的组织派人到上海，张太雷为这件事专程从北京赶来，李达与他电请在广州的孙中山设法营救，后来孙中山也给上海法租界的领事打电报，要求释放陈独秀。

20多天以后又会审，说陈独秀宣传赤化，最后定案为《新青年》有过激言论，过激主义是陈独秀一生的死症。只要他认定了什么，哪怕前面是火海，是地雷阵，是万丈深渊，他都义无反顾地勇往直前，"不峻之坂弗上"正是他性格的真实写照。

1921年10月26日，陈独秀被判罚款100元，并由褚辅成和张继将他保释出狱，其他人关了5天后也被保释出来，人虽被释放出来了，但还要随传随到。

10月27日，上海的《时报》刊登了会审后陈独秀案了结的消息：

陈独秀被逮案之了结

陈独秀前因私自出售《新青年》、共产主义等书籍，被法捕房查悉，前往接陈传至公堂，讯判听候宣布堂谕饬遵，各情已志前报。昨经中西官商明堂谕，先由法正领事德君，将西文堂谕宣毕后，由聂谳员谕曰：此案捕房控被告违背禁令等情；查得《新青年》书籍，前经法总领事，封闭禁止出售在案，此次被告不应明知故犯，应照新刑律第二百廿一条，着陈独秀罚洋一百元充公，此案书籍，一并销毁。

10月28日，《益世报》也报道了陈独秀出狱的消息：

陈独秀被释

上海27日电：陈独秀氏前此因宣传过激主义之嫌疑，为法租界当局所拘禁。兹该租界当局酌量情节，已释放陈氏，惟尚没收其一切书类而已。

同一天，《大公报》也披露了这一消息：

上海电：陈独秀前以宣传过激主义嫌疑为法工部局所拘留。现以惟有可原，收没其书籍而释之。

浪漫和激情就像一对孪生姐妹。革命者不但用鲜血铸造了理想的长城，也用他们特有的浪漫和激情演绎着自己的故事。

陈独秀出狱的那一天，李达等雇了汽车到法国公审公廨去迎接。在欢迎陈独秀出来的时候，1920年秋天派往莫斯科并归来的几个青年团员，还用俄语一起唱起了国际歌。

陈独秀回到老渔阳里2号的家中，不少人前来慰问，不久张太雷也来了，他转达了马林恳切的慰问，并告诉陈独秀，如果不是不方便，马林是要亲自来看他的。陈独秀本是性情中人，马林在他被捕后对自己的大力营救行动和张太雷带来的慰问让他非常感动，他很和气地说：

"我一两天再约他谈。"

这样，两人以前一切的分歧和争执似乎都因这一意外而烟消云散了。

等其余人都走后，陈独秀对几个党内同志说：

"幸好此次没有搜出什么重要文件，否则乱子可就闯大了。我们决不可因此气馁，更要勇往直前地干！不过更加要注意保密的工作。我们已被逼上梁山，只有一不做二不休了。"

第二天，他便首次以书记的身份召集中央正式会议，表示将立即负起书记的责任，努力开展工作。他提出了一些中央工作和会议的规范，提议工人运动的领导机构以张国焘拟定的草案为基础讨论，迅速予以决定。关于宣传计划，他提议《共产党》月刊继续出版，并将《新青年》复刊。其他如社会主义青年团等工作都由他与有关负责人先行商谈，再提请会议讨论决定。

周佛海也参加了这次会议，但他因受这次被捕事件的刺激，再加上杨淑慧对他参加共产党活动的反对，他在这次会议上作了一次简单的交代。他在东京京都帝国大学读书的湖南老乡的帮助下，考上了该校，将前往日本，从此不再过问中共中央的事情。后来周佛海逐渐动摇了信仰，与共产主义背道而驰，1924年9月，经周恩来亲自挽留无效，周佛海正式脱党并获党组织批准。脱党后他加入了国民党阵营，力行反共，直至最后堕落为汉奸。1946年11月7日，国民党首都高等法院对周佛海作出判决：周佛海通谋敌国，图谋反抗本国，处死刑，褫夺公权终身。后改判无期徒刑，于1948年2月28日死于南京老虎桥监狱。

三、在国共合作的旗帜下

1921年10月27日，第三次被捕刚出狱的陈独秀便以中共中央书记的身份，首次召集中央会议。会后不到两天，陈独秀便与几近闹僵的马林会面，两人似乎都饱受折磨，也各自增加了对形势的了解，好像梁山泊上的好汉"不打不成相识"，他们交换意见，气氛显得较为和谐。马林表示一切工作完全由中央负责领导，作为共产国际代表的他只与中共最高负责人保持经常接触，商谈一般政策而已。陈独秀表示拥护共产国际，对其代表在政策上的建议自应尊重。二人化干戈为玉帛。

此后，两人经常见面，毫无隔阂地商讨各项问题。中共中央的计划也按时送交马林一份，马林也很少提出过异议。在政策上，陈独秀经常将马林的意见向中央会议报告。他们具体规定了接受共产国际补助经费的办法，此后，共产国际便陆续对中国共产党进行经济支持。

此后，陈独秀一边在报刊上大量发表文章，声援上海的工会和工人阶级的小规模斗争，一边大力发展组织，积极酝酿工人运动，与党内同志共同拟订中国共产党进一步发展工作的计划。

1921年11月23日，蔡和森、李立三等人从法国回来，陈独秀和陈公培介绍他们入党，并留蔡和森在中央宣传部工作，派李立三去湖南安源煤矿工作，陈公培去海南岛。陈独秀还与李立三、陈公培商量，要把赵世炎召回国内工作。而赵世炎却没有听从，继续留在法国与周恩来、张申府、陈延年、陈乔年等人积极进行创建中共旅欧支部的活动。

为扩大组织，陈独秀以中央局的名义签署《中国共产党中央局通告》，发往全国各地党组织。这份中共中央领导机构成立后下发的第一份正式文件要求京、沪、粤、鄂、湘五区于明年7月大会前，各发展党员30人，成立区执行委员会，为下一年依照党纲成立正式中央执行委员会做准备。同期全国要发展团员2000人及出版20种纯粹的共产主义书籍。全力组织全国铁道工会，各区必须至少成立一个有管理的工会，从速建团，开展青年运动、妇女运动等。

1922年元旦这一天上午，在陈独秀的建议下，中国共产党进行了很有创意的宣传。上海全体共产党党员与100多名中国、朝鲜社会主义青年团团员、50名工人，在上海市内散发6万张"贺年帖"，帖上一面写有"恭贺新禧"，另一面写着"号召为建立统一的中国而与苏俄携手战斗的呼吁书"等和"太平歌"歌词，如"天下要太平，劳工须团结。万恶财主铜钱多，都是劳工汗和血"等。下午又在"新世界"等群众聚会的游戏场所散发了两万张反对帝国主义及本国军阀的传单。

共产国际的指导，能让中国共产党站在国际的高度对革命形势进行更准确的分析和把握，以便寻求更有效的对策。

1921年底至1922年初，美、英等9国在华盛顿开会，通过了美国提出的"九国公约"，肯定美国提出的"各国在华机会均等"和"中国门户开放"原则并订立共同宰割中国的盟约。

为揭露帝国主义国家利用华盛顿会议进行侵略扩张的真面目，也为了广泛传播列宁提出的民族和殖民地问题理论，共产国际于1922年1月21日至2月2日召开了远东各国共产党及民族革命团体第一次代表大会。以张国焘为团长的中国代表团共30多人出席了会议。会议根据列宁提出的民族和殖民地问题理论，讨论了共产党人在此问题上的立场以及在同民族革命政党进行合作的问题，强调吸收农民群众参加民族民主革命的重大意义，并具体阐明了被压迫民族所面临的反帝反封建的历史任务。这次会议对帮助中国共产党认清中国国情和制定中国民主革命的纲领起到了很大作用。会议期间，列宁抱病接见了中共代表张国焘、国民党代表张秋白等，对国共合作问题表示了深切的关注。

列宁对国共合作的关心，引起了陈独秀的极大震动，张国焘等回到上海后，向陈独秀汇报了大会的情况。陈独秀表示，共产国际和苏俄是不可分割的，须相依为命，互为声援，共同发展。目前中国革命不是什么工人阶级反对资产阶级，只是反对侵略和反对军阀。环顾中国，除国民党可以勉强说得上革命外，并无别的可观的革命势力。他非常赞同列宁所强调的国共合作，但是，他又觉得国民党有很多劣性，如注重上层、投机取巧、易于妥协、内部矛盾复杂、明争暗斗，等等，不是理想的联合对象。

为了更大限度地发动中国一切革命力量，中共一大后，马林开始与上海国民党总部联系，会见了国民党人张继，促使国民党人和共产党人一道组成30多人的代表团，出席远东各国共产党及民族革命团体第一次代表大会。

1921年12月23日，马林经张继介绍，化名西蒙博士，偕同翻译张太雷前往桂林会见孙中山，并多次与国民党要人接触。马林向孙中山提出两点建议：组织一个能联合各阶层尤其是工农群众的政党，与苏联建立联系；建立革命的武装核心，应先创办军官学校以培养革命骨干，孙中山表示赞同。

马林以自己在爪哇伊斯兰教联盟运动中取得的成功经验为依据，产生了一个想法：中共目前只是一个由几十个知识分子组成的小团体，难以在中国的政治生活中发挥重大作用。若让共产党人加入国民党内，他们便有了可以公开活动的阵地，同时国民党所进行的国民革命也可以在他们的参与下得以发展，这是两全其美的办法。他决定建议中国共产党人加入国民党，以联合各革命阶层共同进行反帝反封建的国民革命。

基于马林当时的认知，促使他决定中国共产党加入国民党的原因有两个：第一是他在爪哇的经验，第二是南方无产阶级组织在民族主义运动中所处的有利地位。这只是马林自己的想法，当时的共产国际并没有给他任何指示。

回到上海后，马林便建议陈独秀召开中央局会议，讨论与国民党合作问题。这一"党内合作"的方式是一个新生课题，对共产党人来说，的确一时难以接受。特别是党的领袖陈独秀，他认为孙中山的国民党在辛亥革命后基本丧失了革命性，内与军阀勾结，外与帝国主义妥协，只单纯依赖军事行动。马林的建议遭到陈独秀等人的否定。

1922年3月，马林由上海到北京，通过苏俄公使向共产国际提交关于中国问题的报告，介绍了中国共产党和国民党的情况，并建议派一位苏俄使者到中国南方来。4月2日，马林又从北京回到上海，分别与国共两党领导人多次会谈，国民党领导人表示允许中共在国民党内进行共产主义宣传。而在中共一方的领导人却一致反对马林提出的"到国民党中去进行政治活动"的建议。

20天后，马林在国民党高层勉强答应和共产党领导人的一片反对声中离开上海，返回莫斯科，向共产国际汇报工作并寻找上级的支持去了。

陈独秀考虑到马林可能向共产国际汇报情况，便于4月6日给时任共产国际东方部部长维经斯基写了一封信，提出反对马林的共产党及社会主义青年团加入国民党提议的 6 条理由：

1. 两党革命宗旨及所据之基础不同；

2. 国民党与美国、张作霖、段祺瑞联合的政策与共产主义不太相容；

3. 国民党未曾发表党纲，在广东省以外的各省人民看来，仍是争权夺利的政党，共产党如果加入，那么在社会上信仰全失（尤其是青年社会），永无发展机会；

4. 广东实力派陈炯明，名为国民党，实际上非常反对孙中山，我们倘加入国民党，立即受到陈派之敌视，在广东不能活动；

5. 国民党孙中山派向来对新加入之分子，绝对不能容纳其意见及假以权柄；

6. 广东、北京、上海、长沙、武昌各区同志对加入国民党一事，均已开会议决绝对不赞成，在事实上也已无加入之可能。

他告诉维经斯基，如果第三国际讨论此事，"请先生代陈上列 6 条意见为荷"。两个月后，他又给维经斯基写信重申并强调了自己的这些理由。

马林回到莫斯科后，向共产国际作了书面报告，说上海没有他们熟悉的工人运动，他对那里的前途感到非常悲观，但在南方却看到了很大希望，盛赞广州国民党参与领导的香港海员罢工，但那里的共产主义团体却脱离工人。他让共产党放弃对国民党的排斥态度遭到反对，认为中国共产党"这些小团体"成分依然主要是知识分子，严重脱离工人群众，在海员罢工中无关痛痒地将自己置身于运动之外。开展宣传工作也没有联系群众的意愿，他们的前景是黯淡的。于是他建议中共中央迁到广州，以便与孙中山更方便地联合。

共产国际主席团于 7 月 18 日接受了马林关于中国共产党加入国民党以及中央迁往广州的建议，并让他回中国执行。还指示中国特派代表，在保持完全的独立性的前提下"必须在国民党内部和工会中组成属于他们自己的团体"。

鉴于陈独秀的倔强性格，维经斯基便以共产国际远东局的名义"训令"马林："根据共产国际主席团7月18日决定，中共中央委员会在接到通知后，必须立即把地址迁到广州，所有的工作都必须在菲力浦（马林）紧密联系下进行。"

就在陈独秀期待着共产国际的反馈结果时，少共国际代表达林从北京来到上海。在与陈独秀会面后，他表示将与孙中山会谈，要求指派中共党员参加，表面上可以充任自己的翻译。陈独秀就派张太雷、瞿秋白参加。

4月底，陈独秀与张国焘一起赶到广东，筹划第一次劳动大会与共产主义青年团全国代表大会。到达广州后，首先召集中共广州支部会议，并在会上就召开劳动大会、青年大会的重要意义和国共关系问题作了报告。达林也参加了会议并发表讲话，他根据共产国际指示精神，强调了建立广泛的统一战线的必要性，并向陈独秀等人建议，在保持共产党在政治上具有独立性的前提下，共产党的整个组织全部加入国民党。

经过陈独秀与张国焘近一个月的筹备，1922年5月5日，中国社会主义青年团第一次代表大会开幕。陈独秀在会上发表题为《马克思主义两大精神》的报告，指出社会主义青年团就是根据马克思的学说而成立的，马克思主义有着中国人最缺乏的"实际研究""实际活动"的精神。在大会期间，他多次出席会议，起草修改文件。

共产国际及其代表们对国共两党合作的努力最终见了成效，他们也让陈独秀认识到，战胜资产阶级从而实现无产阶级专政还是非常遥远的，此时的共产党要么与国民党携手共同进行民主革命，要么在黑暗势力的围攻中孤军苦战。

两难的选择往往是痛苦的，最终，陈独秀由排斥到接受并决定实行国共合作。6月17日，由陈独秀起草的以共产党的名义发表的《中国共产党对于时局的主张》指出：中共准备要求国民党及其他革命团体举行联席会议，以共同建立一个民主主义的联合阵线。陈独秀还将刚刚刊印的这篇文章送给上海的国民党要人，以新的政治主张交好国民党。此时，中共已经将反帝反封建的民主革命作为当前的行动目标，参照苏联经验但是又结合了中国国情。

1922 年 5 月，陈独秀应陈炯明之邀，与陈公博等一起前往惠州和陈炯明晤谈，想劝说陈炯明与孙中山避免火并，但说服没有效果。

就在孙中山与陈炯明的矛盾一触即发时，陈独秀从中斡旋失败，深知陈炯明的陈独秀已经预料到事态发展的严重性，对孙中山的态度也发生了一定的变化。

终于，6 月 16 日，陈炯明叛变，炮轰孙中山的总统府，这更将陈独秀的联合意识向前推进了一步，同情孙中山，对与其他军阀如陈炯明的痛恨和无望也促成了他国共合作思想的转变。

广东发生陈炯明的叛乱后，陈独秀向上海的国民党要人张继表示，陈炯明现在既然已经背叛革命，中共就应与他断绝关系，并一致发出声讨。同时中共中央致函广州支部，指示立即与陈炯明脱离一切关系，转而支持孙中山。但陈公博、谭植棠继续在《广东群报》工作，并且发表文章公开支持陈炯明，指责孙中山。上海的国民党人立即质询陈独秀，陈独秀一面重申中共拥孙反陈的立场，一面对广东区委提出严重警告，但广东区委依然没有改变态度。

1922 年 7 月 16 日至 23 日，中国共产党第二次全国代表大会在上海成都路一所房子里举行，陈独秀在大会上做了中央工作报告，并被推举负责起草大会宣言。

陈独秀起草的宣言阐明了中国革命的两个阶段：第一个阶段是无产阶级与资产阶级联合的民主主义革命；第二个阶段，民主主义革命成功后，开始工农联合的无产阶级社会主义革命。会议既体现了共产国际的指导精神，又适合于中国现实的国情。陈独秀等共产党人所设计的与其他党派的这种松散的联盟方式，即"党外合作"方式，是共产党人根据当时的政治环境做出的选择。从拒绝接受到同意与其他党派的合作，体现了以陈独秀为首的共产党人对共产国际精神的理解和吸收，在国共合作的道路上迈出了一大步。

因共产党的机关刊物《新青年》停刊，大会决定创办一份中共中央机关报《向导》周刊。1922年9月13日，中国共产党中央委员会的第一份机关报《向导》创刊，蔡和森任主编，陈独秀领导刊物的出版，并题写刊名。该报主要发表时事政治评论文章，以宣传党的纲领、路线、方针、政策，指导群众斗争为主要任务。

但是，即便如此，对于国共合作，共产国际的步子比中共中央的步子迈得更大，他们已经决定中共加入国民党，进行"党内联合"。

中共二大还根据共产国际有关指示精神制定了党的最高纲领、最低纲领。最低纲领确定当前的民主革命阶段的任务是：消除内乱，打倒军阀，建设国内和平，统一中国为真正的民主共和国；推翻帝国主义的压迫，达到中华民族的完全独立。中国共产党在国民面前第一次提出了彻底的反帝反封建的民主革命纲领，为中国革命指明了方向。依据最低革命纲领，大会通过了《关于"民主的联合战线"的决议案》，系统阐述了中国共产党人对中国社会状况的分析，并规定了与其他党派建立民主联合战线的原则和实施计划。强调无产阶级要在党的领导下，独立开展阶级运动，而不是投降、附属与合并。

另外，中共二大还通过决议案，明确表示中国共产党组织正式加入共产国际，成为共产国际在华分部。

鉴于广东区委没有听取中央局的指示，中共二大期间，中央开除了谭植棠的党籍，严重警告陈公博（他因此退党），谭平山因为优容二人，被撤销区委书记职务，调离广东。

从这次《广东群报》事件中，陈独秀按照组织纪律对自己的3个学生、也是广州共产党早期组织的创始人的处分力度就可以看出中共对国共合作的诚意和坚定的决心。他也是为了打消孙中山等高层的疑虑，以便尽快实现两党联合。

就在陈独秀在共产国际的压力下接受国共合作方针并为联合阵线奔波时，他又一次被捕了。

自上次被捕获释后，陈独秀仍住在上海法租界同一路即环龙路，但改住在铭德里2号，其实，他仍在法租界的监视之下。

1922年8月10日，本不平静的上海滩又爆出一条重磅消息：陈独秀在8月9日又被上海法国警察逮捕拘留！

上海的《时事新报》做如下报道：

陈独秀被捕

陈独秀氏寓居法租界环龙路铭德里二号，昨（九日）被法总巡捕房特别机关西探目长西戴纳，会同督察员黄金荣，华探目程子卿、李友生，包探曹义卿等捕获，带入芦家湾总巡捕房，候请公堂讯核。

北京的多家报纸如《晨报》等也于8月10日报道了这一重要消息。

原来，陈独秀领导中共活动的影响越来越大，"地下党"几乎成了公开的秘密。法国巡捕房特别机关侦探长西戴纳，早就注意到了陈独秀等人的活动，并得知法新租界陈独秀家藏有"违禁"书籍。于是，8月9日他会同时任督察员的上海大流氓黄金荣、包打听头目程子卿、包打听曹义卿等，在下午1点前往陈家，抄出了许多书籍，并将陈独秀逮捕，连同《新青年》纸版、共产党书籍等多件证据一起带到了芦家湾总巡捕房，等候法国公堂审讯。当天，蔡和森、李石曾等联名致电法国领事馆，并亲自面访法国公使，要求"务使嫌疑冰释，恢复陈之自由"。

陈独秀被捕后，他的夫人高曼君以及陈独秀的许多好友四处营救这命途多舛的"老头子"。中共中央通报各地组织派人到上海活动，经过多方努力，仍由上一年为陈独秀辩护的法国律师巴和帮办，由博勒律师代辩，负责应付诉讼事务。

8月11日，陈独秀被押到公堂上预审。西探长西戴纳等将逮捕陈独秀的情形、逮捕依据及逮捕结果向法庭做了陈述，并将书籍递交给审判官。律师为了慎重起见，声称西探长所说的情况及事实内容等各环节都被捕房所控制，律师还不知晓，应在律师对各个环节都进行研究后再审讯，并请求法庭答应延期审理。法庭答应了律师的要求，中西审判官宣布将陈独秀暂押牢房，延迟7天审判。

陈独秀被捕及定于18日（星期五）判决的消息传出，中国学界人士对此事极为愤慨。8月14日，自治同志会、新中国会、共存社、改造同盟、马克思主义研究会、少年中国学会、非宗教大同盟、非基督教学生同盟、中国社会主义青年团、马克思学说研究会等革新团体，纷纷发出宣言，反对法国人之暴横，为自由而战，要求速行解放陈独秀，并联合发布了《为陈独秀被捕事敬告国人》的宣言书。

宣言书强烈谴责了法国对中国及其他欧洲国家的殖民侵略行径，呼吁共同营救"改造中国的先驱""为解放中国劳苦群众奋斗的革命家"陈独秀，这不是救护陈独秀个人，而是"救护垂危的改造运动"。

8月18日，就在陈独秀受审之日，《时事新报》报道了蔡元培等营救陈独秀的消息：

> 北京十七日电：
> 此闻陈独秀被捕，已有十余团体联名发布抗议，蔡元培等已面质法使，请其转令沪法领释放。长辛店工会亦通电营救。

8月18日，公审公堂第二次开庭审理陈独秀案。在法庭上，按照审理程序，先由西探长向法官陈述侦查情况，并将查抄来的各种书籍作为证据呈给法庭核查。接着，被告陈独秀由巴和帮办、博勒律师代辩。两位律师辩解说，负责此案的巡捕房根据侦查确认陈独秀是共产党人的结论并不可信，因为被告只不过是说说罢了，没有做共产党做的事情，"并无共产党之实"，不能认为是充分证据。法国与中华民国都是共和制国家，在宪章或约法中提倡言论、思想自由，陈独秀是个学者，他所从事的是社会学的研究，不可能不在书报文章里提到共产党等。

律师还辩护说，陈独秀收藏《新青年》书籍底稿，也并没有违犯租界法律，检查他的各种来往的信件，并没有发现鼓吹共产党的行为。

至于被告在广东创办新青年会，也是经过了广东省政府的允许，被告陈独秀既然是新青年会的负责人，印发这类新青年书籍，实属正常。租界法律不过是禁止过激的事情，现在被告并没有制造涉及过激言论的机器和印刷品，只不过是收藏了新青年社的书籍底稿罢了，并没有违犯租界法律法规。

法庭聂姓审判员与法国副领事葛某商量后决定，判处陈独秀罚金 400 元大洋充公，再向法庭缴纳普通的保金，准许让人将他保出，巡捕房查抄送呈法庭的书籍底稿全部销毁。

陈独秀当庭交上 400 元罚款，再一次被保释，走出法庭，重获自由。

陈独秀被捕后，李大钊为营救战友从北京抵达上海，刚出狱的陈独秀便与他一起和国民党代表张继商讨建立民主联合战线问题。

1922 年 8 月 12 日，就在陈独秀还在监狱中的时候，共产国际代表马林带着共产国际作出的《给共产国际驻中国特派代表的指示》等"训令"偕同越飞来华。

马林赶到上海时，北京和上海的工人运动在中共的努力下已经发生了很大的变化，但看完中共二大的文件后，他还是对中共中央与国民党建立"联合阵线"这一"党外合作"的方式提出了批评，认为中共二大决议赞成与国民党进行"党外联合"，是不符合共产国际指示精神的，并说国共两党力量悬殊太大，中共根本没有与国民党进行"党外合作"的条件和资格，孙中山不会赞成，只能允许共产党员加入国民党。他还出示了共产国际打印在他衬衫上的命令，并要求中共中央再召集一次会议，落实共产国际的指示。

在中共中央召集会议之前，马林会见了因陈炯明叛变而逃亡到上海的孙中山以及国民党在上海的代表张继，讨论了国共两党合作的问题，双方议定以"党内合作"的方式进行国共合作，这一合作方式，在共产国际及其代表的努力下已经成为定局。

在马林的提议下，1922年8月28日至30日，中国共产党第二届中央执行委员会在杭州西湖召开为期3天的特别会议，史称"西湖会议"。

陈独秀、李大钊、张国焘、蔡和森、高君宇、马林和他的翻译张太雷参加了会议，会议的中心议题是讨论共产党加入国民党、实现国共合作的问题。马林是这次会议上的主要发言者，他在会上阐述了选择与国民党进行党内合作方式的理由，主要是中国无产阶级的力量和所起的作用还很小，孙中山的国民党不是资产阶级政党，而是各阶层知识革命分子的联盟，是各阶级联合的党，无产阶级应该加入并改造国民党，以推动民主革命。中共加入国民党符合列宁的民族和殖民地问题提纲精神，并且，孙中山不会与中共建立平等的联合战线，共产党员加入国民党后，可以影响国民党所领导的大量工人群众，将他们从国民党手中夺取过来。

马林提出的让共产党员加入国民党的建议遭到了陈独秀等5个委员的一致反对。张国焘与蔡和森发言反对这种主张，他们认为国民党是资产阶级政党，中共加入进去会产生混淆，丧失自己的独立性，与共产国际二大通过的原则不合，与国民党至多可以党外联合，请共产国际重新予以考虑。

陈独秀也反对马林的主张，而且做了多次发言。他认为，国民党的资产阶级本质不会变，共产党员加入国民党后，会引起许多复杂而不易解决的问题，党内联合混合了阶级组织，牵制了中共的独立政策，只能导致两党间的矛盾，结果将有害于革命势力的团结。

马林表示这是共产国际已经决定的政策。

由于刚刚闭幕的中共二大决议加入共产国际，服从其领导，从组织纪律角度上说，陈独秀作为总书记如果再僵持下去，就带头违背了二大精神，是对二大的否定，也是对过去长时间为国共合作努力的否定。于是他表态说：如果党内合作是共产国际不可改变的决定，我们表示服从。但共产党人加入国民党是有条件的，条件就是取消打手模（按指纹）及宣誓服从孙中山，并且，孙中山要对国民党进行改组，只有这样，共产党员才可以加入进去。否则，即使是共产国际的命令，我也要反对。李大钊认为有条件地加入还是可行的，表示赞成陈独秀的最后立场。会议最后通过了陈独秀的意见，但没有形成书面决议。

经过马林的说服和解释，中央委员们从尊重共产国际指示出发，基本上接受了以个人身份加入国民党的主张。但对马林关于全体共产党员加入国民党的提议也作了部分修正，决定党的少数负责人加入国民党，同时劝说全体党员加入国民党。

会后，陈独秀提议让李大钊暂留上海，与国民党磋商，还选派张国焘为中央代表，将中共二大及西湖会议精神传达到各地共产党组织。

西湖会议后，马林便偕同陈独秀、李大钊等人一起去拜访孙中山，孙中山接受了马林提出的中共加入国民党的提议及附属的条件，几天以后，陈独秀、李大钊、蔡和森、张太雷又拜访孙中山，他们由张继作为介绍人，由孙中山亲自主盟，正式加入国民党，成了共产党第一批兼党党员，为全体党员做出表率。他们寄希望国民党的改组，来改变他们先前对这个党派的认识。

西湖会议以后，中共中央并未明令全党以个人身份加入国民党，马林往来于孙中山和代表着苏俄的越飞之间，几乎全身心投入到越飞指派的工作之中，以先实现苏联援助国民党的计划，从而推动两党合作。他们向共产国际提议立即着手把中国最大的、真正的政党国民党建设成为一个群众性的政党，苏俄必须答应给革命党以援助，以助中国实现统一。

11月5日至12月5日，共产国际在彼得格勒（今圣彼得堡）召开第四次代表大会，12月9日移到莫斯科举行。列宁在大会上作了《俄国革命五周年和世界革命的前途》的报告，这是他最后一次参加共产国际的代表大会。

1922年10月初，陈独秀偕刘仁静、王俊以共产国际中国代表团的名义前往苏俄，开始了他一生第一次也是最后一次的苏俄之行。

临行前，为避免危险，中共中央迁往北京，书记之职暂由张国焘代理。经过北京时，在李大钊极其周密的计划与安排下，陈独秀住在邓初家中，做了短暂的停留，得到了很好的照顾，李大钊直到陈独秀到达中苏边界写来书信时才放下心来。由于山高水长，路途曲折，陈独秀一行于11月到达莫斯科时，共产国际四大已经开了 4 天了。

由于语言障碍，陈独秀让精通俄语的刘仁静代表中共向大会做中国形势的报告，指出国民党醉心于单纯依靠武力实现革命目的而缺乏宣传运动、组织群众。中共工人运动不断扩大，影响日益广泛。中共已决定党员以个人身份加入国民党，以争取国民党组织的工人群众，在宣传说服群众方面与国民党竞争。向共产国际表示中共接受"党内合作"的方式，在此基础上进一步发展革命运动。

但中共的报告却遭到了共产国际执委会书记拉狄克的批评，拉狄克对中共所处的环境、孙中山的革命态度等实际情况并不了解，认为国共合作依然迟滞，并将国共合作的停滞状态归咎于中国共产党和陈独秀。他指责中共脱离工人群众，像研究孔夫子一样把自己关在书斋里研究马列；过高估计自己的力量，夸大革命形势，夸耀胜利。高高在上的拉狄克的批评显然是依据马林等国际代表的书面报告，虽然中共与国民党相比还是一个小党，马林等共产国际代表也一直轻蔑地称其为"小团体"，但也不像拉狄克批评的那样。

陈独秀却令人意外地接受了共产国际的不客观的批评，没有为自己辩解，更没有反驳，而是起草了《中国共产党目前的策略》，根据共产国际的基本精神和要求来确定中共的任务，又结合中国现状，提出与国民党既联合又有独立的原则，在群众中显示中共真面目，不能在联合战线中混乱了中共的独立组织。另外，他致函赵世炎，劝他迅速回国工作，不要留恋于法国的华工运动，因为国内工作同志稀少，相比之下，国内工人运动比旅法华工运动更需要干部。在共产国际的影响下，他认为此时的孙中山已经从"专力军事"的错误中觉悟，决意改造国民党了。他还复函"旅欧少年共产党"，提议将其名改为"中国共产主义青年团旅欧支部"，促成周恩来等人对少共进行改组。

但是，在共产国际内也有另一种不容避听的声音。以维经斯基为代表的一部分成员则注重于中共的独立发展和工运的扩大，当共产国际领导人在马林等国际代表失实报告的影响下，于8月对中共的工作提出严厉批评时，他们却对中共工作表示了肯定，并给予鼓励。对"党内合作"方式深表忧虑甚至抵触，维经斯基相对比较了解中国革命形势，认为马林和共产国际的期望难以顺利实现。

同意维经斯基意见的人在共产国际内不在少数，他们在共产国际四大上起草并通过了《中国共产党的任务》，只谈中共的独立工作，不提国共合作问题，并把孙中山和国民党实际上同中国军阀相提并论。这个决议指出，中国的共产主义运动已经在中国发展起来，中国共产党人开始参加工人阶级的自发斗争，但是他们还未能贴近人民群众。因此，他们应该首先更明确地认清中国政治事件的意义以及工人阶级和共产党在其中的作用。在对中国包括国民党及各军阀的本质及相互关系进行分析后，作出最后结论：

> 中国共产党人的任务就在于，要以在民主基础上实现中国统一的倡导者的身份开展活动。中国共产党人要提出统一的中华人民共和国的口号，为实行同唯一不追求帝国主义目标的大国——苏维埃俄国结成联盟的独立自主政策而斗争，应该在这些集团的相互角逐中，支持那些给予工人阶级以发展和建立组织的充分自由，并拒绝与内外反革命势力联合的集团。在缺少这种保证的情况下，共产党人应该坚决反对军阀集团的任何军事主张，以一支能够联合民主主义因素的力量的姿态开展活动，而民主主义因素的成长可以保证不是通过一个军阀集团战胜其他军阀集团，而是靠下层人民群众取得革命胜利来实现中国的统一。
>
> 为了在这场斗争中能代表一种实际的力量，共产党人应该将自己的主要注意力用于组织工人群众，成立工会和建立坚强的群众性共产党方面。他们应该利用中国知识分子的激情，从中挑选最宝贵的坚定的革命分子，用来组织年轻的中国工人阶级。

没有参加共产国际四大的马林回到莫斯科后，很快便感觉到了有悖于他主张的氛围，反对国共"党内合作"者已占上风。1922 年 12 月 29 日，在共产国际执委会主席团会议上，他迫不及待地汇报了他在中国执行共产国际指示的最新情况。完全忽略中国共产党对与国民党进行党内合作的反对意见，他说：

　　7 月底，我带着共产国际执委会为制定在华工作纲领而任命的委员会所拟定的指示去中国，这项指示的基本内容是，我们共产主义组织的成员加入孙逸仙的国民党，并主动成立单独的工会组织。

　　我带着这项指示来到中国，打算去中国民族主义运动的中心、中央所在地广州。然而，当时南方的形势是这样，国民党中央和孙逸仙被逐出广州，我们组织的工作条件非常不利。国民党中央在上海，因此共产主义团体的中央也临时设在上海。

　　我们着手召开我们团体的中央扩大会议，会上讨论了莫斯科委员会的指示。

　　重要问题是以个人身份加入国民党组织，这个问题没有遇到激烈反对。参加讨论的执委会委员们一直认为，通过积极参加这个民族主义运动可以为我们的工作创造最有利的条件，这个运动的特点是它的领袖们不得不诉诸工人；中国的资产阶级至今还在物质上支持这个运动，它还没有形成为一个阶级，其大部分是生活在印度群岛的各个殖民地。

　　因此，我们有可能在国民党组织内进行工作，有可能进行自己的宣传。此外，近年来的经验表明，国民党的领袖们早晚会意识到必须支持罢工运动。

　　在我们同共产主义组织的中央讨论了进行自己的宣传工作的可能性之后，我们的中央表示赞成以个人身份加入国民党组织。反对意见只是来自我们广州的地方组织，该组织支持陈炯明对孙逸仙的政策，因此该地方组织的领导人被我党开除。

　　在我们党内，关于加入孙逸仙党的决定几乎没有遭到任何反对而被通过。依我看，从那时起不仅我们共产主义团体的工作条件有所改善，而且实践证明，通过这种方式可以使我们的力量得到最好的发展。

马林还说，国共两党一致认为"党内合作"是正确的，并分析了中共在国民党组织内工作的可行性。甚至共产党对孙中山与张作霖联系的批评也未引起国民党的反感。这份隐瞒实情的报告显然是为他提出的"党内合作"方式助势，批评维经斯基等人的态度。共产国际领导人非常重视马林的"最新播报"，为正确决策中国问题，成立了以布哈林、科拉罗夫、马林、维经斯基等为成员的"中国委员会"。

在陈独秀参加共产国际四大而不在中国期间，马林感到与国民党的合作这项工作很难推行，因此，他在给共产国际的报告中说"陈独秀必须尽快返回，目前与国民党的接触越发困难了"。

此后，关于国共合作问题便在共产国际内部开始了广泛的争论。马林极力强调合作的必要性，坚决反对共产国际改变既定决策，以为中国共产党除了与国民党合作外别无出路。维经斯基等坚持共产党应保持独立性，注重独立发动和组织工人运动。

1923 年 1 月 12 日，共产国际执委会通过了由布哈林起草、马林和维经斯基共同修改后的《关于中国共产党与国民党关系问题的决议》，指出中国唯一重大的民族革命集团是国民党，鉴于中国革命的中心任务和当前条件，中共党员应加入国民党，但党必须保持原有组织和严格集中的领导机构，不能取消中共独特的政治面貌，在运动中卷起自己原来的旗帜。

与国民党一起争取国内和平，反对帝国主义。这就是双方争论的结果。而此时，陈独秀已在共产国际的争论中离开了莫斯科回到中国。

1923 年 1 月 10 日，陈独秀带着共产国际关于国共合作的决议抵达北京，不久，即被孙中山任命为参议。

鉴于孙中山的实际行动，苏俄对国民党的支持加快了步伐。经过多次正面接触和密切沟通，越飞与孙中山联合发表了《孙文越飞宣言》，宣告苏俄与孙中山的联盟缔结，双方各得所需。

就在孙中山与中共建立正式合作关系即将开始之际，一场大屠杀又将中共向国共合作的道路上推进了一步。

1923年2月7日，直系军阀吴佩孚在帝国主义的支持下，调动2万多军警对京汉铁路工人总罢工进行血腥镇压，大肆捕杀工人群众，制造了"二七惨案"。与此同时，各地的工会也被封闭或捣毁，中国工人运动自此进入低潮，北洋政府还对马林和陈独秀发出了通缉令。

惨痛的教训让陈独秀等认识到，要战胜强大的反动势力，必须争取一切可能的同盟者，建立革命统一战线。他于2月20日回到上海后不久便又赶到杭州，召开中共中央会议。马林传达了共产国际关于国共合作的决议，但遭到了张国焘的反对，他不同意全体中共党员加入国民党。也有少数党员附和张国焘的反对意见，但绝大多数基本认可了这种方式。陈独秀也主张党员以个人身份加入国民党，但各级领导同志不应兼职国民党的职务。

1923年1月，驻留广西的滇、桂两军在孙中山的策动下，联合进攻陈炯明，并将他逐出了广州。孙中山回到广州并于3月2日建立了海陆军大元帅大本营，自任大元帅。

2月26日，在马林的催促下，陈独秀到达广州与孙中山建立联系，中共领导人也相继来到广州。不仅如此，《向导》周报也迁移到广州编辑出版。在此之前，马林提议中共中央迁到广州，以期和国民党尽快在形式上合为一家，密切合作。但遭到了维经斯基的反对，他认为机关迁往广州，离国民党的中心很近会对中共中央非常不利，使共产党对国民党有过多的依赖性，至少要留在上海。但最后的结果，中共中央机关还是迁到了广州。

4月10日，孙中山发布命令，委任陈独秀为大本营宣传委员会委员。陈独秀很快与马林制订出了让孙中山接受的国民党改组计划。

正当陈独秀在广州以《向导》《劳动》周刊为阵地讨论中国革命问题时，共产国际内部又发生了一些变化。在维经斯基的坚持下，共产国际对共产党在中国国民革命中的地位和作用有了更新的认识，并对即将召开的中共三大发出了指示。强调中国革命的主要问题是农民问题，认为只有把占中国人口绝大多数的农民争取到革命中来才能取得胜利，革命的领导权应该归无产阶级政党。明确共产党人的首要任务是：巩固共产党，使其成为群众性的无产阶级政党，在工会中聚集工人阶级的力量。

但是，共产国际的指示并没有赶上很快就要召开的中国共产党第三次全国代表大会。

1923 年 6 月 12 日至 20 日，刚刚完成迁移的中共中央在广州召开了第三次全国代表大会。大会依据共产国际的决议讨论同孙中山领导的国民党建立统一战线。陈独秀在会上做了工作报告，指出二七大罢工的失败说明无产阶级的力量还很薄弱，国民党是国民革命的领导中心，主张全体党员加入国民党，努力把国民党改组成一个民主革命联盟。他批评了拒绝加入国民党和"一切工作归国民党"两种错误倾向。会上张国焘对国共合作方式进行了强烈的抵制，马林与其进行了激烈的争论，他指责张国焘"左倾"，将断送中国革命前程，张国焘反斥马林"右倾"，将取消中共的独立，争论中马林又搬出了共产国际。为服从国际纪律，陈独秀在双方的争论中明确表态，执行共产国际决议，会议以 20 票赞成、16 票反对通过了体现共产国际决议精神的《关于国民运动及国民党问题的决议案》，最终确定了与国民党进行"党内合作"的联盟方式。

大会最后选举陈独秀为中央委员会委员长。毛泽东当选为中央委员兼任秘书，负责中央的日常工作。

根据共产国际的设想，共产党员加入国民党是为了近距离地发现国民党的缺点和不足，有批评国民党错误的权利，从而改造该党派使其走上正确的道路。

陈独秀的改造思想也很快地转化成他的积极行动。

中共三大结束后，陈独秀一面与李大钊、毛泽东等拜访国民党高层，商谈国共合作，一面借舆论抬高国民党的革命地位。他在中共中央机关刊物《前锋》创刊号上写发刊词，表明共产党在国民运动中"不敢说是领袖，更不敢说是先觉，只顾当前锋，只顾打头阵"。还在《向导》上肯定国民党的功绩："国家每有大难……国民党莫不出而肩负巨任，为国牺牲"，指出"此时国民无论对何派人都绝望了，所希望能救国的只有国民党"。

与此同时，陈独秀还在《向导》上发表文章，对国民党一些缺点、错误的思想与行动提出善意而尖锐的批评和真诚的建议。

此后不久，应孙中山要求，加拉罕推荐的又一位大使鲍罗廷抵达上海，会见了陈独秀等人。但是他的身份却是苏俄派给孙中山的政治顾问。

1923 年 10 月 6 日，鲍罗廷抵达广州，立即被聘为国民党特别顾问，他站在苏俄政府的背景下，对孙中山的说服力卓见成效。10 月 28 日，孙中山召集国民党改组会议，委任廖仲恺、谭平山等 9 人组成新的国民党临时中央执行委员会，负责筹备改组事宜，李大钊等人为候补委员，进行国民党改组工作。改组工作主要在两个方面：一、思想整顿，进一步端正奋斗目标，把旧三民主义发展为新三民主义；二、组织改组，去掉腐化分子，吸收革命分子，改变党员成分，使党的组织革命化。

国共合作似乎因鲍罗廷的来华出现了转机，陈独秀积极响应，于 11 月 24 日和 25 日两天召开并主持了执行委员会扩大会议，通过了《国民党运动进行计划决议案》，强调了共产党在国民党中的独立，对共产党在国共两党合作中的工作提出了指导性意见，即发起国民运动，矫正国民党政治观念。

此后，国内各地共产党人积极参加国民党的改组工作。在法国，旅欧中国共产主义青年团团员全部以个人身份加入了国民党。这一切，为国民党召开一大确立国共合作关系提供了充分条件。

1924 年 1 月，孙中山在广州召开了有 165 人参加的国民党第一次全国代表大会，共产党占 14%，陈独秀、李大钊、谭平山等为孙中山特别指定的代表，其他代表还有林伯渠、张国焘、毛泽东、李立三、瞿秋白、李维汉等。大会通过了《中国国民党全国代表大会宣言》，宣言接受了中国共产党反帝反封的主张，重新解释了三民主义，确定了"联俄、联共、扶助农工"三大政策。但是，在大会上，国民党内反对合作者也没有在最后关头放弃努力，右派分子冯自由、马素、江伟藩等极力反对国共合作，攻击共产党员的"跨党"动机，李大钊在会上进行了反驳。最终大会同意中共党团员以个人身份加入国民党。至此，国共两党实现了第一次合作，革命统一战线正式建立。

四、"党内合作"中的暗流

国民党一大后，经过近 5 个月的筹备，在共产国际的支持下，国民党在广州黄埔建立陆军军官学校，蒋介石任校长，廖仲恺任党代表，周恩来任政治部主任。黄埔军校培养了大批军事人才，奠定了国民革命军的坚实基础。

共产国际很是珍惜这次来之不易的国共合作，鲍罗廷开始担负起"扶植国民党"的总任务。既实现这种"扶植"又不引起国民党的猜忌，的确需要很高的政治处理艺术。

在国民党方面，一些反对国共合作的人逐渐联合起来，北京、广州、汉口、上海等地国民党开始了在党内排斥共产党人的活动，并且召开群众大会，公开宣传排共思想，他们串联起来派人跟踪共产党人，搜集反共材料。

他们联合署名制造出了《警告李大钊等不得利用跨党机会以攘窃国民党党统案》《请取缔共产党案》《请开除跨党分子案》《请斥逐所有跨党祸党共产分子案》《请斥退共产党案》等一个又一个反共提案，署名党员达 2000余人。

当那些呈文提交到国民党中央监察委员会时，一贯反对国共合作的张继、谢持、邓泽如等便以监察委员会名义上书中央执行委员会，列举共产党人种种"罪状"和"重大阴谋"。他们又带着材料找到鲍罗廷，遭到驳斥后，又将弹劾共产党人的提案呈交到国民党中央执行委员会第四十次会议讨论，并且将矛头指向了鲍罗廷，表示无论如何也不能让他再当国民党的顾问。

在国民党内的排共浪潮下，陈独秀知道"党内联合"已经到了两难境地。

大部分共产党员不愿留在国民党内，国民党的排共情绪也难以遏止，退出国民党又违反了共产国际的决议。于是他就国共关系现状给维经斯基写信，要求共产国际制订对国民党的"新政策"："根据我们的意见，应当停止过去那种形式的全面支持，我们应该有所选择。这就是说，我们不能无条件和无限度地支持国民党，只能支持国民党左派所从事的一些方面的活动，否则，我们就支持了自己的敌人，为自己收买反对派。"

他希望退出国民党，将"党内合作"改为"党外联合"。

7月21日，陈独秀以委员长的名义与秘书毛泽东共同签署中央第15号通告，分析了国民党对中共攻击和排挤的情况，但对孙中山和廖仲恺仍抱有信心。要求各地党组织做好与国民党分裂的组织准备，指示对国民党右派的反共活动应采取的策略，中共要忍耐着进行国共合作，决不能先说出分离的言论，更不能做出分离的事情。

但鲍罗廷却坚决不同意改变国共合作方式，因为合作方式的改变意味着自己工作的失败。于是他直接操纵中共广州地委，对陈独秀退出国民党的主张提出了批评。对于鲍罗廷的批评，陈独秀又暂时放弃了退出的主张，决定与国民党右派进行斗争。

1924年10月23日，直系军阀冯玉祥在第二次直奉大战中发动北京政变，囚禁曹锟，推翻了直系控制的北京政权，并宣布脱离直系军阀，把部队改名为中华民国国民军，自任总司令，重组内阁，邀请孙中山北上共商国是。孙中山决定应邀离粤赴京。但陈独秀等却极力反对孙中山北上，认为冯玉祥代替吴佩孚，只不过是帝国主义换了个工具而已。他还认为孙中山北上是军事投机，与军阀妥协，国民党不应该陷入军阀争权夺利的旋涡之中，还担心孙中山北上会陷于军阀和国民党右派的包围之中。共产国际、斯大林方面也不同意孙中山北上，但是共产国际代表加拉罕和鲍罗廷却支持北上，最后，在共产国际代表的影响下，陈独秀等共产党人接受了加拉罕和鲍罗廷的意见，放弃了自己的主张，不反对孙中山北上。

11月14日，孙中山从广州启程经上海取道日本北上。在临行前，他接受鲍罗廷的建议，发表了《北上宣言》，提出了"取消不平等条约"和"召开国民会议"两大口号。在孙中山发表宣言后，中共中央也发表宣言，表示支持孙中山北上及其政治主张，强调应召开国民会议。在中共的努力下，以孙中山北上为契机，国民会议运动在全国兴起了。

但孙中山到天津后，已经沉疴在身，冯玉祥也远去西北，北京政府的大权又落到了段祺瑞手里，并筹备召开善后会议。

共产党方面，陈独秀与秘书罗章龙共同签发了中央第 24 号通告，指示各地国民会议促成会揭露及抵制段祺瑞的善后会议并催开国民会议；国民党方面，孙中山也致电段祺瑞，反对善后会议。为抵制这一会议，国共两党倡导的国民会议促成会全国代表大会在北京开幕，一个对内要求结束军阀统治，对外要求反对帝国主义侵略、废除不平等条约的国民会议运动，在全国蓬蓬勃勃地开展起来。

虽然国民会议运动越来越高涨，但是国民党内的反共逆流却更加汹涌。孙中山的身体状况让国民党内各派别各怀心事，他们都知道，孙中山的去世意味着什么。于是冯自由、马素等人在北京组织"国民党海内外同志卫党同盟会"，邹鲁、谢持等人组织"国民党护党同志驻京办事处"，都发表反共宣言，反对容共、反对改组国民党。

鉴于国共两党的紧张关系，为统一全党思想，陈独秀致信维经斯基，邀请他参加中共四大。

1925 年 1 月 11 日至 22 日，中国共产党第四次全国代表大会在上海召开，鲍罗廷应邀出席并讲话。会议由陈独秀主持并作报告，大会通过了《对于民族革命运动之决议案》等一系列决议，解决了两个中心问题，即明确提出无产阶级在民族革命中的领导权及工农联盟问题和国共两党的关系问题。确定了对国民党采取打击右派，争取左派，扩大中派的合作方针。大会选举陈独秀任中共中央总书记兼组织部主任，彭述之任宣传部主任，蔡和森、瞿秋白为宣传委员，张国焘为中央工农部主任，五人组成中央局。陈独秀领导中央秘书处，主管中央行政事务。

中共四大刚刚闭幕，陈独秀就发表文章《中国国民革命运动中工人的力量》，指出只有工人阶级是最革命的阶级，是一个不妥协的革命阶级，如果没有工人阶级有力地参加奋斗，绝没有得到胜利的可能。

在四大召开期间，孙中山病重的消息传到上海，陈独秀当然明白，这个党魁的去世，将会对国共合作造成多大的冲击。他与维经斯基商定，为应对孙中山去世造成的危机，先起草一个宣言，号召在国民党一大通过的行动纲领上团结起来，同时做好同国民党右派分裂的准备。

1925年3月12日，孙中山因病在北京逝世。陈独秀于14日在《向导》上发表了《悼孙中山先生》，号召全国革命者都要团结起来，继续他的革命事业。中共中央也立即作出积极反应，向国民党致唁表示悲悼。希望国共两党在孙中山逝世后团结起来，完成他的遗愿。

陈独秀也知道，这个领袖的逝世对国民党必然会有重大影响。即将召开的国民党二大，肯定是一个政党政治的巨大分野，做好在这次会议上的斗争准备，是至关重要的。另外，要做好独立领导工人运动的工作，发展壮大工人阶级队伍。

在共产党的领导下，上海建立了各种工人组织，工人运动蓬勃兴起，由此带动了全国工人运动。

以上海为中心的工人运动的兴起，让帝国主义及其资本家深恶痛绝而极力弹压。1925年5月15日，上海日本纱厂宣布停工，拒绝工人进厂，工人们在顾正红的率领下冲进工厂，要求复工并领工资，结果遭到日本人的枪杀。

顾正红事件立即引起了陈独秀的高度重视，他于第二天签发了援助工人的通告，指示各地党组织号召工会、农会、学生会等一致援助，并多次召开中共中央会议，商讨组织工人斗争策略，掀起了一场声势浩大的反帝运动。

帝国主义为制止反帝活动，拘禁了部分游行学生，并准备在5月30日进行审讯。陈独秀于28日召开紧急会议，决定以"反对帝国主义屠杀中国工人"为中心口号，组织工人和学生于审讯学生的当天举行反帝游行示威。

5月30日，上海学生2000多人在公共租界游行、宣传、演讲。下午英国巡捕向聚集的群众开枪，死伤 53 人，制造了"五卅惨案"。

惨案发生后，在中共的领导下，上海工人罢工、学生罢课、商人罢市，6 月 1 日成立了统一领导"三罢"斗争的组织——上海总工会，决定以其为中心，领导全国的反帝斗争，向反动势力提出了包括取消领事裁判权、惩凶、赔偿、英日军队从上海永远撤走等谈判条件。

在中共领导和推动下，五卅运动的烈火迅速燃遍全国，北京、广州、南京、重庆等几十个城市涌动着运动怒潮，约有 1700 万人直接参与了运动。

陈独秀始终关注着运动的发展走向，随时居中指挥、予以指导，并以《向导》为宣传阵地，鼓舞罢工民众。他还帮助瞿秋白创办《热血日报》，并在这份中共中央创办的第一份报纸上发表文章，指导五卅运动。陈独秀在中共其他领导人的配合下，精心策划，正确部署，使国民革命高潮迭起。中共中央领导的省港大罢工同样震惊世界，16 个月的罢工有力地支持了五卅运动，沉重打击了帝国主义势力。

不久，五卅运动便由于学生放假离校回家及一部分资产阶级分化而开始向不利的方向转变，帝国主义实行高压政策，继续镇压罢工运动。陈独秀此时依然力图将运动向更高层次推进，但共产国际发觉中国无产阶级在五卅运动中已陷于孤军奋战的境地，便指导中共有组织地实行退却，争取运动果实，收缩运动规模，逐步在谈判中有条件地将工人引向复工。9 月中旬，为保存实力，上海工人在争取到资本家承认工会合法权利、增加工资、抚恤死伤工人和学生等让步后陆续复工。

孙中山逝世后，国民党内部开始急剧分化，国民党中央为稳定大局，虽然于 3 月 26 日对冯自由、马素、江伟藩等反共行为给予了开除党籍的严厉处分，但仍然没有震慑住国民党内的顽固反共势力。7 月 1 日，广东大元帅府改组，成立国民政府，汪精卫任主席，鲍罗廷为高等顾问。中共中央在共产国际的指示下不参加政府。但北京的"国民党同志会"依然对广东政府施压，扬言在共产党问题解决前，广东政府一切行动无效，国民党中央一切职务由"国民党同志俱乐部"代理。

1925 年 8 月 20 日，紧密追随孙中山的国民党左派领袖廖仲恺在广州的国民党中央党部大门前被刺身亡。廖仲恺积极支持孙中山改组国民党，忠实执行孙中山的联俄政策，对一些老国民党员反对国共合作并与军阀勾结的行为深恶痛绝，遭到反动势力的憎恨。汪精卫、蒋介石在国民政府高级顾问鲍罗廷的指导下，将涉嫌廖仲恺刺杀案的胡汉民和许崇智赶出了广州。兔死狐悲的国民党右派决心发起反共运动，到各地组织更多的人参加反共会议。他们还到国民党北京执行部，要求以其名义发出通告，集结北京和上海各中央委员，在北京举行国民党中央一届四中全会，以解决与共产党的关系问题，此举遭到由李大钊负责的执行部的共产党人的拒绝。他们便率领 50 名打手冲进国民党北京执行部，捣毁许多设施，还于次日指挥二三十人，手执凶器，企图强占执行部，因执行部党员正在集会而未敢造次。

四处碰壁的国民党右派并没有任何收敛，决定在北京召开"国民党一届四次中央执行委员会全体会议"，并致电国民党上海执行部、广州国民党中央执行委员会，要求其各委员参加即将在北京西山碧云寺孙中山灵前召开的全体会议。

不久，戴季陶又印发了《国民革命与中国国民党》的小册子，宣扬"戴季陶主义"。

戴季陶一贯反对国民党一大上提出的"三大政策"，并纠合其他国民党人提出反对"跨党案"，但被否决。黄埔军校成立后，他极力游说共产党人放弃党籍加入国民党，与蒋介石以至交相称，为其培植个人势力，还多次向孙中山推荐蒋介石，为蒋介石争取孙中山的信任，助长了蒋介石的篡党夺权的野心。孙中山逝世后，他以"三民主义的忠实信徒""孙中山精神遗产的继承人"自居，绞尽脑汁写成了《孙文主义之哲学基础》《国民革命与中国国民党》，肆意渲染中国国民党生存必须要有独占性、排他性和统一性，还在他的小册子里罗列了共产党人的种种"罪状"，说共产党是借国民党的躯壳注入共产党的灵魂，大肆贬低中共在国民革命中的作用，指责共产党加入国民党，不是促进国民党而是阴谋破坏国民党。片面夸大孙中山理论中的消极成分，否定了新三民主义学说的革命性、战斗性，排斥中共。他还将印制成的小册子公开发行，为新右派蒋介石张目。

为此，陈独秀在《向导》上公开发表了《给戴季陶的一封信》，以大量铁的事实对戴季陶的反共言论一一进行了严厉的批驳。陈独秀有理有据、义正词严的驳论，使得国民党内外对戴季陶发出一片反对之声，戴季陶本人也感到大伤颜面。

在北京，张继、谢持、邹鲁等国民党老右派正在酝酿反共阴谋，李大钊获知消息，派朱蕴山和高语罕从北京赶到上海，向陈独秀转述他得知的关于张继等人的反共情况，并要求陈独秀等加紧研究对策。

鉴于这种情况，中共中央在北京苏联驻华使馆内召开扩大会议，共产国际代表维经斯基和鲍罗廷也参加了会议。在讨论国共合作问题时，陈独秀指出，戴季陶主义的小册子不是他个人偶然的事，是资产阶级控制无产阶级走向反动的表现，中共应该及时准备退出国民党而独立，才能避免国民党政策的牵制。但共产国际代表和多数委员对他退出国民党的主张表示反对，认为这样根本改变国共合作的方针不会获得共产国际同意。但会议认为中央应该退出共产党与国民党右派斗争的旋涡，让国民党左右派去斗争，今后新入党员非必要时不再加入国民党，不担任国民党工作，陈独秀表示尊重共产国际和中央多数人的意见。

自建党以来，陈独秀等党的领导人多次批评孙中山和国民党重视武力，忽视对民众宣传发动的倾向。他们却有着与之相反的倾向，甚至认为参与筹建黄埔军校和国民革命等工作是帮助国民党工作，为国民党发展武装力量，对于如何搞好中共自己的军事工作，整个中共中央领导集体均未有足够的重视。但这也可以从前四届中央机构中未设军事部看出。这种状况的出现，当然与共产国际一直支持国民党的军事工作而不重视中共军事工作有着莫大的关系。

在五卅运动转入低潮之时，共产国际执委会才致函中共中央，指示应组织中共自己的武装力量，以共产党员为核心建立革命军队。在接到共产国际指示后，中共中央决定成立军事部，从此中共正式将军事工作纳入中央工作之中。但很快，共产国际又以醉心研究军事和外交影响了本该做好的民族解放运动为由，批评中共过于重视军事问题。

周恩来在国民革命军第二次东征中，察觉到了蒋介石在军队中排斥共产党的企图，因此在东征结束后，他便与陈延年、鲍罗廷等商定，不再与蒋介石合作。他们又以中共广东区委的名义，向中央提出建立中共独立领导革命武装的计划。但是在遭到共产国际批评的背景下，陈独秀以中共中央名义，对周恩来等广东区委提出的建立中共独立领导的武装计划予以否定。共产国际鉴于国民党内排共情绪的持续高涨，为维持国共合作的局面，只能要求共产党向国民党让步。放弃军事建设与斗争，是为了不引起新成立的国民政府的怀疑，打消国民党人的顾虑。

但是，周恩来并没有因为中央的否定而放弃，在他的努力下，征得第四军李济深的同意，以原大元帅府铁甲军车队和一部分黄埔军校的党团员为骨干，成立了以叶挺为团长的国民革命军第四军独立团，这是共产党直接领导的唯一的一支正规军队。

此时，奉系军阀正在上海大肆镇压工人运动，白色恐怖在弥漫着。形势的变化让陈独秀感到了沉重的压力，经过与维经斯基商议，决定在北京召开中央全会商讨对策。1925 年 9 月底 10 月初，中共中央在北京召开了四届二次执行委员会会议，会议对国民党内部的派别进行了清晰的界定和详细的分析，并制订了相应的对策，决定共产党人不在国民党内占据领导地位，陈独秀又提出了退出国民党的建议，主张采取急进的方式立即退出国共合作，但还是遭到了与会者的否定；维经斯基主张采取缓进的方式从党内合作向党外联合过渡而不是立即退出，陈独秀表示尊重共产国际纪律和中央多数意见。

为了能在即将到来的国民党二大上解决共产党问题，国民党内的反共右派迅速集结。1925 年 11 月 16 日，国民党中央执行委员林森、邹鲁、谢持等人在北京集会，给国民党中央及国民党上海执行部写联名信，要求"清党"。20 日，国民党中央执行委员会紧急致电李大钊、王法勤、于右任等，严厉斥责林森等人的分裂行为，要求国民党北京执行部切实查明。11 月 21 日，再次急电李大钊等人，取消国民政府外交代表团邹鲁的代表职权及名义，并将他交国民党北京执行部查办，但这一切并没有阻止他们的进一步活动。11 月 23 日，以林森、邹鲁、谢持为首的部分国民党中央委员，经过酝酿，在北京西山碧云寺孙中山灵前召开非法的一届四中全会，也称西山会议。参加会议的有叶楚伧、居正、邵元冲、邹鲁、林森等 13 人。共开会 22 次，通过了《取消共产派在本党之党籍》《开除国民党中央执行委员会中共产党员》等多项提案，形成了公开反共的"西山会议派"。

他们宣布中国共产党为"非法"组织，取消共产党员的国民党党籍，开除谭平山、李大钊、毛泽东等的中央执行委员会委员和候补中央执行委员职务，并取消他们的党籍，解雇顾问鲍罗廷。在上海成立"国民党中央党部"，选举了所谓的"中央领导机构"，在北方各地设立地方党部，与广州国民党中央分庭抗礼，并创办《江南晚报》作为宣传机器，一时出现了两个国民党中央共存的局面。

陈独秀一直关注着国民党右派的动向，在西山会议召开的第三天，他就通告全党，反对西山会议，号召国民党员团结在国民党中央周围，并敦促广州国民党中央迅速召开国民党二大，对"西山会议派"采取行动。他还不止一次地痛批西山会议派，宣布西山会议无效。

面对严峻的挑战形势，陈独秀一面在《向导》等刊物上对国民党内部的分裂提出严厉指责，指出"戴季陶是新右派"，他们发展的趋势必将沦为国民党老右派，道出他们反对苏俄、中共、阶级斗争的本质。他对国民党右派攻击左派领袖汪精卫、蒋介石表示同情并声援，又于 12 月 9 日发出党内第 67 号通告，指示各地通电反对西山会议派，并逐条驳斥了西山会议通过的各项反共决议。

此时，国民党内部左右派的斗争也随着国民党"二大"日期的临近而愈演愈烈。广州的国民党召开一届四中全会，批判"西山会议"是非法的，是分裂革命的反动行为。

1926年元旦，中国国民党第二次全国代表大会在广州开幕。各地选出的代表中，共产党员和国民党左派占多数。大会由汪精卫主持，吴玉章任秘书长，这次大会继续坚持反对帝国主义和军阀势力的主张，坚持联俄、联共、扶助农工的三大革命政策，并对参加西山会议的国民党老右派分子分别给以党纪处分。

在国民党二大上，蒋介石当选为国民党中央执行委员，随后又被选为常务委员。蒋介石一直受到孙中山的信任，在国民党内逐步树立威信，不断提升自己的革命形象。孙中山联俄之始，就让蒋介石率领"孙逸仙博士代表团"前往苏联，负责接触苏共领导人争取军事援助，考察苏联军队建设。回国后，孙中山又委任他为黄埔军校校长，将重任寄托于他，蒋介石也不负孙中山所望，在建设黄埔军校、平定商团叛乱、两次东征、统一广东中发挥了重要作用。廖仲恺被暗杀后，他又密切配合汪精卫稳定了广东局势，并将反对"三大政策"并涉嫌刺杀廖仲恺的胡汉民、许崇智逐出广州，所有这一切，也深得当时国民政府高级顾问鲍罗廷的赏识和信任。蒋介石在公开场合极力表示忠诚于孙中山的"三大政策"，坚决反对西山会议派的分裂和反苏反共言论和行为，并在鲍罗廷遭到弹劾的时候为其解围。他还在黄埔军校学员大会和东征军的讲话中一直强调要爱护民众、为人民而战，把军队建设成革命的人民军队。到了国民党"二大"时，蒋介石已经是身兼黄埔军校校长、广州卫戍司令、国民革命军第一军军长、国民政府军事委员会委员，在国民党和国民政府中举足轻重。在国民党"二大"上，他作为军事委员会代表向大会作的军事报告，在1月16日下午国民党"二大"中央执行委员和监察委员的选举中，253个代表就有248个人将票投给了蒋介石，与国民政府主席汪精卫仅差一票。

在选举中，共产党人也在与西山会议派的斗争中掌握了一些部门的领导权，谭平山当选组织部长，林伯渠当选为农民部长，毛泽东当选为代理宣传部长。大会召开时，中共广东区委领导人陈延年、周恩来等主张实行打击右派、孤立中派、扩大左派的政策，但是，"中央来电不同意"。结果丧失了打击国民党右派的有利时机。

此时的全国政局已有了新的变化，第二次直奉战争以后，奉军南下占领上海，威胁英美利益。在英美的支持下，直系军阀孙传芳借全国国民会议运动反奉倒段的声势，以浙、闽、苏、皖、赣五省联军总司令的名义，通电讨伐奉军，并占领上海、徐州等地，奉军被迫退回山东，孙传芳控制了东南五省。与此同时，吴佩孚也趁机恢复了势力，在汉口成立了"讨贼联军总司令部"，自任总司令。1926年春，国民军迫使段祺瑞政府垮台以后，直系吴佩孚和奉系张作霖达成"谅解"，结成反革命联合阵线。他们一面进攻冯玉祥的国民军，迫使国民军退往西北地区，一面准备南下进攻广州国民政府。

冯玉祥在张作霖和吴佩孚的联合攻打下，准备通电下野，北方形势紧急。在这种情况下，国民政府决定积极筹备军事行动，以吴佩孚、张作霖和孙传芳三个军阀势力为主要对象出师北伐，进而统一全国。

陈独秀积劳成疾，身患伤寒病住进医院，整整一个月没有通知组织，中共中央派人多方寻找无果。于是国民党右派等派别又起谣言，说陈独秀秘密到武汉勾结吴佩孚了，《向导》立即发文予以辟谣。中共中央在北京召开特别会议，商讨对策。会议刚开，便接到了陈独秀从上海发来的电报，称已经能够带病工作了。

会上，李大钊、陈延年、任弼时、谭平山、瞿秋白等都主张发动群众斗争，支持国民党，挽回冯玉祥。会议还确定中共应从各方面准备北伐战争，在北伐必经之地加紧开展群众工作，指出北伐的政纲必须是以解决农民问题为主干。会议认为上海不是政治中心和目前革命的重心，技术机关落后，决定将中共中央迁往北京，在上海设交通局，广州设临时执行委员会。此意见还要征询陈独秀才能最后确定。陈独秀坚决不同意这种意见，主张中央委员会留在上海，因为上海聚集着中国大多数无产阶级分子，有很好的群众基础，又有着很好的通信设备。还否定了党中央设在广州的提议，认为如此中国共产党便降格成了地方共产党。其实他的主要目的是为了保持中共中央的独立性。

此后不久，在北京发生了"三·一八惨案"，北京群众和学生在李大钊等人的领导下，于3月18日举行游行示威，反对帝国主义的侵略挑衅行为和段祺瑞政府的卖国罪行。请愿队伍在段祺瑞执政府门前遭到残酷镇压，酿成"三·一八"惨案，中共中央为此进行了舆论声讨，准备组织更大的运动。但就在他们为国民革命做着积极的配合准备时，国共两党更大的摩擦发生了。

五、歧路彷徨

就在北方"三一八"惨案发生那天，黄埔军校驻广州办事处通知海军局代局长、共产党员李之龙，称转达蒋介石校长的命令，让其速派有战斗力的军舰到黄埔听候调遣，当李之龙派中山舰到达黄埔时，蒋介石却否认有此命令。此时又有谣言说苏联顾问和共产党想劫持蒋介石。20日，蒋介石突然宣布在广州进行戒严，逮捕李之龙，监视和软禁大批共产党员，解除工人纠察队武装，并包围苏联领事馆，监视苏联顾问。

事件发生后，当时在广州的苏共高级使团团长布勃诺夫觉得情况严重，立即召开紧急会议，讨论后决定，为了不使国共关系破裂，为了国民革命运动，无论如何也要挽留住蒋介石，不让他右转。陈延年、毛泽东等共产党人主张坚决反击蒋介石。国民党内的一些人也对蒋介石的行为非常不满，蒋介石处于一片声讨之中。但布勃诺夫为不使斯大林的中国政策失败而给托洛茨基等反对派提供攻击斯大林的口实，尽力消除事件造成的影响，否定了陈延年、毛泽东等人的主张。于是采取让步措施，撤了苏联顾问中因反对蒋介石北伐主张而遭蒋介石忌恨的季山嘉等人的职务。

与蒋介石有着深刻矛盾的汪精卫，原本以为苏联代表会借此打击蒋介石，但是，他们反而召回了与自己关系密切的季山嘉，只觉得颜面扫尽。曾在事变当天表示欲与蒋介石斗争的各军军长也因布勃诺夫的让步而倒向蒋介石的一边，蒋介石由此势力大增，汪精卫却避难离开中国前往欧洲。

不久，布勃诺夫带着离任的季山嘉等人途经上海回国，并给正回广州的鲍罗廷写信，指示中共绝对不要突出自己，而应努力帮助国民党加强组织，使其领导国民革命并密切联系工人群众。鲍罗廷到广州后，继续执行对蒋介石的妥协政策。设法以中共受点损失和做出一定的牺牲来换回失去的信任和恢复以前的局面，尽快弥补中山舰事件给国共两党造成的裂痕。

中山舰事件发生后，陈独秀得到消息十分愤慨，但又因不明具体情况难定对策。在不明真相的等待中，等来了已做出退让并将回国的布勃诺夫一行。布勃诺夫介绍了事变情况并将自己错误的观察与分析带给了陈独秀，认为蒋介石并不反俄、反共，只是为防止叛乱发生，经过这次事件，蒋介石已经明白中共并未搞阴谋，广州局势已恢复正常。在布勃诺夫的影响下，陈独秀也相信蒋介石是受了国民党右派的蛊惑而上了他们的当。他认为鉴于当前情况应该做的就是揭穿国民党右派的挑拨离间，稳固国共关系。

但此时，上海区委和各地党组织纷纷要求中共中央对中山舰事件作出正式决定，以便正人视听，应对蒋介石。陈独秀的长子陈延年也向他寄来了中山舰事件的详细报告，他从中了解了事件的真实情况和蒋介石发动政变的真正意图，对事件有了较为清醒的认识。于是他多次召集中央会议，确定了尽力团结左派，孤立蒋介石，加强国民革命第二、六军和左派队伍，必要时打击蒋介石，扩充叶挺部队和工人纠察队及农民武装，组成革命的基本队伍这三项政策。

为落实这些政策，中共中央决定在广州成立以彭述之、张国焘、谭平山、陈延年、周恩来、张太雷为委员的特别委员会，指定彭述之为书记赴广州建立组织，但这些计划又在鲍罗廷的反对下成了空谈。陈独秀还代表中共中央电告共产国际，再次提出退出国民党，由党内合作改为党外联盟。

中山舰事件后，高语罕从广州逃到上海，陈独秀到亚东图书馆看望他，听他讲述了广州的一些情况，高语罕说，黄埔军校竟然挂起了写着"蒋"字的大旗，蒋介石吃饭都要军乐队伴奏。为顾全合作大局，陈独秀说服高语罕要忍耐。

在苏共内部，斯大林派与他的反对派托洛茨基等就中共与国民党的合作方式也论争了许久，反对派正在对斯大林和共产国际的对华政策进行攻击，认为苏共实质上是在实行取消共产党的政策，警告斯大林等在制造中国革命的悲剧。

而事实上，在中山舰事件的打击以及布勃诺夫的退让下，中共在国民党内的势力的确受到了极大的削弱。而鲍罗廷依然在与蒋介石频繁接触，处处让步。陈独秀的电告赢得了托洛茨基的支持，但是却遭到了斯大林的抵制，不久，苏共中央就中山舰事件做出决定，否定了托洛茨基提出的中共退出国民党的意见，指示中共必须把自己保留在国民党内，并努力逼国民党右派退出或将其开除出国民党。

但此时国民党右派已经不在乎这些了，他们又在上海召开了所谓的国民党第二次全国代表大会，大肆反共，攻击孙中山的"三大政策"，并成立了伪国民党中央委员会，与广州国民党分庭抗礼。

1926 年 5 月 14 日，鲍罗廷以刚刚运抵广东的军事物资为筹码，与蒋介石达成协议，鲍罗廷容忍蒋介石制造的中山舰事件，包括他限共、排共以及他造成的"以蒋代汪"的局面，鲍罗廷将运到广州的军事物资全部交给蒋介石，支持蒋介石为"改善"国共关系而提出的"整理党务案"。蒋介石为了得到军火物资援助，答应继续聘用鲍罗廷为高等顾问，并打击右派。

就在协议达成的第二天，势力渐大的蒋介石召开了国民党中央二届二中全会，会上通过了"整理党务案"，规定共产党员在国民党各级党部任执行委员不得超过委员总数的三分之一，不得担任国民党中央机关的部分职务；规定加入国民党的共产党员名单全部交出，中共发指示给国民党内的共产党员须先经两党联席会议讨论。会后，共产党员在国民党中央所任职务全部离职，蒋介石接任谭平山的组织部长，顾孟余接任毛泽东的代理宣传部长，叶楚伧接任吴玉章的秘书长，蒋介石还当上了国民党中央执行委员会主席，兼军人部长。

蒋介石经过一番准备后，在苏联的军事援助下决定开始北伐，但此时共产国际又从蒋介石自中山舰以来的所作所为，感到举行北伐只能扩大以蒋介石为首的国民党新右派的势力，有害于国民革命，并且北伐还有可能造成帝国主义势力联合起来武装干涉，又认为不宜北伐，因此又致函驻华代表表示应暂缓国民党北伐。而中国的形势已经到了非出兵不可的地步，在加拉罕的坚持下，苏共有所松动。但不久，听了布勃诺夫使团关于中国形势的报告后，反对北伐的态度又强硬起来，坚决谴责目前准备北伐和进行北伐的指示。但此时以陈独秀为首的党中央在共产国际决定的飘摇之中已经坚定地主张北伐了。

6月19日，以维经斯基为首的共产国际执委会远东局在上海正式成立，随后便表明了反对北伐的立场。维经斯基还为改变陈独秀等支持北伐的态度做了大量的努力，陈独秀起初难以接受远东局反对北伐的主张，但在维经斯基的苦劝下，表示反对北伐，并召开中共中央会议，讨论广东革命政府的北伐问题，表明了反对北伐的立场。彭述之附和，张国焘、瞿秋白反对。

此后，陈独秀还应维经斯基的要求，在《向导》上发表《论国民政府之北伐》一文，表达反对北伐的态度，认为即使北伐有成功，也是军事投机之胜利，而非革命的胜利。文章一经发表，即引起了国共两党广泛的争论。国民党顾孟余斥责陈独秀是"有意挑拨人民与政府的感情"，黄埔军校中国民党党部在提出对陈独秀控告的同时，还禁止学生购阅《向导》。正在督师北伐的蒋介石一个月后才看到这篇文章，他当即电告国民党中央执委会，让中共中央执委会予以解释。

陈独秀还接到许多国民党人提出异议和斥责的信，就连瞿秋白也对此提出中共不能反对北伐的意见。鲍罗廷更是认为陈独秀制造了国共两党摩擦的口实，于是他与支持陈独秀反对北伐的维经斯基展开了激烈的争论。

北伐之事，箭已离弦，且势如破竹，争论也在既成事实下随之渐渐平息。中共中央必须明确对北伐的态度。

1926年7月31日，中共中央发出党内通告，表示全党发动群众，积极支持北伐，配合北伐军，到占领地区组织工农运动。但表示支持革命的北伐，而非纯粹的军事的北伐，更非为蒋介石扩充势力的北伐。陈独秀对蒋介石企图借北伐建立军政独裁的野心有所察觉，他认为北伐的结果必然造成一个新军阀。虽然如此，他还是顺应时势，参与北伐，以使这个单纯"军事行动的北伐"，变成"革命的北伐"。中共中央发表对于时局的主张，号召全国人民起来建立"国民的联合战线"，指示中共各地党组织将支持北伐作为工作中心，发动群众参加国民革命，支援北伐军，农民运动也在北伐军所到地区热闹地展开了，中华全国总工会还就国民政府出师北伐发表宣言。中国共产党努力引导一切民众援助国民革命军使之取得胜利。

虽然工农运动在支持北伐军中勃兴，但引起了乡村和城市反动势力的恐慌。国民革命军总司令蒋介石及大部分将领都对工农运动持反对态度，他们甚至压迫工农运动，屠杀农民运动骨干，而且这种反动势头与北伐进程同步增长。

曾被视为"国民党的后起之秀"的蒋介石，此时加紧在北伐中扩张了自己的势力。为使党政军三权集中于总司令，他企图将国民政府迁都南昌。

但是，在国民政府迁都问题上，中共中央不予支持，认为蒋介石此举目的是阻止汪精卫复职，实现个人独裁。9月20日，中共召集会议，反对国民政府迁往南昌，认为这样失去了左派群众的影响，国民政府的政策和行动也就越右。鉴于国民党内斗争渐渐激烈和共产国际的压力，中共中央发表报告，宣称中共不退出国民党，但也不代替它，应处处保持在野党的地位，善意地忠告他们，对国民党内派别斗争不助长也不消灭，极力促成迎汪复职而不倒蒋。仍保持蒋介石的军事首领总司令的地位，军权归蒋介石掌握并使其更加充实，党权、政权归汪精卫，实行蒋汪合作。

但是，蒋介石并不按照中共设计的路线走，这个被中共一直认为的中派，越来越右倾。北方的研究系又攻击中共的革命动机不纯，居心不良。为稳定蒋介石，陈独秀在《向导》上发表文章予以批驳，表示中国现在是国民革命时代而非无产阶级革命和专政时代，即使国民革命成功，中共也不会与国民党左派争权，共产党取得政权是无产阶级革命时代的事，在国民革命时代不会发生，他还表示"我们不是乌托邦的社会主义，决不幻想不经过资本主义，而可以由半封建的社会一跳便到社会主义的社会"。

在实际行动上，陈独秀做了离开国民党的准备。1926 年 9 月，中共中央致函湖北区委，反对董必武参加湖北省政府。说"我们的任务全用在民众方面，万勿参加政府工作"。还致函广东区委，指示李大钊，不参加国民党中央组织的"特别委员会"，该会是北伐军攻克武昌后，为处理湖北党政事务而成立的，拟请李大钊参加。中共中央要求广东区委向国民党中央交涉，不仅李大钊不能参加，中共任何同志现时都不能加入。中共中央还发出通告，杜绝工运、农运领导同志入伍黄埔军校。12 月 2 日，中共中央致函江西党组织，严厉批评他们参加省县政府的倾向，要求必须迅速纠正，限期命令其辞职，否则立即登报公开开除，国民党省党部 9 人中中共占 8 人，应该迅速改选，最多只占农民、青年、宣传三部。

这一切都表明，中共在极力树立在野党形象，不参加政府，立足于在野党地位，彻底表明独立的在野党态度，力图减少国民党的猜忌，站在国民党外与其一同进行国民革命。

自从 7 月 1 日广东国民政府发出北伐宣言，共产党即做好了应对这一举措的各项准备。9 日，国民革命军誓师大会后出师北伐，由蒋介石任北伐军总司令，在共产党发动的工农群众的支持下初战告捷，于 12 日攻取长沙。短暂停滞后，又于 9 月攻克汉口、汉阳，10 月 10 日又攻克武昌，基本消灭了吴佩孚的部队。

为配合国民革命，以实际行动迎接北伐军进军上海，建立上海市民政府，中共中央和上海区委带动和组织上海工人，连续举行了三次武装起义，旨在推翻北洋军阀在上海的统治。陈独秀除参加汉口会议外，始终坐镇上海，做起义的总指挥。

1926年9月上旬到10月23日第一次武装起义发动时，中共在上海召开了一系列会议，酝酿暴动，明确提出工人阶级领导权问题，组织无产阶级的独立行动，夺取上海市政府。但由于力量悬殊、准备不充分、时机不成熟等原因，起义第二天即遭到了失败。起义结束后，中共中央执委会举行联席会议，总结了失败教训，讨论了下一次起义的注意事项，陈独秀认为工人、国民党军队、资产阶级是再次起义需要依靠的力量。

11月4日，国民革命军东征军攻克九江，中共开始在上海准备第二次武装暴动。陈独秀积极组织并参加中共中央以及上海区委特别会议，确定起义的重大方针。但由于战争形势以及国民党内部又有了新的变化，暴动在讨论中暂时搁置下来。

由于战争形势又转为有利，中共中央政治局与共产国际远东局举行会议，决定迎汪回国，相信只要汪精卫回到广州，他便会成为左派的中心、政治的中心，并且是国民党的中心，中共极力设法劝汪精卫回国。

国民政府于1926年12月宣布任命谭延闿临时代理主席，停止在广州办公，准备迁往武汉。12月10日，鲍罗廷偕同宋庆龄、宋子文等人以国民党及国民政府代表团的名义到达武汉，筹备迁都事宜。在此之前，中共曾致函广东区委批评鲍罗廷不明形势贸然支持国民政府迁都。

陈独秀于12月13日赴汉口主持中共中央政治局特别会议，并作了政治报告。这次特别会议并没有解决党在迫在眉睫的危局中如何生存并坚持斗争的问题，反而决定了压制工农运动以谋求同右派妥协的右倾机会主义的错误方针。此后不久，这个方针开始在中共中央取得统治地位，并逐步在实际工作中加以贯彻，造成了极其严重的消极后果。

就在汉口会议召开几天后，共产国际执委会在莫斯科举行第七次扩大全会。会议把中国问题列为议事中心，还成立了中国委员会。会议明确决定在中国推进土地革命。还作出指示，共产党人应该参加国民政府和北伐军解放的地区建立的政治机构，以便实行民族革命的土地纲领。对国民党的方针是：反对右派，与左派密切合作，批判动摇的中间派。共产国际执委及主席团委员罗易，在会后作为共产国际代表赴华执行决议。同时，还电令中共中央应采取共产党员参加国民政府及各省政府的政策。

国民政府迁都后，忠实执行共产国际决议的鲍罗廷竭力主张共产党员参加国民政府，以帮助加强国民党左派。为避免与国民党右派冲突，维经斯基和陈独秀及中共中央则坚决反对。

观点龃龉的根本点依然是两党融为一体还是互相配合。从汉口回到上海后，陈独秀便与瞿秋白、彭述之、维经斯基一起多次到苏联驻上海领事馆，向刚从苏联来的三位驻华代表 N.那桑洛夫、N.福京、A.阿尔勃雷希妥了解共产国际的最新指示，讨论中国革命的形式和策略等重大问题。他与维经斯基、彭述之坚持"由宣传而组织，由组织而武装暴动"的"传统路线"，主要以工农群众的武装暴动推进革命。三位驻华代表和瞿秋白却一致主张"新路线"，即主要依靠北伐军，党的工作主要放在支持北伐上。

此时的陈独秀不仅感觉到了来自内部的压力，更让他忧心的还是党外的危险。1927 年 1 月 8 日和 26 日，在维经斯基的支持下，他两次以中共中央的名义向共产国际作政治报告，指出在国民党内已经掀起了一股巨大的反共潮流，革命出现了危机，建议让汪、蒋和其他军官重修旧好，应该变"减轻人民负担"的口号为减轻国民党对共产党的惧怕心理。他对蒋介石等反动势力是有清醒的认识，但是，一个没有军事力量的党派的党魁又能做何抉择呢？此时，苏共及共产国际全力支援的蒋介石的军事力量已经成了共产党潜在的政治杀手了。

1927 年初，北伐军分三路向皖、江、浙等省进攻。由于孙传芳的主力已在江西被击溃，各地人民纷纷响应，北伐军进展顺利。北洋军阀在上海及其附近地区的统治濒临垮台之时，经受过第一次武装起义洗礼的上海工人在中国共产党的领导下，积极行动起来，设法武装自己，准备夺取政权。

2 月 16 日，中共上海区委举行第一次全体会议，赵世炎提出要在蒋介石到来之前开展反帝运动，否则他会与帝国主义妥协。会议还讨论了反蒋问题，认为蒋介石现在已经被一切反革命派所包围，遭右派反对，蒋介石有可能与右派妥协。会议决定尽快准备一个以工人为主的武装暴动。

2月17日，北伐军占领杭州。18日，先头部队抵达嘉兴，上海非常混乱。在上海的共产国际远东局成员首次向中共建议在上海建立政权，得到了中共中央的同意。19日，上海总工会发布总同盟罢工命令，提出"罢工响应北伐军"的口号，但是，北伐军到达嘉兴后却停止不前，上海有36万工人规模的罢工运动已经是箭在弦上。20日，得知消息的中共中央经过反复讨论，决定将总罢工变为武装起义，第二天，罢工工人奋起袭击反动军警，夺取武器，准备建立政权。但是，由于海军两舰配合起义的计划泄露，两舰在来不及通知各区起义工人的情况下不得不提前开炮，整个起义计划被迫打乱，又兼离上海不远的北伐军根据蒋介石的命令，拒绝工人请求援助的要求，准备还是不很充分的第二次工人武装起义又被北洋军阀残酷地镇压下去。

为减少损失，2月23日，陈独秀召集中共中央与中共上海区委联席会议，决定即日起停止暴动，由上海总工会发令复工，扩大武装组织，准备下次暴动。会议还决定由陈独秀、罗亦农、赵世炎、尹宽、彭述之、周恩来等8人组成特别委员会，指导上海的工作。次日，中共中央发表《为上海总同盟罢工告上海工友》，指出这次罢工是中国工人阶级直接反抗封建军阀的第一次伟大的政治斗争，号召工人加紧团结，积极准备更大行动，工人们于当天复工。

晚上，陈独秀召开特委会议，就第二次武装暴动与特委们进行了深入的讨论。他强调了军事行动和武装斗争的方式，并说明罢工并没有失败，而是要准备较大规模的运动。

从2月24日第二次工人武装起义结束到3月21日第三次工人武装起义开始，陈独秀几乎每天都召开上海特委会议，为新的工人武装暴动进行组织策划。在会上，他总结教训，对准备第三次武装暴动发表重要意见，同时还发表各种告上海民众书，鼓舞人们继续奋斗。

在特委会上，陈独秀建议等北伐军到上海再行动，夺取武装，开代表大会，注重武器与实力，不要占机关，要想法夺取兵工厂，罢工应该是为夺取武装、开代表大会而罢工，不要为罢工而罢工。还要组织交通队、侦探队、宣传队，以便很快行动。他还为罢工制定"收回租界、民选政府、市民代表大会、拥护武汉国民政府"4个口号。还对暴动时间做了安排，提议在北伐军打下苏州、常州或松江开始，若资本家开除工人太多时，也可以单独罢工。

"万事俱备，只欠东风"，3月20日，北伐军进抵上海近郊龙华。特委会当机立断，于次日及时发动上海工人总同盟罢工，随即转为武装起义。陈独秀在北四川路横滨桥南边安慎坊的中央宣传部三楼郑超麟家的亭子间听取汇报，约见干部，遥控指挥起义。中共江浙区委书记罗亦农坐镇指挥部，中央军委书记兼中共江浙区委军委书记周恩来和江浙区委第二书记兼上海总工会党团书记赵世炎在前线指挥，交通员郑超麟和夏之栩联络于陈独秀和指挥部之间。

经过激烈的战斗，起义工人依靠自己的力量于3月22日占领了上海，取得了胜利。

在起义胜利当天，陈独秀参加了上海总工会举行的庆祝大会，并发表演说，他从巴黎公社讲到十月革命，高度赞扬上海工人阶级，独立解决了军阀的军队。上海工商学各界举行市民代表会议，选举产生了19人为上海市政府委员，组成上海临时市政府，中共党团员占了10人，在组织领导和成分上都体现了工人阶级的领导权。

上海第三次工人武装起义是大革命时期工人运动最光彩的篇章，在中国工人运动史上写下了最辉煌的一页，也为北伐战争的胜利作出了巨大贡献。由起义产生的上海市临时政府虽然只存在了24天，但它是在党的领导下最早由民众在大城市建立起来的革命政权，极大地鼓舞了后来的革命运动。

就在中共正在进行第二次武装起义的过程中，蒋介石不仅拒绝支援起义工人，还发表了反共演说，叫嚣要制裁国民党左派，制裁共产党。在共产党酝酿第三次武装起义的时候，蒋介石开始在江西制造惨案，诱杀了赣州总工会委员长共产党员陈赞贤，并又一次发表了反共演说，重申了要制裁左派和共产党的内容。此后他又制造了一系列惨案，解散并捣毁了南昌、九江、安徽等地的共产党党部和总工会。

正在筹划第三次武装起义的陈独秀针对蒋介石在南昌的反共演说，以中共中央的名义致函国民党中央，予以坚决批驳，揭露蒋介石的反共行径。

1927年3月10日至17日，国民党二届三中全会在汉口举行，共产党员和国民党左派联合挫败了蒋介石在南昌另立中央的企图，通过了一系列限制蒋介石个人独裁的决议，但他仍任国民革命军总司令，全会还选举仍在欧洲的汪精卫为国民党和国民政府的主要领导人。

鉴于这种复杂的情况，陈独秀及中共中央决定联合武汉政府，合力对抗日益加紧独裁反动活动的蒋介石，在第三武装起义的当天，陈独秀就派代表去见白崇禧、薛岳，要他们赶快来取上海。起义胜利后，在上海市政府成立的第二天晚上，中共上海特委举行会议，讨论胜利后的问题，陈独秀根据共产国际代表的意见提出发动工农、共产党、共青团参加薛岳的部队，并主张整编工人纠察队，加紧训练，防止一切可能发生的情况，并提议报告武汉国民政府委任上海市政府机构成员。

但是，在蒋介石的阻挠下，受委任的虞洽卿、白崇禧、钮永键等人没有到上海市政府就职，陈独秀决定将不就职的委员取消再选，将孙科、宋子文等选为委员，并将1500名工人扩充到薛岳的军队中去，但不能将他弄得太左了。

1927年3月24日，就在第三次武装起义刚刚胜利之时，程潜所部北伐军攻克了南京，当天下午，英美帝国主义炮轰南京，制造了南京惨案。也就在中共加紧应对可能到来的斗争时，蒋介石于3月25日到达了南京，污蔑并嫁祸于共产党。

第三次武装起义胜利后情况本来就很复杂，蒋介石的到来更是"黑云压城城欲摧"。就在蒋介石到上海的两个小时后，上海区委立即作出反应，召开会议，认为蒋介石到上海别有用心，他想压制上海革命民众力量，集中上海各种势力与中共算总账，最重要的是解决工人与纠察队的问题。

但蒋介石此时却表现得"先礼后兵"，他三次派原东路军前敌总指挥部政治部主任胡公冕约请陈独秀谈话，但都被陈独秀以身体有病为由推辞，蒋介石吃了闭门羹，十分恼怒。

就在国共两党危机日繁的紧要关头，身居海外的汪精卫回到上海。周恩来立即与汪精卫见面，并于4月1日到总书记的秘书郑超麟家将见面情况汇报给了陈独秀，陈独秀同意周恩来直接将汪精卫接送到汉口，不让他在上海与蒋介石及其他国民党要员见面的意见。

就在汪精卫回到上海的当天，蒋介石就派吴稚晖去见汪精卫，探听他的口风。汪精卫第二天就被蒋介石邀请到了他的司令部，与吴稚晖、李宗仁等一同连日开会，参加了他们的反共密谈。

铁了心要反共的蒋介石已经做好了两手准备，如果汪精卫赞成反共，就与他合作，等共同对付完共产党后再与他谈权力分配。如果不赞成，他就单独干。在他看来，只要手中有军事力量，即使汪精卫联络武汉的国民党和中共，也是无用的。

在商谈中，吴稚晖提出检举中共案，要求各地反共将领实行"清共"；蒋介石表示马上做"赶走鲍罗廷"和"清共"两件事情。在中山舰事件中受到蒋介石打击的汪精卫，此时并不相信蒋介石，他不敢贸然与这个曾让他吃了亏的政治对手合作"清共"，况且，他是在武汉国民党和共产党的积极邀请下回国的，共产党及其背后的共产国际都是他在与蒋介石有可能的政治斗争中重要的依靠。所以，当蒋、吴二人表态后，他表示要暂时容忍，建议于4月15日在南京召集中央全体执行监察委员会联席会议，以求和平解决。参与会谈者一致要求汪精卫留在上海，制裁共产党的"越轨"行为，但汪精卫一再重申孙中山的"三大政策"不能擅改，并为武汉中央的行动辩护，吴稚晖在异常激动焦灼之际，竟然向汪精卫下跪，要求汪精卫改变态度，留在上海，会场一阵惊乱，汪精卫逃避着退上楼梯，口中连说："稚老，您是老前辈，这样来我受不了，我受不了。"情景极为滑稽。

会议最后决定由汪精卫通知陈独秀，立即停止国民政府统治下各地共产党的一切活动，听候开会解决，不接受武汉中央及政府发出的"妨害"党国前途的一切命令，取缔、制裁各军队、党部、团体、机关的捣乱者。

汪精卫一回到上海便被蒋介石等反动势力包围，偏听一方之词，受到影响甚大。这种情况让以陈独秀为首的中共中央措手不及，4月3日，陈独秀偕周恩来会见汪精卫。汪精卫却以"中共党已提出打倒国民党打倒三民主义口号，并要主使工人冲入租界，引起冲突"质问陈独秀，陈独秀回答"决无此事"。汪精卫又转达吴稚晖的话，说陈独秀是口头骗自己的。为辩白此事，陈独秀答应亲笔作书面宣言。

第二天，陈独秀就开始起草《汪陈宣言》，即《国共两党领袖联合宣言——告两党同志书》。第三天，《时事新报》《民国日报》《申报》等便发表了《汪陈宣言》。宣言称，中共决无打倒国民党、三民主义之意，并将国民党领袖将驱逐共产党，将压迫工会与工人纠察队等说成是"不审自何而起"的谣言。国民党决没有驱逐友党摧残工会之事，希望国共两党同志"立即抛弃相互间的怀疑，不听信任何谣言，相互尊敬，事事开诚协商进行"。

根据共产国际对国民党及帝国主义的政策，陈独秀作出的宣言当然得到了共产国际的大力称赞，由此他们认为"现在的中国共产党是按照正确的方针办事"，"由于它的有才能的领导，无产阶级开始逐渐取得革命的领导权"。

在国民党方面，蒋、汪、吴等国民党要员又在上海开谈话会，吴稚晖说，《汪陈宣言》会让外间认为从此中国归两党共同治理。汪精卫却自信地大笑说，宣言里只说明了两党误会不可发生，没有说两党共理中国，那只是两党首领外交上的友谊之谈，与两党的政策无关。吴稚晖表示，治理中国只要国民党，没有联合共产党共同治理国家的可能。

在中共方面，上海区委于宣言发表的第二天召开会议，罗亦农作报告认为，宣言已经起到了打击国民党右派、增进与左派相互信任的巨大作用，要求国共两党所有党部都发表宣言表示拥护。

此时以陈独秀为首的中共中央真诚地希望与以汪精卫为首的国民党左派合作，开始期待已久的以汪制蒋的行动，推动革命形势的发展，他要毫不怀疑地与汪精卫合作。

在各方势力对《汪陈宣言》的一片赞扬声中，陈独秀以为国共关系从此开始好转，随即于宣言发表的第二天与汪精卫一起乘船离开上海前往武汉。中共中央大多数主要领导人后来也陆续来到武汉。

但是，这个宣言在客观上解除了党和革命群众的思想武装，给许多人造成了局势已经缓和的错觉。

其实，蒋介石在与汪精卫等密谈"分共"之前，他就与帝国主义列强、江浙财阀和上海流氓头子等进行了一系列密谋，列强鼓励他"迅速而果断地行动起来"，江浙财阀答应给他巨额财政资助，上海流氓青红帮头子保证解除上海工人纠察队武装。

无论苏共中央、共产国际还是中共中央如何延迟与蒋介石的决裂，势力渐强的蒋介石还是迫不及待地要采取行动了。

1927 年 4 月 9 日，蒋介石任命白崇禧为上海戒严司令，全权指挥反革命政变。他自己则于当天离开上海前往南京，为事变后建立政府做准备。

4 月 11 日下午，在蒋介石的指使下，上海开始戒严，晚上，上海总工会委员长汪寿华被杜月笙骗到法租界并惨遭杀害。次日凌晨，反动武装在上海进行血腥大屠杀，制造了四一二反革命政变。接着，江苏、浙江、福建、广东等地也发生了反革命大屠杀，无数共产党员和革命群众遭到逮捕并被杀害。

与此同时，张作霖在北京袭击苏联大使馆，大肆捕杀共产党员和革命青年。中国共产党创始人之一的李大钊也被逮捕，不久慷慨就义。

中国共产党在这场血雨腥风中失去了大批的优秀党员和革命精英，遭受了建党以来前所未有的重大损失。

蒋介石的公开反共让陈独秀更坚信与汪精卫联合是正确的选择，也坚定了与之联合的决心。

事变发生前，共产国际代表罗易不顾中共中央反对，答应蒋介石的请求，打算与鲍罗廷一起去上海会见蒋介石，还没有起程，便发生了事变。事变发生的第二天，罗易以"第三国际代表团"名义致电蒋介石，阻止蒋介石在南京召开会议，劝告他放弃这一计划，党内问题让他到武汉来解决，否则，将承担破坏民族阵线的责任，并以是否采纳劝告来决定是否到南京访问他。但是蒋介石已经不在乎这些了，依然我行我素。中共决定立即掀起反蒋运动。在革命的去向上，瞿秋白主张先东征反蒋，然后北伐。陈独秀、鲍罗廷、张太雷、彭述之主张继续北伐向西北发展，但遭到了罗易的否定，他认为暂缓北伐，等准备充分后再进行。

4月16日，中共中央根据罗易的意见，通过了《关于继续北伐的决议》，提议让武汉国民党和国民政府定夺。当天，从武汉到上海的李立三、陈延年参加了中共上海特委举行的会议，传达了中央对上海问题的决定。中央决定调罗亦农到武汉，派陈延年为上海代理书记，并与李立三、维经斯基、赵世炎、周恩来组成特委。鉴于此时奉军进攻正紧，暂不反对蒋介石。周恩来决定以区委名义提出抗议，反对中央先北伐而暂停反蒋的决定，认为此次事变因为没有好好宣传反蒋，造成了重大损失，主张在军事上应先解决蒋介石然后再北伐。陈延年也主张趁蒋介石政权未稳固时先动手，否则就会丧失时机，便决定当即致电武汉中共中央，由周恩来起草，加上赵世炎、罗亦农、陈延年、李立三等6人的签名发出。

此后，中共上海特委会举行会议，反思上海事变的错误，认为有客观原因，主观上也有错误，不但是上海党的错误，而是整个党的根本错误。维经斯基也在会上发言，承认对蒋介石认识和策略上的错误，是共产国际中央和中共中央的指导上的错误。周恩来也提出错误的责任问题，批评中央政策动摇，指导无方，对争取领导权没有决心，并建议彭述之不能再任中央委员。

发动四一二反革命政变，蒋介石事实上已经将自己推到了革命的对立面。

国民党方面，在政变的第二天，武汉国民党中央政治委员会会议指出蒋介石已经成了革命的叛徒，决定电令各军查办政变的主谋者和实施者。国民党中央执行委员会致电蒋介石、白崇禧，将违反党纪的政变者停职拿办，总司令及总指挥也应依法严惩，严令将已缴枪械退给工人纠察队。第三天，武汉国民党中央监察委员会决定开除蒋介石、戴季陶等人党籍，对李石曾作出警告处分。还在 4 月 17 日发出命令，指出蒋介石屠杀民众，摧残党部，甘心反动，罪恶昭彰，已经中央执行委员会决定，开除党籍，免去本职及各兼职，着全体将士及革命民众团体拿解中央，按反革命罪条例惩治。

共产党方面，在武汉的陈独秀号召全党在全国发起讨蒋运动。4 月 16 日，湖北省工会发表《讨蒋通电》，指出蒋介石的反叛行为已成反革命，全国革命民众人人得而诛之，请求国民党中央将叛党的蒋介石开除党籍，撤职惩办。湖北省农协也发表《讨蒋通电》，在列举蒋介石十二大罪状后，表示要率领 150 万有组织的农民与其决一死战。

此外，全国学生总会、汉口商民协会、武汉码头总工会、武汉纺织工会、武汉新闻记者联合会也纷纷发表《讨蒋通电》，一致声讨蒋介石的反革命行径。

中共中央还发表宣言，表示完全赞成国民党中央对蒋介石的处理办法，将这个国民革命公开的敌人、帝国主义的工具、屠杀工农群众的罪魁驱逐出党，给这个反叛并阴谋推翻国民政府的革命叛徒以最严厉的处分。

4 月 22 日，汪精卫、宋庆龄、谭平山、毛泽东等 41 人联名在汉口《民国日报》上发表《中央委员联名讨蒋》一文，表示"惟有按照中央命令，去此总理叛徒，本党之败类，民众之蟊贼，为国民革命涤此厚辱"。武汉民众 30 万人还举行了声势浩大的讨蒋大会。

但是武汉国民党的一切作为并没有对蒋介石既定的计划造成多大影响，因为他已经做好了另立国民党中央和政府的一切准备。4 月 18 日，在全国上下一片声讨中，蒋介石在南京召开了酝酿已久的会议，成立了南京国民政府。当天，武汉国民政府列出了蒋介石"违背总理遗训、反抗中央、召集非法会议"等十二大罪状，以示否定和声讨。

四一二政变后，在中共内部对国共两党就东征蒋介石还是北伐展开了激烈的讨论，共产国际代表罗易反对北伐，国民政府政治顾问鲍罗廷和军事顾问加伦都主张继续北伐。罗易与鲍罗廷就此问题发生了激烈的争吵，鲍罗廷甚至以辞职相要挟。这样，以陈独秀为首的中共中央决定同武汉国民党一道继续北伐，这让罗易对这种朝令夕改的做法异常气愤。

但是这次北伐决定，让鲍罗廷后来非常后悔。他后悔没有先攻打蒋介石，而先打了张作霖。武汉方面的军队舍近求远，寻求北方的胜利，却放掉身边的新军阀蒋介石，留下了大患。攻打张作霖和攻打蒋介石性质是一样的，况且蒋介石此时立足未稳，胜算较大。然而，对历史来说，任何假设都是没有意义的。

4月25日，陈独秀在鲍罗廷住宅参加会议，讨论并通过了取缔一切"过火"的工农运动的决议，于是，取缔一切工农行动"过火"的运动在共产党内展开，并要求以后一切群众运动都要听国民党中央的命令和指挥。

但新的退让并没有让陈独秀觉得与汪精卫的合作多么愉快，他与张国焘、谭平山作为中共代表，多次参加以汪精卫为主席的国共两党联席会议。会而不议、议而不决、决而不行的扯皮会议让陈独秀很是失望。他感觉中共与国民党的合作日益陷入危险。

复杂的局势、党内的论争、遭受挫折后的彷徨、待定的前途，让身为中共领袖的陈独秀十分焦灼，为了挽救危机，必须尽快召开中国共产党第五次全国代表大会。

1927年4月27日，在匆匆做了一番准备后，在鲍罗廷和罗易的指导下，中共五大在汉口召开了，已经不受斯大林重视的维经斯基也参加了会议，会议为期近半个月，直到5月9日闭幕。

在这次会议上，陈独秀任执行主席，主持开幕式，并代表中共中央作《政治与组织的报告》，回顾了两年来中共工作，他对从过去中共中央反对孙中山北上，到上海暴动中的一系列错误进行检讨。他认为，从形势上看，革命下一个时期是"低落时期"，应对以汪精卫为首的武汉国民党为合作而让步；在土地革命问题上，他在罗易和鲍罗廷的激烈争论后表态，主张等待北伐完成以后再进行，即"先扩大，再深入"。在他看来，土地革命的深入发展会影响北伐战争的发展，现在不能再推行。

就在代表们纷纷发表观点时，一向对陈独秀和彭述之政策不满的瞿秋白在会上突然做出了一个重大举动，散发了自己已写成的一本题为《中国革命之争论问题》的小册子，表面上是批判"彭述之主义"，实际上矛头是指向陈独秀的错误的，文中列举了1923年中共三大以来中央所犯17个错误事实，对陈独秀的领导工作进行抨击。

小册子一经散发便产生了很大的反响，蔡和森、毛泽东、恽代英等纷纷对中共中央的政策提出批评。

大会作出了关于土地问题的决议等一系列决议，决定推翻土豪劣绅的政权，没收大地主反革命派的土地，以贫农为中坚，建立农民的政权，实行改良农民的经济地位，一直到分配土地。但是，会议结束后鲍罗廷却提出了反对意见，他认为，目前不宜实施土地革命，会吓跑资产阶级或国民党左派，导致统一战线彻底破裂，如果那样，便是中国革命的完全失败。

由于鲍罗廷的反对以及随后形势的急剧变化，中共五大决议实际上成了一纸空文。

由于陈独秀在党内的威望以及没有合适替代者的原因，他仍当选为总书记，与李维汉、张国焘、周恩来、瞿秋白、蔡和森等9人组成政治局，与李维汉、张国焘3人任政治局常委。

就在中共五大结束后不久，驻防宜昌的独立十四师师长夏斗寅公开叛变，反对武汉国民政府，反动军队直逼武汉。防守武昌的国民革命军第四军第二十四师叶挺部不久便粉碎了夏斗寅叛军的进攻。然而在夏斗寅叛乱影响下，各地土豪劣绅乘机反共，屠杀共产党人和工农群众。

5月21日，在三十五军军长何键的指使下，团长许克祥在长沙袭击湖南省总工会等单位，逮捕共产党员3000多人，杀害100多人，是为"马日事变"。第三军军长朱培德也将方志敏等共产党员和全部政治工作人员"礼送"出境，还逼使江西省总工会、农会停止活动，下令收缴农民自卫军的武器。

一时间，反共浪潮此起彼伏。

夏斗寅叛乱平息后，陈独秀参加中央政治局会议，总结粉碎叛乱的经验。马日事变发生后，他又召集中央政治局会议，讨论对策。风雨如磐，一次次反革命逆潮让陈独秀应接不暇。更让人难以接受的是，以汪精卫为首的武汉国民党中央和国民政府，竟发出一系列训令，污蔑工农运动"破坏公共秩序"，"骚乱后方，摇动军心"，命令各级政府限制工农运动，并严禁土地革命，如有违反，依法惩治。

6月1日，北伐军攻克郑州、开封，与冯玉祥国民军会合。几天后，武汉方面的汪精卫、唐生智与冯玉祥举行郑州会议，密谋反共。会后唐生智回防武汉，冯玉祥派代表联络蒋介石。6月19日，冯玉祥便与蒋介石在徐州举行了为期3天的会议，决定反苏、反共、宁汉合作，一起分共反共。6月底，武汉国民革命第三十五军军长何键发表"反共训令"，呈请中央政府、唐生智"明令与共产党分离。"又一场反共狂潮滚滚而来。

不仅武汉方面在加紧分共，南京和上海也在变本加厉地捕杀共产党员。1927年4月，陈独秀的长子陈延年被调往上海。在中共党内，陈独秀的两个儿子都和自己的父亲以"同志"相称，陈延年还常常和父亲的政见相左。6月26日，在上海北施高塔路恒丰里104号中共江浙区委所在地，王若飞、陈延年、郭伯和、韩步先等人正在召开中共江苏省委成立大会。陈延年任江苏省委书记，郭伯和任组织部长，韩步先任宣传部长。在会议进行中间，因党内一位交通员被捕叛变，导致王若飞、陈延年、郭伯和、韩步先等人被捕，但交通员并不认识陈延年。陈延年被捕后，化名陈友生，称自己是受雇于人的茶房。后因韩步先叛变，当堂指认陈延年，陈、郭二人身份暴露。

陈延年急忙写信向汪孟邹求救，汪孟邹突然接到从市公安局寄来的信，从字迹认出是陈延年写的，因为这兄弟俩在上海时就常常住在他家，与他经常在一起，所以认得。信的内容说到某日在某处误被逮捕，被拘押在拘留所。汪孟邹急于营救，即乘火车到南京，直接去找胡适，把陈延年的信交给他看。胡适问明是陈延年后，表示一定营救他，要汪孟邹回上海等消息，他随即把信交给了吴稚晖，吴稚晖却又立即报告给了蒋介石，并电称："陈延年之恃智肆恶，过于其父百倍"，必欲杀之而后快。汪孟邹一直在等胡适的消息，但是，却等来了报纸上刊登的陈延年英勇牺牲的消息。1927 年 7 月 4 日，陈延年被捕后的第 9 天，在上海枫林桥畔壮烈牺牲，年仅 29 岁。然而命运并没有因陈独秀失去了一个让他自豪而又伤心的儿子而给他丝毫的慰藉，1927 年底，陈乔年从武汉调到上海，任中共江苏省委组织部部长。1928 年 2 月，陈乔年被国民党反对派逮捕，并于 6 月 6 日牺牲，他又失去了一个年仅 28 岁的优秀的儿子。

鉴于日趋严峻的反革命形势，躲避随时都可能发生的搜捕，陈独秀与秘书黄文容搬出了中央机关"61 号"，在武昌另租房子秘密居住。每天还与国民党重要人物见面，一个人综合多方面的秘密消息，每夜临睡前口授黄文容记下，并复写或油印，发给党内重要同志。从国民党要人身边报告上来的消息表明，事态似乎越来越严重，汪精卫竟然叫喊着要以共产党员的鲜血去换取蒋介石的谅解。

时局的艰险，政治上的失落，他的心情十分沉重。隐居的日子里，他终日沉默寡言，苦思冥想，常在屋里徘徊。

在国共合作濒临破裂的紧急关头，莫斯科有了明确的指示。5 月 13 日联共（布）中央政治局给武汉的鲍罗廷、罗易、陈独秀发来电报指出："现在就应开始组建 8 个或 10 个由革命的农民和个人组成的、拥有绝对可靠的指挥人员的师团。这些师团将是武汉在前线和后方用来解除不可靠部队武装的近卫军。此事不得拖延。"

5 月 31 日，联共（布）中央政治局书记莫洛托夫向中国的共产国际代表鲍罗廷、罗易和柳克斯 3 人发来紧急指示，明确指出，不进行土地革命，就不可能取得胜利；要更新国民党上层人士，充实在土地革命中脱颖而出的新领导人；组建自己可靠的军队，消除对不可靠将领的依赖性，组建几个新军；要成立以著名国民党人和非共产党人为首的革命军事法庭，惩办反动军官。并严厉表示："要惩治坏蛋。如果国民党人不学会做革命的雅各宾派，他们就要为人民、为革命去捐躯。"这个指示还对 5 月 13 日发来的电报没有得到回复进行质问："要组建自己可靠的军队，现在还不晚。不这样做就不能保证不失败。这是很困难的事情，但没有别的路可走。我们既然已经下达了这样的指示，你们做了什么工作，为什么不报告？"

中共中央 6 月 1 日收到电令后，鲍罗廷和维经斯基表示一时无法执行。未经与政治局和罗易商量，鲍罗廷就叫陈独秀发电报给共产国际，在对待莫斯科电报问题上，罗易和鲍罗廷之间产生了很大分歧。

6 月 5 日，轻信汪精卫的罗易为了取得他的信任，未经陈独秀、鲍罗廷等任何人知晓，竟将来自莫斯科的极其重要、应当严格保密的"5.31 紧急指示"让汪精卫看，私自做主以争取他的支持。汪精卫看过后表面装得不屑一顾，心里却暗暗吃惊。罗易又在第二天给汪精卫送去了一个副本，这个副本成了汪精卫后来"分共"的重要证据。第二天，罗易又去见汪精卫，他带着要挟的口吻说："我很高兴我已给你看了电报，它可算是最后通牒。你如接受电报的要旨并给予执行的便利，共产国际将继续同你合作，否则，就将同国民党一刀两断。"

在一次中央会议上，周恩来报告了罗易私自向汪精卫透露国际指示的消息，所有人都怔住了。鲍罗廷向共产国际报告了事故实情，6 月 22 日，共产国际立即来电："立即将罗易同志从共产国际执委会代表职位上召回，因为他给国民党中央的一些委员看了只发给鲍（罗廷）、罗易、柳克斯三同志而无论如何不能给其他人看的电报。"并任命纽曼接替罗易职务。

后来由共产国际执委会政治处指定成立"罗易事件调查委员会"，经过调查得出结论：罗易同志把 1927 年 5 月 31 日发给他（罗易）、鲍和柳的电报内容告诉汪精卫是犯了错误，因此政治书记处把罗易同志召回是正确的。

罗易此举不仅没有拉住汪精卫，反而促使他加快了分共步伐，反共日趋公开化。

6月7日，中共中央政治局与共产国际执委会代表举行联席会议。有政治形势、我们的任务两项议程。陈独秀率先发言："我们面前有两条路：右的道路与左的道路。右的道路意味着放弃一切，左的道路意味着采取激进行动。这两条道路等待我们的都是灭亡。此外还有一条中间道路，即继续目前的局面，这也是不可能的。怎么办？也许应该寻找第四条道路？在我们这次会议上需要讨论这个问题。"在讨论土地革命问题时，陈独秀发言道："莫斯科的指示我弄不明白，我不能同意。莫斯科根本不了解这里发生的事情。鲍罗廷所说的土地革命（不没收土地），不是莫斯科所希望的。因为我们确切地知道，莫斯科的所谓土地革命指的是什么，莫斯科要求没收土地，我们不能这样做。"在讨论群众运动和政权问题时，陈独秀表示："我们先应讨论另外两点。罗易、维经斯基和青年代表都主张党的政治独立。他们认为，党在政治上应当是独立的。但我们认为，这是不可能的，因为我们在国民党内供职。我们应当服从。"对于解决这一问题的办法，他说："如果我们想取得政治独立，我们就应退出国民党。"

1927年6月下旬，共产国际训令中国共产党批判机会主义错误，甚至号召中国共产党党员起来反对中央的机会主义，迅速改组中共中央，调回鲍罗廷。这个训令被鲍罗廷扣下来秘而不宣。

7月12日，鲍罗廷才公开了共产国际"训令"。根据该"训令"改组中共中央，成立了以张国焘、张太雷、李维汉、李立三、周恩来为成员的临时中央政治局兼常委。正遭受失子之痛的陈独秀被停职，"不再视事"。鲍罗廷建议陈独秀到莫斯科与共产国际讨论中国革命问题，被他拒绝。

此时的陈独秀已经有职无权，在极度彷徨的心态下，他向中共临时中央致函，要求辞去总书记职务。

1927年7月15日，汪精卫在武汉召开国民党第二届常务委员会第二十次扩大会议，进行"分共"。主持者汪精卫宣读了共产国际代表罗易送给他的共产国际秘密电报的复印件，宣读完毕后，会场先是一片寂静，而后转为哗然。会议正式决定同中国共产党决裂，紧接着，武汉国民政府在"宁可枉杀千人，不可使一人漏网"的口号下，对共产党员和革命群众进行血腥大屠杀，这就是七一五反革命政变。第一次国共合作终于全面破裂，轰轰烈烈的大革命失败了。

1927年7月23日，共产国际派代表罗明那兹与纽曼来华接替鲍罗廷和罗易指导中国革命，并与张国焘、瞿秋白谈话，宣布中共中央犯了严重的右倾机会主义错误，违反了国际指示，决定改组中共中央，反对机会主义，惩罚陈独秀，不再让他担任总书记。

陈独秀作为当时的中共中央总书记，即国民革命运动中共方面的重要领导者，对这场革命的失败，无疑应负重要的政治责任，对此，陈独秀本人也有清醒的认识。

在大革命失败的白色恐怖里，陈独秀痛苦地自我反省着。由于对丧失了革命领导权、葬送了工农运动所负的责任，他经受着灵魂的拷打。他因自责而陷入了深深的苦闷之中，他曾自我表白道："自一九二七年中国遭受了悲惨的可耻的失败后，我固亲自负过重要责任，一时实感无以自处，故经过一年之久，我差不多完全在个人的反省期间。"①

激情的号角掩盖不住内心的空荡。刚毅威猛的个性此时此刻也有了魂不守舍的心绪。

1927年8月7日，在大革命失败的震荡下，中共中央在汉口召开紧急会议。汉口的中央委员都被通知到会，仅仅少了陈独秀，而陈独秀此时就在汉口。临时中央有人主张邀陈独秀参加会议，遭到了罗明那兹的反对。② 会议确定了武装暴动反抗国民党反动派和土地革命的总方针，并展开了对右倾机会主义的批判，成立了由瞿秋白、李维汉、苏兆征等组成的临时中央政治局。

出于政治家的职业敏感与思维习惯，陈独秀仍在密切关注着八七会议后

---

① 陈独秀：《答国际的信》，1930年2月17日，《无产者》第2期。

② 李立三：《党史报告》，1930年2月1日。

的共产党与国民党，留心着中国的政局，与反动的国民党发生着论战。八七会议后，瞿秋白和李维汉曾一起到陈独秀寓所，介绍了八七会议的情况，并劝他接受共产国际的要求，到莫斯科去，他坚持不肯。陈独秀此时情绪很不好，但绝不是由于他个人的政治失意，革命的失败，同志的鲜血，才是让他最自责最苦痛的。

七一五反革命政变发生后，《向导》周报停刊。中央机关从武汉迁至上海后，决定重新创办中央机关刊物，定名《布尔塞维克》，瞿秋白、周恩来、罗亦农、邓中夏、王若飞、郑超麟等26人都是编辑部的一员。瞿秋白为主任，在中央常委监督和指导下开展工作，中共中央委员都有参加编辑和投稿的义务。

瞿秋白邀陈独秀给即将创刊的《布尔塞维克》写文章，他答应了，能把自己的思想观点主张展示出来，这也是他向往的。他一连写了《不进则退》《汪精卫的出路在哪里?》《蒋介石的进步真快呀!》《阎锡山、冯玉祥仍然是赤》《张作霖的共和与国民党的国民革命》等8篇短文，在《不进则退》里，他说：

"杨杏佛题《申报》双十节增刊说：'为学如逆水行舟，不进则退，革命亦然。'这几句话诚然不错，但不知他们贵党的革命现在是进还是退？"

在《汪精卫的出路在哪里?》他说：

"汪精卫题《申报》双十增刊说：'从共产党与腐化分子的夹攻中，悉力奋斗，为国民革命求一出路。'请问国民党分子现在有几个不腐化？汪精卫的出路在哪里？"

在《蒋介石的进步真快呀!》里，他说：

"帝国主义眼中的赤军首领，一变而为反赤的纯粹国民党员，再变而为基督将军，蒋介石的进步真快呀！但不知他三变而成个什么东西？"

1927年10月24日，《布尔塞维克》创刊，他写的这类斥责国民党及一切反动政治军事集团的短文集中发表在"寸铁"栏目里，他在这个栏目里的文章，如同炸弹，分别射向不同目标。这些文章短而有力，犹如近身搏杀的

"短兵器"，杀伤力强。依据他的性格，以及文章的风格，"寸铁"也许是他拟定的栏目名，他将这些文章的作者署名为"撒翁"，意为"撒手不管（干）的老头儿"。但他也并非真的撒手了，从此以后，《布尔塞维克》的"寸铁"成了他的固定专栏，从第一期到1928年2月27日的第19期，他几乎每期都发，共发表208篇，在第4期、第7期上他竟然每期分别发表了17篇和16篇！在每期他依然向共产党提出自己的意见。

一天，上海亚东图书馆的汪原放来到了陈独秀与其秘书在武昌一条深巷避居的民房里。只见陈独秀正光着膀子，披了一大块白布做的汗巾，像一个拉大车的苦力，躺在竹榻上。陈独秀对汪原放说：

"我在打算，要到上海去。可是对于那里的情形，一点不知道。我想，你到上海去跑一次，问问孟邹，看看我可去不可去。"

8月底，汪原放从上海回到武汉，说汪孟邹赞成他回上海。

1927年9月10日，正值农历八月十五中秋佳节，陈独秀与秘书黄文容、汪原放、亚东图书馆职员陈啸青包了一个4个铺位的客舱，离开汉口前往上海。陈独秀戴着一个风帽，装扮成一个病人，躺在上铺，吃饭也在舱内。

船到九江的时候，正值中秋夜半，夜渐渐地深了，甲板上的人也渐渐地少了。陈独秀走出船舱，凭栏仰首，注视着天空中的明月，月色皎皎，光辉如水，泼泻在茫茫的江面上。他不禁想起了那高歌"明月几时有，把酒问青天"的苏轼来。那屡遭贬谪的迁客骚人，大凡遇到明月，都会有"照无眠"的感觉吧。是呵，"起舞弄清影，何似在人间"！曾与自己最契合的战友李大钊已被军阀杀害。他又想到了一个月前即7月4日在大革命中被国民党杀害的儿子陈延年，又难免升腾起一种"月圆人难圆"的失亲痛苦。他感到一阵阵的寒意袭来，侵逼着肌肤，直透心底。他不忍再凭江而立，便回到舱中，躺在床上，一言不发。

一路上，他很少开口，经常喃喃自语的只有一句话：

"中国革命应该由中国人自己来领导。"

这句话实是他高度的政治敏感和峻拔的个性的体现，在当时有谁能大胆而深刻地说出这惊世骇俗的见解呢？生命不能承受太轻，对政治神经敏感异常的学问家来说，他思索的不是如何"全躯保妻子"，而是中国的革命与前途。那棱角分明的脸，紧闭的嘴角，大步流星的步伐，仿佛都在一一彰显着他的个性。

到上海后，汪孟邹等把陈独秀安置到酱园弄彭礼和家里。不久，他又搬到浙江北路的一个小弄堂里居住。此时的他，承受着从未有过的寂寞与伤感。福无双至，祸不单行。政事如此，家事亦悲，1928 年，陈独秀唯一的女儿因病重前往上海治疗，不久就夭亡在宝隆医院，丧事还是由汪孟邹料理的。血淋淋的心灵创伤被平静如水的恬淡所遮盖，一切都在情绪的潜流中进行。"有着瑕不掩瑜的英明"，包括共产国际的领导也不得不这样评价他。

1927 年 11 月 9 日至 10 日中共中央临时政治局扩大会议在上海召开。会议过分夸大了敌人统治内部危机和革命力量的发展，否认革命势力已转入低潮，认为中国"革命潮流始终不是低落的，而是高涨的"。

会议通过的决议写道："现时全中国的状况是直接革命形势"，而且"现在刚在重新爆发革命斗争的高潮"。瞿秋白还在他的另一篇文章中说，事实已经表现得很明白：中国革命是高涨而不是低落，中国革命的高涨而且是无间断的性质——各地农民暴动的继续爆发以及城市工人斗争的日益剧烈，显然有汇合成暴动的趋势。于是，"左"倾盲动开始了。

会议期间，政治局又决定让陈独秀去莫斯科。他不愿去，并对秘书黄文容说，中国的问题是中国人了解还是外国人了解？我是中国人，我要研究中国问题，为什么不能在中国研究而要到莫斯科去研究？[①] 他坚决拒绝了这个"光荣的邀请"。

1928 年，共产国际又让陈独秀到莫斯科去，并许以"东方部长"的职位。陈独秀严词拒绝。

共产国际为什么如此盛情地邀请陈独秀赴苏呢？原来，斯大林认为，陈

---

① 黄文容：《党的"六大"前后若干历史情况》，《党史资料丛刊》1979 年 5 月第五期。

独秀在中国的影响很大，如果他对于中共的改组不满，便很容易造成对立情绪，甚至可能在中国组成一个反对派。如果将其遣送到苏联，很可能是最好的预防之法。但是，陈独秀还是朝着自己的方向走去了。

针对当时的盲动，陈独秀曾三次致函中共中央，认为"国民党虽然不能长久统治巩固，而眼前当不至崩溃"，不可存"以暴动取得政权的幻想"。并对当时中共中央主要领导人在大革命失败后认为"是直接革命形势"一说持否定态度。

在中共六大前的一天，时任江苏省委常委的王若飞到陈独秀家去拜访，陈独秀与其谈到大革命失败后的中国革命形势时表达了处于低潮的看法。与共产国际和中共中央意见一致的王若飞则坚持革命形势"上涨"的观点，于是二人便发生了争执。争论中陈独秀从革命反对势力的表现反问王若飞：

"你们看英美法诸国驻扎在上海的军队一批一批地撤回去了，如果中国革命是继续高涨的，帝国主义怎么肯撤回军队去呢？"①

这一句话可谓切中要害、点破天机。王若飞顿时醒悟，肯定了陈独秀的观点，并以这种顿悟速草了"江苏省委决议案"，对当时以瞿秋白为代表的党中央的"左"倾盲动主义提出了批评。时任中共江苏省委组织部长的陈独秀的次子陈乔年，十分同情父亲的遭遇，也很赞同他的部分观点并经常看望他，劝他既然离开中央，观点难同，就不要再写信了，因为他的那些意见在当时的中共中央只有被当作笑话流传。

"撒翁"并不能履行自己的诺言，他一刻也没有轻松。既没有停止对中国革命的前途的思索，也没有停止对反革命军阀政客的论战。从1927年10月24日起，他偶有革命思考心得便会一如既往地把思索结果致函中共中央。

从政的书生往往在政治上受挫或失意时退到另一个领域里，到纯学术的研究中求得心灵的慰藉。当陈独秀的一盆盆火热的信件被冷落一旁时，他被深深地刺伤了。于是，他开始了重操旧业的"营生"——致力于中国文字拼

---

① 郑超麟：《郑超麟回忆录》（下），东方出版社2003年版，第487页。

音化和音韵学问题的研究。1929 年 3 月写成了《中国拼音文字草案》的书稿。鉴于如此的"陡转"，闲言碎语则是，陈独秀已"不在其位，不谋其政"了。

国民党人张继 1927 年对江汉通讯社记者说，"党外无党""党内无派"是国民党人一致的主张。陈独秀以"撒翁"的署名在《布尔塞维克》第 2 期上发表了《好一个党外无党党内无派！》予以严厉驳斥，并应瞿秋白之约写了《国民党四字经》发表在《上海工人》上，对国民党进行讽刺与挖苦：

> 党外无党，帝王思想；党内无派，千奇百怪。
> 以党治国，放屁胡说；党化教育，专制余毒。
> 三民主义，胡说道地；五权宪法，夹七夹八。
> 建国大纲，官样文章；清党反共，革命送终。
> 军政时期，军阀得意；训政时期，官僚运气。
> 宪政时期，遥遥无期；忠实党员，只要洋钱。
> 恭读遗嘱，阿弥陀佛。

如果说职务的被撤陈独秀还能保持沉默的话，那么随后发生的"中东路事件"却无论如何也难以让他充耳不闻、无动于衷。

1929 年 7 月 10 日，在蒋介石的指使下，张学良派军警搜查了苏联驻哈尔滨领事馆，逮捕和驱赶苏方人员，用武力接管了中东铁路。由此引发了苏军与东北军从 1929 年 10 月中旬开始、持续近两个月的大规模武装冲突。11 月 26 日，在东北军接连惨败、损失惨重的情况下，张学良与苏联方面就中东路事件举行谈判。12 月 3 日双方签订了《停战议定书》，22 日，又签订《伯力协定》，规定两国立即停止战争，中东铁路恢复中苏合办，苏军退出满洲里，彼此释放所俘军民，重设领事馆。至此，恢复了苏联在 1929 年 7 月 10 日以前在中东铁路的一切权益，"中东路事件"宣告结束。

事件发生后，共产国际连续对中国共产党发出指示，要求中共"拥护苏联""武装保卫苏联"。

此时由李立三主持工作的中共中央根据共产国际指示，发出宣言和通告，提出了"武装保卫苏联"的口号，强调"反对帝国主义国民党进攻苏联，成为中国革命最迫切的主要任务"。①

共产国际与中央所提方针，引起陈独秀的强烈不满，1929年7月28日，陈独秀致函中共中央，批评了中央在中东路事件上的方针，并对"武装保卫苏联"等口号提出了异议，主张以"提出反对国民党政府对于中东路的卖国政策或'误国政策'"来代替。中共中央对陈独秀的批评进行严厉指责。

在共产国际一系列指示精神的影响下，在共产国际世界范围内反右、反托派斗争的背景中，11月15日，中共中央政治局通过了《关于开除陈独秀党籍并批准江苏省委开除彭述之、汪泽凯、马玉夫、蔡振德四人决议案》，并于27日在《红旗》（第57期）公布了此决议案，另有署名慕石（即王明）批陈的文章《论陈独秀》。

陈独秀被清除出了他与李大钊等亲手缔造的中国共产党。

被开除出党的陈独秀怀着满腔的忧愤于12月10日发表了《告全党同志书》，对中共中央开除自己的理由逐条辩解，强调了致使大革命失败责任的归属，认为大革命失败的根源在于共产国际的错误支配，而自己因"认识不彻底，主张不坚决，动摇不定"，"深深地沉溺在机会主义的大气中，忠实地执行了国际机会主义的政策"。

12月15日，陈独秀与彭述之、郑超麟等81人（实际只有50多人）联名发表了《我们的政治意见书》，要求恢复被开除的中共党员党籍，改组共产国际及各国支部，重新决定共产国际及中共路线政策。

5天后，中共江苏省委通知上海各区委支部开除了郑超麟、刘伯庄、尹宽、李季、陈碧兰、杜琳、薛农山等人党籍，算是对陈独秀的一个回应。

既然不能再是同路人，既然不能同唱一首歌，既然瞬息万变的政治风云不允许政治家沉默，那么在苦痛中思索便是实现政治构想的一条崭新的途

---

① 《红旗》第34期，1929年7月27日，《中央通告第42号》。

径。他并没有放弃共产主义理想，依然视其为值得执着的救国追求。他只是走上了共产党内部的另一条歧路。

早在1923年，共产国际与苏共内部就已明显地出现了路线分歧。这两条路线上站着的分别是斯大林与托洛茨基。10月，托洛茨基向苏共中央与中央监察委员会提出了由46人签名的信，指出避免苏联必将遭受的经济危机和苏维埃政权灭亡的唯一出路，是"让各派别组织和集团能自由活动"，建立党内的工人民主，反对官僚主义，形成了苏联共产党的"莫斯科反对派"，向斯大林、季诺维也夫、加米涅夫等提出了难以回避的政治命题。

1924年1月21日，列宁逝世后，两派的斗争便日益加剧了。列宁逝世的当月，斯大林便在苏共十三次代表会议上开始了对托洛茨基反对派的批判。

1925年1月，联共（布）中央和中共监察委员会联席会议、苏维埃中央主席团分别作出决议，谴责托洛茨基的反党言行，并解除了其陆海军人民委员和革命军事委员会主席的职务。次年10月，苏共中央和中央监察委员会举行联席会议，撤销托洛茨基政治局委员的职务。

1927年5月18日至30日，共产国际执委会举行第八次全会，斯、托在会上针对中国问题进行了激烈的辩论。最后全会通过特别决议，撤销了托洛茨基共产国际执委的职务。

11月14日，联共（布）中央委员会和中央监察委员会举行联席全会，开除了托洛茨基和季诺维也夫的党籍。

1928年1月17日，托洛茨基被流放到阿拉木图，并被监视居住；第二年元月初，苏联政府又将托洛茨基放逐国外，2月12日，托洛茨基亡命土耳其；1930年5月，托洛茨基领导俄、法、德、西、比、美等国托派领袖组成托派国际——"共产主义反对派临时国际"，指导各国托派运动。

对应于苏联托派，在中国党内也出现了中国托派。它起源于苏联莫斯科的中山大学和东方大学的中国留学生中间。原在苏联就已形成，是苏联托派的一部分。

1928 年，被流放的托洛茨基在阿拉木图写成了《共产国际纲领草案批评》，在第三部分《中国革命的总结与前瞻》中论述了中国大革命失败的原因、未来中国革命的性质、中国资产阶级的反动本质等一系列重大问题。

1929 年，陈独秀读到了托洛茨基的文著，从他的著作中，陈独秀得到了令他惊喜不已的革命信号，托洛茨基对中国大革命的论述深深打动了他。他似乎找到了知音。他惊奇地看到，大革命时期，他曾多次提出的反对共产党员加入国民党及后来退出国民党的主张，竟与远在莫斯科的素不相识的托洛茨基主张不谋而合。

他的"二次革命论"思想与托洛茨基的"不断革命论"在转换中也有着不断的碰撞与磨合，有时表现为理论上的两极对立。

1929 年秋，自认为目前的党已"不可挽救"的陈独秀与彭述之、郑超麟、何资深、尹宽、李季、高语罕、王独清等人在上海成立了托派组织，取名为"无产者社"，并创刊《无产者》。他们发表了一个宣言，主张反对斯大林、打倒蒋介石，主要目的是打倒国民党，建立无产阶级专政。对共产国际和中共中央的方针政策则采取批评态度，希望其走他们认为正确的"革命路线"。

陈独秀从中共总书记转成了中共反对派的核心人物，他赞同托洛茨基的一部分理论，但大多保留了自己的思想，在主持中国托派活动时，依然执行的是自己独立的思想及政治主张。

然而，历史并没有给陈独秀机会，也不可能再给他机会。原托派成员中梁干乔、陆梦衣、刘仁静、宋逢春、王平一、刘英、徐乃达等不断有人投靠国民党，有的甚至充当特务，引狼入室，成了国民党逮捕托派成员的得力工具。

1932 年中旬，几经风雨的托派组织在陈独秀的努力下刚刚成立常委后不久，便于 10 月 15 日又遭到了一次大劫难，多难的托派中央被"一网打尽"。彭述之、濮一凡、罗世凡等成了国民党的狱中楚囚，陈独秀也因叛徒的自首而未能幸免，经历了一生中的最后一次被捕，拖着 55 岁的疲惫身躯走进了国民党的法庭与监狱。

第四章 "身处艰难气若虹"

一、最后一次被捕

1932 年 10 月 15 日下午两点半左右，在上海深秋的雾气里，一个人影匆匆地向虹口东有恒路走去，他眼的余光警惕地注意着四周。

这人叫濮一凡，是托派常委之一。他走过一个拐角，看身后无人，便径直朝春阳里走去。

这时，一个人影闪现在他身后的拐角处。

濮一凡在一户门前停下，机警地看了看四周，又看了看 210 号的门牌，轻轻地以特殊的节奏叩开门后便闪了进去。

拐角处的那个黑影也飘到门前，看了看门牌号，很快便消失在了巷口。

不久，更多的黑影，便出现在 210 号门前，一部分人对小院展开包围，另一部分人发一声喊，便冲进门去。

正在举行每周一次会议的托派常委们便被法租界巡捕及国民党特务的紧急行动命中了，当场逮捕了彭述之、濮一凡、宋逢春、罗世凡和谢德磐。紧接着，巡捕及华捕们在托派常委开会的这间屋子里开始大肆搜抄，搜查出许多文件和书籍。

210 号是当时中国托派中央常委机关，也是常委秘书谢德磐的家。

被捕的 5 人被送到嘉兴路巡捕房羁押，所抄物品 106 件，各项文件以及俄文共产书籍 34 种也一并被带走。

原来，1931年5月23日因马玉夫向国民党龙华警备司令部告密，托派中央被破获，当时被逮捕入狱的濮一凡、宋逢春二人因监狱人满，疫病丛生，于1932年5月得以保外就医。陈独秀便催促二人加入了"常委"，建立起了5人常委机关。

一天，濮一凡的爱人张颖新与昔日曾在莫斯科中山大学留学时的同学费克勤邂逅。费克勤与她的小姑费侠，在莫斯科的时候只是没有入党的团员，回国时即被逮捕，她便给国民党"写了一张效忠保证书"，叛变了。她们不知道党的机密，所以无法"效忠"。加入"中统"以后，费克勤等人在徐恩曾等的指挥下，专门搜捕共产党的领袖，特别是托派领导陈独秀。他们中除来燕堂外，都是从苏联归国的留学生。此时，国民党正悬赏缉拿陈独秀。但张颖新不了解她们已是特务，就约费克勤到家里去玩。那天正好陈独秀借濮家约见友人，被费克勤当场撞见。

事后濮一凡批评爱人粗心大意，第二天就搬了家，但情报很快由费克勤经费侠传到徐恩曾那里。10月15日这天，濮一凡去托派中央常委秘书谢德磐家开会，特务就跟踪而至，来了个紧急搜捕。"中统"正利用了费克勤等对中共"知情"的长处，把她们当作了得力的工具。此次为了逮捕陈独秀，徐恩曾这班特务真是煞费苦心。

由于这些知情人的出卖，托派常委们在公共租界与法租界各处的居所几乎被上海市公安局全部掌握。令当局惊喜的是，他们悬赏通缉的"共党首领"陈独秀竟然也在其中！

于是，上海市公安局局长文鸿恩便申请第一特区地方法院迅速发出搜查证、拘留证，要求派总巡捕房政治部探员会同嘉兴路巡捕房中西探员联合采取行动，接到特务们的跟踪密报之后，便采取紧急逮捕措施，决心将其一网打尽。

经人暗中指认，被捕者当中没有陈独秀，于是巡捕们在进行继续搜查的同时开始了讯问，但结果却令他们大失所望。

可是，在讯问过程中，年龄最小、只有21岁的谢德磐神情恐惧，于是他们便决定从他身上打开缺口，而他，也正是提供会址的主人，以及常委们的秘书。

被拘押在一起的"人犯"当时不见有陈独秀，都暗自庆幸。

巧合的是，这天，陈独秀因患胃溃疡、盲肠炎，没有参加此次常委会。

夜里，他忍着巨大的病痛躺在床上。不承想，3个巡捕已冲着他居住的上海岳州路永吉里11号包抄过来了。

特务们破门而入。

面对着虎视眈眈的特务们，陈独秀镇定自若。这种场面，他已经见得太多。他面貌清癯，略带病容，唇蓄微髭，发已微斑，他下了病榻，穿上淡蓝色的哗叽长衫，戴好淡黄色的呢帽，以一种将出远门的神态对正在翻找文件的巡捕们淡淡地说了两个字："走吧！"

特务们于是将陈独秀押上车，将在其房间内查抄来的中、日、俄三种语言的许多文件材料一并带到巡捕房。当特务们要将陈独秀押送到看守所时，陈独秀告诉他们说自己有病，应该送往工部局医院医治后才能去看守所。特务们找来医生，诊断后认为他的病并不严重，就仍旧把他送到了看守所关押。

在看守所里，他看到了已经在押的彭述之、宋逢春、濮一凡等人，对他们开玩笑说：

"嗨，原以为就我一个人被捕，没想到你们都来了，这下我可有伴了，可以松快松快了。"

大家看陈独秀也来了，却不见了谢德磐，便明白了一切。因为他是常委秘书，是唯一知道陈独秀和托派各机关地址的人，但大家都不置一词。

陈独秀却以温和的态度，十分谅解地对大家笑笑说："这孩子胆子小，上一回逮捕，他就表现出来很慌张，很不成熟。"

原来，特务及巡捕们提走谢德磐后，只问几句，未及动刑，谢德磐便供出了包括陈独秀在内的托派5名常委的真实姓名和身份。于是，上海公共租界政治部便签发了对陈独秀的逮捕令，由嘉兴路巡捕房西捕副探长戈夫尔，探员克老夫和代号"222"的华捕（真名张德胜）执行逮捕任务。因病未出席会议的陈独秀本可幸免，却因谢德磐的出卖而身陷囹圄。另外，还有托派其他几处机关也被谢德磐全部供出。

谢德磐，广东人，大革命时在黄埔军校学习，后来东渡日本，被驱逐回国，又到莫斯科中山大学留学，与已加入托派的吴季严比较接近，回国后随他加入托派。陈独秀因其出卖被捕后，谢德磐即加入国民党"中统"组织，改名谢力功，含有"为国民党立汗马功劳"之意。

国民党为了保护叛徒谢德磐，让他继续为"党国效劳"，一直没有透露出其叛变的消息。在"陈彭案"开审，检察官宣告陈、彭等10人拘捕经过时，略称："……并抄出反动文件书籍多种，并通讯处小纸条。当日下午即根据小纸条所开通讯处，在……捕获陈独秀，并得反动刊物多种，……"对谢德磐的变节作了掩饰。

但是10月17日，陈独秀被捕后第三天，当时任国民党上海市长吴铁城给南京政府的两个密电，却道出了事实真相：

"……共党陈独秀在沪活动，前经与租界当局特别交涉，协同捕房侦查月余，兹咸日（15日）在虹口破获共党常委会机关，捕获共党谢德磐等5人，按谢供地址，将陈独秀捕获。"

10月19日的密电则讲得更明白：

"……据共犯谢德磐，称甘愿自首，并可将共产党陈独秀拘捕到案等语，即于当日下午7时，带同该犯至岳州路永兴里十一号楼上将共党陈独秀拘获……"

于是，特务们根据谢德磐的口述，来了个全面出击大破获。

在逮捕彭述之等5人后的当天下午，这批特务又跑到法国巡捕房，请求出警协助。他们随即又与法国探捕继续行动，直奔法租界圣母院路商福里

320 号濮一凡家，一起对濮一凡家进行了严格的搜查，将抄得的共产党文件 30 多种，带回了捕房。

夜里 11 点，中西探捕又在夜色的掩护下，搜捕新闸大通路斯文里 1044 号，随即抓捕了梁有光，与梁有光在一起的另外两个人从里屋窗口跳出室外将要消失在夜色里，一个法国巡捕也随即跳出窗外追赶，最终抓住了其中一个名叫王晓春的人，另外的那个人却跑得无影无踪了。特务们于是搜查屋内，抄出了文件 28 种，并将抓到的两个人带到了捕房严加羁押。

简直是按图索骥，第二天，巡捕们先往唐山路业广里 335 号逮捕了王子平、何阿芳两人，搜查出了俄文文件 78 种。接着又往法租界福履里路建业里 22 号逮捕了王鉴堂，抄查出了一张复写纸，但是这张纸只用过一次，从上面字迹可以辩认到宣传共产的文字，另有文件书籍 10 种。

特务们又扑向白克路修德里 532 号搜查，屋内的主人早已闻风逃去，屋子里留下了一张字条，告知其他党员，某地机关已破，不要再去，等等，此外又搜查出文件 8 种。

搜查完毕，特务们又冲向霞飞路 284 号、东嘉兴路善吉里 3 号、白克路 394 号 3 个托派成员藏身的地方，但已是人去楼空，不留一物；在这三个地方，特务们没有寻到一点有价值的东西。

10 月 17 日，根据谢德磐提供的地址，特务们又在大通路业广里捕获了郭竞豪。至此，国民党特务历时两昼夜的大搜捕结束了，此次行动共抓捕 11 人，托派中央几乎全军覆没。

搜捕结束后，参与逮捕陈独秀的代号"222"的华捕张德胜独领了上海公共租界总巡捕房签发的赏银 20 元 2 角 2 分。

16 日，陈独秀、彭述之等得知法租界要将他们引渡给国民党当局时，提出抗议，坚决反对。但他们不知道，此时租界与国民党当局早已勾结在一起，来对付这些"共敌"，所以他们反对引渡的抗议没有起到任何作用。

第二天早晨，在租界捕房受审时，被随便问了几句，法租界领事馆于 18 日将全案人犯引渡到国民党上海市公安局侦缉队拘押。这个侦缉队和龙华警备司令部一样是全国闻名的鬼门关。侦缉队队长久慕陈独秀大名，请他写几个字留念，陈独秀也不推辞，觉得有人供献纸笔，有这样让人直抒胸臆的好机会，何乐而不为？他想起了"怒发冲冠"的爱国名将，又想到了"处江湖之远"的古代名士，于是饱蘸笔墨，大笔一挥，"还我河山"和"先天下忧"两个潇洒飘逸的横幅便瞬间完成了。在国难当头的关键时刻，陈独秀对国民党所谓的"攘外必先安内"政治策略给予了有力的一击。那个队长估计，陈独秀的生命不会太长了，将来这几个字会很有价值的，于是便珍藏了起来。

后公安局又陆续将陈独秀等11人押解到江苏高等法院第二分院，查获的各种文件书籍也用汽车运送到法院。不久，他们被带到第一法庭由推事赵钲镗审问，为了法庭上便于区别，他们每个人的胸前衣服上都缀了一个数字号码，陈独秀是第六个被捕的，所以他是6号，因陈独秀生病，法庭特别批准他坐着接受审讯。先由巡捕房的律师厉志山陈述破案经过，最后决定依据《危害民国紧急治罪法》第二条第二款及同法第六条起诉。法庭查得，因被告陈独秀于民国十年（1921年）及民国十一年（1922年）曾有两次"前科"，即两次在法租界因宣传布尔什维克主义被分别处罚过，还需对这两次"前科"进行核查，所以等查验后改期再审。

声名显赫的共产党领袖陈独秀已在自己的掌控之中，这让上海市市长吴铁城乐不可支，自认为给"党国"立了功，显示了缉拿"共党"的尽职尽责，于是在陈独秀等被引渡到上海市公安局拘押的当天，他便向南京当局发了一封已逮捕陈、彭等的电报：

上海市市长吴铁城关于逮捕

陈独秀、彭述之等人的电令

上海

限一时到。南京行政院钧鉴：团（？）密陈独秀、谢少山、王武、王兆群、张次南、濮一凡、王晓春、梁有光、王子平、何阿芳、王剑堂，十一人业经引渡归案。查王武即宋逢春，王兆群即罗世凡，张次南即彭述之，与陈独秀、濮一凡皆系共党中央常委，俱属共党重要分子，除饬公安局严慎各列管押候命讯办外，谨电奉陈。上海市市长吴铁城叩。

民国二十一年十月十八日

陈独秀又一次被捕了！

1932 年 10 月 18 日，《申报》以《共产党陈独秀等被捕——经两昼夜之搜捕而破获，陈等十一人均解公安局》为题报道了这一爆炸性消息，举国一时舆论哗然。

国民党《中央日报》等报纸上也连篇累牍地大肆宣扬捕到了"久缉未获之共产党领袖"。

陈独秀被共产党以"犯右倾投降主义错误"而停了职，不久又被开除出党籍，为何国民党还要处心积虑悬赏通缉他？

当时有人说，陈独秀被开除出党后早已投靠国民党，国民党此行，乃是实施的"苦肉计"，这样陈独秀便能取信于共产党而为"党国"效劳。这当然是毫无根据的。原来，国民党之所以逮捕陈独秀，是因为对他并不放心，他们仍将陈独秀看作是"共党"。虽然国民党也知道陈独秀组织了中共的反对派，但认为它只是共产党的内部矛盾。而且将陈独秀在"九一八""一·二八"时期进行的"反日反国民党"活动，看成与中共农村进行的土地革命一样，危及"党国"统治而不能容忍。所以，国民党仍把他看作中共领袖，说"该党专事宣传赤化"，"爰严令警务人员密查拿办，以遏乱萌"。①

逮捕陈独秀后，国民党南京特别市党部、广东省党部等，纷纷致电国民党中央，将陈独秀从创建共产党到南方"星火燎原"的各种"罪状"条条列举，并"恳请严办"，"迅予处决"。

---

① 参见《申报》1932 年 10 月 18 日。

南京政府在接到上海市市长吴铁城的电报后，立即谕令将陈独秀等"妥慎押送来京"。

10月19日，也即陈独秀即将被押解到南京的当天，《晨报》以《陈独秀被捕》为题发表了一篇社论，开始了为陈独秀的辩护。社论中说，人们知道陈独秀，还以为他仍然是首领，是"不识共产党内情之言也"。共产党的秘书长第一届为陈独秀，而近几年来是瞿秋白、李立三等，已经换人四五次了。领袖更迭的原因，是党内关于革命策略不一致，中央派（干部派）认为中国社会尚在封建时代，因此，他们的策略为农民暴动；与中央派相反的是托洛茨基派，认为中国社会已经到了资本社会，他们不反对农民武装，认为同时应该注重工人罢工和世界革命。因此导致了两派的分裂。该文同时批驳了"独秀虽已非共产党首领，然近年共产党之杀人放火，独秀乃始作俑者，故不可不明正典刑"的谬论。说宣传共产党言论、组织共产党与实行危害国家，这是三码事，不能混同为一。共产学说是以反抗现实社会为目的，它发生的原因是因为人心不平，人心不平的原因是因为国家"早有病根"，并由此指出，应该负责的不是坚持共产学说者，而在于政府当局的罪过。

这篇社论还辩解说，即使陈独秀有过托洛茨基活动，也要看托氏学会"在实际上有无危害之行为"。无论有没有"危害国家"的行为，也不是政府的事，而应该由法庭判决。政府应该将陈独秀有危害国家行为的证据提供给法庭，在司法保障下审查。假如因为以前他曾是共党领袖，或今天还坚持托洛茨基主义，将他与"江西杀人放火之共产党同类而并观"是不应该的，并呼吁政府对待人民不能凭直觉或感情的好恶，应以理性为标准，因为他以前的同志拿武力来争夺政权而迁怒于陈独秀，则中国的人权就没了保障，当局若以武力来支配中国则国家必定会陷于大混沌的状态。

陈独秀是不听这些辩护的，他也没有机会看到这些辩解。当前他所坚信的理想就是能够拯救中国的共产主义。

国民党也不会听这些辩护，10月19日晚，陈独秀、彭述之等被上海市公安局探警乘着夜色押上了一辆汽车，这辆载有"重犯"的汽车朝着火车北站疾驰而去。北站此时早已戒备森严，国民党闸北五区警署临时特派了一个排的保安警员，以防劫持。

夜里 11 点，陈独秀被押上了去南京的列车。国民党准备以"危害民国罪"押解并交给南京卫戍司令部讯办。列车一声长鸣，在暮色中向着南京方向疾驶而去。

列车在夜色中穿行，陈独秀坐在车上，身外黑漆漆的。

陈独秀告别了上海，开始了一次远行，这是一次没有色彩的远行，没有了同志在临别时那深情的满怀嘱托的一握，他觉得自己似乎是一匹骆驼，向着沙漠中理想的绿洲走去，他认为那绿洲并非是一阵风后便不知去向的海市蜃楼，他只愿听着那驼铃声声和着自己生命的节奏一起鸣响。

摸着冰凉的车厢，他想起了 1919 年 6 月 29 日在那风雨如磐的岁月里，他在与李大钊共同创办的《每周评论》上发表的一段话：

> "世界文明发源地有二：一是科学研究室，一是监狱。我们青年要立志出了研究室就入监狱，出了监狱就入研究室，这才是人生最高尚优美的生活。从这两处发生的文明，才是真文明，才是有生命价值的文明。"

如今，是不幸言中，还是自己一生理想中追求的实现？这也不是第一次被捕了。是的，这次是第几次了，他甚至记不得了，反正他没有记日记的习惯或细腻文人的雅兴。

为了自己理想中的正义，他又像一条执着的小河，蜿蜒曲折地在沙漠中爬行，能让更多追求真理信念的苦行者从他的血液里汲取力量。只看到为了理想中的正义，他多么希望不再沉睡的国人用已张开惺忪的眼睛从他这支仪标上看到寻求幸福、富强的方向！为了理想中的正义，只愿骨为灯草，肉为油脂，在漫漫的长夜里为追求幸福光明的人们点亮一只灯。

曾经与李大钊有过"问题与主义之争"的胡适曾说过："爱情的代价是痛苦，爱情的方法是要忍得住痛苦。"而自己曾对此加了句评语道："依我看不但爱情如此，爱国爱公理也都如此。"

如今这个爱国者身陷千夫所指者制作的囚笼，他没有惊惧，有的只是感伤。感伤，而不是悲伤，他知道这囚笼罩得住的只是肉体，而罩不住自由的是精神，他的灵魂，早超越这囚笼去奔走呼唤了。如自己所言，他正在享受着"真文明"。这是以自己的实际行动实践了自己的誓言。不过，有时候他也在想："'真文明'真的就在过程中吗?"同样，他也有常人一样的精神胜利。

他可以有鲜明的性格，他可以有万丈的豪情，也可以有侠胆刚肠，但就在他火辣辣的外表下却掩藏着一颗死不改悔的率真之心。

"生命诚可贵，爱情价更高，若为自由故，二者皆可抛。"也许，我们这里可以撇开传统的模式——以自己的"不自由"为中国劳苦民众争取自由——来看陈独秀的承诺。

进出监狱，他视若等闲。这是他追求到理想与主义信仰个性光辉的映现。从他人生际遇和个性气质来看，我们不一定要将他与盗得圣火的普罗米修斯相提并论，但是对他对信仰的执着和率真，我们不可能再换角度。毕竟，即使是在 20 世纪，我们社会中最为匮乏的仍然是这样一种勇气和激情酿就的灿烂理想。

我们可以对一个革命家大无畏的气魄和胆略持几分犹疑的态度，但对一位书生革命家的家国情怀，我们不可抱半点猜忌与嫌憎。那样的亵渎将不是对一个人的亵渎，而是对一个民族和社会前途的亵渎，甚至否认。其实，正是那样的"似人间"才使这样一个有智识的革命者产生了不愿与之共立，宁愿与之偕亡的"极端"心态。正是这种屡遭通缉、逮捕、入狱的恒常境遇，才使得一个民主民族革命先驱者的生命价值像一颗明星一样，闪烁着不可遮掩的辉泽。

1932 年 10 月 26 日《晨报》上的一句话，正是对陈独秀一生追求的写照："盖陈思想虽不容于社会，惟其能牺牲一己，而推行其本人认为拯救民众之主义，即其人格弥可钦佩。"

也许，问题的焦点不在于为谁，而在于他有没有坚持真理的勇气，有没有"审判苏格拉底"时圣者所拥有的情怀和信仰。

在信仰和人格面前，一切的有关是非的争论都会黯然而去。

北宋时期，高歌"大江东去，浪淘尽，千古风流人物"的著名大学士苏东坡仕途坎坷，屡遭贬谪。一次，他的敌党以苏轼作诗诽谤皇帝之名，将苏东坡下狱，等候审理治罪。在那面临不测之祸的前夜，苏轼在监房里从容恬然，呼呼大睡，全没有临难前的思想斗争、惊惧不安。

千百年后，从上海被押赴南京的陈独秀，沉沉地酣睡在京沪列车上。

车船上枯燥单调的氛围让人打瞌睡是正常的，但在军警的挟持下，在那钢盔、铁枪和刺刀泛着的冷光里没有仓皇失措地沉沉睡去，在将交由军法处置有可能押赴刑场的旅程中没有恐惧忧伤地酣然入梦，这该不是任何人都能做得到的。

常人在利害冲突于心时，还辗转难眠，而在生与死的临界上却有人恬然安眠，若没有养其浩然正气的功夫，以及"仰不愧于天，俯不怍于人"的坦荡的至高境界，又怎能如此超然于生命之外！

列车一声长鸣，停靠在下关车站，陈独秀在梦中被押解员叫醒。

陈独秀等被押解到南京后，上午8点，国民党中央组织部派人到车站接收，后将陈独秀、彭述之以及各种重要文件书籍等十多箱用汽车运到该处，交军政部军法司收管。

秋风萧萧，落叶飘飘，天气渐渐转凉了。被逮捕的陈独秀没有来得及带其他衣物，早秋天气乍暖还寒，对多病之躯来说无疑是雪上加霜。于是他在国民党军法司禁闭室写信给当局要求添置衣被，国民党中央党部考虑到陈独秀的身份及影响，于是同意拨给大洋一百元，满足了陈独秀的要求。

陈独秀从没有把自己看作是囚犯，更没有因为自己是"囚犯"而自卑。他不但提出了基本的物质需要，而且也要在精神上与蒋介石、陈立夫、陈公博等人一决高下。

1932年10月22日，天津《大公报》报道了陈独秀在南京的情况：

陈独秀昨未解汉
【南京二十一日下午六时半报专电】

　　军部军法司监狱科长语记者：陈独秀、彭述之二犯系由中央党部交押的于本监狱中，系寄押性质，军法司亦未开庭审讯，是否解汉，尚无消息。自二犯来狱后，中央即送交百元，备资需用。陈独秀之病，据伊称系染盲肠炎，但审其病势，并不十分剧重，或系慢性病。昨彼已向中央党部声请求派医诊治。

　　不料，此时的蒋介石于这年 7 月纠集了 50 万兵力分两路对鄂豫皖和湘鄂西根据地发动了第四次"围剿"。国民党"分进合击"与中共"集中优势兵力，打游击战和围歼战"的两种战术正胶着得难解难分。

　　蒋介石曾致电南京，将陈独秀材料送到武汉即可定夺。几经周折，南京方面国民党中央派组织委员会干事黄凯，带着陈独秀案的多种重要文件，于 10 月 22 日到达武汉，面见蒋介石，详细陈述了"陈彭案"的情况。黄凯又将捕获的各种重要文件呈给蒋介石审阅，请示定夺。看来，陈案的审理归属，还要等到蒋介石考虑后才能决定了。蒋介石把叛徒谢德磐等人调到武汉行营，亲自审问，一切材料都证明陈独秀和红军没有什么联系。

　　在狱中，陈独秀、彭述之表示，想见顾孟余、陈公博，有话向他们陈述，但是不是能够得到允许，还需等两人回到南京后确定。

　　陈独秀的权力欲望一刻也没有停止，不过，他的权力欲望主要是人权。

　　他要求给予读报和通信的自由。这种要求在西方的监狱里，人犯往往会轻易被满足，尤其是政治犯，但他的请求遭到了军法司的断然拒绝。他们又要求读书，军法司只允许阅读"三民主义或其他总理遗教"。至于外来的访客，包括新闻记者在内，他们都一概不准接见。

　　陈独秀被国民党羁押的消息传出后，再度引起各方的呼吁和营救。这次营救的舆论超过了历史上的任何一次。这是一次社会各界的大营救。陈独秀在争取人权自由道路上的素质训练达到了一个前所未有的高度。从抽象到具体，从激动到冷静，从狂热到理性。

翁文灏、胡适及南京政府外交部长兼行政司法部长罗文干致电蒋介石：请将陈独秀案付司法审判，不要以军法从事。

未被破坏的最大的托派地方组织——"中国共产党左派反对派北方区"致中共河北省委一封公开信，就陈独秀被捕，要求中共"为援救陈独秀同志而斗争"。并在其机关报《先锋》上呼吁："起来！起来！援救中国革命领袖陈独秀！""中国的革命群众和一切左翼的社团，一切革命分子都应立即起来，游行、示威、通电、开大会，坚决不拔的为援救陈独秀而斗争！"

胡适等人也给蔡元培发电报："请就近营救陈独秀。"

10月24日，上海《申报》刊登了蔡元培等8人联合请释的消息：

蔡元培等营救陈独秀

昨日，上海学术界领袖蔡元培、杨杏佛、柳亚子、林语堂等，致南京中央党部、国民政府一电，特录如下。

南京中央党部、国民政府钧鉴：

闻陈独秀于卧病中被捕解京，甚为系念。此君早岁提倡革命，曾与张溥泉、章行严办《国民日日报》于上海，光复后，复佐柏烈武治皖有功，而五四运动时期，鼓吹新文化，对于国民革命，尤有间接之助，此非个人恩怨之私所可抹杀者也。不幸以政治主张之差异，遂致背道而驰，顾其反对暴动政策，斥红军为土匪，遂遭共党除名，实与欧美各立宪国议会中之共产党议员无异，伏望矜怜耆旧，爱惜人才，特宽两观之诛，开其自新之路，学术幸甚，文化幸甚，临电不胜惶恐待命之至。①

---

① 《申报》1932年10月24日。

对于此电，蒋介石表示不予回复，但他已给南京政府发电报，表达了态度。

柏文蔚也于 25 日早晨到达南京，除了为新中国公学筹集基金外，还去国民政府探询了对陈独秀的处置态度，以便进行营救。

杜威、罗素等国际名士也致电蒋介石，对陈独秀进行营救。

10 月 26 日，北京的《晨报》发表了各方营救陈独秀盛况：

各方积极营救 [①]
【上海二十五日下午十时五十六分本报专电】

据列名营救陈独秀某君谈：关于救陈运动，全国各方均极热烈，沪方柳亚子奔走尤力，胡适之亦有电致蔡元培营救。北大燕大师生亦纷起设法，律师界章士钊、张耀曾、董康、郑毓秀均愿任陈辩护。盖陈思想虽不容于社会，惟其能牺牲一己，而推行其本人认为拯救民众之主义，即其人格弥可敬佩。且陈更因反对共产党杀人放火而为共党除名，更可概见陈人格之一斑。况陈过去之历史，与党国极有关系，故中央当局亦当回溯其已往功绩，以情理言，陈似不应处死。现陈案已决移司法机关审讯，则陈生命当可保全。蔡元培尚无赴京准备，惟陈病剧或将聘医往诊。

杨杏佛也致电蒋介石营救陈独秀，在参与营救牛兰夫妇、陈独秀、邓演达等人的活动中，蔡元培与宋庆龄、杨杏佛准备酝酿成立一个组织，动员国内外一切进步人士参与行动，共同营救政治犯，以保障人民民主自由的权利。在两个月后，12 月 29 日成立了中国民权保障同盟，杨杏佛任总干事。

如此等等，又形成了一场气势浩大的"救陈运动"。

---

① 《晨报》1921 年 10 月 26 日。

　　迫于各方面的压力及陈独秀在国民党中的影响，蒋介石又想到前几次陈独秀被捕后的"热闹"情形，于是便于 10 月 24 日电令南京：

　　"陈等所犯之罪，系危害民国之生存，国家法律对于此种罪行，早在法律上有明白的规定，为维持司法独立尊严计，应交法院公开审判。"

　　当天，国民党中常会谈话会讨论了蒋介石的来电。讨论认为，陈独秀、彭述之两人既不是现役军人，"犯罪"地点又在法租界，经与《危害民国紧急治罪法》相核照，与该法规定不合，不属于军法司管辖范围。于是"通过"了蒋委员长的来电，应转令司法行政部依法定手续审理。至于交给江苏高等法院还是地方法院，等进一步考虑后再决定。

　　蒋介石决定组织军事特别法庭审判陈独秀的念头打消了，改由法院公开审理。军事特别法庭的审判较为"独裁"，首先，不像一般法庭那样有比较严格透明度强的审理程序，审理时禁止外人旁听；其次，不公开犯人罪状，没有公开的公诉书（起诉书），只要法庭稍稍证明即可定罪，审理过程较为秘密也较为简单。

　　有了蒋介石的表态指令，军法司随即予以明确：

　　"陈独秀、彭述之危害民国案，业经派员侦明。查被告陈独秀、彭述之二名，既非现役军人，而犯罪地点又核与危害民国紧急治罪法第七条前段规定不合，本司自属无权管辖，依法应由江苏高等法院管理。"

　　"救陈运动"轰轰烈烈，但也有反动政客"清算陈独秀"的。国民党中统局主办的《社会新闻》发表署名"仿鲁"的文章，称陈独秀是"近代政治怪杰"，以为"陈曾是共党取消派，然而他是赤匪的创造者始作俑者……照现行法规，似应正法，而无活命之可能。反转是说，陈虽是共党，却是反对共党现行暴政者，而且还是个学者，只要他继续反共，似乎不至于死"。①

　　10 月 23 日，江西瑞金出版的中华苏维埃共和国临时中央政府机关报《红色中华》第 37 期以《取消派领袖亦跑不了，陈独秀在上海被捕》为标题，

---

　　①　仿鲁：《清算陈独秀》，《社会新闻》第 1 卷第 7 期。

报道陈独秀在上海被捕的消息，并加按语道："蒋介石不一定念其反共有力网开一面许以不死……或者还会因祸得福做几天蒋家官僚呢!"

为国民党当局鼓吹的《壬申半月刊》，于11月1日刊登了一篇题为《陈独秀被捕以后》的文章。该文在责骂"共产党徒，其罪大恶极，自然是应该聚而歼之"之后，又略述了陈独秀的政治活动，并摘要了陈独秀1929年12月发表的《我们的政治意见书》，称"该派现在似乎已经崩溃"。并吹捧当局道："自陈等被捕解京，我当局尊重法律司法独立，由蒋委员长提议，经中央常委会议通过，将全案移归法院审理，此诚不失为法治国家持平的态度。"

国民党首都南京军事机关军法司司长王振南10月25日表示：

"如中央将两犯交法院审判，本司俟接正式通知，即能交江苏高等法院或地方法院。"

国民党军政部石志承说：

"经军事最高机关调查结果，应归司法机关审理，在审理期间，本部无权过问，陈案与牛兰案相若，将来办理手续，或亦循此例。"

牛兰案，即牛兰（瑞士共产党人）、汪得利会案。他们夫妇作为第三国际东方局代表分别于1930年3月和6月来到上海，指导中国共产党工作。1931年6月被公共租界工部局逮捕后移交江苏高等法院审理。1932年8月19日被江苏高等法院刑事第一庭以"危害民国罪"判处无期徒刑。

10月25日下午3点，何应钦秉承蒋介石的旨令向国民党军法司司长王振南下达将陈、彭等交由法院公开审理的指令之前，召王振南带陈独秀到军部会客室接见，这次会见，在半交谈、半审问的气氛中进行。

"赣鄂等省共产党暴动行为，或知其详否?"何应钦问。

陈独秀答道："各处共党行动，均由干部派指挥，与余毫无关系。"

与日本关系暧昧的何应钦想探询一下陈独秀对中日战争的看法，似乎是借陈独秀的口来占卜一下自己的前途。但陈独秀的回答却让何应钦顿觉晦气。

陈独秀侃侃而谈，他告诉何应钦，依据国际形势观察仍须联俄才能于抗战有利，英美及国联对中国都不会有帮助。谈话进行了一个多小时后，接近尾声时，何应钦也慕陈独秀的大名，请求他为自己写几个字。陈独秀遂提笔写了正气灼人的语句："三军可夺帅也，匹夫不可夺志也"，以此句涂写了自己不为威权所屈的个性特色，暗示了自己无论遇到何等的艰难困苦，自己的追求都不会有半点的偏移。

传讯结束后，陈独秀仍被带回军法司。这时军政部的许多青年军人都纷纷持笔墨和几寸长的小纸条，四面围着陈独秀，向他"索书"纪念。

陈独秀执拗不过，于是军部挥毫，欣然写下："先下之忧而忧，后天下之乐而乐""莫等闲，白了少年头"……纸条笔墨，陈独秀应接不暇，直到将墨水写完，才算是解了围。不仅是他龙飞凤舞、刚柔相济的书法令军人得者喜、失者憾，这位东方哲人的忧国胸怀、威武不能屈的勇夫气质，更是令人惊叹。没有半点低眉敛目的囚人形状，多的是气吞河岳的气魄。

这种以自身的激动共鸣他人的时刻又在陈独秀的传奇生涯中描绘了崭新的一页，这种"不容于社会的思想"的拥有者，却时时又义无反顾地、全身心投入地关注着社会，他获得人们的广泛的同情和尊敬也是应该的，那些曲意逢迎者，那些虚骄恣肆者，那些临危变节者……在毫无虚饰、尊严如命、威武不屈、忠于真理、践行主义的陈独秀面前该是如何的渺小、黯淡无光！

二、"危害民国罪"

国民党当局决定"陈彭案"按"牛兰一案"办理，同为"危害民国"罪，所以逮捕手续及情形都相同，并由江苏高等法院审理。审判地点仍在南京，由该法院组织临时庭，因为陈、彭等犯"危害民国罪"，依法第一审即是高等法院，因为高等法院远在苏州，如再将犯人押往苏州，徒增手续的麻烦。于是决定暂押在苏州高等法院下属的江宁地方法院，听候高等法院决定审讯地点。一旦确定了审理地点，军部便令军法司将移交手续办理妥当。在公审时，由中央党部派人旁听。

陈独秀被捕时，搜出的 13 箱文件中，都是共产党左派书籍和杂志，等到开审时，也将作为"罪证"一并送往高等法院。

开审的日期尚未确定，患病于缧绁之中的陈独秀，因连日的颠簸，加重了胃病及盲肠炎，如果内肠溃烂，其毒侵入血液，三日之内即可不治，国民党打算将他移送到医院诊治，待病好后再决定审理。

10 月 26 日上午，军法司电询国民党中央组织委员会调查科，请示处置办法，并电请司法行政部刑事司司长李幼泉，转告江宁地方法院准备监房，查验收押，此种做法用军法司司长王振南的话说就是"以免外界误会"。①

上午 9 点左右，军法司接到中组会调查科谕令，于是便派了周、游两名监狱官长，再加上军警 8 人，于上午 10 点到了监房，将陈独秀、彭述之二人提出，连同两床铺盖，两只行军床，还有各种文件书籍一起押上了军法司的卡车，直接开往江宁地方法院。

50 分钟以后，囚车到达法院，押解人员将陈独秀、彭述之送到了检察署候讯室。在交接时，江宁法院检察官吴绍昌，讯问二人姓名、年龄、籍贯等，记录完毕，签送到看守所暂押，并告诉看守人员禁止陈、彭接见一切宾客。

陈独秀在候讯室时，《晨报》记者问他在狱中有何感想，陈独秀说：

"在狱之人，他无所望，唯一要求，即望当局予以公开审判。"

陈独秀在军法司在押期间，已细读孙中山三民主义及国民党法律，他充分研究了这资料，认为自己完全有能力开脱自己无罪，再者，他一生反对专制独裁，那些吩咐、安排、照办的黑箱式的军事法庭审判，是自己深恶痛绝之的，于是在狱中"阅读三民主义或其他总理遗教"，"每日阅党义书籍"，以便在公开审理的法庭上为自己讨个公道，给国民党当局以沉重的一击。即使在刚到江宁地方法院，喘息甫定之时，他仍是"态度安静，手携党义书数

---

① 《晨报》1932 年 10 月 30 日。

本"。可见为了打赢这场官司，他准备得何等认真。

国民党军法司在将二人解往法院时，并备一函述说解往原因（也即是国民党的托词）及有关事宜。原文如下：

> 危害民国案犯陈独秀、彭述之，请收押审办等由一案，业经派员侦明在卷。查被告陈独秀、彭述之二名，既非现役军人，而犯罪地点又核与危害民国紧急治罪法第七条前段规定不合，本司自属无权管辖，依法应由江苏高等法院审理。除获案文件，未准附送，应请经向中央组织委员会调查处外，相应将陈独秀、彭述之二名，连同本司侦察卷，派员解送贵院，即希查照验收给据，并转解江苏高等法院办，公毕仍将本司原卷归还送档为荷。法院收到后，即付以收据。①

江宁地方法院看守所，原本打算将陈独秀等押在普通狱所，因为原来的"政治犯"牛兰夫妇住的优待室无人羁住，并且二人所犯的案件性质与牛兰相同，便决定二人暂住这个优待室。该室房间非常清洁宽敞，光线较好，不像普通监狱那样阴暗潮湿。此房共有3间，分为3号，陈独秀、彭述之同住在2号房间，1号房间是法医办公室。彭述之入狱后，因咳嗽而显得非常疲惫，一个眼睛又患上了眼病，法医给他洗了洗后，为早日痊愈，便用硼酸纱布包好。

陈独秀被交法院审理的消息传出后，在北大曾为他的学生的傅斯年，于1932年10月30日在《独立评论》上发表文章《陈独秀案》，称颂陈独秀是中国革命史上"光焰万丈的大彗星"，主张在处理陈彭案上，应"考虑陈一生行迹及二十年来中国革命历史"，做到最合法、最近情、看得到中国20年来革命历史的意义及国民党自身的革命立场，并"希望政府能将此事交付法院，公开审判……不妨依据法律进行特赦运动"。

---

① 《晨报》1932年10月30日。

10 月 31 日，宋庆龄由上海抵达南京，又乘飞机到武汉，为陈独秀被捕一事访问蒋介石夫妇。12 月 31 日，蔡元培、胡适等都纷纷向他推荐辩护律师。陈独秀的好友章士钊还自告奋勇义务任他的辩护律师。

"缚虎容易纵虎难"，国民党方面有人认为，其思想为社会所不容的陈独秀，能够得到由军法论处改为法庭公开审理，这已是"党国"的最大恩赐了，应该尊重法律，尊重司法独立，对陈独秀严加查办。

10 月 27 日，即陈独秀被移交到江宁地方法院的第二天，国民党广东省党部电请国民党中央严办陈独秀，并请"惩办出名保释之人"。29 日，国民党南京特别市执行委员会决议，"呈请中央依法，惩办共犯陈独秀等不准保释，并电全国一致主张"。

陈独秀捕后，新疆省政府主席金树仁、湖南清乡司令何健、国民党湖南省长沙市执委，湖南衡山县、罗山县和江西上高县、山东邹县、广东英德县等党部，国民党陆军 16 师、19 师、27 师、53 师、78 师党部等单位，打电报给国民党中央当局，要求"严惩""处极刑""明正典型""迅予处决"，将陈独秀看作是洪水猛兽，一旦放出，遗患无穷，国无宁日，欲置之死地而后快。

11 月 1 日，国民党南京市党部书面警告蔡元培、杨铨（杏佛），说他们"请宽释陈独秀"之电是"徇于私情，曲加庇护，为反动张目，特予警告"。

有"中统"背景的《社会新闻》报富有深意地表示："照现行法规，似应正法，而无活命之可能。"

10 月 28 日，香港《大公报》则发表了《营救陈独秀》的短评，说陈独秀是一个领袖，自有他的信仰和风格，所以只须给予他机会，叫他堂堂正正地主张意见，向公众公开申述，这正是尊重他、爱护他的道理。如果用哀恳式的乞怜，感情式的缓颊，在法律以外去营救他，倒反辱没了这位有骨头有意识的老革命家。并认为蔡元培等"矜怜耆旧，爱惜人才，特宽两观之诛，开其自新之路"的话，是"多此一举"；主张"大家应该成全陈独秀"，应想念他即作为领袖，"有真诚信念，不变节，不改话，言行始终"。还说："凡非《危害民国紧急治罪法》第七条所应适用之地方，所有党案，概限克日移送该管法院，公开审理，依法判决。"

陈独秀被押解到江宁地方法院看守所后，北京的《晨报》记者去探视采访他，记者由该所派人领到病监第 2 号，看到身穿灰布棉袍、棕色裤的陈独秀正在门外走廊徘徊踱步，病似乎已经痊愈；身穿灰布棉袍、蓝色裤的彭述之则仰卧于床上，左眼包有纱布。

记者满怀关心地问道：

"先生贵恙，近状如何？"

陈独秀听到记者的关切问候，回答说：

"余在沪被捕之时，方患病稍痊，至捕房，未得诊治，致又转剧，自引渡后，曾入医院医治，解至南京后，又蒙军法司派医诊察，现已稍痊，惟精神尚觉疲乏。"

记者又问："先生对于此次被捕，感想如何？"

陈独秀敏锐地看了看记者说：

"余无何感想，惟对于我二十年来未到之南京，见各处之大建设及商业之繁盛，真胜昔百倍，在此国难日亟之时，政府仍能努力发展建设，此点实为国家前途庆幸。"

记者问："法院对先生一案，即将开审，外传先生已聘定辩护人，确否？"

"余等案件系政治问题，又可说是学理问题，似无须请人辩护，如欲请人辩护，亦须有钱才行，但我系已穷措大，而信件来往每月只能一次，何来有此充分之时间，作请人之准备，故如开审期促，则更不延人辩护矣。"

记者又问："先生近在监中，作何消遣？"

陈独秀答道："惟每日看看中央军校出版之各种军事丛书等。"在他那里，思想不可以禁锢，无论什么书籍都可以自由流通、传播。

10 月 29 日，陈独秀等受江苏省高等法院传讯，江苏高等法院派检察官朱隽带领书记官来到了南京，在上午 9 点半，在江宁法院刑二庭开庭审讯。法官将"陈彭案"各要点详细记录。陈独秀在法庭上表示："愿尊重国家法律，望政府秉承大公，不参加个人恩怨，法律判我是罪有应得者，当亦愿受。"①

审讯到 11 点才退庭，宣布将于下星期一再开庭侦查一次，检察官朱隽留在南京，在下周侦查后，就到江苏高等法院提起公诉公开审理。检察官还告知看守所，陈、彭案情重大，在侦查期中，拒绝一切接见和书信来往。

经过了漫长的等待，1933 年 3 月底，江苏省高等法院对陈独秀等以"危害民国罪"提起了公诉。起诉书主要内容为：

中国共产党首领陈独秀等，上年十月间被上海公安局捕获，解送南京军政部军法司。嗣称由司法行政部交江苏高等法院审理，经检察官检察结果，提起公文摘比照录起诉书原文如左：

起诉书：被告陈独秀、彭述之（即张次南）、王武（即宋逢春）、濮一凡、王子平、何阿芳、王兆群、郭竞豪（即彭道之）、梁有光、王鉴堂，以上十名均在押。右开被告，民国廿一年刑事第三八号危害民国一安，并经侦查终结，认为应行提起公诉，兹将该被告犯罪事实，及所犯法条，开列于后：

……

陈独秀部分：被告陈独秀，系安徽怀宁人。初在日本东京大学读书。查被告为中国共产党左派反对派中央执行党务委员首席（以下简称中央反对派），是为一党之主脑。其个人行动，及发表之反动文件，应负责任，固无论矣，即以中央反对派名义刊行之反动传单佳音宣言书，及其指挥之行动，亦应由其完全负责。……

一面借口外交，竭力宣传共产主义；一面则对于国民党政府，冷嘲热讽，肆意攻击。综其要旨，则谓国民党政府威信堕地，不能领导群众，应由其领导农工及其无产阶级等，以武装暴动，组织农工军，设立苏维埃政权，推翻国民政府，由无产阶级专政。并欲打倒资本家，没收

---

① 《大公报》1932 年 11 月 1 日。

土地，分配贫农。其言词背谬，显欲破坏中国经济组织、政治组织……竟目三民主义为反动主义，并主张第三次革命，坚决扫荡国民党政府，以革命民众政权，代替国民党政权。其意在危害民国，已昭然若揭。惟查共产党进行之程序，原有组织团体，宣传主义；武装暴动，设立苏维埃政权等各阶段。察核被告所为，仅只共产主义之宣传，尚未达于暴动程序。然以危害民国为目的，集会组织团体，并以文字为叛国宣传，则证凭确实，自应令其负责。

国民党对陈独秀提出了上述公诉后，即紧锣密鼓地开始了陈彭案公开审理的准备，服从上级指示，达到顺乎"民情"、准乎法律的审理结果，殊不知这里面存在着多么难以自圆其说的矛盾。

而在狱中手执国民党党义的陈独秀，此时已在酝酿着自己的答辩书，他决心变被告为原告，改法庭审理陈独秀为陈独秀清算国民党。有针锋相对、水火不容的两种意识形态的斗争，又有旁边的摇旗呐喊者，所以，国人都以极其关注的心情预测：这幕历史名剧即将上演了。他们都以渴盼的心情试图去撩开审判帷幕的一角，先看个究竟。

"千呼万唤始出来"，这场举国翘首以待的历史审判终于在漫漫等待中于1933年4月14日拉开了序幕。

三、法庭上的斗士

1933年的南京，天空中阴云密布，雾霾似铅。这六朝古都不知是已经习惯于日军入侵的频频传闻，还是未能感受到那渐近渐强的隆隆炮声，仍有着难得的平静。日本帝国主义将东北三省变成掌中之物后，又将其侵略的魔爪逐步向热察及关内伸展。

1月3日，日军攻陷了山海关和临榆县城，中国军民3000余惨死于屠刀之下。

5 月 31 日，北平军分会总参议熊斌受北平政务委员会委员长黄郛的派遣，秉承蒋、汪指示，将签订好的卖国之《塘沽协定》递到了日本关东军代表冈村宁次手里。

就在这浸淫的炮声与城下之盟的间隙里，一场轰动全国、备受关注的"陈彭案"拉开了审判的序幕。

"卖报！卖报！特大新闻，《隽语风生法院审理陈独秀》，请看审判详情……"手持国民党《中央日报》、衣衫褴褛的报童在人潮如涌的街道弄堂张扬着。关押陈独秀后人们漫长的等待终于有结果了！

1933 年 4 月 14 日，江宁地方法院。

旁听席上早已观客满座，他们交头接耳，预测着审判结果，表情各异。庭外也是人头攒动，或踮足张望，或侧耳细听，都像是在期盼着一场即将上演而又久闻未睹的经典名剧。

上午 9 点 30 分，受苏州高等法院委派的审判长胡善偁，推事（国民党审判官长之称）张秉慈、林哲民，检察官朱隽，书记官沈育仁等莅庭就座。

与此同时，陈独秀等的辩护律师章士钊、吴之屏、彭望邺、蒋豪士、刘祖望 5 人也从容地走入了律师辩护席。

自陈独秀等被解到江宁地方法院看守所拘押，到高等法院派人审理，历时半年有余，究其原因，是审判人员的委派出现了"将多难出征"的尴尬。

在陈独秀的心目中，没有不可以犯的"上"，那令人敬仪千年的孔"上"，那历代让人举国呼颂的皇"上"，那权极一时的袁"上"，这些偶像无不被他涂抹得面目全非，无不在他的口诛笔伐下声名狼藉。

1918 年，他在《新青年》5 卷 2 号上发表了《偶像破坏论》，称偶像是"一声不做，二目无光，三餐不吃，四肢无力，五官不全，六亲无靠，七窍不通，八面威风，九(久)坐不动，十(实)是无用"。对偶像的讽刺、奚落，真是形象生动、入木三分。

如今，"陈彭案"的卷宗放到了高院，倒真有了一种人人自感绠短汲深的忐忑与危机。高院派人颇费周折，谁也不愿接审这种棘手的案件，陈独秀的雄辩是尽人皆知的，谁能保证自己在辩论的过程中会不被陈独秀问得哑口无言？再则，陈在上海被捕时，身上不名一文，一点油水也难以捞到，若操作失当，还要上下受气，遭人指骂。

法官们进行的"推事"，不是推敲法律，研究审判之策，而是把事情推开了事。个个成了"足球队员"，踢来踢去便踢给了胡善俦、朱隽等人。

陈独秀无钱请律师，更不愿请律师，对于他，律师简直是一种摆设，只有弱者才需要那班人的"护"。

政治兼学理的复杂案件是陈独秀的一厢情愿，还是那句老话，"秀才遇见兵"。你以为是学理的讨论，可在政治场上的论争，又焉有何理可言？问题的关键在于，你已经不是"五四"时期身处局外的自由辩手了。

"行无愧怍心常坦，身处艰难气若虹"。陈独秀坚信自己能开脱"罪责"，胸中怀有坦然，而以坦然的心态去面对各种困难，总有一种"一览众山小"的气度，陈独秀常以自己的境界观照周围的世界。

此时，在上海开设律师事务所的章士钊早闻陈独秀被捕入狱，决定赴京为好友鸣辩，经过精心准备，在得知陈独秀公审日期后，踌躇满志，欣然而来为陈独秀作义务辩护。

深知陈独秀秉性的章士钊的到来，使得陈独秀盛情难负。同时，彭望邺、蒋豪士也愿任全案义务律师，真是"无心插柳柳成荫"。这与国民党当局委派审判员的"有心栽花花难成"成了相映之趣。

世事沧桑多变，与陈独秀数载相交的章士钊在赴京辩护时不觉有了许多感慨，于是，挥笔写下了一首诗：

> 龙潭血战高天下，一日功名奕代存；
> 王气只今收六代，世家无碍贯三孙。
> 廿载浪迹伤重到，此辈青流哪足论？
> 独有故人陈仲子，聊将糟李款牢门。

这是对故友的赞颂，也是对名士遭遇的感伤。

此时闻名全国的大律师章士钊，对于普通的诉讼案，即使别人以高薪奉请，也难以得到他的承诺，今为陈独秀辩护，尽完全义务而不取酬劳，被时人传称为"有古义士之风"。"五四"前后，他与陈独秀在政治主张、文学体裁等方面都是对立的，相互之间虽曾口诛笔伐，文仗连连，但那只不过是学人"吾爱吾友，吾更爱真理"的追求碰撞。对处于危难之间的"论敌"有此义举，实谓"古道可风"，章、陈人格光辉也在互映互显之中。

9点35分，一声庄严的宣告在法庭回荡："肃静，肃静！本庭宣布，由本院审理的陈、彭等危害民国一案，正式开庭！"书记官的声音顿时平息了法院中的噪音和躁动，只听到翻动卷纸与掠过屋顶的风声。

法警执签提陈独秀、彭述之等10人到庭。

走在最前面的陈独秀环顾法庭，神态自若，胜似闲庭信步，好像伏案久了走出书斋透透空气、观观风景。其他"同犯"跟随着走向被告席，整个法庭的目光都聚焦在这10个人身上。也许是久经劫难之故，陈独秀全没有囚徒的气象，俨然是将要远征的将士登上了祭坛。在各有其景的队列中，确是一枝独秀。

"案犯陈独秀，将年龄、籍贯或住处、职业告知本庭！"审判长胡善偁讯道。他自己心里也明白这些"程序式"的问话内容都是耳熟能详的。

"本人陈独秀，字仲甫，五十五岁，安徽怀宁人，住上海岳州路永兴里，无业！"陈独秀对审判长未置一瞥。在他心目中，这种情形下的位置，应该颠倒过来才对。

胡善偁又讯问其他人，都一一作了回答，书记官记录在案。

审判长讯录完毕，检察官朱隽宣告陈、彭等10人拘捕经过，之后法官首传陈独秀审讯，彭述之等9人则被带到待审室。

两鬓斑白如霜、须长寸许的陈独秀立于法庭，面色红润，一扫入狱前满面病容，他昂首望着法庭高悬着的被国民党奉为国父的孙中山总理遗像，又看了看对称而悬的青天白日旗，他觉得这两者之间相距是何等的遥远！

他又将目光投到了旁听席上，他觉得他们的目光中多的是期盼，希望他勇斗法庭，胜券在握；他忽然又觉得那目光中又隐伏着愚蒙，需要有人去开启堵制这性灵的茅塞！

他朗然地又一次回答了审判长有关姓名、籍贯等的提问。胡善偁又就近段陈独秀的活动内容及时间地点作了讯问，陈独秀都避重就轻巧妙地一一对答。但彼此都知道，问讯的内容在逐步深入：

"共党活动，是否受莫斯科指挥？"胡善偁单刀直入。

"是，"陈独秀爽快答道，"不争之事实。"

"当时共党之活动，第三国际态度如何？是否满意？"

"无所谓满意不满意。"

"共党书记是否即总秘书长？"

"是。"

"何时被开除？"诸种战策，攻心为上，此问实为灭他人威风的心理招数。

陈独秀却不以为然："记不清，大约在民国十七年十八年。"

"究以何故成为苏俄干部派（即斯大林派）之反对派？"审判长紧追不舍，"为何被开除？"

"以意见不同而已。"

"被开除后做何事？"

"未做事。"

"共党共分几派？"

"分托洛茨基与斯大林两派。"

"托洛茨基现在何处？"

"现在情形不知。"

陈独秀这些无关宏旨的懒惰式的回答使审判长不得不另寻略策：侧面进攻。

"共党内常委几人？"

"五人，然五人中，并无宋逢春，因宋于被捕时方出狱一周余，宋在狱中何能当选常委。又濮一凡为一三十余岁面黑之人，倾见者乃一漂亮小孩子。"陈独秀有条不紊，机智开脱。

"彭述之曾供濮一凡为常委？"审判长突然问道。

"不对。濮非常委，恐因语音不同而有舛误。"陈独秀坦然答道。

此时律师席上的章士钊起立申告："检察官之记录，吾等并未见过，其中恐有错误，请发下一看。"

检察官朱隽答道："待将来整理后宣读，如有舛误，再作改修。"

审判长继续问道："对于红军主张如何？"

"红军为特别组织，要先组织苏维埃政府，照现在状况尚用不着红军。共党理论，先要有农工为基础，待有政权，才需要有军队。"

"又《告党内同志书》一文，内有当共党欲实行暴动，曾有信去指说现在尚未至革命高潮，国民政府尚不能崩溃，徒使党离开民众，应请改变政策等语。是否是你作的？"

"是有的。"

"中国共产党反对派即托派最终目的如何？"胡善俦似乎真的不明白托洛茨基主义为何有这么大的魅力，使这些颇有智识的人有着冒死的迷醉。

"世界革命，在中国需要解放民众，提高劳动者生活，关于夺取政权，乃当然的目的。"陈独秀毫不掩饰，阐义简洁。

"《斧》一文在何处发行？"

"在华北发行。"

"书中有召集不具名会议，是何意思？"胡善俦对陈独秀不解的地方太多了，他难以想象从这样一个人的体内产生了这许多新鲜的东西。

"国民党不召集时，由共党召集，共党不能召集时，即在国民党势力参加之。"对于这样一个"一声不响，二目无光"的傀儡，他真的要付出耐心了。

"与皖湘闽赣等省共党不能合作，是否因政策不同？"

"是。"

"党内教育界学生方面有人参加否？"

"当然有，工人比较多，其余各界都有。"陈独秀笼统地回答。

"是否常开会?"

"不一定。"陈独秀含糊道。

"几时生病的?"胡善俦话锋一转。

"去年八月间。"

"未生病前开会是否常到?"

"开会常到。"

讯问似乎无关宏旨。胡善俦自然而然地想从陈独秀口中得知其他人的材料。于是问道:"被捕十人中,有几人认得?"

"以政治犯资格,不能详细报告,作政府侦探,只能将个人情形报告。"陈独秀窥破了这一动机,打消了他的妄想。他以凌厉的气势、不耐烦的目光藐视着对方,希望尽快结束这冗长、缓慢甚至是无聊的对白。

其实,在这么长的讯答中,法庭一直在"敲边鼓",而真正的目的是搜集能将陈、彭定为"危害民国罪"的事实根据。陈独秀的对答使这"边鼓"无法再敲下去了。于是胡善俦开始将问话引向正题:

"陈独秀,你们何以要打倒国民政府?"

陈独秀一听此言,立刻打开了其特有的政治思想闸门:

"这是事实,我不否认。至于理由,可以分三点,简单说明之:

"(一)现在国民党政治是刺刀政治,人民既无发言权,即党员恐亦无发言权,不合民主政治原则;

"(二)中国人已穷至极点,军阀官僚只知集中金钱,存放于帝国主义银行,人民则苦到无饭吃,此为高丽亡国时的现象;

"(三)全国人民主张抗日,政府则步步退让。十九路军在上海抵抗,政府不接济。

"至所谓长期抵抗,只是'长期抵抗'4个字,始终还是不抵抗。根据以上三点,人民即有反抗此违背民主主义与无民权实质政府之义务。"

陈独秀抑扬顿挫,锋芒毕露,利器突出,直指要害。他似乎又登上了高高的讲坛,振臂一呼,慷慨陈词。

对陈独秀的审讯一直持续到上午 11 点 35 分，审判长问毕，令陈独秀退庭，接着传讯了彭述之、濮一凡。等到传讯完王武时，已是下午 1 点 30 分了。审判长将各被告传至法庭宣布："本日时间已迟，暂且休庭，改明日（15日）上午九时，继续开庭审讯。"说罢退庭。

退庭后，章士钊总觉陈独秀所供之词难以达到自己为陈辩护的最终目的，于是便找到几位法官，调出陈独秀案卷与供词，修改了部分不利于陈独秀的词句。想到桀骜不驯的陈独秀，法官觉得此举亦是求之不得，于是顺水推舟，送章士钊等个人情，合作愉快。

第二天，江宁地方法院刑事审判庭的旁听席上又挤满了前来听审的各界人士，一百多人，其中大多是学生。因座位有限，来晚的人只能站着。法官们依旧是昨天的班底，他们好像是在拖延时间，直到 9 点 55 分才在审判庭上姗姗落座，五大辩护律师也相继莅庭。审判长发签派法警提陈、彭、濮、王 4 人到法庭待审室，首先传讯陈独秀。

胡善俪说："被告陈独秀，昨日本庭审讯之笔录，今由书记官宣读，内若有错误出入之处，可当庭声明更正。"

"悉听尊便！"

书记官强作严肃、官腔十足地开始朗读昨日讯供笔录，陈独秀闭目细听，一字不漏，并发觉几处有出入。书记官宣读完毕，陈独秀在供词上签字时，他发现自己的供词被别人改过，于是在改过的地方又改了过来才签上了自己的名字。

接着，审判长又照例依次传讯彭、濮、王 3 人，书记官宣读昨日 3 人各自供词，每人均略有补充修正。供词比照完毕，4 人又被法警带回了待审室。

审判长又让法警依次带王子平、何阿芳、王兆群、郭竞豪、梁有光、王鉴堂，各有讯供，并记录在案。讯毕，又传陈独秀等 4 人同时到庭。

审判长问道："陈独秀，托洛茨基派之最终目的如何？是否为推翻国民党，实行无产阶级专政？"

"是的，凡不抗拒外侮，不顾人民，实行独裁政治的党派和政府，都应该打倒，莫说国民党，也包括托洛茨基主义者！"陈独秀直言不讳。人家已经不在乎是什么主义不主义，更讨厌在名词上做诉讼官司，"五四"时期的"孔教"与"孔学"、"自由"与"解放"之争中，他都对名称上的"文章"给予了毫不留情的回击。在归根结底意义上说，他是一个"力于行"的人。快刀斩乱麻是他一贯的个性。

审判长又问彭述之："托洛茨基派最终目的如何？"

彭述之答道："世界无产阶级革命。"

"是否为推翻国民党，无产阶级专政？"

"正如刚才陈独秀所言。"

问毕，审判长宣称："本案因公安局尚有一部文件未到，明日（16 日）为星期日，兹定于 18 日上午开审。"

陈独秀当场声明："要审从速，延迟时日，决非吾之所愿，请法庭翌日开审，早日决断！"

章士钊起立说："本律师因故要求再延迟两日，请法庭予以考虑。"

其他 4 位律师一起赞同，随声附和。

审判长正是求之不得，于是宣布："为本案审判之公平，以谨慎为本，应各位律师之要求，本庭决定于 20 日上午 10 点继续审讯，案犯带回看押。退庭！"

这第二次审理结束已是下午 1 点。众人不解地望着离庭法官的背影及整理案卷的律师，窃窃议论："是巧合，还是谋合？"

空落的法庭又在静寂中等待 20 日那台上和台下的人们，它又恰似一座火山，经过四五日短暂的休眠，不知将喷发出一个怎样的结果。

第二次庭审与第一次相比，似乎较为平静，但这平静只是表象，对于此案的定论，并非这几位审判员所能了断的事，这一平静，也正掺入了许多人的不平静。法庭上的法官在等待上级指示，法庭下的律师在周密备战，这台国人瞩目的大舞台上是跌不得跤的！而陈独秀需要的不是这些复杂，他希望快刀斩乱麻，赤膊上阵，奋勇拼杀，从速了断。但他并不是武夫，他要宣扬自己的主张，寻求舆论的支持，而国民党当局似乎比他更早地关注了这一点，于是，另一种备战也在悄悄地进行着。

1933 年 4 月 20 日，这一天终于到来了，原定于上午 10 点开庭，不到 9 点，观审心切的旁听者就已陆续赶到法院，争相请求签发旁听证，挤挤攘攘、吵吵闹闹，签证者庆幸，无证者遗憾。其中有许多人不远千里专程跑来南京亲睹审理此案的实况。镇江来的，无锡来的，上海来的……济济一堂，怕法庭"不敷容纳"，来得晚的互相抱持以节省空间，挤在法庭的角落里。学生依然居多，一是因为法律类学生观摩法庭审理，二是听说为陈独秀辩护的律师是法律界名人章士钊。

时间到了 10 点左右，旁听席上已难以找到立锥之地。座位的缝隙间也被忍着压迫感的躯体塞实，记者席上，《国闻周报》《申报》《晨报》等媒体的记者们也忙着"抢滩登陆"。不太幸运而没有挤进法庭的旁听者，遗憾而又怅惘地站在法庭外顿足叹息，后悔未能早来，只得在大门外隐隐约约地听。

10 点 42 分，审判长胡善偁，推事林哲民、张秉慈，书记官沈育仁，检察官朱隽等升堂落座。为被告辩护的五大律师也联袂莅庭。

书记官沈育仁宣告："因本案涉事庞杂，故延至今日继续审理陈、彭等危害民国一案。希望各界莅庭人士谨守法庭秩序，莫有夸张之言行。"

接着审判长命人提王子平、何阿芳等 6 人到庭核对笔录，6 人对所供笔录没有重要更正。于是又命人提陈独秀等 4 人核对第二次庭讯笔录。陈独秀对托洛基派的最终目的及中共托派常委略有更正。

接着法庭在辩论之前，仍然依照程序做最后的讯问。首先讯问陈独秀。

审判长问："本案业经再度审讯，今犹有数语相询，王兆群是否即为罗世凡?"

"不是。"

审判长问："你前供称常委是你和彭述之，还有一个叫张九的是不是?"

"是的。"陈独秀回答。

审判长接着问："罗世凡是不是常委？"

陈独秀回答："他是候补常委。"

审判长："王兆群是不是候补常委？"

陈独秀说："不是的。"

陈独秀知道，这种问法应该是让他们之间互相印证，好以此定罪。事实也证明，这样的问讯正是后面大论战前的平静。

审判长接着依次讯问了彭述之、王武等其他人。讯问完毕，已经到了12点05分了。

12点20分，按照程序，检察官朱隽起立提起论告说：

"本案被告陈独秀等十人，被捕经过已于起诉书中述明，并对被告十人之犯罪证据，加以说明。陈独秀，他供过，民国九年加入共产党，十一年任秘书长职，十六年清共，共党失败，因他工作无成绩，致被开除总秘书长职，十八年因倾向托洛茨基派，被开除党籍。彭述之、王子平、何阿芳等，倾向托派，亦均被开除，因此共同组织中国共产党左派反对派。查被告之被开除，是被斯大林派开除，并非完全脱离共产党。斯、托两派不同的地方，是斯派说暴动时期已到，托派说还没有到。在策略上，托派主张红军应以农工为基础，斯派则连土匪盗贼都参加在内。在手段上，斯派主张国民党分子亦可加入，托派主张国共应分开。凡此种种，都是内部问题，在法律点上，他们主张打倒国民政府，和无产阶级专政是一样的目的，都是共产，都是危害民国。被告供过，说他们现在势力不大，只有几百人，分子以工界为多，学界次之，农村尚无力量走进，与第三国际并无关系。这些在证据上看来，可以相信。又被告自认组织共党，从前开会是去的，并任首席常委，所以被告负有两个责任：（一）组织左派反对派，他是主脑，所以无论宣传命令，他都要负责，被告左派反对派，他是主脑，所以无论宣传命令，他都要负责，被告个人之言论著述，当然亦要负责。（二）宣传部分，他们有一个系统，向一个目标进行，著作很多，被告当然亦要负责。……以上之内容，均利用外交，攻击国民政府，使国府威信堕地，不能领导群众，应由其领导农工及无产阶级，与以武装暴动，组织农工军，促立苏维埃政权，推翻国民政府，由无产阶级专政，并欲打倒资本家，复收土地，分配贫农，破坏政治，及经济组织，故为危害民国，毫无疑义。综纳被告之主张，共有四阶段：（一）组织团体；（二）宣传；（三）武装暴动；（四）无产阶级专政。但是被告之行为，在第二阶段中至第三阶段，现在还办不到。综合所述被告实犯危害民国紧急治罪法第六条及第二条第二款。

"彭述之犯罪情节，与陈独秀同……"①

论告中，彭述之、王子平、何阿芳3人犯罪情节与陈独秀同；王武、王兆群、郭竞豪与梁有光同为违犯危害民国紧急治罪法第六条之罪。王鉴堂则"情节似属较轻，判决时请庭上酌量"。

检察官论告结束时，已经是下午1点45分了，台下一片议论。审判长就讯问陈独秀道："你是否尚有抗辩？"

陈独秀愤然答道："凭空编造虚实之词，强假于人，焉有不抗辩之理？当然有辩！"于是展开亲自写的《辩诉状》朗声辩驳：

"予行年五十有五矣，弱冠以来，反抗帝制，反抗北洋军阀，反抗封建思想，反抗帝国主义，奔走呼号，以谋改造中国者，于今三十余年。前半期，即五四以前的运动，专在知识分子方面，后半期，乃转向工农劳苦人民方面。盖以大战后，世界革命大势及国内状况所明示，使予不得不有此转变也。"

他首先概括了自己成年以来的人生追求，接着转向国家现实，并严厉指责了中国社会的上层剥削阶级不能救国反而误国害民：

"半殖民地的中国，经济落后的中国，外困于国际资本帝国主义，内困于军阀官僚。欲求民族解放，民主政治之成功，决非懦弱的妥协的上层剥削阶级全躯保妻子之徒，能实行以血购自由的大业。并且彼等畏憎其素所践踏的下层民众之奋起，甚于畏憎帝国主义与军阀官僚。因此，彼等亦不欲成此

---

① 《国闻周报》第10卷第17期。

大业。"

他回想了自己为探寻中国生存道路而付出的 30 个春秋。他想到了太平天国、义和团，想到了八国联军，想到了康有为、梁启超、孙中山，又想到了共产党早期组织，历史呼唤英杰扶岌岌大厦之将倾。他为自己肩负的使命与付出的代价而自豪，他为自己没有流于"全躯保妻子之徒"而欣慰。他致力于反封，又心仪过改良，着手于启蒙，鼓吹过革命，扯起过"民主"与"科学"的两面大旗，最终走上了共产主义道路。他指出了救国的真正路径以及自己组建中国共产党的原因：

"只有最受压迫最革命的工农劳苦人民和全世界反帝国主义反军阀官僚的无产阶级势力，联合一气，以革命怒潮，对外排除帝国主义的宰制，对内扫荡军阀官僚的压迫，然后中国的民族解放，国家独立与统一，发展经济，提高一般人民的生活，始可得而期。工农劳苦人民一般的斗争，与中国民族解放的斗争，势已合流并进，而不可分离。此即予于五四运动以后开始组织中国共产党之原因也。"

他阐述了共产党人的追求目标以及共产主义的真正意义，并表示它的成功已有事实为明证：

"共产党之终极目的，自然是实现无剥削无阶级人人'各尽所能各取所需'的自由社会。即是：一切生产工具收归社会公有，由社会公共机关依民众之需要计生产消费之均衡，实行有计划的生产与分配，使社会的物质生产力较今日财产私有自由竞争的资本主义社会有高度发展，使社会物质力量日渐达到足够各取所需的程度。所以共产主义，在经济学上是一种比资本主义更高度发展的生产制，犹资本主义之较高于封建生产制也。此决非世俗所认为简单的各个穷人夺取各个富人财产之意义。此种生产制，决非我等之空想。经济落后的俄国，已有初步尝试，而获得初步成功。全世界所有资本主义生产制的国家无不陷于经济恐慌的深渊，独苏联日即繁荣。此新的生产制之明效大验，众人之所周知也。"

他又想起了举国的民众，无道治国的受害者，党国给予国民的"幸福"

也实在令人不寒而栗，他比照苏联反观自己的国家，要扫清阻挡中国革命成功的障碍。在这白色恐怖里，在到处都是枪声的世界里，他站在正大肆屠杀共产党人的国民党的法庭上，以淡对生死的大无畏的勇气阐明了共产党当前的革命任务：

"中国推翻帝制的革命，先于苏联者七年。今日二者之荣枯，几不可比拟，其故可深长思矣。或谓共产主义不适宜于中国，是妄言也。此一终极目的，固非旦夕所能完成，亦非'和平'所能实现。为实现此目的而清除道路，中国共产党目前的任务：

"一曰：反抗帝国主义以完成中国独立。盖以中国的海关、矿山、工厂、金融、交通等经济命脉，都是直接间接宰制于帝国主义之手，非采取革命行动，击碎此等宰制吾人之镣锁，中国民族工业将无发展之可能。列强的海陆空军威吓着全国大都市，日本更以武力强占了中国领土五分之一，此而不加抵抗，或空言欺骗，均与卖国同科，尚何'民族主义'之足云。

"一曰：反抗军阀官僚，以实现国家统一。盖以军阀官僚自由发动他们的内部战争以破坏经济，自由增加苛捐杂税和发行公债以饱私囊，自由制定法律以剥夺人民的自由权利，自由任用私人以黜抑人材、毁坏政治效率，甚至自由勒种鸦片、贩卖鸦片以毒害人民。军阀官僚政治不彻底肃清，所谓国家统一，所谓民力伸张，一切都无从谈起。国家不统一，民力不伸张，国外帝国主义之宰制不推翻，国内的军阀官僚之毒害不扫除，即所谓独立的发展资本主义经济，亦属梦呓。中国终于是半殖民地，终于落后而已。

"一曰：改善工农生活。盖以近代产业工人及其所领导的农民，是反抗帝国主义的主要力量。资本家地主及其政府，在物质上精神上抑压工农，即不啻为帝国主义挫折中国民族解放斗争的锋刃。在农业的中国，农民之衰落几等于民族之危亡。倘不没收地主的土地，归诸贫农，农民终岁勤劳只以供地主之剥削，则不独无以挽回农业之就衰及农村之破产，而且农民购买力日弱，直接影响到城市工商业。即令能由城市输资设立农村借贷机关，亦不过向农民增加一种剥削机关而已。

"一曰：实现彻底的民主的国民立宪会议。盖以贤人政治及保育政策，已不适于近代国家，更不能存在于民主共和国。北洋军阀既废，代之者只应是人民的（权力），若仍尚贤人与保育，则谁是贤人，堪任师权力保，伊何标准，北洋军阀亦得而尸之。况当外患空前的今日，人民无组织，即无能力，无政治自由，即无责任心，亦不应课以责任。若不立即实现全国人民的集会、结社、言论、出版等完全自由，实现普选的全权的国民立宪会议，以制裁卖国残民的军阀官僚，一切政权归诸人民，集合全国人民的力量以解决全国危急问题，其何以立国于今日！"

他高度赞扬自己的党是人民的党，是为人民的党，是高尚的党，是纯洁的党，自己将一直把自己的思想和行动都奉献在共产党的追求中，终生为之奋斗：

"凡此为中国民族利益，为占全国人口大多数的劳苦人民的利益而奋斗之大纲，予以前和现在都愿意公告全中国，以征求全国大多数人民之赞否。共产党是代表无产阶级及一切被剥削被压迫人民的政党，它的成功，是要靠多数人民之拥护，而不尚少数的英雄主义，更非阴谋分子的集团。予前之所行所为，即此物此志，现在及将来之所思所作，亦此物标志，'鞠躬尽瘁，死而后已！'一息尚存，予不忍眼见全国人民辗转悲号于外国帝国主义及本国专制者两重枪尖之下，而不为之挺身奋斗也。"

他揭露国民党政府残害革命，逮捕革命者，批驳了国民政府对自己妄加罪名：

"今者国民党政府因予始终尽瘁于革命之故，而加以逮捕，并令其检察官向法院控予'危害民国'及'叛国'之罪，予不但绝对不能承认，而且政府之所控者，恰恰与予所思所行者相反。

"国者何？土地、人民、主权之总和也，此近代资产阶级国法学者之通论，非所谓'共产邪说'也，故所谓亡国者，恒指外族入据其土地、人民、主权而言，本国某一党派推翻某一党派的政权而代之，不得谓之'亡国'。'叛国'者何？平时外患罪，战时外患罪，泄露秘密罪，此等叛国罪状，刑法上均有具体说明，断不容以抽象名辞漫然影射者也。若认为政府与国家无分，掌握政权者即国家，则法王路易十四'朕即国家'之说，即不必为近代国法学者所摈弃矣。若认为在野党反抗不忠于国家或侵害人民自由权利的政府党，而主张推翻其政权，即属'叛国'，则古今中外的革命政党，无一非曾经'叛国'矣，即国民党亦曾'叛国'矣。袁世凯曾称孙（中山）、黄（兴）为'国贼'，岂笃论乎?!"

这时旁听席上发出一阵笑声，大家交头接耳，赞叹陈独秀的《辩诉状》言之有理，大快人心。

审判长胡善偁脸上掠过一丝尴尬，他怕惹起麻烦，乱了法庭秩序，有失颜面，站起来警告说：

"肃静！肃静！旁听者不得喧哗，谨守法庭秩序。"

又转而对陈独秀说："被告陈独秀，不得有鼓动言辞。"

他看到陈独秀张口要说话，便又接着说：

"如今强寇入侵，吾等国人应万众一心，上下一致，精诚团结，以国事为重！"

陈独秀眉毛一扬说："你不要我讲话，我就不讲了，何必还要什么程序呢?"

"我不是不要你讲话，只是要你言辞检点一点。"胡善偁看陈独秀脸涨得通红，便无可奈何地说，"你讲吧。"

"不过，在我讲之前，有一词先须问明，'言辞检点'意指为何?"

"是要你莫借题发挥，渲染过重，且不敬言辞，有辱于民国领袖之形象。"

"国事衰退若此，国民疲敝若此，又妄设此法庭，实悖于'三民主义'，于领袖不敬甚矣！"

陈独秀说："刚才你说团结，这是个好听的名词；不过，我觉得骑马者要和马讲团结，马是不会赞成的。"

陈独秀清了清嗓子以模拟的声音说："它会说，你压在我身上，你相当舒适，我要被你鞭打还要跑，跑得满身大汗，你还嫌慢，这种团结，我敬谢不敏。"

旁听席上顿时爆发出一阵哄堂大笑。陈独秀得意地扫描了他的观众，有的前仰后合，有的表情严肃，俨然十八罗汉图。这也足以让不"善称"的胡善偁难堪了。事后倒有政治笑料说："善称就善称呗，还要胡善偁，不难堪才怪哩。"

胡善偁的面部再也难以保持庄肃，刚才的辩诉状已驳得他内心十分狼狈，此时欲笑难笑，欲哭难哭，于是只得强忍不快："讲你的辩诉，不要讲骑马不骑马了，它与本案无关。"

陈独秀坦然一笑："好，闲话休提，书归正传，我遵命讲我的辩诉了。"

听着台下的又一阵笑声，他又展开了辩诉状，他觉得，在十月革命的比照下，"三民主义"黯然失色，且已暮气横秋，行将就木，而继承该灵魂的独裁者，又使得它有其名而无其实。他强调民国的本质应该是人民的国家，是共和的国家，国民政府的暴行根本就不是民主共和国的行为，揭露中华民国才真正是"危害民国"的名不副实的假共和：

"民国者何？民主共和国之谓也，亦即别于君主专制国之称。欧洲各国推翻专制者，流血以争民主，其内容无他，即力争宪法上集会、结社、言论、出版、信仰之自由权利，及实行不参政不纳税之信条已耳。此不但民主共和国如此，即在民主政治的君主国亦如此，'危害民国'者何？共和政府剥夺人民之自由，剥夺人民之参政权，乃由共和到帝制之先声，罗马历史，19世纪法兰西及中华民国初年的历史均遗同样之教训于吾人。即或不然，人民无权利无自由，大小无冠之王，到处擅作威福，法律只以制裁小民，文武高等官吏，则在议亲议贵之列，是以共和其名而专制其实矣。倘遗实而存其名，则军阀之魁，民众之敌，亦得以'三造共和'自诩，妄人亦或以'共和元勋'称之，其实毁坏民权，罪即类于复辟，以其危害民主共和国之实质也。若认为力争人民的集会、结社、言论、出版、信仰等自由权利，力争实现彻底民主的国民立宪会议以裁判军阀官僚是'危害民国'，则不知所谓民国者，应作何解释？"

陈独秀慷慨激昂的抗辩言辞，让旁听席上一阵阵骚动。一些人现出惊讶的神态，有的人甚至屏住了呼吸，有的人悄悄地观察法庭上审判长及检察官脸上尴尬的表情，他们觉得出陈独秀的慷慨激昂的言辞愈现锋芒，这不是在狱之人敢讲的话，他们觉得这不是法庭在审理，而像是在进行双方地位平等的辩论赛。他们从这个6号囚犯的语气和语势，感觉下面应该还有更犀利的更有看点的更值得期待的言辞。

他一生笃信民主、弘扬民主、争国权、争民权，而国民党的所谓"民权"只是"独裁"的代名词，于是他对假民主以行专制的国民党予以无情的批驳。陈独秀稍作停顿，蓄势而发，以文代剑直指国民党要害之处，指斥国民党屈服于侵略者，残害人民才是真正的"叛国"行为：

"国民党竭全国人力膏脂以养兵，拥全国军队以搜括人民杀戮异己，对日本侵占国土，始终无诚意抵抗，且制止人民抵抗，摧毁人民组织，钳制人民口舌，使之'镇静'，使之'沉着应付'，即使之驯羊般在国民党指挥之下，向帝国主义屈服，宁至全国沦亡，亦不容人有异词，家有异说，而予则主张由人民自己扩大组织与武装，对帝国主义进行民族解放战争，以解决东北问题，以完成国家独立，试问谁为'叛国'！"

旁听席上一阵窃窃私语，有人认为，陈独秀如此斥责国民党，恐怕一定会被判死刑，陈独秀的自辩如此不合时宜，如此不看对象，无疑于自杀！如若不是抱着必死的决心，那便是愚蠢之至！从为自己辩护的目的来说，何异于缘木求鱼、戴盆望天?!

审判长胡善偁表情十分凝重，几次都有制止陈独秀继续抗辩的冲动，但制止肯定会招来陈独秀的强烈抗议，媒体们也会放大这样的宣传，观众也会为此腹诽，还会让人说法庭压制言论自由。如果不制止，任由这样下去，当局如果有知，也应有所怪罪。于是，他又一次大声说：

"肃静！肃静！谨守法庭秩序，维护本庭庄严！"

他又转而对陈独秀说："六号抗辩人，请注意抗辩措辞。"

陈独秀说："我本就注重措辞。"

他不会因此而改了已写就的辩词，他展开抗辩书，更是将矛头指向了霸横、残暴、压迫民众的反动的国民政府，驳斥了国民政府的矛盾和吊诡，而自己只是在为人民争民主、为苍生争自由：

"国民党政府，以党部代替议会，以训政代理民权，以特别法（如危害民国紧急治罪法及出版法）代替刑法，以军法逮捕审判枪杀普通人民，以刺刀削去了人民的自由权利，高居人民之上，视自己为诸葛亮与伊尹，斥人民为阿斗与太甲，日本帝国主义，方挟'以力服人'之政策对付吾国，同时国民党已挟同样之态度以压吾民，最近竟公然以'背叛党国'之罪枪决新闻记者闻矣。而予则力争表示民主共和国实质的人民自由权利，力争实现普选全权的国民立宪会议，力争民主扩大到它的历史最高阶段，予现在及将来都无篡夺民国为'党国'之企图。试问谁为'危害民国'？故予曰政府之所控者恰恰与予所思所行相反也。"

法庭旁听席上，依然有人在压低着声音议论，有的赞叹，有的严肃，有的吃惊，有的担忧。有人觉得陈独秀如此责骂政府，这下算是完了。

审判长胡善偁问道："6号抗辩人，抗辩尚需多久？"

看来，他想及早让这个放言无禁的陈独秀结束这样的反国民党反国民政府的辩言。这情形实在是让人尴尬而不安。

陈独秀回答道："未完待续。"

他引经据典，指责国民政府是在剥夺为人民追求民主、自由的共产党人的权利，指责将《危害民国紧急治罪法》中定罪条款与宣传共产主义等同起来是完全错误的：

"若认为一为共产党人即属犯罪行为，则欧美民主国家若法若英若瑞士等几无此事，各国共产党人莫不有集会、出版、参加选举之自由权利，与一般人民无异，若认为人民反对政府或政府中某一个人，即为有罪，则只远在二千年前周厉王有监谤之巫，始皇有巷议之禁，偶语之刑，汉武帝更有腹诽之罚，彼时固无所谓言论自由也。而廿世纪之民主共和国，似乎不应有此怪现象。若认为宣传共产主义，即'宣传与三民主义不相容之主义'，即为'危害民国'（如《危害民国紧急治罪法》第六条），此直是欧洲中世纪宗教法庭迫害异教徒与科学家的把戏，彼时固无公认之信仰与自由也。而今日之民国绝不容有此，民国而若容有此，则不啻为日本帝国主义证明其'中国非近代国家'之说之非诬。"

陈独秀慷慨陈词，字字句句如黄钟大吕般敲响在每个人的心头，在场的人何曾见过一个囚徒如此自信从容、凛然无畏、气吞河岳的雄壮?!

他又停了停，进入抗辩的综述和总结阶段，他首先自评、自辩道：

"总之，予生平言论行动，无不光明磊落，无不可以公告国人，予固无罪，罪在拥护中国民族利益，拥护大多数劳苦人民之故而开罪于国民党已耳。"

继而指责国民政府，在当今内忧外患中却无耻地将枪口对准了为人民获取幸福自由而不懈努力的共产党人：

"惜之'法利赛'不仇视罗马，而仇视为犹太人之自由奋斗的'热狂党'，今之国民党所仇视者，非帝国主义，非军阀官僚，乃彻底反对帝国主义、反对军阀官僚、始终努力于最彻底的民族民主革命的共产党人!"

他对国民党在日寇侵略日急而不御外侮，却萧墙挥刀，派军队围攻江西红军、杀害共产党人的卑劣行径予以强烈的谴责，并表达了为自由人权，坚决抗争，生命不息，战斗不止：

"日本帝国主义方夺取山海关，急攻热河，而国民党之军队，却向江西集中，其对待共产党人也，杀之囚之，犹以为未足，更师袁世凯之故智，威迫利诱，便之自首告密，此并不〔能〕消灭真正共产主义者，只以破灭廉耻导国人耳。彼等此时有权在手，迫害异己之事，固优为之，予惟有为民族为民众忍受一切牺牲，以待天下后世之评判。若于强权之外，复假所谓法律以入人罪，诬予以'叛国'及'危害民国'；则予一分钟呼吸未停，亦必高声抗议：法院若不完全听命于特殊势力，若尚思对内对外维持若干司法独立之颜面，即应毫不犹疑的宣告予之无罪，并判令政府赔偿予在拘押期内之经济上的健康上的损失!"①

---

① 参见《陈独秀文章选编》，生活·读书·新知三联书店 1984 年版，第 510—515 页。

陈独秀的抗辩，不是为自己抗辩，而是在为所有爱国者抗辩，不是依据《中华民国紧急治罪法》某些条款为自己申辩，而是彻底否定该法的正义性及合法性。他仿佛又站在游行聚会的街头，他仿佛又登上千百人瞩目的高台，宣泄着不公的压抑，迸发出正义的怒吼！

他亢奋的精神状态往往在两个情景呈现高光，一是当众的演说，二是独处时挥笔。他精力充沛，雷厉风行，效率极高，常常不知疲倦，忘却晨昏。而这一切舍身努力，都不是为他自己的"全身保妻子"，而是为了这个多难的民族，疲敝的国！

长时间激情抗辩结束后的陈独秀依然没有疲惫，他亢奋的状态依然保持着强大的惯性，他合上辩诉状，精神饱满地站在被告席上，看旁听席上专注的观众那赞佩的神情。

人们又将目光聚焦在审判席上，法官们若无所动，有的正襟危坐，有的佯装审视文件。审判长胡善偁面无表情地宣布：

"依照法庭审理程序，现由6号被告律师为其作辩护。"

章士钊从律师席位上站起来，他端正了衣冠，扫视一下法庭，开始了洋洋5600多字的长篇辩护：

本案当首本严言论与行为之别。言论者何？近世文明国家，莫不争言论自由。……要之，以言论反对，或攻击政府，无论何国，均不为罪。即其国应付紧急形势之特别法规，亦未见此项正条。本起诉书之论列，无中无西，无通无别。一切无据。此首需声明者一。

……陈独秀之暴动，谓与国民党打倒北洋军阀时所用之策略正同，核之恒人心理中之杀人放火，相去甚远。且亦只谓'应'如何而已，谓之曰应，是理想，不是事实。又属应为，其在将来，而不在今日甚明。

……

本庭遗像昭垂之孙中山先生，即倡言共产主义者也。特叮咛以示于众曰：'我们所主张的共产，是共将来，不是共现在。'（民生主义第二讲）以故先生所持共产理论最透彻而流弊毫无。

……

综上所言，陈独秀之主暴动，既未越言论或理想一步，与紧急治罪法上之'行为'两字，含义迥不相侔是以行为论，独秀亦断无科罪理。此应声明者二。

复次，起诉书所引罪名，一则曰叛国，再则曰危害民国。窃思国家作何解释，应为法院之所熟知。国家与主持国家之机关（即政府）或人物，既截然不同范畴，因而攻击机关或人物之言论，遽断为危及国家，于逻辑无取，即于法理不当。

……

明代于谦之狱，熊廷弼之狱，当时推问，并不限于中涓，狱成之日，何尝不以为罪人斯得，然朝局一变，是非大白，至今公论如何，宁待考知。以今例昔，事同一例。何况陈独秀之于国民党也，今虽仳离，始则合作。

……

中国共产党无论如何错误，也不至主张打倒我们的敌人（帝国主义与军阀）素所反对之三民主义的国民党。由是推测，可见共产党中眼光错误，主张打倒国民党者，大有人在，而独秀苦口劝之，情见乎词，至哀告同志，使勿'为亲者所怨，仇者所快'。即此一点，殊足酿成共产党分裂之势而有余。

……

此其哀情苦志，实已洋溢言表。而独秀党籍之被开除，与联合汪精卫发表宣言一事之不见悦于莫斯科干部人物，不无草蛇灰线，因果相寻之迹，明眼者不难一目得之。已虽不言，而要不失为法院应采之证。当是时也，容共为国民党公开政策，凡共产党同时为国民党，反之，凡国民党亦多日时为共产党。陈独秀适为大团结中之一人，其地位与当今国民党诸要人，雅无二致。清共而后，独秀虽无自更与国民党提携奋斗，而以已为干部派摈除之故，地位适与国民党最前线之敌人为敌，不期而化为缓冲之集团。即以共产党论，托洛茨基派多一人，即斯丹林派少一人，斯丹林派少一人，即江西红军少一人，如斯辗转，相辅为用，谓托洛茨基派与国民党取犄角之势以清共也，要无不可。即此以论功罪，其谓托洛茨基派有功于国民党也，且不暇给，罪胡为乎来哉？……要而言之，陈独秀之不能与国民党取同一之态度，势为之也；其忠于主义，仍继续研究共产学说者，理为之也。彼将实行计划，付之后来，与江西红军无关，与第三国际复无关，以托洛茨基自号厥派，实与生物学家之奉达尔文，心理学家之奉费洛伊德无异，而亦中山之遗教如是。……基上论述，本案陈独秀、彭述之部分，检察官征引危害民国紧急治罪法第二条及第六条，所谓叛国危害民国及宣传与三民主义不相同之主义，湛然无据，应请审判长依据法文，谕知无罪，以保全读书种子，尊重言论自由，恪守法条之精神，省释无辜之系累。实为公德两便，谨状。①

　　章士钊从下午 1 点到下午 1 点 53 分，进行了近一个小时的辩护，口干舌燥，腰酸腿疼。顿觉连日来的冥思与伏案之苦作也该对得起故友了，于是松了口气，如释重负，款然落座。

　　待章士钊坐定，陈独秀的另外两位律师彭望邺、吴之屏，根据检察官所提公诉，也相继作了辩护，对章士钊的辩护加以补充，重申陈独秀"危害民国"罪名不能成立。

　　两个律师辩护完毕时，已到了下午 2 点 15 分，庭上之人多已饥肠辘辘，庭长宣告退庭，改在下午继续开庭辩论。

　　章士钊膳食用毕，到狱中去见陈独秀。他是去劝陈独秀修改供词的。然而，"开弓却遇回头箭"，未等章士钊说出来意，陈独秀却要章士钊将他的辩

---

① 《国闻周报》第 10 卷第 17 期。

护状重新修改，于是二人各执一词，争论起来，互不相让。章士钊说：

"仲甫，这样改对你现时的处境是非常有利的。"

陈独秀却说："行严（章士钊），好意铭记，但以君之美意屈我之本意，实为仲甫所难从命也。"

章士钊无奈，只得叹息作罢。

下午4点，旁听席上较上午更加拥挤，或是有闻上午法庭文采智辩，其情罕有，难以容纳的有限空间里又勉强地塞进了一些人。

书记官宣布开庭后，便依次传来被告，准其抗辩，并由律师代为辩护。彭述之抗辩后，由章士钊、彭望邺、吴之屏为其辩护。律师吴之屏刚诉完辩护词，陈独秀站起来说：

"本人对律师辩护，有补充声明，章律师等之辩护，以其个人之观察与批评，贡献法院，全系其个人之意见，并未征求本人同意，且亦无须征求本人同意。至本人之政治主张，不能以章律师之辩护为根据，应以本人之文件为根据。"

旁听席上又是一片轰动，响起了"真是不可思议""真乃革命家""英雄之气"或惊讶或赞叹的议论之声。

法官们也大惑不解：顽固不化！

章士钊狠狠地看了陈独秀一眼，见陈独秀也在看着自己，顿生一丝羞恼，这真是大庭广众难以下台，一种心血白费感觉陡然袭上心头。

陈独秀不愿别人歪曲自己的思想，哪怕别人是用全身心的爱与智慧为他做权宜之计的开脱，在他心里，没有什么比亵渎自己思想更令他难以忍受的。"不自由，毋宁死"，对于真正的思想家，思想的独立与自由似乎更在生命之外。他坚守着自己的精神家园，谨慎而执着。对此，法官们不会理解，旁听者赞叹的是英雄气概、潇洒风采，而与陈独秀共事多年的章士钊带着疲惫，感受到的不仅仅是失望，也有对这个自我精神家园守望者的赞佩与崇敬。

陈独秀这种人格的光辉，精神的魄力与魅力，不由得让后人感叹道：

"不但表示陈氏政治风骨嶙峋，亦为法庭审讯史上的新记录。"

审判长宣布由王武抗辩，法庭才得以平静。

王武抗辩结束，彭望邺为其辩护。接着濮一凡、王子平、何阿芳、王兆群、郭竞豪、梁有光等依次抗辩，他们的代理律师分别在他们抗辩后予以辩护。

审判长让王鉴堂抗辩时，王鉴堂本来就口吃，说话不易成句，又加上法庭气氛严肃，心理压力大，紧张之余，憋得脸红地草草说了一句：

"只，只……请法……法官早些放……放我回家去。"

顿时引得全堂一阵哄笑。

听堂好似看过招，人们希望双方是龙虎斗，是雄狮与老虎的较量，是威猛的咆哮与怒吼。如果一方是猛禽恶兽，一方是弱小的羔羊、胆怯的耗子，那一定会让人大失所望。

于是蒋豪士为王鉴堂辩护道："这样的人，既够不上研究，亦够不上工作，共产党哪要这种人。也许捕房抓不到真正案犯，就抓了一个王鉴堂塞塞职责而已。"

至此，已是下午6点35分，各被告及辩护律师，均已辩论完毕。于是庭长再传讯各被告，讯问是否尚有其他话说，结果除口吃的王鉴堂说了一声"放我回家去"外，其他人都不再发言。

审判长宣告辩论终结，并当庭宣布定于本月26日下午公布审理结果。

4月22日，为了揭露国民党政府的腐朽、反动本质，同国民党作合法斗争，陈独秀在狱中完成了书面的《辩诉状》，除了送交江宁地方法院一份之外，还设法将底稿送出监狱，由友人在社会上广为传抄散布并印发。以自己的激辩之词去影响国人，揭开国民党的遮羞布。该文对前日法庭辩词略作修改，一时影响很大。陈独秀赢得了许多人士的声援和支持。

26日下午2点，国民党江宁地方法院开庭作审理判决。审判长在法庭众人的强烈期待中宣讲了"陈彭案"的判决书：

陈独秀、彭述之一案，业经江苏高等法院派员赴京审结。被告梁有光、王鉴堂无罪。陈独秀等八名处有期徒刑，褫夺公权。判词全文即日送达，爰觅录如下：

江苏高等法院刑事判决，二十一年度高字第三五号。

……

主文陈独秀、彭述之共同以文字为叛国之宣传，各处有期徒刑十三年，褫夺公权十五年。王子平、何阿芳帮助以文字为判国之宣传，各处有期徒刑五年，褫夺公权七年。王武、濮一凡、王兆群以危害民国为目的组织团体，各处有期徒刑五年，褫夺公权七年。郭竞豪以危害民国为目的而组织团体，处有期徒刑二年六月，褫夺公权三年。被告梁有光、王鉴堂无罪。裁判确定前羁押日数均准以三〔二〕日折抵徒刑一日。案内关于犯害之文件及违禁书籍均没收。

……

本案上诉法院为最高法院，当事人对于本判决如有不服，应于送达判决书之翌日起，十日内以书状叙述不服理由，向本院提起上诉。

中华民国二十二年四月二十六日。①

法庭宣布判决书后，陈独秀愤然说道：

"本人乃叛国民党，并非叛国，以此不公之裁判强加于人，吾等必定上诉，以明是非！"

法官不再听陈独秀咆哮，匆匆宣布退庭，将陈独秀押回了看守所。

其实，那法庭上的旁听者着实地是看了一场戏。国民党政府没有因陈独秀等的辩诉而不判其罪。或许正如辩诉状里陈独秀说的，法院已"听命于特殊势力"，这种审判结果也早就判定，三次公审不过是障人耳目的"司法独立"及表现"公允"的戏法而已。"山雨欲来风满楼"，我们从民国方面也能

---

① 《大公报》1933 年 5 月 25 日—28 日。

感受到蛛丝马迹：为了审判结果的"顺理成章"，国民党方面也是紧锣密鼓、煞费苦心。

4月26日，也就是"陈彭案"宣判之日，国民党《中央日报》发表了一篇题为《今日中国之国家与政府答陈独秀及章士钊》的社评。该文由中央日报社社长程苍波执笔写定。宣称：

"今日中国之国民党，在法律上既为行使中央统治权之团体，则按之国家为行使统治权之团体原则，则国民党至少在现行法律上，在现有制度下，既为国家……反对并图颠覆国民党者，既为反对并图颠覆国家，即为危害民国，亦即为叛国。""今日中国国体根本与苏维埃有别，……欲实行苏维埃与运动复辟帝制，同为叛国。"[①] 还"此地无银三百两"地表白说："陈某判罪之结果，此法院之职，非记者所愿妄参末议。"

按照程苍波该文的逻辑，叛党等于叛国，那么，既然陈独秀已承认了"叛国民党"，也就同时承认了叛国，则以"危害民国"课以罪刑理所当然。稍微细心的人即能发现，此文形成时间必定在法庭公布宣判结果之前，甚至更早。受人指示并经过万般推敲，中央日报社才隆重推出了这一"精品"。

各种迹象昭然表明：双管齐下。舆论开路，法庭继行。并又为法庭的宣判结果作了细致辩护的"扫尾工作"或说是"善后安排"。不足为怪，陈独秀、章士钊等的辩诉纵有生花妙笔、孔明辩才，罗列出万般理由，也改变不了国民党法院秉承当局意旨的既定判决，"日理万机"苦苦周旋于中日和谈的蒋委员长也未忘记这位曾经被人骂为"陈毒兽"的老头子，并给予了频频"关照"。因此他们的这一切努力，只是在一个划定的小圆圈作无谓的碰撞，他和章士钊等的努力正如乔伊斯所言："在进行一场注定要失败的战争。"

拳头就是道德，强权便是公理。

---

① 《申报》1933年5月4日。

此时心情复杂的或许还有章士钊。辛辛苦苦，最终落得个"猪悟能照镜子"。影响全国的"陈彭案"以此种结果而告终，自己还配当律师吗，还能再当律师吗？这种结果对于闻名全国的大律师来说无疑是在经受着恼羞成怒的大震动。

"陈毒兽！"章士钊在心里暗暗地骂道。

愤懑中的章士钊于是找到了发泄对象。他于1933年5月4日在《申报》上发表文章，对国民党的《中央日报》的那篇专论作了回击。章士钊大气磅礴，逐条批驳，体无完肤，一记重拳落在了中央日报记者头上，稍稍发泄了满腔的怨愤之气。

对于这种虚伪的审判装饰，陈独秀当然不会无动于衷。那"冲决一切现象之罗网"的激情重燃于胸，只要有一丝机会，他便会为着初衷抗争到底。于是，他于5月27日在狱中孤灯短笔，起草《上诉状》，此时江苏高等法院也已将判决书送达陈独秀等。

并不是为了表白什么，更不是"表扬与自我表扬"，纯粹是出于一种感觉的需要，陈独秀托上海亚东图书馆的汪原放把江苏省高等法院审理案件的材料整理成《陈案书状汇录》一书，并印制1000册发行。内容有起诉书、陈独秀的辩诉状、章士钊的辩护词、南京中央日报社记者对陈、章辩词的反驳、章士钊答中央日报社记者和判决书等内容。

在狱中，陈独秀读到《陈案书状汇录》后，他气愤异常，便在章士钊为自己"袒护"的辩诉词上进行修改，特别是看到陈独秀在国民党"清共而后"转化为托派的词句上改掉了不少，并把托派与国民党"取犄角之势以清共"的内容，完全删去。

陈独秀的自由受到了限制，其好友高语罕给陈独秀寄去载有"上诉状"的中文的《大美晚报》，也可能因未用信封寄，被没收了。他给汪原放写信，希望他再寻一份，用信封寄或托人带给他，并提到了章士钊的辩护词，他说："望与行严一商，是否可将其中'清共而后……罪胡为来哉'这一段删去？"

有一天，汪原放来狱中探望陈独秀，陈独秀一见到他便气愤愤的，瞪着眼，并激动地将自己批改过的章士钊的辩护词拿给他看，嘴里一直在埋怨着：

"唉！行严真糟！你回去，马上告诉他，我再也不要他替我答辩了！"[1]

他用笔敲着"清共而后""取犄角之势以清共"说：

"……你看吧，这成什么话！"于是生气地坐在了一边。

汪原放当时一看，只见陈独秀已在"清共而后"那一段改掉了不少字句。他看后说："这一本，我可以拿回去给章老伯一看吧？"

陈独秀气呼呼地答应了。

后来，陈独秀的好友柏烈武曾对陈独秀的儿子陈松年说：

"你父亲老了还是那个脾气，想当英雄豪杰，好多朋友想在法庭上帮他的忙也帮不上，给他改了供词，他还要改正过来。蒋介石以'危害民国罪'判了他十三年徒刑。他开始上诉还让登报，后来就不让登了。"[2]

6月15日，陈独秀气愤满怀地完成了《上诉状》，第二天，他便托律师蒋豪士带到上海，与章士钊研究后，便让章士钊送交国民党最高法院。《上诉状》[3]中说道：

> "五月二十七日，奉读贵院判决书，所据理由，颇露布予等政治主张，使之有目共睹。……似此显有疑义之判决，关系予等罪状之事小，侵害思想言论自由、阻抑民主政治实现之事大。
>
> ……
>
> 贵院仅知揣摸该法之'立法精神'，而忘却民主国家所应尊重之思想言论自由精神；而且于法律明文之外揣摸"精神"，此种神秘方法，在法言法者固应如是乎？

---

① 汪原放：《回忆亚东图书馆》，学林出版社1983年版，第159页。
② 陈松年：《回忆父亲陈独秀》，《党史资料丛刊》1980年第1辑。
③ 《法制周刊》第1卷33期，1933年。

依上所述，予等认为，贵院判词于理于法两具无当。此即所以不服判决要求上诉之理由也。

在这篇上诉书中，陈独秀引经据典，极尽斟酌推敲之能事，从大清爱新觉罗氏说到称"朕即国家"的路易十四，驳斥了国民党"政府即国家"的谬论。从袁世凯与张勋说到国民党，驳斥了国民党冠以的"图谋变更国体"的罪名。从英法美谈到德俄，驳斥了国民党强加于己的"危害民国"及"叛国"罪名。文章古今中外广征博引，其中高举的仍是"民主"与"自由"的大旗。

其他各人，除王子平、何阿芳二人放弃上诉之外，都将上诉状递交到了最高法院。

1933年6月22日，在狱中等待高院接审此案消息的陈独秀却等来了一份《上诉答辩书》和一纸驳回上诉的通知书。

原来江苏高法院原案检察官朱隽（代原告）不服陈独秀等上诉，又向最高法院提呈上诉答辩书，请高院驳回被告上诉，于是6人的上诉书被高院驳回，并将判决通知书和答辩书等6份送达看守所。

陈独秀与彭述之等6人都接到了高院检察官朱隽的《上诉答辩书》。他们随即提出不达目的誓不罢休，决定起草《再抗辩书》，表明自己的观点，申述无罪理由：一、以辛亥革命推翻数千年之君主专制，改建民主共和，其为效法欧美政制，和袁世凯以"中国特别国情"而复辟，毁坏民主共和之正反两例，阐明近世各国政制皆"择善而从"，驳斥所谓"一国有一国之政制，未可强为比拟"之谬说；二、再次以政党、国家、政府"三者界义各别"为理由，驳斥所谓"危害民国与叛国"罪。

7月4日，国民党《中央日报》刊发了《最高法院驳回陈彭等上诉》一文①：

①《中央日报》1933年7月4日。

答辩陈彭上诉理由

本案被告陈独秀、彭述之，组织中国共产党左派反对派团体，以及鼓吹工人贫农为阶级斗争，组织苏维埃推翻国民党政府，由无产阶级等文字作叛国之宣传，业经被告等供认不讳，并抄获一切证据，其危害民国，事实极为明白，原判按照危害民国紧急治罪法第二条第二款第六条第七十四条，拟处罪刑，并无不合，核阅上诉理由书，谓英美法诸国，对于共产党行动，未认为危害国家，何以中国独异云云，殊不知一国有一国之政制，未可强为比拟。中华民国既有危害民国治罪法之制定，图卸罪责，其理由自不成立，又上诉理由，谓国民政府并非国家，推翻政府不能为危害民国云云。查三民主义为中华民国之建设基础，国民党国民政府，又均为从事于中华民国建设之领导机关，关于此点之释明，原判已言之甚详，被告等所组织之中央反对派，既以打倒三民主义，颠复〔覆〕国民党国民政府为目的，即为危害中华民国，事理至为明显。被告又以其叛国宣传，尤为明晰。上诉〔意〕指，强为曲解，殊难认为有理由，希请维持原判，驳回上诉。

江苏高等法院检察官朱隽

案已至此，似乎已成定局。但陈独秀、彭述之等的《上诉书》及《再抗辩书》产生的影响及社会各界的声援与奔波，又为"陈彭案"带来了一线曙光。

官司悠悠，三冬九秋，在漫长的等待之后，轰动全国的"危害民国案"终于剧终幕谢。

1934 年 7 月 21 日，国民党政府最高法院对陈独秀等作了终审判决。当天，由《中央日报》公布了终审结果：

陈独秀彭述之
最高法院判处徒刑八年
较原判减轻七年

　　轰动全国之陈独秀彭述之等，危害民国一案，经上诉最高法院，历时已年余。现经最高法院刑庭判决，由该院公布。兹将判决主文探录如下：

　　"原判决关于陈独秀彭述之及王武、濮一凡、王兆群、郭竞豪之褫夺公权部分，均撤销。陈独秀、彭述之，以文字为叛国之宣传，各处有期徒刑八年。裁判确定羁押日数，均以二日抵徒刑一日。关于陈独秀、彭述之之供犯罪所用之文件书籍均没收，其他上诉驳回"云。（按：陈独秀、彭述之，系经江苏高等法院判处徒刑十五年，现上诉结果已减轻七年）①。

　　最高法院的判决是终审判决，只有执行而无再上诉的可能。

　　于是，国民党当局便将陈独秀等一干人押解到南京老虎桥模范监狱，执行判决结果。于是用宿命论的语言来说，漫长的狱中生活便成了陈独秀不能缺少的、也难以忘却和摆脱的一段。

　　对于这位"鼓吹新思想的书生"，对于这位挚爱真理的"思想界的明星"，在这第五次被捕，也是最后一次被捕之时，我们真的应该望着他走入牢房的背影，默默送上胡适先生曾在他第二次被捕后所说的一句话："爱国爱公理的报酬是痛苦，爱国爱公理的条件是要忍得住痛苦。"②

---

① 《中央日报》1934年7月21日。
② 《每周评论》第28号，1919年6月29日出版。

四、屈身监狱做研究

陈独秀缓缓地步入了国民党南京老虎桥模范监狱的牢门，开始了生命历程中最后一段缺少自由阳光的漫长岁月。

这所监狱，坐落于南京老虎桥北侧，占地面积大约有两亩左右，规模并不很大，但那高墙、铁门、电网透出的恐怖总未辜负授予它的"模范"称谓。这座"江南模范监狱"始建于清朝末年，主要用于关押朝廷贰臣与政治犯。它饱经沧桑，是清末以降各种政治斗争的见证。如今，举国瞩目的陈独秀被关押至此，成了自建立监狱以来影响最大的政治犯。

他深知踏入牢房意味着什么。也许，他没有像浪漫诗人想象的那般浪漫：牺牲一己自由，换取人间锦绣。至少，他当时的心理活动并没有那么高调。在监狱生活不是责任更不是义务。尽管"请从嗣同始"的话语一直萦绕于脑际，但戴着镣铐革命终归不是终极关怀。然而，世道如斯，他也不得不对当前的一切做着极不情愿的心理调整。

自从老虎桥模范监狱承接了一批新客，它便感受到了这群人带来的不平静，其中最为令人瞩目的便是这位两鬓微斑、形悴神爽的老人。首先是牢房外那声势浩大、此起彼伏的谴责与呼吁，继而是络绎不绝且身份非凡的探望者，有的竟是国民党的要人。更甚的是，这位倔强的领刑者竟连牢房的规矩也不放在眼里。

鉴于陈独秀个人的影响与各阶层人士的周旋，他在狱中受到了"优待"。国民党当局为了减轻舆论的压力，且给陈独秀所定之罪与上次牛兰案性质相同，所以就将他安置在了原来瑞士共产党人牛兰夫妇住的房间。牛兰二人虽然被判无期徒刑，但为了照顾国际关系，国民党对其颇为照顾，所住房间与普通狱室设置截然不同。他们迁走后，没有合适的人住，似乎只是在等待着陈独秀这位新的主人。

为了更好地收容陈独秀这位颇受举国上下媒体及民众关注的焦点人物，

监狱向上级申请了一笔款项，又将这间本已显示着优越的牢房重新作了修整。使它更凸显得与众不同，俨然成了一间狱中的办公室，而与陈独秀一同入狱的托派成员则都住在普通的狱房。

但陈独秀并未感到这是什么优待，他反觉得他们欠下了自己的自由，那是他亟须讨还的债务。说是优待，仅仅指居住条件，而在行动上他却受着比别人更为严密的监视。他的狱房有专人看守，这种被软禁似的"跟踪服务"，使他厌恶这些"礼遇"而几欲暴怒。但他毕竟是国民党的一贯的敌人而今又成了他们的囚徒，他们能给予一种什么样的优待呢？

起初，监狱监制极严，因为他是"危害民国"的政治犯，被国民党视为洪水猛兽，稍有不慎，其言论及文章传出，免不了又是石激浪生。在当局看来，缚虎焉有不紧之理？于是狱中为犯人们规定了"三不准"，即不准亲属探监，不准通信，不准读书看报。这三点限制对陈独秀来说无疑是断了他的精神命脉，实在都是难以忍受的。

对于监狱中"三不准"的限制，他怒不可遏，并联合狱友共同绝食，若是一般囚徒，这种斗争对于统治者无疑正省去了行刑的子弹。而陈独秀身后却站着许多让当局食寝不安的人在热切关注着，若是由此引发一场政治风波，岂不是在"剿共"的百忙中又增一忙，自乱阵脚？于是，这种让陈独秀深恶而痛绝之的限条，渐渐地被放松了些，但陈独秀并不满意这点施与。

一次，典狱长入监巡视，重申了监狱中规章等事，当他走近陈独秀房间时，陈独秀便怒气冲天地朝着他甩出一句：

"你们执行恶法，我拼老命也要抗议！"

典狱长也略知陈独秀个性，并且已被他这种声势所震慑。于是对着怒容满面的陈独秀平心静气地说道：

"恶法胜于无法。"

岂料典狱长这种让步而牵强的解释对于认为恶法为一切罪恶渊薮的陈独秀来说，无疑向烈火上泼了一桶油。没等他话音落地，陈独秀已愤怒地吼出一声：

"恶法就要打倒！"

典狱长一见陈独秀较上了劲儿，便深悟到自己触到了他的敏感之处，于是说了一句足以引发别人同情的话：

"我无权打倒它。"

关于"恶法"与"无法"的关系问题，完全可以组织一次大型的辩论。在陈独秀与典狱长之间，我们暂且不下评语。不过，从他们各自心理的较量与让步来看问题，也是一件颇为有趣的事情。

陈独秀也清楚地知道，与这位傀儡式的人物争论无太大意义，于是便不再说话，一场即将火爆的舌战才告平息。

但此事对于典狱长却是一种触动，为了缓解这种紧张的关系，他多方考虑，开启了在夹缝中生存的思维，采取上瞒下纵的中庸的缓冲办法，虽没有抽掉"三不准"的明令限制，却也实在成了可有可无的一纸空文，"三不准"变成了"三默许"。

陈独秀也是血肉之躯，与别人有着同样的感知。被捕入狱时，他在剧烈而频繁的颠迁中，饮食无定，胃病复发，且久患十二指肠溃疡，血压也在不断地升高。灵与肉的摧折使他感觉到，这种不死不活的状态实在是比枪毙略慢些的一种处死，这种处死实简直让人对速毙油然而生向往之情，它是这个"模范监狱"生产的最为"模范"式的凌迟处死。

在这种情况下，他曾在法庭判决前给胡适写信表达了此时的心境：

"以弟老病之躯，既久徒亦等于大辟，因正式监狱乃终日禁闭斗室中，不像此时在看守所中尚有随时在室外散步及与看守者谈话之自由，狱中购买药品和食物当然更不方便，所以我以为也许还是大辟爽快一点，如果是徒刑，只有终日闷坐读书，以待最后。"

本来，陈独秀并不具备甘于平静、敷于寂寞的性格。他需要的是轰轰烈烈、简单快捷。他不同于胡适，如果将一根绾了一个结的绳子同时放到二人面前，要求他们打开，胡适的选择很可能是细心分解，而陈独秀的解决方式则是用力扯断或举起一把剪刀。胡适处事，是"大胆假设，小心求证"；陈独秀处事，是"冲决一切罗网"。因此，当陈独秀写这封信给胡适时，已远不能像他们当年聚义《新青年》时那样容易引起见解与情感的同归与共鸣了。胡适此时对这位"误入政途，疏于学术"的老友的遭遇更多的却是无限的惋惜！他那种对政治炽烈的追逐，与自己信奉庄周的"顺其自然"相比照，以及陈独秀对生命存消的"左倾"是多么的令他难以理解！

鲁迅在《忆刘半农君》中说："假如将韬略比作一间仓库罢，独秀先生的是外面竖一面大旗，大书道：'内皆武器，来者小心！'但那门却是开着的，里面有几枝枪，几把刀，一目了然，用不着提防。适之先生的是紧紧的关着门，门上粘一条小纸条道：'内无武器，请勿疑虑。'这自然可以是真的，但有些人——至少是我这样的人——有时总不免要侧着头想一想。半农却是令人不觉其有'武库'的一个人，所以我佩服陈胡，却亲近半农。"这种譬喻是何等的贴切透彻！陈独秀坦荡的人格由此可见一斑！

风霜雪雨的岁月拷打为他斑白的头发平添了一层"烈士暮年"的平淡记忆。或是儿女情长，或是愁绪万千，或是怀旧恋故……这才是晚年的陈独秀。

陈独秀早该坐下来研究学问了，也许在别人看来，他性情激切，不懂权谋，少有心机，当政治家是很不适宜的。特别是"理性早熟"的胡适，关于政治，他曾多次劝说陈独秀"不能走那条路"。但他火热的激情、敏感的思维、固执的个性，使其总在政象万变的社会环围中身不由己，别无选择。他像一枚小磁针，放在不断变换位置的磁场里，总有着强烈的躁动。无论何时，无论何地，政治对他都是抵挡不住的诱惑，不能不使他心跳的外部冲力。但他有充分的理由："你谈政治也罢，不谈政治也罢，除非你在深山人迹绝对不到的地方，政治总会寻着你的。""至于政治问题，往往关乎国家民族根本的存亡，怎应该装聋推哑呢？"

十几年前，《新青年》诞生于内忧外患、灾难频仍的母体中国，他们在创刊号上作了"批评时政，非其旨也"等"不谈政治"的自我剖白，聚结了"潜心学理"的一批同仁，并有了"二十年不谈政治，二十年离开政治"的共同的预约。但僭越宗旨，背反"初衷"，最先从象牙塔走上十字街头的便是陈独秀。《新青年》由同仁轮流编辑，其政治色彩与学术色彩的不断变换，已经预示了最终目标的相左与抵牾。对于"食言"的陈独秀，坚持"不谈政治"理想的胡适之的劝说很难奏效，《新青年》营垒内部两种思想方向的苟合终于在"问题与主义之争"的大碰撞之后各行其道了。

其实，不谈政治成了悖论并非偶然，陈独秀从宣布不谈政治的那一天起，就再也没有离开过政治。"一旦有风吹草动，他便按捺不住内心的冲动，总要不失时机为介入和干预政治寻找借口和突破点"。[①] 有着这种执着追求的陈独秀永远不会有陶渊明那"误入凡尘里，一去十三年"的感叹，"虽九死而未悔"是他不变的誓言。

陈独秀终于要研究学问了，有人便赞扬他终于省悟。

虽然陈独秀身患重病，但是国民党当局绝对不会放"虎"归山，狱中的清规戒律、机械化的生活运转，使他的烦闷往往升级为暴怒。因此，左右为难的典狱长为保上下两全，便允许同狱的托派成员濮一凡与罗世凡二人轮流看护他，平时每周一次，陈独秀有病时二人即可自由去看护他。

1933 年 7 月中旬的一天，上海亚东图书馆汪孟邹的侄子汪原放接到一张明信片，是陈独秀从南京监狱里寄来的。上面说陈独秀病了，要汪原放去南京看看他。由于店事繁忙，又兼胆小的汪孟邹对四处点火惹祸的陈独秀产生了畏惧，自从汪孟邹从章士钊那里听说他入狱后，也一直没有前去看望。

看到陈独秀从狱中寄来的嘱托后，汪原放顿感一阵惭愧，与汪家交往颇深的陈独秀入狱后，汪家竟这样视而不见，充耳不闻，装聋作哑，他到了如此凄凉的地步，我们还在安然躲避！他立即将店里的事务交给了工作人员陈啸青等，启程赶往南京。到了南京，由于不知底细，于是先去了章士钊的律师事务所去探询情况。章士钊接待了他，又给了他几张名片，说："你拿片子去就可以看到仲甫的。"还交代了去探监应注意的问题。

汪原放打听到老虎桥监狱的确切位置，便手持名片径直而去。到了监狱

---

① 张宝明：《启蒙与革命——"五四"激进派的两难》，学林出版社 1998 年版，第 25 页。

大门口，他递上了章士钊给的名片，门岗看过之后，便立即让人带他进去，他随着那人走到一处，进了一个门，便是一个小厅，有天井，天井里还有花台，但却光秃秃地裸露着地皮而没有花草。那人将汪原放领到陈独秀的狱室门前便回去了。汪原放进了房中，只见陈独秀正伏案疾书，见他来了一阵高兴，便扔掉手中的雪茄烟头，拉汪原放坐下，问长问短。

这时汪原放审视着许久未见的陈独秀，只见他那张透着冷峻清癯的脸明显地苍老了，面容记载着无情的岁月，两鬓更加霜白，头顶上，一根根的头发不辞而别，光亮的头皮稀疏地荒着几根也即将泛白，印堂中留下了双眉习惯紧皱的褶皱。但他那虽然已经深陷的双眼却依然深邃，流露着自信与坚强。稀落的短髭下稍干而紧抽着的双唇，仍然昭示着内在的刚毅。

汪原放也关切地问候陈独秀，当提到陈独秀的身体状况时，陈独秀告诉他说，自己的肠胃病复发，法医看不好，还是黄钟医生最清楚他的病。汪原放知道陈独秀希望能请黄钟来治，因为过去在上海时，黄钟曾常为陈独秀看病，彼此间又建立了深厚的感情。于是他对陈独秀说："我回去和黄先生一谈，他大概可以来看一看的。"细心的陈独秀又随即写了一封信交给他，让他先带给章士钊之后再去见黄医生。

汪原放带着信与嘱托直接回到了上海，找到了黄钟先生。黄钟满口答应到南京为陈独秀看病，他的爽快令汪原放万分感激，并且感到陈独秀的附信实是多余。但谨慎的黄钟因怕陷进官司的纠葛中而提出了一个条件：需要章士钊大律师给他一封信来作为一种保障，杜绝勾通政治犯的嫌疑，避免许多不必要的麻烦。

汪原放知道，避免无谓的麻烦这也是常情，况且，还有许多病人在等待着这位名医。但是，最令他称奇的是陈独秀惊人的预见性，而手中握着的给章士钊的信函，又恰似十万火急时的"锦囊"。他又带着陈独秀的信直奔章士钊的律师事务所，恰好碰到了刚出庭回来的章士钊。章士钊一下汽车，便立即询问汪原放入狱探望陈独秀的情形，他简单叙述后，便递上了陈独秀的信。

章士钊看过后，也不上楼，便拉过一把椅子坐下来，立刻动手铺纸提笔，他的一个老随从赶紧抄了一把芭蕉扇用力扇着。挥汗如雨的章士钊稍一思索，便在律师事务所的写字台上写道：

应君先生左右：

　　积年违教，时切驰想。近以陈独秀先生在京患病，非得先生为之诊治，不足以起沉疴，而坚病者之信。原放兄来言，从者慨然愿往，不胜佩仰。顷以俗冗未克趋教，一俟台驾返沪，定当端诚奉谒。余不一一。

手请

　　台安

弟章士钊顿首

七月十八日

章士钊写完，交给汪原放，并催促他尽快启程。章士钊自己也不明白，努力想处好却又难以处好关系的陈独秀为何对他有着那么大的吸引力。

汪原放带着信辞别章士钊，去找黄钟医生，黄医生此时很忙，尚有一些病人在等着他治疗。当夜，汪原放便陪黄钟医生搭乘沪宁线卧铺到达了南京，因为怕耽搁了别的病人的病，他们还必须第二天赶回上海。

陈独秀对风尘仆仆的黄医生及汪原放不停地表示感谢。一番嘘寒问暖之后，黄钟便仔细地检查陈独秀的病情。诊断后，他告诉陈独秀说，他的病并不重，要他放心，开了打针的药，又开了一些常服的药，还细致地讲了日常起居饮食应该注意的一些问题，便匆匆地告辞欲走。陈独秀对黄钟医生非常留恋，多次挽留，但黄钟不愿违逆医生天职，陈独秀也不再强人所难。只得眼望着二人出了监狱，才对着他们的背影发出一声沉重的叹息。

陈独秀与黄钟医生是老熟人了，他很佩服黄先生精湛的医术，更钦仰他高尚的医德。他曾推荐过不少朋友到黄先生那里看过病。10 年前，中国向莫斯科中山大学派遣的第一批留学生，也绝大部分都是到黄先生那里检查后出了证明书才办齐了出国证件。还有瞿秋白的肺病，也由黄医生看了许多次。

汪、黄二人走出监狱后，黄医生告诉汪原放，陈独秀的病是旧病、老病，不太严重，汪原放放心了，便立即将陈独秀这些情况驰函告诉了已回徽州老家的叔叔汪孟邹。

经过黄钟医生的诊治，陈独秀又用了他留下的药和针剂，病情果然有了大的好转，为其研究学问提供了较好的身体条件。

陈独秀狱房里的陈设酷似一间研究室，这位政治囚徒的房间里最主要的器物便是两个大书架，上面的书籍落落大满，经、史、子、集样样都有。而他把自己的兴趣却放到了对文字的研究上。

八七会议以后，被停职的陈独秀曾力图在文字学上做出些成就，整天埋头于中国文字拼音化问题与音韵学问题研究。当时如果有人到他家里去，寒暄几句后，若是湖北人，他便问有些字用湖北音怎样读，若是广东人，他又问那几个字用广东音怎样读，实是到了入迷的程度，学究气甚浓。

1932年12月1日，陈独秀写信给胡适，希望他能给自己找几本书读，并开列了要找的书目，其中有"英文亚当·斯密的《原富》、英文李嘉图的《经济学与赋税之原理》、英文马可·波罗的《东方游记》、崔适先生的《〈史记〉探源》"。另外，他还要求"关于甲骨文的著作，也希望能找几种寄给我"。

从他要读的书籍可以看出，他希望涉猎的主要是经济、历史与文字学，仍能让人隐隐看到他那份对政治的关怀之情。至于研究文字学则是因为他认为"坑人的中国字，实是教育普及的大障碍"[1]。在启蒙与革命之间，他作着非此即彼的选择，他更适合于启蒙而又不断僭越着启蒙。如今，他终于退守去文化的基层"工作"了。

当天，他写信询问胡适大革命后交转的拼音文字稿出版情况，他认为现在自己被捕了，原来因政治、经济问题不能出版的3年前所著的《中国拼音

---

[1] 参见胡适：《胡适来往书信选》（中），中华书局1979年版。

文字草案》可以由商务印书馆放心出版了，如果商务仍不敢出版，他又退一步地把希望寄托在了掌管着中央研究院语言研究所，且对他较为崇拜的学生傅斯年。他以为，自己的这部研究结果对于现今乃至以后的中国文字研究能够起到"引龙出水"的作用，"早日出版，能够引起国人批评和注意"。

在信中他又反来劝说也"已谈政治"的胡适远离政治，埋头著学，称"先生著述之才远优于从政"，并以"王杨卢骆当时体，不废长江万古流"作以勉励。他曾为鲁迅放弃了小说创作而从事为政治服务的杂文而惋惜，他希望胡适能像如今狱中的自己一样研究文字与音韵学，并且如在新文化运动中"能够拿出当年提倡白话文时的勇气，登高一呼"而应者云集，像当年那样高举文学革命大旗，掀起一场轰轰烈烈的文字改革运动。

殊不知，如今的老胡已不是昨天的胡适之了，陈独秀的希望最终成了肥皂泡般的幻象。往昔那不愿谈论政治的胡适也已难耐寂寞而对政治心仪神往了，不过与陈独秀劝他从文不从政所不同的是，他既要从文，又要从政，鱼与熊掌，努力得兼。他也渴望从文，但不是陈独秀提出的拼音文字等枯燥的东西。

当年《新青年》内部群体与个体的紧张和分化的痛犹在心，昨天的故事，已再难重复。况且他也明白，那文学革命中的主角还是陈独秀，自己只不过是个配角而已，学力上比自己强而又难以相处的陈独秀已不是最好的配合者。私交虽好，但政敌之间的水火不容，又为二人之间设置着不可逾越的"雷区"。"道不同不相为谋"的潜在心理又常使二人若即若离。

陈独秀只有依靠朋友给自己提供的有限条件，独自一人朝着文字学领域的纵深处迈进了。

在狱中，有许多人找他写字，有时不一定为他的书法而来，而是要他的签名，他给看守他们的人也写过不少字，但他得知自己写的有些作品被人拿去卖钱后，就不再写了。

他常常与来照顾自己的濮一凡谈论关于文字学的研究。陈独秀所从事的文字学很自然地会成为二人共同的话题。看到陈独秀沉醉于枯燥的文字学时，濮一凡便总有一种探寻这类书痴的冲动。

有一天，濮一凡便问陈独秀道："你对研究文字学如此沉迷，它究竟有何用处呢？"

陈独秀笑着说："你不知道，用处可大了，中国过去的小学家（研究《说文》的人），都拘泥于许慎、段玉裁的《说文解字》和注，不能形成一个文字科学，我现在用历史唯物论的观点，想探索一条文字学的道路，难道没有用处？我当然不劝你们青年人去研究这种学问，可是我已搞了多年，发现前人在这方面有许多谬误，我有责任把它们纠正过来给文字学以科学的面貌。我不是老学究，只知背前人的书，我要言前人之未言，也不标新立异，要作科学的讨论"。

濮一凡又说："依你所说，古之文人也会创造别字、错字。"

"此话怎讲？"

"转注、假借不就是当时没有的字，就转借来用吗？"濮一凡反问道。

"你这个意见很新鲜，我还没有听过，不过你是不是为青年写别字辩护呢？"

濮一凡回答道："谈不上辩护，我认为青年人写几个别字是难免的，中国方块字太难，我想社会前进，文字语言也随之而变动，写别字没有什么了不起的罪过，但老学究们就从这点看不起青年，我认为这是顽固，不知你以为如何？"

陈独秀说："你有这点见解，很不错，我研究文字学，就是从发展的观点出发，我主张语言文字都大众化，由繁入简，最终目的是拉丁化即拼音文字。不过在这方面，只能促渐变，不能来突变，如果来突变，那就要大家读天书，任何人也不懂。"

"写别字也是渐变呀！"

陈独秀说："是的。大家一致写的别字，就应该承认它。"

"大家约好来写别字，是不可能的。"濮一凡不解地说。

"这不打紧，如医院里打针，大家都说打臀部（读'殿'部），其实这个字应读'豚'部，管他'殿'部'豚'部，打在屁股上就是了；又如青年都说鼓吹革命，这个'吹'字应读'Trai'而不读吹。现在大家都读吹，管它哩，吹喇叭也是吹，吹牛也是吹，宣传革命也是吹，大家都读吹，你一定要读'Trai'，那就是顽固。再如'骇然'的'骇'字，不应读'骇'而应读'海'，现在大家都读骇怕的骇音，反正是骇怕惊奇的意思，怎么读都行。总之创造新字也好，写读别字也好，都要渐进，不能由你自做仓颉，随心所欲地创造出一种文字来。须知中国文字并不是仓颉创造出来的，而是古代人民的社会创造。"①

此时的陈独秀俨然一个教书的老学究，咬文嚼字，意兴盎然，完全忘记了自己置身于囹圄之中，他努力从那些枯燥的文字中寻求自尊，如同一位剃度的苦行僧潜入寒山深寺，从经诵中营造些许的安慰（他当年入主北京大学任文科学长，凭的就是这把"小学"刷子。蔡元培的介绍让老学究们无言以对）。

但是，对于曾经深爱着的小说，他却将那种沉醉深锁在往日的记忆中。他曾深爱着小说，在主编《新青年》时，他是那个文化群体的同人中催促鲁迅小说创作最力而且奖誉最多的一个。正是他们将《新青年》营造的"开放"的观念，引入了文学的领地，才使得"诸如鲁迅的《狂人日记》《风波》《药》等小说，既是现代白话小说的开山精品，也是令人百读不厌的文学典范"。②小说那种深刻地揭露、批判、痛彻反传统的斗争形式，曾使他击节赞赏，极力推崇。

而如今他在写给别人的信中却多次表达了对小说的厌倦与拒绝。

他在给胡适的信中表露道：

"如果能得着纸笔，或者会做点东西，现在也需要书看以销磨光阴。梦麟先生前曾送来几部小说，惟弟近来对于小说实无丝毫兴趣，先生能找几本给我一读否？"

---

① 参见濮清泉：《我所知道的陈独秀》，《文史资料选辑》第 71 辑，中华书局 1980 年版。

② 张宝明：《新青年与中国新文学发轫》，《回眸新青年》（语言文学卷），河南文艺出版社 1998 年版，第 537 页。

1933 年 10 月 13 日在给汪原放的信中说："我很懒于写东西，因为现在的生活，令我只能读书，不能写文章，特别不能写带文学性的文章，生活中太没有文学趣味了！……我以前最喜欢看小说，现在见了小说头便要痛，只有自然科学、外国文、中国文字音韵学等类干燥无味的东西，反而可以消遣。"①

现实人生，往往契合了文学所揭露与批判的残酷，而对于它所渲染的浪漫却敬而远之。或许此时的陈独秀仍未认识到，他一生颠沛流离，尽为理想与主义所累。

先是胡适劝他莫谈政治，后是他劝胡适远离政治，然而两位深邃的思想者谁也没有逃脱政治那热情的拥抱。不过，如今的区别是陈独秀为其所"累"，胡适之为其所"宠"罢了。当胡适忙于政治的奔走时，陈独秀却在痴迷着文字的研究。颇具戏剧性的是，当年"不谈政治"者站到了"十字街头"，而"力谈政治"者却钻进了"象牙之塔"。

陈独秀的学生傅斯年、王森然等，也都为本来可以成为学术大师的他将精力过多地花费在政治的波荡中而痛感惋惜，认为他若专心于学术，那么"当代名家，实无其匹"。

1934 年，当王森然得知老师在狱中刻苦读书，潜心著述时，不由得欣喜激动地说："先生书无不读，又精通日文、法文。故其学，求无不精；其文，理无不透；雄辩滔滔，长于言才。无论任何问题，研究之，均能深入；解决之，计划周详；……其个性过强，凡事均以大无畏不顾一切之精神处理之。无论任何学说，必参己意以研究之，无迷信崇拜之意。故每当大会讨论之际，其意见迭出，精详过人；常使满庭震惊奇绝，或拍掌称快，或呆目无言，诚为一代之骄子，当世之怪杰也。惜仍以指挥行动之时多，精心研究学术之时少，虽有专一、有恒、自信之美德，致不能完成其哲学理论之中心。使先生终为政治家不能成为革命理论家，可胜惜哉。"

无论是惋惜中加着称赞，或是称赞中杂着惋惜，陈独秀都在以自己独立

---

① 汪原放：《回忆亚东图书馆》，学林出版社 1983 年版第 165 页。

的姿态坚定地走着。

一天，一位江苏南通姓程的老先生，也是小学家，对文字的研究颇有造诣。他慕陈独秀之名，到南京监狱里看他，两人一见如故，初期互道钦佩，中期交换著作，也互称对方有卓见，后期争论起来，闹到面红耳赤，两人都高声大争。因为一个"父"字，陈独秀认为"父"字明明是画着一个人，以手执杖，指挥家人行事。而那位程先生则认为，"父"字明明是捧着一盆火，教人做饭。陈说你不通，程说你不懂；陈说你浅薄，程也说你也不深。当时在场看护陈独秀的濮一凡，好不容易才将他俩劝开，说学术讨论应心平气和，不应发火，并诌了几句打油诗凑趣道：

"一曰执仗一曰火，二翁不该动肝火。你不通来我不通，究竟谁人是浅薄。若非有我小濮在，遭殃不只是饭桌。异问争论平心气，幸勿动怒敲脑壳。"

程老先生笑了，陈独秀骂濮一凡"你这小鬼是浅薄"，"我要敲打你脑壳"。濮一凡说，我岂只浅薄，对于你们这一行，我简直是无知。①

隔了一会儿，陈独秀又和程老先生和好了，陈独秀还写了一封信给当时中央大学校长罗家伦，推荐程老先生教文史。

陈独秀没有成为伟大的革命理论家，他对文字音韵学却有着独到的探索，狱中的生活使这位老书生焕发了青春的活力，似乎一下子找到了失落多年的独处书房的感觉。

他不用为看病无钱发愁，也不用为一日三餐忧心，更不用为躲避缉捕而四处潜伏、喘息难平——这已是缉捕的结果了。在这里，他除了不能走出院门外，在里面尚是自由，别人会客不得到房内，只能在接待室，而陈独秀会客在狱房，还经常有狱医为其检查身体治疗痼疾。另外，还有同狱的濮一凡二人时常护理，端吃端喝，甚至还端大小便桶。每餐也都受着狱中稍稍的优待。

---

① 参见濮清泉：《我所知道的陈独秀》，《文史资料选辑》第71辑，中华书局1980年版。

天气转寒，狱中又破禁给他生了炭火，他又能打破狱中禁律，抽狱外朋友送的雪茄烟，抽不完还送给看守，物质较为丰富，时间也较为充分，他研究的累累硕果也在不断地产生出来，书稿中极大限度地表现着独创性，以辩证的、历史的观点向文字这一荒域探求。

他立志要"谋中国学术长足之进展"，"制造中国五十年新政治学术之结晶，以谢国人"，并给自己制定了二三年内的著述计划：《古代的中国》《现代中国》《道家概论》《孔子与儒家》《耶稣与基督教》《我的回忆录》。①

但是，这些计划由于提前获释出狱而最终落空了，其中除了《道家概论》只写有《老子孝略》一文和《孔子与儒家》写有《孔子与中国》一文外，不是未成书，便是没留下文字，使很多有见地的观点未行于世。《我的回忆录》也仅有后来只写了两章的《实庵自传》。

然而，他在文字学与音韵学方面的研究却收获不少。

文字学方面，有学术短论《干支为字母说》，探讨了"干支"的起源，将阴阳五行家关于干支的解释批评为"逞意妄为"，并提出了诸如"干支之解释求之于义，不如求之于音"等独到的见解。

另一部著作是逐个解析汉字的文字学《实庵字说》。该著在《东方杂志》连载后，引起学术界的重视。1942年6月9日的《新民晚报》（晚刊）曾有人这样评价说："《实庵字说》于金石甲骨文字，多所发明。……其书最大成就，即在将有关联谊之字，分别释例，而所举间附以英语学名，于九经文字，鼎彝刻词，及音韵等书，均有捃拾。……此较孙诒让所著《名原》，仅录古文者有别。"

还有一部是《识字初阶》，他在狱中仅完成了初稿，在此书中，他极力研究汉字的规律，解决汉字难认、难记、难写的问题。这是陈独秀竭力推动汉字拼音化未果的情况下寻求的路径，汇集了他对文字音韵学毕生的研究成果。他一生探索汉字规律，早在《新青年》行刊时所载发的"语言文字大讨

---

① 汪原放：《亚东书局与陈独秀等人的关系》（手抄本第三册）。

论"中他就对这些负载思想和情感的符号工具发生了浓厚的兴趣，并且在激烈的论争中往往有语惊四座的措辞，那关于"世界语"（Esperanto）的憧憬，关于"注音字母"的构想也都蕴含有他的努力。

政治活动每有一丝余暇，他都努力思索、孜孜以求。他系统深入研究，大胆突破传统。在著作观点上，陈独秀从不随声附和，做学术的"应声虫"，更不亦步亦趋，拾人牙慧。他以艰难的探索，建立了一套套巨著的科学体系。他从历史中汲取营养，在现实与未来中伸枝展叶。他从不在单个文字上冥思苦想，而是从广阔的历史背景出发，从古代的典章制度、生活习俗以及确凿的资料，形成了自己卓然不群的观点。他广收实物证据，博纳传世资料，缜密慎微考证。以巨大的劳动，换来了不朽的成果。

在音韵学方面，他的研究与文字学并行深入。《中国古代有复声母说》是他在音韵学方面的论著，该文对音韵学中传统的"叶韵"和"通转"之说表示异议，并果断提出以"复声母说"取代，同时指出二说的荒谬，最后强调："笃守成说者，或目复声母之说为怪诞不经，余则以为此说乃追求开辟，而比之旧说语意含糊无发音学根据之任意通转，不失为踏实可寻之途径也。"[1]在文字学研究上，他大胆怀疑，小心论证，敢于毫不保留地发表自己的见解，不怕成为"学术靶子"。他的《古音阴阳入互用例表》把古音分为四类十系，将《广韵》《集韵》《至篇》《说文》所收录的字，按照类别全部录入，条理十分明晰。他表示这是一人之见，持反对意见的必定不少，但他鼓励争论，以探讨的形式解决学术争端。《连语类编》为"辟华语单音节之说"，汇编了古籍中遗留有复声母痕迹的连语（即联绵字），这一书稿为他的《中国古代有复声母说》提供了证据。陈独秀还在该书的自序中说："中国拼音文字之难行，单音及方音为二大障碍，古今语皆多复音之义明，拼音文字之障碍去其一矣。"[2]并表白了著作此书的目的"非徒以考古"，而是为了更

---

① 《东方杂志》第 34 卷第 20 号、第 21 号。

② 任建树等编：《陈独秀著作选》第三卷，上海人民出版社 1993 年版，第 570 页。

有力地推广中国的拼音文字。另外，他还著有《屈宗韵表及考释》《荀子韵表及考释》，对屈原与荀子著作中的一些古字的读音作了考释。《广韵东冬钟江中之古韵考》指出了广韵数字同韵异读的情况，补正了顾武、江永、江有浩等人在广韵研究上的舛误与不足。

陈独秀在学术上可谓博学多识，才通六艺，他通晓英、法、日语，懂拉丁及德语等多国语言，对文、史、哲都有精辟独到之见解。在狱中，他博览群书，潜心著述，紧紧围绕着自己所研究的课题有目的有计划地去汲取、去创造。"苦心人，天不负"，他在学术领域中的硕果频出与政治革命之中的一次次失败形成了多么鲜明的对比！

从陈独秀对文字与音韵的著述中，仍可以看到他那种敢于怀疑权威、敢于挑战传统的无畏精神，也更能看到他对治学的严谨。在这个领域里，他从不故步自封、恃才傲物，勤奋读书，精心求证。

铁窗内——这间监狱中的研究室里，陈独秀在稳重地踱着步，沉思着。

第五章　老虎桥监狱

一、末路知音潘兰珍

革命是一种特殊的流浪，选择了革命就是选择了永远"在路上"的人生状态。为国投身革命常常意味着要抛却家。在陈独秀的革命生涯中，他将自己的精力和激情几乎全部投入到了充满艰险的政治斗争中。对于国家，他是一个功勋卓著的思想明星，但对于家庭，他却是一个失职的"一家之主"。

在经济上，他常常陷入困顿，生计艰难，一家人常常受亚东图书馆的周济。即使他在做党的总书记的时候，也依然是一贫如洗。1922年8月9日，在他做第二届总书记被捕后，他几乎一无所有，连诉讼费都拿不出，李大钊等14人在9月24日的《晨报》上联合署名发表《为陈独秀君募集讼费启事》：

> 启者：陈独秀君为社会教育思想自由之故被捕案了结，而关于讼费及销毁书籍版费损失在二千元以上。陈君清贫，同人深悉，遭此厄运，其何以堪，凡表同情于社会教育思想自由及与陈君有旧，愿解囊相助者，上海希交环龙路铭德里二号高君曼，北京希交北京大学图书馆李大钊收转为荷。
>
> 蔡元培、李石曾、蒋梦麟、胡适、邓中夏、刘仁静、张国焘、高尚德、李大钊、林素园、范鸿劼、黄日葵、蔡和森、缪伯英同启。

　　一个党的总书记，竟然公开地被人怜悯到如此地步。对于婚姻，对于家庭，对于儿女，他又能做些什么呢？

　　1930年9月9日，高晓岚在安庆病逝，高君曼带着两个孩子为姐姐奔丧，在陈家一年多的时间里，陈氏家族对她仍耿耿于怀，陈独秀姐姐的子女本该称高君曼为舅母，却偏偏叫她小姨，这使她十分气愤，常反问道：

　　"叫我小姨可以，但他们舅舅（指陈独秀）如何称呼？难道也叫姨夫吗？"

　　高晓岚成了被同情的对象，高君曼与陈独秀成了苦难的制造者。

　　高君曼新婚后，与陈独秀天南海北紧相随，力所能及地支持着丈夫。陈独秀就任北大文科学长时，她带着延年、乔年仍在北池子箭杆胡同9号，照料丈夫生活起居，《新青年》社址搬到上海时，她又随夫来到上海，并于1921年与丈夫同遭逮捕。颠沛流离，动荡不安，残酷的现实使高君曼一颗浪漫的心受到冷却。在教育子女上，二人也出现了明显的分歧。延年（17岁）、乔年（13岁）二人随同父亲回到上海后，陈独秀为让他们在艰苦的生活中经受磨炼，不许他们回家，要其生活自主，二人白天要读书，还要找活谋生，夜里就住在上海四马路亚东图书馆《新青年》杂志发行所的地板上。"食则饼，饮则自来水"，为免外人非议，更出于对兄弟二人的爱怜，高君曼想把他们接到家中食宿，陈独秀执意不肯，她就求助于陈独秀的好友潘赞化，哭诉说：

　　"我是他的姨母，又是继母，我从名义上及感情上看待他们兄弟，一定会胜过于亲生儿女，但独秀不让他们在家食宿，不知道事情缘由的人，谁会原谅我呢？"

　　陈独秀为此指责她说："妇人之仁，徒贼子弟，虽是善意，反生恶果。少年人生，叫他自创前途可也。"

　　陈独秀在第三次被捕出狱后，为免拖累高君曼，便与其分居，两人很少相见。高君曼因听传闻陈独秀另结新欢，便与他常有口角相争。1925年10月，为节省生活费，高君曼带着亲生儿子陈鹤年、女儿陈子美从上海回南京。住在东厂街两座破草屋里，这是陈独秀在"二次革命"讨伐袁世凯失败之后购置的家产，有地数十亩，房子 10 余间，陈独秀每月给高君曼及两个孩子 50 元生活费（后经亚东图书馆从陈独秀的稿费中每月支付 30 元）。

不料，这次离开陈独秀竟成了永别，1931 年高君曼因患子宫癌在极端困顿中离开了人间，享年约 46 岁。高君曼死后，陈独秀的好友潘赞化获悉噩耗，从上海赶奔南京为她营葬，并得到陈公博等的资助。但从此无父无母的两个孤苦伶仃的子女便开始了颠沛流离的飘萍生活。

长期的忧思，无定的饮食，躲避缉捕的紧张，失亲去家的苦痛，使陈独秀的身体状况处于垮溃的边沿，胃病复发。医院是不能去的，在不得已时他才去小药店抓点药，得过且过的迁就致使病情在不断地恶化。

一天晚上，他终于在买药归来的路上在极度紧张中倒在了地上。

这时，远远地走来了一位刚下夜班的女子，见到地上躺倒的人她惊叫了一声，仔细一看，只见这人身穿破旧长袍，脖子里绕着条围巾，礼帽扔在了一边。他胡子拉碴，面色苍白。这不是那位邻居吗？她忙俯下身去呼唤道："先生，侬醒醒，快起来，阿拉扶侬回家！"

她名叫潘兰珍，1908 年出于江苏省南通一个贫苦农民家庭，又名潘若云、潘云仙，小陈独秀 29 岁。

她 4 岁那年，紧依长江下游北岸的南通在一场风暴之后成了一片汪洋，灾民也便像汪洋一般四处漫流。其父在 1911 年也带着全家逃荒至上海，在浦东谋生。在上海的码头上，他做搬运工、做挑夫，帮旅客搬运行李货物，后来又进入英美烟草公司当装卸工，以拼卖苦力维持全家生计，但还是捉襟见肘。她的母亲在操持家务之余，无奈带着她出外捡破烂、拾煤渣。在艰难的生活环境中，潘兰珍渐渐长大了，她过早地承受了家庭生活的重担，成了父母的得力助手。

在她七八岁时，家里又添了弟弟和妹妹，清贫的生活日渐困顿。这样又煎熬到 10 岁时，为了减轻家庭负担，她便去一家纺织厂做了包身工。几年后，父亲又把她介绍到自己卖苦力的英美烟草公司当童工。屈辱的生活，超负荷的劳动，使潘兰珍尝尽了人间的苦楚，也更加速了她的成熟，十七八岁时她已出落得亭亭玉立，楚楚动人，朴素的衣着掩遮不住青春的光彩。

不想，这份天然的美丽却给她带来了人为的灾难。工厂里的一些流氓工头狼群般地整天纠缠着她，特别是在上夜班时，她更是心惊肉跳，无处藏身。其中一个工头，表面上大骂那些欺侮潘兰珍的流氓是狼群，对她表示极度关心，大献殷勤，并强行做她的"保护者"，但实质上是为了达到一个人独占的目的。几次夜闯潘兰珍住处威胁强迫遭拒后，他便在上班时寻故找碴，责罚打骂。潘兰珍受尽了屈辱，一个孤苦无助的弱女子终于在软硬兼施下屈服了。在衣冠禽兽的胁迫下与其同居并生下一子，不久夭折。在与虎狼相伴中，潘兰珍经受了非打即骂的非人折磨，孩子的夭亡更使她雪上加霜，他为了抛弃她，常常以无端的暴力让她"心死"，每次潘兰珍都在那种"重刑"下鼻青脸肿，遍体鳞伤，肉体的折磨，精神的刺激，使她终于在忍耐的极限上决定永远离开这个恶魔。她逃离了虎口，孤苦伶仃地隐居在上海熙华德路（今长治路）上一座石库门房子的后楼的亭子间里。

她怎么也难以想到，这次的搬迁却整个地改变了她今后的生活。她陪伴着一位普通而又不平凡的老人度过了他最后的岁月。

她和陈独秀成了邻居，住在同一幢楼房的同一层。

1929年9月，陈独秀、彭述之组织了"中国共产党左派反对派"（亦称"中国共产党布尔什维克列宁派"），由陈独秀任书记。1930年3月1日，《无产者》创刊，该派亦称"无产者社"。下半年，陈独秀搬到了熙华德路一座石库门房子的前楼。

国民党的悬赏通缉令，两个儿子的牺牲，停职、开除的惩办，寄予希望的新的派别内部的纷争……

蜗居，书卷，独影，窒息。斗室的空气似乎在急剧地膨胀着，这种无形的压力逼得他几欲无法喘息。

他打开窗子，欲远放眼，对面的窗子及那张呆呆凝视窗外的脸又与自己的目光怦然相撞。这已不是第一次了。

"少年不识愁滋味！"看到那张年轻秀丽的面孔，他的心里蓦然跳出了一句话。

"荒谬的感觉!"他否定了自己,心灵的困苦怎有年龄的限囿?

潘兰珍合上窗子,一丝恐惧刺得她的心一阵紧缩。她已怕见任何男人,男人似乎已成了粗暴与欺骗的象征。每次自己临窗凝思往事的时候,对面的窗子便不知何时也出现了凭窗沉思的镜头,那一副蓬头垢面的形状总让人觉得可怕。

但每每此时,她顾影自怜,由己推人,对他那种孤苦又有着一种莫名的共鸣。对面的窗子深夜常常亮着,而她隐隐约约地发现那位老者总是在阅读或奋笔。

她还深深地感受到,每次与他迎面相遇时,他的目光与面容总透出一种父爱般的慈祥。难道他也有不幸的遭遇?

陈独秀也合上了窗子,一种更加幽深的孤独挥之不去。

此时的潘兰珍,渐渐地升腾起同病相怜的感觉,陈独秀也常常有着"同是天涯沦落人"的感慨。

在以后的相遇中,他们便开始以微笑互相打着招呼,表达着相互的理解。

此时,见陈独秀没有反应,潘兰珍也顾不了许多,忙唤了一个邻人,一同将其抬到了自己的小屋里,又很快请来了大夫,医生把过脉后,给陈独秀注射了一支强心剂,并开了些药。

陈独秀渐渐地醒了过来,他微启双目,看到这位邻居手中的药和汤,便明白了一切。他顿觉一股暖流涌遍了周身,素昧平生的女子让他陡然间感受到了一种博大的温情。他说了几句感激的话便问道:

"姑娘,你叫何名?"

"阿拉叫潘兰珍,在附近做工,与侬是邻居。"她停了一下问,"老先生怎么称呼?"

"我姓李,是南京人,原在大学教书,与妻子离异后搬到这里,现在以为报纸撰稿为生。"安庆与南京的口音很相似,潘兰珍对陈独秀的话深信不疑，回想起自己婚姻的不幸，同情之心油然而生。

软绵的苏白与安庆的方言开始了对话。有了这次机缘，陈独秀与潘兰珍的接触便多了起来。

在和谐的相处中，潘兰珍惊喜地发现，这位李先生的儒雅与热情使她在男性的世界里寻到了女人的自尊，昔日在粗暴下的屈辱也在这种关怀下消逝得无影无踪了。

贫困的家境，使得潘兰珍从未进过校门，看到陈独秀整天奋笔疾书，听到他常常谈天说地，便知他是一位学识渊博的先生，一种由衷的崇敬便定格在她的心里。于是，她便经常帮他烧饭、洗衣服，他的家务琐事几乎由她包了。

从此，他们便像一家人似的，一起吃饭，一块说笑。陈独秀一有空闲便教潘兰珍识字读书，写写画画，唱歌诵诗，有时还讲一些历史、地理知识给她听。他在流离辗转的生活中意外地收获了一种家的温馨。

在潘兰珍的悉心照料护理下，陈独秀的生活也逐渐地条理化。在吃上可口应时的热菜、热饭之后，他的身体与精神均有了很大的改观。他换上西服，打上了领带，染上秋霜的头发也梳得油光闪亮。颏下的胡须也刮得精光。

对于身处逆境的陈独秀来说，这样的生活未尝不是一种奢望。一处是险恶的政治争斗，一处是宜人的温馨港湾，他被这位质朴善良的女子深深打动着。白天，他在潘兰珍的繁忙中读书写作，深夜，他又在潘兰珍的催促中进入梦乡。

在外人眼中，他们是父女，在二人心中，他们是师生，但是这种纯朴的师生关系在时间酵母的催化中也渐渐地发生转变。

年龄已不足以成为二人结合的障碍。

经过一场场激烈的思想斗争，潘兰珍终于定下了心，在寒冷的冬季向陈独秀表达了火热的爱慕之情。

面对小爱神射来的箭矢，陈独秀在惊讶的同时劝她慎重考虑。潘兰珍则表示，只要老先生不嫌弃，愿陪伴服侍他到终生，患难与共，不弃不离。

陈独秀已无法再说什么，既然一位年轻的弱女子能对年龄比自己大将近30岁的老翁如此表白衷情，将二人的情爱凌置于一切困难之上，那么自己还有什么顾忌与畏缩呢？况且，在这段相依为命的生活中，自己已从内心深处喜爱着这个纯朴善良的女子。既然拒绝对己对人都是残酷的，那么，只有准备着面对各种接踵而至的非议与压力了。

爱情终于跨过年龄的鸿沟，在他们中间发生了。

一个是尝尽悲欢离合、酸甜苦辣的"江州司马"，一个是饱受人生苦难被爱情抛弃过的"琵琶女"。两种情感终于在山呼海啸般的共鸣之后开始了爱情合唱，他们各自在经历过不同的磨难后，双双步入了简易的新房。

爱情，自从人类有文字以来就不曾说清楚的问题，在陈独秀那里的"别番滋味"也还是说不清楚。糊里糊涂的爱情在个人的意念中升华。

潘兰珍忠厚朴实，她十分敬重陈独秀，常称其为"李老先生"。她也从不询问陈独秀的往来去向，除了上班，便将全部的劳作放在了料理老先生的饮食起居上。

此时的陈独秀面临着政治与经济的双重危机，他几乎没有什么收入。于是，潘兰珍就把自己菲薄的薪金用以维持生计。清苦的生活，温暖的巢，两颗和谐共振的心，彼此都在灵魂的孤寂中寻到了依托。

遭受过爱情欺骗的潘兰珍获得了真正的爱情，她将无限的珍惜付诸对陈独秀尽心尽力的照顾。

爱情是不是需要结晶？在陈独秀，他是一个重视过程的人；在潘兰珍，则是需要结晶的人。

一种做母亲的渴望在潘兰珍的心中炽烈地燃烧，但陈独秀对此却相对冷淡：自身的漂泊流离能给后来者带来些什么？延年、乔年的惨死，对于他是一种痛彻于心的打击。由于年龄与身体的原因，潘兰珍一直未能如愿。

1931年秋，潘兰珍在下夜班的路上遇到了一个4岁的小女孩及其重病缠身的母亲，那小女孩在无助中凄惨地哭着，路旁躺着她的母亲。这样的饥寒病馁的情形她不是第一次见到，每次只能投以深深的叹息。此刻令她震颤不已的是，她像是寻到了自己的童年，勾起了她许多辛酸的记忆。

她将这次路上所遇动情地讲给陈独秀听，陈独秀像听故事一般，也以深深的叹息表示着同情。当潘兰珍表达了要将小女孩领养过来的想法时，陈独秀给予了否定。在潘兰珍看来，老先生年事已高，没有与自己同度天年的可能，自己在他百年后总得有个依靠。自己的要求合情合理，老先生的拒绝充分说明了他只顾眼前，不顾自己。但自知家事复杂的陈独秀觉得这是毫无必要的，况且动荡的革命生涯难以给孩子带来多少幸福。无可奈何的误会，使潘兰珍感到十分失望："孩子才是将来真正的依托呀！"

她哭诉着，埋怨自己的老先生太没有人情味。

此情此景，使"不怕打，不怕杀，只怕人对我哭，尤其是妇人哭"的陈独秀在泪飞如雨的潘兰珍面前终于没了主张，只得依了她的要求。

潘兰珍破涕为笑，她来到那位母亲的身边，此时，人口已不许买卖，买卖人口即为犯罪，潘兰珍给了她80个大洋让其治病，那位母亲抑制住失亲的悲伤千恩万谢，自己的病有了疗救的希望，小女儿也有了人抚养，从此有了新的生活。潘兰珍将小女孩领回了家，对外人称说是养女，随潘兰珍的姓，给"小伢子"取名为潘凤仙。

小凤仙在新家庭的温暖中恢复了水灵漂亮，逐渐活泼可爱起来，也给这个家增添了不少的乐趣。陈独秀被捕后，潘兰珍将她送回江苏南通托人抚养。

复杂的斗争形势使陈独秀一直未将真实身份及家事告诉潘兰珍，他并非不信任她，而是怕她无意中会惹来许多麻烦。寻到真正爱情的潘兰珍也从未置疑，认为同样真诚的陈独秀对她也毫无隐瞒。直到陈独秀被捕，她竟与这位神秘人物生活了两年！若非有此被捕之难，潘兰珍不知何时才能知晓这一秘密。

她也曾经感受到过老先生的反常和脾气怪异，居所稍不安逸便东搬西迁自找麻烦。这岂非庸人自扰？

有一天，潘兰珍与楼下的邻居在闲谈中得知，楼上住着一个"老西"（C.P，共产党英文名首字母谐音），潘兰珍将传言告知了陈独秀：

"阿拉听说咱们楼上亭子里住着一个'老西'，侬晓得了？"

陈独秀顿时吃了一惊，他已知身份有所暴露，但他故作镇静地说："不晓得。"

因为楼上不止一家住户，潘兰珍也没有往自己老头子身上怀疑。但言者无心，听者有意。陈独秀第二天便借口房子漏雨住着不便，由郑超麟帮忙搬到周家咀路一条弄堂底裁缝铺的前楼居住。此时，两人的生活基本上由潘兰珍一人做工的收入支撑着，陈独秀的稿酬并不固定，而且还欠下了亚东图书馆一大笔债务，但这些她都不在意，难以寻求的真爱使她对一切艰苦都愿忍受。

没有几天，陈独秀在周家咀路又觉得不安全，便又搬到岳州路永兴里11号楼上避居。而陈独秀每次寻居，都要租住楼上，以防不测，如有危险，尚有回旋余地。但他还是在11号的楼上被捕了。

向往安稳生活的潘兰珍对频繁的搬迁不大满意，没有熟悉的邻居，寻求邻人帮助也多有不便。陈独秀则为她不理解也不能让她理解而焦躁，于是二人也不免为此发生些小小的言语摩擦。

此外，养女的到来如同给他们平静的生活湖面投下了一颗石子，泛起了层层涟漪。由于二人都十分繁忙，照看小凤仙的工作成了难以解决的问题，为此，二人终于爆发了一场口角。满腹委屈的潘兰珍一赌气带着小凤仙回了浦东娘家，所幸她为此而避过了一场劫难。

上海浦东，云遮雾罩。

一位身材不高却也匀称的女子，忧郁地在街上走着，蓬松的短发随风飘动，轻拂着一张圆润的脸。

她是一位性情温柔善良，但又有几分任性的女性。她不会高声说话，更不会和别人撒泼。当一个人受到委屈时，只会静静地在一角暗暗流泪。

一个人孤独地走在街上。她警觉地注意着四方。在大上海几年的生活，她已经具备了自我保护意识。近来，她寝食不安，寻寻觅觅，好似有千条小虫咀嚼她的心。为什么自己以及周围的一切总有些反常呢？

她叹了一口气，不觉又责怪起自己来，一种内疚不安，一种挥之不去的牵挂，在心中时而聚缩，时而膨胀。不就是为了一件小事吗？因一次小小的争执便负气离开丈夫回到娘家，年迈的他靠谁来照顾呢？膨胀而又聚缩的心事在深深的回顾中顿时化作了难以抑止的思归之情。她女性味十足，明知自己有错也不愿承认，除非对方在特殊情况下她才会改变自己的"性情"。这位就是陈独秀的晚年伴侣潘兰珍。每次夫妻拌嘴生气，都是陈独秀以老先生的口吻化解龃龉，而这次却有了例外。

不过，除了情感的纠葛，其他一切事情她都没有闹明白。

大街上更加喧闹起来，报童的喊声似乎比往日更响亮。若在平时，这报纸又该是自己为丈夫买了，这简直成了一种习惯。报童的顾客在今天似乎更容易招徕，对着涌来的人群，他们繁忙地分发着报纸，同样繁忙地收着钢洋或是铜板。

购得报纸的人，边走边寻找欲读的内容，证实着报童的口头广告。

一个人从她身边慢慢走过，她朝他展开读着的报纸上扫了一眼，上面一张熟悉的脸映入了她的眼帘。她的心蓦地一颤，心中顿时一片不知吉凶的空白。她身不由己地挤进买报的人群，从报童的手里购得了一张《中央日报》，她展开仔细一看，一则逮捕共党首领的消息配着令她心惊肉跳的照片，使她心中不由得发出一声惊呼：

"天啦，这不是阿拉（江苏南通方言，为第一人称）的老头子吗？"原来与自己朝夕相处的先生就是鼎鼎大名的陈独秀，在此之前他多次听说陈独秀其人，因为他在工人中的影响也非常大。说不清是惊奇、担心、疑虑还是恐惧，泪水顺着她的脸庞流了下来。

原来如此。

少年夫妻老来伴。一位纯朴善良、命运多舛的女性忽然恍悟了。也许，这就是"老先生"为什么常向她念叨白什么诗人（白居易）"同是天涯沦落人"

的缘故。尽管她读书不多，但她毕竟不是那种不开窍的木头疙瘩。

怀疑、震惊、内疚、不知所措……潘兰珍望着照片，读着文字——这又是一场灾难了。特务，枪，血，这些都是与"共匪"紧密相连的呵！而老头子却是"共匪首领"，这是要杀头的了！

白色恐怖，谈"共"色变。

同居、口角、出走，一刀两断，乘机远遁该有多么充分的逃避与明哲保身的理由！

"阿拉该怎么办？"突发的灾难顿时扫平了因口角造成的怨气，她只感到老头子的可怜无助，自己些许的安慰都将是他患难中无穷的温暖。

他此时该是多么的需要她！往日的恩情，她不该在此时忘却，而更应去努力追寻。

为了证实这一切，她从浦东赶到了永兴里，冲进家门，已是满目狼藉，人去楼空，望着满地的衣物用品，她忧心如焚，恐惧怅惘。

"哪怕死阿拉也要见侬一面！"当确知真情后，似乎是一种使命让她下定了狱中探夫的决心。

她不忍让父母为女儿的噩耗惊惧，一番强颜为欢的掩饰后，她放弃了工作，带着小凤仙到南通老家将其委托已定，便辞别了父母，朝着关押着夫君的南京一路走来。

狱中的陈独秀在为潘兰珍出走暗自庆幸的同时，也有着诸多的忧虑，潘兰珍成了他委托狱外事务的重要内容。

他将处理潘兰珍的善后工作委托给了老友高语罕。

从他被解到南京后到第二年3月间，陈独秀多次致函高语罕，告诉他解决这一问题的方法。

愧疚在无休止地困扰着，对潘兰珍牵累的不安与许许多多不安的牵累在时时敲叩着陈独秀，潘兰珍如若永远离开并忘却他，倒也是一种安慰。

但潘兰珍已打点好行装朝着南京一路走来了。

1932年10月25日，陈独秀接到了一张上面写有"特来探问未见王哲亚"

的字条，听传达人讲是一个自称是自己家属的女子留的。凭字迹他不能辨出
是谁，这使他内心喜忧参半、疑虑重重：这位署名王哲亚的女子，怕不就是
潘兰珍？他忽而又否定了这种猜测：这字迹肯定不是她留的。忽而又怀着一
种期盼性的肯定：以她的性格，她会这样做的，这纸条或者是由别人代写的。

次日，上海的《申报》报道了有人到寄押陈独秀的军法司求见的一则
消息：

> 南京今有称陈独秀家属之女子王哲亚，偕国府某职员赴十凛苍军法
> 司求见陈独秀，监狱办事人以陈案情重大，奉命不准接见任何家属及亲
> 友，王求书一便条，派人递入与陈，使陈得悉已有家属前来探望，办事
> 人许之。该女子遂书特来探问未见王哲亚九字。又闻陈患胃病，经医诊
> 治略好，每餐只饮粥。
>
> （二十五日专电）

陈独秀知道，对于历经苦难的潘兰珍来说，自己身陷囹圄无疑是雪上加
霜。他为潘兰珍的精神刺痛而悲苦，也为因此而给她造成的物质损失而难
过。被拘半个月后，他还要高语罕再到他们的住处寻找潘兰珍的财物，1932
年11月30日，他驰函对高语罕说：

"书桌抽屉内藏有一小袋，系女友潘君之物，她多年积蓄，尽在其中，
若失去，我真对她不起，务请先生再去探望一次。……如幸而尚存，望携存
先生处，……函告潘女士亲自前往领取"。①

潘兰珍青春妙龄，应该拥有属于自己的自由与幸福，而自己已是垂垂老
翁，又兼释刑遥遥难期，陈独秀提议让潘兰珍与自己断绝关系另谋出路，免
得为此而受牵累。

狱外的托派成员想要帮助潘兰珍解决房租及其他生活困难，陈独秀则认

---

① 汪原放：《亚东六十年·狱中书信》（未刊稿）。

为不知政事深浅的潘兰珍将会对此敬而远之。于是他在 1932 年 12 月 7 日致高语罕的信中说：

"潘女士她浦东有父母，她能在香烟厂做工，不需我们帮助，并且事已揭开，她必不敢受我们帮助也。"

当高语罕告诉陈独秀潘兰珍已去南通，待托付养女之后要来监狱探视时，陈独秀就在 12 月 13 日致高语罕的信中动情地让他转告潘兰珍"鄙人生活近况，且语以案情无大危险，免她惧虑"。

因出于无奈而隐瞒了真实身份达两年之久，对潘兰珍他心中埋藏着深深的歉意。1933 年他在致高语罕的信中托告潘兰珍捡出羊皮袍及驼绒被的当票，以备赎取。在信中，他向高语罕询问潘兰珍的态度时说："她对于我，以前未曾告以真姓名，及她此次失去衣服，有怨言否？"

他心细如丝，在即将登上国民党法庭的前夜对狱外的潘兰珍表达着深挚的愧疚与满腹的不安，感情的债务在心中有些沉重。

4 月 5 日，他又写信叮嘱高语罕，要高语罕"婉言劝她不必来看我"。

这是一种乏力的拒绝，更是一种焦灼的期盼！

感情成了一对激烈厮杀的幽灵。

劝说与拒绝是无用的，心意已决的潘兰珍，已来到了令她忐忑不安的石头城！

二、监狱中的忘年恋情

陈独秀正在伏案挥毫，看守进来对他说：

"陈先生，外面有位潘女士要见你。"

陈独秀一震：她终于来了！

意料之外又在意料之中。

半载了，一个漫长的拒绝，一个漫长的等待！

"请她进来！"他按稳复杂而浮动的心情，平和地说。

看守走出去了，陈独秀紧蹀了几步，反剪着双手站在靠近走道的窗前：不避嫌，不畏险，她果真来了。

脚步声响起，脚步声近了，急乱的，似心跳，一阵风透过窗子，似局促的鼻息……潘兰珍站在了门边，朴素的装扮，悲怨的眼神。

四目相对，静默无语，关爱、理解、别思、郁闷、委屈，疾流般地融汇着，巨浪般地奔涌着。"相对无言，惟有泪千行。"

陈独秀疾步上前接下潘兰珍手中的藤箱，一声深情的呼唤尚未出口，两行热泪已经涌了出来。

"老先生，阿拉来看侬，莫是要侬悲伤的……"潘兰珍以绢拭泪，哽咽着说。

陈独秀将潘兰珍拉到床边坐下，他又拉过一条凳子与她对面而坐。

"兰珍，感激你的真情。过去我对你未讲真话，因我又让你失去许多，我真对你不起。"陈独秀尽量用平静舒缓的语气掩饰住内心的激动。

"侬快别如此说，是阿拉做得不好，侬对阿拉未说真话，那也是不得已的呀！"稍顷，她又说，"阿拉如今更崇敬侬，比过去更爱侬。"

望着那一张真诚的脸，陈独秀半晌无言。

潘兰珍告诉他，自己已辞去了上海的工作，阿囡凤仙也已被她送到南通老家托人抚养。她已决定留在南京照顾陈独秀，生死相守。

屋内杂乱的摆设，老病蔫蔫的陈独秀，她觉得有一种责任等待着她去担负。

陈独秀又劝她离开南京，另谋生路，他不愿让一个羸老之躯拖累了一个青春鲜活的生命。

但潘兰珍表示，无论如何她都不会改变不离不弃的决心。

爱在僵持之中增补着这一忘年恋情的新鲜滋味。

陈独秀执拗不过，只得答应她到狱中来照顾自己。

这是陈独秀伤感而又甜蜜的一天。

经过高语罕等人的共同帮助，潘兰珍被安置在国民党教育部政务处长段锡朋家中暂且住下。段锡朋在北大曾是陈独秀的学生，趁此机会亦尽尽师生之谊。

1934 秋，潘兰珍正式迁居南京。

在段锡朋家暂住一段后，她自感一入华贵的厅堂便束手束脚，多有不便，况且距离监狱较远。为了能更好地照顾陈独秀，她便在老虎桥附近租了间破房子，每天上午 9 点到下午 5 点，在狱中照料陈独秀的生活。

勤劳的潘兰珍除了照顾陈独秀，还去给别人打打短工，缝补浆洗，挣些零用钱，并拿出自己多年打工的微薄积蓄，买些营养饭菜给陈独秀送到狱中，并为他做饭洗衣，尽心尽责，风雨无阻，狱室成了他们的家。

当时，许多重要的党政要员都到狱中看望陈独秀，并馈赠许多衣物，仅贵重的皮袍就有好几件，潘兰珍见丈夫受人如此尊重，内心也十分欢喜。

身处艰难的陈独秀已深深地感到潘兰珍是他余生家庭幸福的依托了。

狱中的相敬如宾，久而久之便引起了别人的猜疑。

起初，看守听潘兰珍一口一个"老先生"，认为他们是师生关系，后来，见他们亲密无间，耳鬓厮磨，又认为他们是父女关系，再后来，当看守发现陈独秀与潘兰珍有超越父女关系的迹象时，便报告给了典狱长。

有一天，负责照顾陈独秀的同案濮一凡突然被典狱长叫去，他不知什么原因，以为大祸将临。来到典狱长的办公室，濮一凡见他脸色严肃，面带怒容，心知不妙。以为将要遭到什么严厉的训斥。

典狱长让看守退出，将门关紧，然后说道：

"我今天把你提出来，有件事要你转告。"

他呷了一口水，放下杯子神情严肃地说：

"陈先生在我们这里，我们没把他当犯人看待，上面叫我们优待，我们也尽量给他以优待。但是优待也有个界限，这里是监狱，不是旅馆。"他叹了口气，接着说，

"陈先生近来忘记了他在监狱，把我们这里当作旅馆，这使我们很

为难"。

濮一凡一听，想来也不是什么大事，心里顿时平静下来，便开口问道："究竟出了什么事，请你直说吧。"

典狱长问："你可知道有个姓潘的女子常来看望陈先生，是他的什么人？"

"大概是他的学生。"濮一凡含糊地说。

"不像学生，学生怎么能天天来看老师？"

"是不是他的小女儿？"

典狱长自信地说："更不是了，他的小女儿我见过。"

"那么是谁呢？我推想不出。"濮一凡故作为难道。

典狱长似乎看透了他的心思，进一步问道：

"你恐怕是知道的，碍于陈先生的面子，不肯说罢了。"

濮一凡想听听典狱长到底说出些什么，于是说道：

"请你直截了当地说吧。"

典狱长看濮一凡不能提供什么，便说：

"根据看守人的报告说，陈先生在他的监房里有亲昵的行动，这怎么行呢？这事传出去，岂不要叫我同他一样坐牢吗？请你婉言转告他，要为我的处境想一想，面子要双方来顾，如再有这样的行动，那就莫怪我无情了。"典狱长有些生气了。

濮一凡惊讶道："怕不会吧？他已老了，请你再调查一下。"

"调查过了，千真万确，你告诉他，往后请他注意些，也别让我们为难。"

第二天，濮一凡把话转告陈独秀，当他将谈话内容原原本本地说出后，陈独秀却显得非常平淡。

濮一凡愤然指责说：

"你一个共产主义者，为什么不学马克思、列宁那样以严肃的态度对待生活呢？一个政党的首脑，这样对待生活，合适吗？外面小报上曾说你不以嫖妓为耻反以为荣，确有此事吗？"

陈独秀想到自己在北大时期，论敌或政敌在斗争不过，便借助报纸，造谣说他经常逛"八大胡同""因争风抓伤某妓女下部"，采取这类下三烂污蔑的手段，来攻击他的私德，达到败坏他的形象，驱赶他离开北大，乃至离开北京的目的。因为当时陈独秀加入北大"进德会"，成为甲种会员，会约就是"不嫖、不赌、不娶妾"，面对指责，特别听到是小报所说，不觉怒火心头起：

"敌人的大报造大谣，小报造小谣，你怎么信它？再说，这是私人生活，别人管不着，也不用别人管。"

濮一凡问道："那么，这位潘女士从哪里来的呢？"

陈独秀反问道："难道我不能有个伴侣吗？"

濮一凡说："身居囹圄，不同于外边，要遵守监狱制度。"

陈独秀慨叹道："难矣哉，难矣哉！监狱制度诚属万恶，你们就是这个万恶制度的牺牲者。"

濮一凡看他又反过来批评起了自己，便说：

"算了算了，我们不要求你在这方面给予同情。"

这场风波过后，潘兰珍与陈独秀情感依然如故。

潘兰珍更加细心地照料着陈独秀，陈独秀则在这种细致周密的照顾下，将全部的精力投入到了学术研究中去。

漫漫长路，幽幽深牢，老夫少妻，在努力地驱逐着寂寞，排遣着忧愁。

三、行无愧怍心常坦

一个生来就与世界抵牾不调的人，以他洗练的诚实，让人感觉怪癖；以他无饰的执着，让人感觉孤傲。他在理想主义的领域里不断地猎取，又不断地抛弃，他似乎在八方树敌，而终于四面楚歌。

被捕成囚后，已经有一部分旧友杳无音信、不再来往了，但也有许多的友朋及学生赶来看望，他在欣慰之情轻拂心田时，又对那些因故不能来探询的人时时怨愤，"多病故人疏"的凄清感觉也常常笼罩于心。

他需要询慰，纵然那种询慰里并不包含着他所期待的理解，他的这种深沉的渴求，常使他表现出无端的敏感。

他不禁想到了在大革命失败的白色恐怖里，有一件令他尴尬而无奈的事。当时，《新青年》《每周评论》《向导》《前锋》《中国青年》等被列为禁书，印行这些书的亚东图书馆险遭查封，为免遭厄运，图书馆主人忍痛将所印之书几乎焚烧殆尽，并决定将家从鸿祥里搬到温州路。

此时，准备搬家的陈独秀闻知，想与亚东图书馆同搬一处，不料他的好友、图书馆的经理汪孟邹却对他说：

"仲甫，你不要再去了。我老实告诉你，我的老太婆常说：'不能再来了！怕人呵！他还要来，我要吓得爬屋走了！'还有我的老嫂嫂，要吓死了！"

最后他苦涩地对陈独秀笑笑说：

"还是我有时来看看你的好。"

为了不让朋友的事业与家庭因为自己而遭受劫难，他将住所搬到了别处，无可奈何的汪孟邹倒深感愧疚，总时时找到陈独秀，细商出版新书事宜。

每个人的人生追求与人生道路不同，自己也不会绑架着别人与自己同历风雨，他奔走在革命的风雨坎坷中，行走在被通缉追捕的道路上，真正的革命同志自会在身边追随。他知道老友汪孟邹的为人，他对故人的这种无奈选择很是理解，但在这种情形之下想起此事也是自己始料未及的。

1932 年 10 月 31 日，北京大学校长蒋梦麟携带着水果礼品来到了江宁地方法院，故人的探视使陈独秀宽慰了许多，这对于"寂寞梧桐深院锁清秋"的他，与其说是一种不以时移势转的崇敬，不如说是一种超越困厄的理解。

陈独秀与蒋梦麟谈论着数十年沧桑的北大，交换着对时局的认知，意见投机中又难免有相左之处。临行，蒋梦麟将随身带来的几部小说及一些其他书籍赠送给了陈独秀。这是他精心挑选的文学作品，希望以此能为陈独秀消磨狱中枯燥的时光。

枯燥与寂寞需要打发排遣，但蒋梦麟这种关心的方式对此时处境的陈独秀来说也的确合适。

陈独秀自有他解脱自我的方式，他在单调与枯燥的胁迫下逆寻。激进的个性、士人的悲情，以枯燥抵抗枯燥便成了他狱中的选择——他沉入文字学的研究中去了。

11 月 3 日，国民党教育部政务处长段锡朋狱中来访，陈独秀与他谈到了胡适，当他得知胡适还在为自己的案件聘请律师而奔波，并请好了一位姓刘的律师时，他让段锡朋转告胡适：

"辩护事已委托章行严先生及另一位彭先生，其案情亦不过如是，烦请律师过多，或转易（引）外间无谓之注意。惟深感先生之厚意，并乞代为谢谢刘律师。"

1933 年秋，著名绘画艺术大师刘海粟第一次旅欧归来，当他听到陈独秀入狱的消息后，便赶到南京前来探望。与陈独秀阔别多年的刘海粟在去南京前听到了许多关于陈独秀法庭斗争的传闻，他内心十分激动。

来到狱中，他一见陈独秀便快步走上前去，紧紧握住了那双常书战斗檄文的手并大声说：

"你伟大……"

陈独秀也很激动，他兴奋地抢着说：

"你伟大，敢于画模特儿，和封建势力斗争……"

二人同坐畅谈，拊掌大笑，似乎这里不是监房，而是友朋聚义的客厅。他们谈笑风生，旁若无人，使得看守和同狱者都十分惊讶。

谈及国民党政府对陈独秀的态度，陈独秀大声抗议道：

"蒋介石要我反省，我反省什么！"

陈独秀的气概和风度令刘海粟十分钦佩，这样的狱囚风骨给他留下了深刻的印象。

临别时，刘海粟从皮包里取出事先准备好的纸、笔和一瓶墨汁，请陈独

秀即席挥毫,题字留念。陈独秀接过纸笔饱蘸浓墨,想到自己的处境,他略加思索,便一挥而就:

> 行无愧怍心常坦
> 身处艰难气若虹

这是他对自己坦荡胸怀的概括和表达,也是对自己人格精神的自判和自励。

1935 年,刘海粟游黄山,完成了一幅《古松图》,他在这幅画中写了题记,描述自己完成的背景:

"乙亥十一月游黄山,在文殊院遇雨。寒甚,披裘拥火犹不暖,夜深更冷,至不能寐。院前有松皆奇古。刘海粟以不堪书画之纸笔,写其一。"

画中黄山巍巍,卓尔不群;孤松苍劲刚韧,英姿挺拔,陈独秀一见此图,情由景生,大为感慨,内心孤独的情感与画的意境产生了强烈的共鸣,似乎此画专为自己所绘,或者这株松的模特儿就是他精神的自己,或者这黄山本身就是自己。

于是,他在波涛翻滚般的激动中为画题诗道:

> 黄山孤山,不孤无孤,孤而不孤;
> 孤与不孤,各有其境,各有其图。
> 此非调和折衷于孤与不孤之间也,

> 题奉海粟先生
> 独秀

在诗后,他又加注强调区别,以示"不孤"。他不是"折衷的调和派"他不愿说骑墙的话。但是,能从一株而想到"孤"与"独",这种敏感的心态,也许正是他此时"孤独"心理的表现吧!刘海粟的创作动机是"心由境造",

而陈独秀的欣赏方式却成了"境由心造"，其实，这种"客观的支配"与"主观的支配"的差异，正明白地显示着离群索居的精神压抑。

陈独秀却又是自信的，自信中纠缠着孤独，孤独中闪烁着自信，在这两相交织的同类合成中，颓废便悄然隐退了。

1935 年，柳亚子写了一首七绝赞他：

> 名场画虎惜行严，孤愤佯狂有太炎。
> 更忆图圄陈仲子，曼殊朋旧定谁贤？

新文化运动中，在"打倒孔家店"的口号下痛斥孔丘为"盗丘""遗祸及万世"，以《说孝》一文而名声大起的吴虞（字又陵，四川省新繁县人）也时刻关注着陈独秀被捕后的情况。他难以忘记，新文化运动中陈独秀以《孔子之道与现代生活》向旧道德发射的强劲炮火，那时他正担任北京大学教授，他在《新青年》杂志上发表的《吃人与礼教》《家族制度为专制主义之根源论》等文章深得陈独秀赞赏。

当国民党对"陈彭案"审判的锤音落定，时为四川大学教授、被誉为"四川省只手打倒孔家店"的英雄，再也抑止不住内心的激动，他辗转反侧、夜不能寐，于夜半 4 点披衣下床，伏案书成了一首诗：

寄陈独秀狱中

> 早年谈易记儒生，意气翻惊四海横。
> 党锢固应关国计，罪言犹足见神明。
> 尽知大胆如王雅，何必高文似马卿。
> 万古江河真不废，新书还望狱中成。①

---

① 《吴虞日记》，《党史研究资料》1980 年第 10 期。

他十分赞佩陈独秀在法庭斗争中所展现出来的英勇及光彩个性，并将他的勇武比之于北周独闯敌阵被太祖叹为"举身悉是胆也"的大将王雅，将他的才情比之于善赋的司马相如。他更希望陈独秀以"不废江河万古流"的才气和勇气在狱中著书立说、潜心造学。

落身于难的人，对于亲友的看望抚慰无疑是一种渴求，若在平时，有一段友朋疏于来往晤面尚属常事，但对此时的陈独秀来说难免有"多病故人疏"的嫌疑。

1933年11月2日，时任北京大学文学院院长兼中国文学系主任的胡适给陈独秀写了一信，信中谈到了《资本论》译制及"国语稿本"的排印问题，信末写道：

"此次过京，匆匆不能来视吾兄，十分失望。两个月后南下，当来奉看。"①

其实，"失望"的不是胡适，而是陈独秀，这不能不令陈独秀大为生气，在他看来，胡适的"匆匆"无非是沉醉在与国民党政界要员的觥筹交错中去了。他的"不能来省视"未尝不是一句躲避来见的美妙托词，"两个月后"，"当来奉看"的承诺只是一种虚浮无着的安慰。这莫非怕我这一"屈身成囚"之人辱没了他的身份或牵连到他的政途吗?!

这是他不能容忍的，"道不同不相为谋"，这样的朋友还有什么可交之必要! 于是便写信给汪原放，表达了自己对胡适的愤慨。

汪原放为维护朋友关系并平息他心中的怨气，两次写信给陈独秀，为胡适的不能到狱中探望作了解释。未承想，对于气愤膨胀于胸的他更是火上浇油，他又写信给汪原放，声明与胡适绝交：

> 兄来函为老胡辩护，我深为惊异! 你说他太忙，不错，他很忙，我知道他在此间即和一班达官贵人拜会吃酒，已经够忙了。弟前函及此函

---

① 汪原放：《回忆亚东图书馆》，学林出版社1983年版，第170、171页。

所说关于老胡之事，望勿告知他人，即令叔亦不必令知之，君子绝交口不出恶声也。我和他仅仅友谊关系，其他一切不必谈，他现在既不以友谊态度待我，不过旧朋友当中又失了一个，如此而已。①

事情已发展到如此地步，汪原放也难再置言，但从陈独秀的性格及此时的处境去体会，他又表示深深的理解。

好在胡适终于未忘诺言，并于第二年在多次看望陈独秀的国民党教育部行政处处长段锡朋的引导和陪同下，来到狱中看望了他。此时的胡适与陈独秀的身份有着天壤之别，但谈话中，陈独秀为胡适惋惜，他对胡适说，你若只做一些学术研究，也许不会被人鄙视。胡适回答说，我为你惋惜，你若不当政党领袖，专心研究学术，想来也会有些成就，而不至身陷囹圄。

他告诉陈独秀，白话文学已经建立起来，老舍、巴金、曹禺是杰出的作家。陈独秀问道，鲁迅、茅盾呢？胡适说，没有见到他们的作品，这两位恐怕致力于文学为革命服务去了。听到胡适的话带有讽刺的意味，他以似同意非同意的语调说，可惜不可惜？胡适转换话题说，没有你的《文学革命论》，白话文学难以达到今日的成就，陈独秀也笑着说，没有你的《文学改良刍议》，文学还会停在八股的牢笼中。

此次的相会一谈，使误解顿时烟消云散、涣然冰释，原本胸怀磊落坦荡的他再也想不起生气了。

他本是爱好书法的，能写好几种字体，尤擅长写狂草体与郑板桥体，他认为，书法既要有点天分，又要多下功夫，功夫锻炼内劲，天分表现外秀。但他自认是天分有点而功夫不够的。他在不能从政的闲暇里复活了文人的雅兴，书法的往来与交流，该是消忧释愁的一种绝好方式。

1934 年 9 月 27 日，陈独秀写好一信，寄往上海亚东图书馆：

---

① 汪原放：《回忆亚东图书馆》，学林出版社 1983 年版，第 171 页。

原放兄：

　　静回沪所托寄书，谅已达览。兹托静转上宣纸一条，请即送交行翁，请其大笔一挥，写好仍交兄觅便寄来。并请兄转告行翁，最好能写他的近作诗词，愈速愈好。拟择朋友中能书者四人，各书一幅，合为一小屏，朝夕瞻对，以释消愁，兹托行翁书即此四幅之一，望以此意告知行翁。

　　此祝　健康

明宜手启

九月廿七 ①

"明宜"是陈独秀自署的另一个别名。

　　汪原放向章士钊转达他的要求并将陈独秀的信交给了他。章士钊非常重视，于是便冥思追忆、运笔成斤，很快便完成了一幅集诗书为一体的作品：

　　　　夜郎流客意何如？犹记枫林入梦初。
　　　　凤鄙诸生争蜀洛，那禁文网落潘吴。
　　　　议从刻木成奚在？煎到同根泣亦徒。
　　　　留取心魂依苦县，眼中台鹿会相呼。

　　　　三十年前楚两生，君时扪虱我谈兵。
　　　　伯先京口长轰酒，子谷香山苦嗜饧。
　　　　昌寿里过梅福里，力山声杂搏泉声。
　　　　红荑聚散原如此，野马风棂目尽迎。

　　（佛罗伊德画一囚室，其人目送窗棂间，日光一线，生平梦想事件均浮动于中）

---

① 汪原放：《回忆亚东图书馆》，学林出版社1983年版，第171、172页。

独秀兄近自江宁函索拙书，因便为长句写寄。世乱日亟，衣冠涂炭，如独秀幽居著书，似犹得所。奉怀君子，不尽于言。

士钊

甲戌初冬 [1]

屏条写成后，章士钊又用丝绫精心地将它装裱了一番，送给了汪原放，以待他再去狱中探望时顺便捎带给陈独秀。诗中的"留取心魂依苦县，眼中台鹿会相呼"这一句最令他欣赏，这一尾联无疑表现了章士钊对此时心境中的陈独秀最彻底的理解。留在心魂中的依旧是悬浮着的寂苦，世有几人能如此知心！"嘤其鸣矣，求其友声"。该联的后句正表达了章士钊愿与患难中的故友呼和应答，力排其忧，愿为"同类相聚、同声相求"的知己。这种神交真情实为孤寂中的陈独秀送去了莫大的安慰。

1937 年 6 月 29 日，汪原放到狱中探望陈独秀，与他在狱中一同吃饭，谈了整整一天。最后，汪原放对陈独秀说：

"报上说向你求字的人很多，你写了不少给人。我想请你在有空的时候，给我写一张小屏，裱起来挂挂。"

陈独秀没有允诺也没有回绝，但他还是将这事记了下来。他知道汪原放为了自己穿梭于南京与上海之间的辛苦，此种要求是应该满足的。不久，他便托人将写好的两张屏条带到了上海亚东图书馆。在屏条上，他未写上款，但在下面的落款上却署了"陈独秀"的真名，并压印好自己的图章。

屏条的其中一张是录写的《古诗十九首》中一首的"冉冉孤生竹"，另一张文字内容为："天才贡献于社会者甚大，而社会每迫害天才。成功愈缓愈少者，天才愈大；此人类之所以为蚁行而非龙飞。"[2] 落款为"独秀书于

---

① 汪原放：《回忆亚东图书馆》，学林出版社 1983 年版，第 172 页。

② 汪原放：《回忆亚东图书馆》，学林出版社 1983 年版，第 189 页。

金陵"。孤苦中夹杂着郁愤，这是陈独秀狱中惯有的心态，由此屏条亦可见一斑。

1933 年 6 月 27 日，胡适在他《四十自述》一书的序言中，疾声倡言陈独秀、蔡元培等都在有生之年完成一部自传，他以学人的自觉心表白道："我这十几年中，因为深深的感觉中国最缺乏传记的文学，所以到处劝我的老辈朋友写他们的自传"；并且一再强调"我盼望他们都不要叫我失望"。

胡适的提醒让陈独秀蓦然感到：以回忆为主要思想活动的暮年已经来临了。人生到了写自传的时候，这是否意味着对自己一生的历史缩结？为贡献传记文学计，是应该付出些努力，况且已经到了回忆的年龄呢?!

于是他便托狱外的朋友借来了《马克斯传》《达尔文传》以及托洛茨基的《我的生平》细细研读，并将写自传列入了自己的著述计划，题目暂定为《我的回忆录》。

其实，积极推动陈独秀写自传的不仅是胡适一人，托派的朋友也努力催促，狱外的托派组织并答应向他最大限度地提供材料。他们希望这位领袖能参照托洛茨基写的《我的生平》《俄国革命史》《我们的政治意见书》《告全党同志书》，以自传的形式对中国近现代革命的经验加以总结。

自传的写作已经列入计划了，但是经济的紧张甚至困顿以及法庭审判结果给他造成的愤懑使这一计划几至于搁浅。

"著书皆为稻粱谋"并非自己的初衷，而被捕入狱后的陈独秀不得不正视"经济"这一因素，而终于有为文而谋"稻粱"的嫌疑了。

多难的漂泊家庭，寒酸的经济来源，在二者的拉力中，陈独秀不止有过一次的尴尬。自己的各项开支日渐压缩，但生活依然是捉襟见肘。

更有甚者，被"剥夺政治权利"的陈独秀连发表文字也成了奢想。这无疑断了他的主要经济来源。稿费与版税早已支取殆尽，经济的困顿使借阅成了最主要的览书方式。

令他盛意难拒的亲友的接济，他偶尔也被迫接受一点的，但绝大多数的馈赠他都坚拒不受，存贮于心的原则便是：无功不受禄。

　　负债的日子对于体面重情的知识分子无疑是一种残酷的煎熬，解决与亚东图书馆的经济问题，如何偿还这些债务便成了陈独秀常常考虑的问题，而且考虑这些问题又总难以摒除人情在负的牵绕。

　　1933 年 7 月，亚东图书馆的汪原放到南京狱所探望陈独秀，当谈到图书馆的经营状况时，陈独秀十分抱歉地对他说：

　　"我欠亚东的钱实在不少了，心里很难过，你可以把《独秀文存》重印出来，让我快快拿版税把亚东的账结清才好。"①

　　重印《独秀文存》无疑是无奈的"绝好"的选择。1922 年 11 月、12 月，亚东图书馆在战战兢兢中印出了三千部《独秀文存》（一至四）第一集，因为陈独秀第四次被逮捕刚刚出狱。恢复自由后的他又精心编定了《独秀文存》二集，并送到了亚东图书馆，但在越来越紧张的国内局势中，谨小慎微的亚东图书馆终未将编好的书稿排印出版。

　　《独秀文存》中"德先生"与"赛先生"以及最后令当局切齿痛恨的"社会主义"已令图书馆经理汪孟邹心惊难定了，更何况让他们费尽心机东放西放、东藏西藏的"二集"！汪孟邹总在侄子汪原放的催促中躁地说：

　　"不能不看一看风头再动手。出事，吃不消呵！"

　　但是，《吴虞文录》、《孟和文存》、《胡适文存》、《胡适文存》二集、《胡适文存》三集这一"文存系列"却像亚东图书馆一笼笼精制的甜糕。而与《独秀文存》二集有着同一夭折命运的还有另一位书生附有自序的著作《秋白文存》。大革命失败后，《独秀文存》也不曾再印了。

　　如今，重印《独秀文存》这个无奈的选择似乎也举步维艰，由于政治的牵累，他在狱中的研究成果拼音文字稿一直尚未出版，燃烧着让当局恐惧而憎恨的圣火的《独秀文存》，其命运该会好到哪里去呢?！

　　好在该书初版的销量不差，求丰供寡，亚东图书馆克服困难终于重印出书了，一千部《独秀文存》成了在嫁的新娘。

---

　　①　汪原放：《回忆亚东图书馆》，学林出版社 1983 年版，第 168 页。

但广告是不敢在日报上宣传的，出版者又谨慎地在小本书目上加上了"目的剖白"：

"此集所著者在民国十年（1921）以前发表于《新青年》杂志之作品，分论文、随感录、通信三卷。内容乃提倡文学革命，改进伦理观念，讨论宗教问题。读此可见著者十余年前之思想与主张。九版后有蔡子民（元培）先生的序，说'本书各文大抵取推翻旧惯、创造新生命的态度；而文笔廉悍，足药拖沓含糊等病；即到今日，仍没有失掉青年模范文的资格。'……"①

这一淡化政治的说明无疑是违背著者初衷、压曲著者意旨的，但陈独秀已不再计较这些了，他也理解图书馆的苦衷，权且当作"饥不择食"吧！人情的债务将随着经济债务的减轻而减轻、消逝而消逝，这未尝不是一种难得的安慰。

少妻潘兰珍是无私地支持着自己，但仅靠一个弱女子零工的薪酬及微薄的积蓄维持生计无疑是杯水车薪，何况她尚有一双待养的父母呢？

将狱中写成的文稿拿去"沿街叫卖"也是不可避免的了。

陈独秀将出售所成文稿的狱外运作拜托给了对他爱恨交加的好友章士钊。章士钊"盛情难却"，就带着他的稿子去书店或出版书局联系出书事宜，成了陈独秀思想与精神产品的"推销员"。

陈独秀对书稿出版情况的关心表现出了往昔不曾有过的细致与热切。1934 年 10 月 10 日他在给亚东的信中询问道：

> 文稿已动手，题为《道家概论》。此一种稍冗长，一时不易写完，拟先写一短文，题名《老子考略》，写好即寄由兄处转行翁，乞兄先告行翁，不知合用否？
>
> 行翁收到拙稿，系售诸书局出版，或暂存行翁处以待价，请兄询明行翁示知！

---

① 汪原放：《回忆亚东图书馆》，学林出版社 1983 年版，第 168 页。

《独秀文存》一书已经重印，有同人叹评道："这部书，六年不印，真正可惜！"第一批重印的一千部销况不差，但紧随其后的几次重印却在禁书的风浪中颠簸，行销的结果总是令人难以乐观。

《独秀文存》的销售情况成了陈独秀创作自传的逆反驱动力，他决定以数倍于前的努力完成一部杰出自传，以弥补《文存》对亚东的影响。而当他将欲卖自传书稿给亚东图书馆的打算提出后，对方对接受与否颇为犹豫。

这是他所未预料到的，但他仍旧理解亚东，然而在他的心理防线上，那种御阻悲壮的屏障被这一丝淡然给悄悄拆除了。

1932年12月22日，陈独秀在致好友高语罕的信中流露出了苦闷的心情：

"自传一时尚未能动手写，写时拟分三、四册陆续出版，有稿当然交老友（即汪孟邹）处印行。如老友不能即时印行，则只好给别家。自传和《文存》是一样的东西，倘《文存》不能登报门售，自传当然也没有印行可能。若写好不出版，置之以待将来，则我一个字也写不出来。"

此时的陈独秀在成文与付梓甚至酝酿与付梓之间，已"经不起太长的等待"，时间之于他，已成了不断添加的重负，愈久远，愈令他难以喘息。

但接着很快就传来了使他欣慰的消息。上海群益出版公司得知陈独秀要出版自传，并预见到它的销路一定不差，便派曹聚仁代表公司到狱中与陈独秀联系并索稿。

经过简单磋商，谈定了稿酬每千字二十元，每月支付二百元。群益出版公司表示可以接受他所提出的条件，在初稿完成以后以尽可能快的速度印行。

群益公司对自传出版的承接令陈独秀很是兴奋，毕竟未来的书稿有了着落，万事俱备，只欠他凝思运笔这一"东风"劲吹了。于是他便积极地准备起来。

1933年2月7日，他又写信给高语罕，希望他在狱外能尽快找来托洛茨基的《我的生平》《不断革命论》《法兰西革命》《西方革命史》等书。看来，他的自传内容已不外于两方面，一是对自我生命历程的回忆，一是对中国革命发展轨迹的回忆。

但陈独秀是谨慎的，初次的合作使他不得不以"小人之心"猜测：对方的可靠程度能有多深？在不能回答自己时，他开始对群益公司有了动摇。合作愉快难有几分把握，使他保守地认为，应该以稳妥为原则。再则，他顾虑到与好友汪孟邹及亚东图书馆的关系，他们是否会因此误会而心意不爽？另外，自己的债款绝大数是在亚东图书馆，如果交由别处出版，徒增了资金的周转环节，因此，他将自传的出版希望仍保留并寄托在了亚东。

时光匆匆，3年过去了，就在日本全面侵华之时，陈独秀才开始着笔自传。1937年7月上旬，与亚东图书馆的汪孟邹时有交往的《宇宙风》杂志主编陶亢德，从汪处得知陈独秀有写自传计划而尚未完成的消息时，他兴致很高，要立即与陈独秀取得联系。汪孟邹也顺水推舟落得人情，于是给陈独秀写信先告知此事，此后陶亢德也几次致函狱中，希望他能够与自己合作，并提出了关于自传写作在起止时间上的要求。

炮声、慌乱中的狱所倒显出异常的平静，陈独秀伏在静静的书桌上，奋笔疾书，回顾着早期的生活。一月未满，他便完成了两章。

7月30日，他便写信通知陶亢德，所成之文，第一章"拟为'没有父亲的孩子'，第二章拟为'由选学妖孽到康梁派'"。似乎是一种暗示，他没有拟出第三章的标题是什么，而他的自传，因不久的出狱而最终定格在这里。其实他已料想，自传的命运与自己的命运一样，将随着虽获自由但却存着不可或测的变化了。

8月中旬，陈独秀《实庵自传》的前两章便在弥漫的炮火中从南京寄到了上海。

《实庵自传》手稿的到来，令《宇宙风》的主编陶亢德十分振奋，他们大加广告宣传，誉称自传为"传记文学之瑰宝"。在编者按语中对传文及著者作了一番憧憬与礼赞：

"陈独秀先生除为本刊写自传（第五十期起登）外，还俯允经常撰文，可望每期都有。陈先生是文化导师，文坛名宿，搁笔久矣，现蒙为本刊撰文，实不特本刊之幸也。"

然而，他们没有料到，这是陈独秀第一次寄稿，也是最后一次为《宇宙风》提供自传稿了，"经常撰文""每期都有"却成了一种自愧而遗憾的理想愿望。

自传在发表时，第二章"由选学妖孽到康梁派"改作了"江南乡试"，内容除个别文字外没有大的增删编改。自传的第一章起首几段，其实是该传的序言，他以平实的语词表明了书写自传的立意及方式：

> 休谟的自传开口便说："一个人写自己的生平时，如果说的太多了，总是免不了虚荣的，所以我的自传要力求简短，人们或者认为我自己之擅写自己的生平，那正是一种虚荣；不过这篇叙述文字所包含的东西，除了关于我自己著作的记载而外，很少有别的，我的一生也差不多是消耗在文字生涯中，至于我大部分著作之初步成功，也并不足为虚荣的对象。"几年以来，许多朋友极力劝我写自传，我迟迟不写者，并不是为了避免什么虚荣；现在开始写一点，也不是因为什么虚荣；休谟的一生差不多是消耗在文字生涯中，我的一生差不多是消耗在政治生涯中，至于我大部分政治生涯之失败，也并不足为虚荣的对象。我现在写这本自传，关于我个人的事，打算照休谟的话"力求简短"，主要的是把我一生所见所闻的政治及社会思想之变动，尽我所记忆的描写出来，作为现代青年一种活的经验，不力求简短，也不滥钞不大有生气的政治经济材料，以夸张篇幅。
>
> 写自传的人，照例都从幼年时代说起，可我幼年时代的事，几乎完全记忆不清了。佛兰克林的自传一开始便说："我向来喜欢收集先人一切琐碎的遗事，你们当能忆及和我同住英格兰时，遍访亲戚故旧，我之长途跋涉，目的正在此。"我现在不能够这样做，也不愿意这样做，只略略写出在幼年时代印象较深的几件事而已。①

---

①　原载 1938 年 3 月广州亚东图书馆出版之单行本。

他在黄昏中开始从生命的朝晨回忆，他的命运与国家及这个多难的民族紧密联结着，他不断地吸收又不断地反叛，内在的标度便是属于这个民族一分子的应有的责任心。为了理想与革命，为了"虽九死而未悔"的主义，他抛身弃家而徒增"飘飘何所似，天地一沙鸥"的凄凉慨叹。延年、乔年这两个爱子，已在反革命的枪声中倒下了，晚年的天伦之福也已化为奉献革命的代价。

1936年12月12日，蒋介石到西安督促张学良、杨虎城二将军致力"剿共"，以期尽快实现"安内"大业。不料却遭到二人的劝谏直至"兵谏"，阵前倒戈，兵变扣押，蒋介石成了俘虏。西安事变的消息迅速传遍了全国，南京监狱在押的人喜形于色，一片欢声雷动。

"风声鹤唳，草木皆兵"，南京监狱当局奉命立即戒严，两挺机枪架在了中央岗亭上，枪口正对着各监房的出口。看守长登上岗亭大声训话，声言有再叫嚷者，拖出去枪毙。但监房里的人不顾这些威吓，纷纷议论蒋介石的生死。有人说，这下蒋介石完了，判长期徒刑的人说，我们出狱有希望了。有的说，蒋介石有钱有办法，也可能不会有生命危险。

陈独秀内心也十分高兴，这该不是一件小事情，或许，身处之境会因此而改变呢！忘身于兴奋中的人，总有着因此种剧烈震动而憧憬出狱的希望。

"怜子如何不丈夫"，延年、乔年的死，曾使这位严父几日未食，如今，陈独秀脸上洋溢着节日的光彩，他托人打了一些酒，买了些菜，准备来一番庆祝。他叫来了同狱照顾他的罗世凡和濮一凡同饮同贺，边分置酒具边说：

"我生平滴酒不沾，今日为国仇家恨，我要痛饮一杯。"

他先斟满一杯，高举齐眉，肃然言道：

"大革命以来，为共产革命而牺牲的烈士，请受奠一杯，你们的深仇大恨有人给报了。"

他将酒奠酹在地上，低首敛眉，表情甚哀，少顷，已是泪光闪闪。

他又斟满了第二杯，尚未举起，已经泣不成声："延年啦乔年，为父的为你俩酹此一杯！"

他悲情呜咽，老泪纵横，痛哭失声。他大笑过、大怒过，很难有人见他恸哭失态，二人无不为之动容并努力劝慰，濮一凡与罗世凡劝说道：

"何必如此动感情呢？何况此事还在初始阶段，如何发展，尚难预料，我们不要空欢喜一场又白伤心一阵呀！"

陈独秀许久止住悲痛说："人非草木，孰能无情。我看蒋介石这个独夫，此次难逃活命。东方国家的军事政变，很少不杀人的。"

说完，他转悲为喜，又开始兴奋地劝酒，有同感的二人陪着陈独秀一起痛饮。

但是，他们的这种喜悦和期待不久便被一阵鞭炮声给震得烟消云散了。

十几天后，陈独秀等在深夜被爆竹声惊醒，南京城一夜炮声未息。这令狱中的人都非常诧异，此时不到春节，往年即使到了春节，也没有放过这样多的爆竹。第二天起来方知，蒋介石已被放回南京了。

所有服刑的人一阵惘然，特别是为此而庆祝过的陈独秀、濮一凡、罗世凡3人更多了一份尴尬。

这真是一番戏剧性的变化。对于没有心理准备的陈独秀着实是一个沉重的打击，这种打击使他几乎有些颓唐了。

"看起来蒋介石的统治是相当稳固的，不像我们分析的那样脆弱。"陈独秀幽幽地说。

"根据何在？"濮一凡与罗世凡问。

"从爆竹声中可以听出，他有群众基础。"

"唉！爆竹是警察下命令放的嘛！"濮一凡不屑一顾地说。

陈独秀分析说："下命令放的，最多只能放个把小时，昨天放了一夜，能说是命令的作用吗？我看南京的人民是相当拥护他的。"

罗世凡二人阻止他道："不要凭感想分析了。"

听到这半教训半嘲讽似的话，他顿时气从心起："只要不是瞎子聋子，

313

都能认识到这一点。"

"只要不是儿童，也不会作这样幼稚的分析。"二人与他争起嘴来。

"你们才幼稚得不可理喻！"

"你是老而幼稚！"

陈独秀说："你们以为蒋介石一吹就倒吗？你们会走到无知盲动的地步。"

"你以为蒋介石能一辈子称帝称王吗？你会走上机会主义的老路。"濮一凡反驳道。

陈独秀最敏感于别人给自己扣上"机会主义"的帽子，他一敲桌子朗声怒道："你们真是无知、幼稚、没有进步、不堪造就！"

舌战在不断升级，此时外面传来了看守的咳嗽声。

大家都不再说话，此争论若传到典狱长那里，难免又是一场麻烦，余下的争论只有留待事实去评判了。

四、《金粉泪》

南京的模范监狱似一座孤岛，戒备森严令人少有问津，但监狱中陈独秀的狱所，却因它主人的朋友特别是高层政要人员的造访而经临着八面来风。

南京，这座旧时被称为"六朝金粉"的繁华京师，成了国民党政府的首都。但这里的浮华奢靡之气感染给这班达官贵人的不是阳刚而是阴柔。

铁蹄入关，饿殍遍野，赤地千里。人民水深火热、血和泪流；官员歌舞升平、金迷纸醉。这不仅仅是一种对比，更是残酷的反差！

抗日的烽火映照着狱中的陈独秀，他谛听着民族的生息，歌以忧怀，歌以抒愤，歌以咏志：

> "放弃燕云战马豪，胡儿醉梦倚天骄。
> 此身犹未成衰骨，梦里寒霜夜渡辽。"

"飞机轰炸名城堕，将士欢呼百姓愁。

虏马临江却沉寂，天朝不战示怀柔"

"长城以外非国土，万里黄河惨澹流。

还有长江天堑在，贵人高枕永无忧。"

·

"苏马幽居蒋蔡逃，胡儿拍手汉号啕。

儿皇忠悃应无失，毋事皇军汗马劳。"①

五代十国时期，面对强敌的入侵，石敬瑭不惜割让幽云十六州给契丹国，俯首称臣、苟安朝政，做了乖依乖顺的"儿皇帝"。历史似在重演，日寇在国民党政府不抵抗政策下占领了东北，并建立了伪"满洲国"后，又在1933年占领热河，向绥东、察北、冀东进犯，华北危在旦夕，民族亡祸当头。蒋介石采取"攘外必先安内"政策，"虏马临江"却避而不战。对日帝百般屈从，相继签订了丧权卖国的《塘沽协定》《何梅协定》，与"儿皇帝"何异！

南宋爱国诗人、力主收复失地的陆放翁，"僵卧孤村不自哀"，"铁马冰河入梦来"。如今，这与自己囚卧狱所的情形何其相似！以未老之心、未衰之骨投入抗日也是自己梦中的渴望。

国民党对于日寇一味避让，却装出与抗战共存亡的面孔来。1933年，国民党代理行政院院长宋子文在告热河将士书中说：

"诸君打到哪里，子文跟到哪里，诸君打到天上，子文跟到天上，诸君打到海里，子文跟到海里"。

但事实上，这些人或败逃，或投降，连失国土，却仍恬不知耻，粉饰太平。1932年"一·二八"淞沪抗战第三天即1月30日，国民政府惊慌失措，

---

① 《陈独秀遗诗辑存》，《安徽师大学报（哲学社会科学版）》1989年第4期。

仓皇迁都洛阳。《淞沪协定》签订后才敢回到南京，但一路上仍是尽显威福的八面威风，陈立夫还将国民党比作治国的先贤周公和伊尹。陈独秀对此写道：

"两载匆匆忘（亡）四省，三民赫赫壮千秋。
中华终有新生命，海底弘开纪念周。"

"健儿委弃在疆场，万姓流离半死伤。
未战先逃恬不耻，回銮盛典大铺张。"

"虏氏夺地数千里，使节依然笑语迎。
无力复仇应抱恨，如何握手进香荦。"

"专制难期政令宽，每因功业震人寰。
未闻辱国儿皇帝，亦欲伊周一例看。"

国危至此，国民党为维护统治，于1934年2月在国内开展"新生活运动"宣称"国民军事化"，要以"礼义廉耻"为生活准则；还规定每年8月27日孔子诞辰为国定纪念日，主张复古，尊孔读经，塑造顺民，新文化运动时期曾被大加挞伐的封建礼教又死灰复燃，卷土重来。

在日军侵略的炮火声中，国民党高级党政要员褚民谊等还在南京春游并组织大放风筝；国民党欲筹一百万修复孔庙作祀孔基金，一些军政要员还用请神预卜吉凶的迷信进行决策，戴传贤在北京雍和宫举行"时轮金刚法会"，邀请班禅主坛念经。

1934年4月，国民党要人及一些社会名流在报上刊出大幅《启建时轮金刚法会启事》，声称将定期在杭州灵隐寺举行法会，"切望十方善信如期到会恭候大法"，听法修行。陈独秀闻此愤而写道：

"要人玩耍新生活，贪吏难招死国魂。
家国兴亡都不管，满城争看放风筝。"

"经正民兴礼教尊，救之端赖旧文明。
投壶雅集孙联帅，不愧先知先觉人。"

"四方烽火入边城，修庙扶乩更念经。
国削民奴皆细事，首宜复古正人心。"

"人以一正般般古，四裔夷酋自罢兵。
中国圣人长训政，紫金山色万年青。"

"德赛自来同命运，圣功王道怎分开。
忏除犯上无君罪，齐到金刚法会来。"

国民政府以"礼义廉耻"规教国民，殊不知他们正是一班丧失人格、寡廉鲜耻之徒，国民党中央委员邵元冲，因事挨了蒋介石的耳光，回到家中与妻子张默君相诉，夫妻商议，为保官位，只好忍气吞声。陈独秀由此讥讽道：

"批颊何颜见妇人，妇人忍辱重黄金，
高官我做他何恤，廉耻声声教国民。"

国民党官员"满口仁义道德，一副吃人本相"，道貌岸然却腐败无治。实业部部长陈公博以促进与发展生产为名，偷卖农场与生产机器，中饱私囊；早年跛足人称"张跛子"的张人杰（静江）1926 年曾在广州一度任国民党主席。在南京政府分赃时，因没有争到监察院长的位置而怒气大发；国民党元老李石曾、吴敬恒（稚晖）、张人杰 3 人合伙故宫盗宝，拆偷王冠，300

箱宝物亦被运往南方，成了名副其实的仓中硕鼠。另外，任法国庚款委员的李石曾以公款为伶妓千金一掷；孙科在任铁道部部长时，贪污公款300万，铁道部也成了国民党行政院院长汪精卫的私人钱庄和腰中荷包；在鸦片问题上，国民党明禁暗销，如中央政治会议秘书长陈布雷等高级官员却毒瘾缠身……一班蝇营狗苟、鸡鸣狗盗、逐臭追腥之徒，大谈"礼义廉耻"，未尝不是一种绝妙的讽刺！陈独秀为这般腐败之气提笔写道：

> "低头分取一杯羹，实业宣传花样新。
> 机器农场偷卖尽，增加生产厚民生。"

> "分肥不及暗生填［嗔］，蹩脚先生老气横。
> 唯一辉煌新建设，前朝灯火万家明。"

> "贪夫济济盈朝右，英俊凋残国脉衰。
> 孕妇婴儿甘并命，血腥吹满雨花台。"

> "故宫春色悄然去，无饰王冠只一端。
> 南下明珠三百篚，满朝元老面团团。"

> "拳乱偿金万民血，故宫玉器尽连城。
> 要人垄断伶人喜，一掷缠头十万金。"

> "十三万万债台高，破产惊呼路政糟。
> 太子叨光三百万，宗臣外府大荷包。"

> "鸦片专营陆海军，明严烟禁暗销行。
> 州官放火寻常事，巢县新焚八大村。"

"严惩鸦片不容情，高坐唐皇国法尊。
为免欠呻濒［频］掩袖，好将烟泡暗中吞。"

可是，色厉内荏的统治者还建立特务机构体系，横行法律之外，大肆暗杀，并大兴文字狱，控制言论，实行党锢。陈独秀对此更是无比愤恨：

"感恩党国诚宽大，并未焚书只禁书。
民国也兴文字狱，共和一命早呜呼。"

"法外有法党中党，继美沙俄黑百人，
囚捕无须烦警吏，杀人如草不闻声。"

"垣墙属耳党先生，士气消沉官运亨。
闭户闭心兼闭口，莫伤亡国且偷生。"

在治国方面，苛税、兵匪、募捐……采取愚蒙与高压的两面手法，直搞得万民疲敝、白骨露野，赤地千里。陈独秀对此亦不客气，以犀利的笔锋指向了统治者贪婪、凶残、欺骗的本性，并迸涌出了对苦难生民的同情：

"庶人议政干刑典，民气消沉受品弹。
莫道官家难说话，本来百姓做人难。"

"兵车方过忍朝饥，租吏追呼乌夜啼。
壮者逃亡老者泣，将军救国要飞机。"

"民智民权是祸胎，防微只有倒车开。
赢家万世为皇帝，全仗愚民二字来。"

"虎狼百万昼横行，兴复农村气象新。
吸尽苛捐三百种，贫民血肉有黄金。"

"严刑重典事唐皇，炮烙凌迟亦大方。
暴虐秦皇绝千古，未闻博浪狙张良。"

"苛捐榨尽民间血，百业雕［凋］残袖手看。
商贾不知遗教美，但愁歇业忍饥寒。"

"观瞻对外苦周旋，索名难延建设捐。
白发媪翁双跪泣，乞留敝絮过冬天。"

"委员提款联翩至，心软州官挂印逃。
入室无人拘妇去，婴儿索乳苦哀号。"

九一八事变后，学生抗日救国运动日渐高涨，国民党当局穷于应付，这时，胡适等提出"读书救国"论，欲禁锢学生于书斋。陈独秀对此也给予了毫不留情的讽刺：

"士气嚣张应付难，读书救国最平安。
埋头学得胡儿语，好待荣膺甲必丹①。"

在政权上，国民党实行家天下，形成了"四大家族"。宋子文、孔祥熙相继为中华民国财政部部长，控制着全国的经济命脉。"选拔人才"不过是有着任人唯亲之实的骗局而已。

---

① 甲必丹：Coptain 的音译，意为船长，指升做买办官员。

> "一门亲贵人称美，宋玉高唐结主欢。
> 几见司农轻授受，乃知裙带胜衣冠。"

> "皇皇大典枉抢才，官运高低靠后台。
> 封锁未成民已苦，七分政治费疑猜。"

不为稻粱之谋，不为哗众取宠，民族的危机已不容爱国者与革命者只发出个人失意的呻吟。对民族战况、军政大事、要人隐私、生民疾苦的灵敏感知，却"意外"地属于一个失去自由的老人，他深知这些诗作不能发表，也不可能发表，甚而至于会成为"辱骂党国"的罪证。但为抒国愤，为留"史记"，他已蓄留不住心中复燃的当年那"冲决一切之罗网"的激情。

民族的屈辱、反动的统治、腐败的党风、哀号的饥民，使每个良心未泯的知识分子都无法保持沉默，对社会现实鞭辟入里的解剖，并不因自由与否而受到限制。

世事茫茫，自省乃沧海一粟，在这一派亡国气象中，清醒者方有几人？所幸自己身处艰难之中，不曾与那班丑恶之徒同流合污，依然是一个洁身自好的白发书生。这是一种自我安慰，又是一种顾影自怜。于是他怀着极其复杂的心情为这组诗作结：

> "自来亡国多妖孽，一世兴衰过眼明。
> 幸有艰难能炼骨，依然白发老书生。"

从"梦里寒霜夜渡辽"的将军气概到"依然白发老书生"的理性自视，表现的只能是个性的韧力，从"未成衰骨"到"炼骨"，两首仅有的自我剖白，却是"骨气逼人"。以我感为始，以我感为终，从豪情万丈到寒梅独放的孤清，这未尝不是一个忠贞的爱国者，在心盛力衰的主观与客观的冲突中暗潜的心理脉线。

被囚于南京监狱的陈独秀，从报刊及朋友来访的言论中获知时事丑态与罪恶，感慨万端，他嬉笑怒骂，率而命笔，满纸愤怒，留下了一首首辛辣讥讽的诗作。这组诗作，铅华洗尽，全无粉饰，不以文学性示人，尽为直抒胸臆的随感之录，表达了对有其名而无其实的假民国的否定。

第六章　十字路口的徘徊

一、获释出狱

20 世纪 30 年代，中国的土地上"山雨欲来"，事变迭连，外患环生。九一八事变、一·二八事变、伪"满洲国"的成立、长城抗战、华北事变……"黑云压城城欲摧"，中国在这些粗暴的摇撼中颤抖着、挣扎着。

1937 年上半年，日本军国主义者迫不及待地由蚕食转变为全面侵略，20 世纪的中国空前的灾难已在劫难逃了。

日本陆相杉山元表示"一个月解决中国事变"，至多 3 个月便可灭亡中国。狂想自有他们的依据，他们打算，在华北，两周攻占大同，一个月攻下整了山西全部；在华中，十天占领上海，然后直逼南京，迫使国民党订立城下之盟，如若不成，三周攻陷南京，一个月进逼武汉，然后由广州方面登陆，夺取华南。在狂军的设想中，国民党的首府南京似乎已成了一个被剥皮裸露的香蕉。

南京老虎桥模范监狱此时却显得格外的平静，平静得有些反常，似乎忙于战争的人们早已将这个本不愿想到的角落忘却。北平、天津的炮声似乎敲打着这座特殊营垒中的每一扇窗户，上海的炮火似乎闪电般地在这座狱所的上空摇曳。

经历了西安事变后那次痛哭流涕的失态之后，陈独秀似乎变得更加沉静，沉静得一如这聆听炮火的狱所。

无奈于非自由之身，只有在震撼中努力寻求平静。当他在各种政治势力造成的壁垒中思想灵魂左冲右击而不得突围时，一个孤独者只有以枯燥来消磨时日了。他"沉迷"在文字学的研究中，伏案作书连篇累牍，似乎并未感受到炮火与世界的不协调。

从1月16日到7月1日，他先后在《东方杂志》上发表了《荀子韵表及考释》、《实庵字说》（一）（二）（三）（四）、《老子考略》、《实庵字说》（五）等著作，一个十足的老学者在斗室中踱蹀着，苦吟推究，醉心考证。与此同时，他还在加紧赶写着自传，第一章写就，第二章也将很快被完成。紧张的劳作，著述计划的追迫，的确使他忘记了许多本该忘却的东西。

国难日亟，前途未卜，被称为"中国最敏锐的观察家"的陈独秀自然会被那些不甘迷茫的人记起。一天，国民党教育部政务处长段锡朋约了北京大学校长蒋梦麟和国民政府监察院监察使杨亮功一起来到了监狱拜望陈独秀，他们谈得最多的还是时局国势。

谈话即将结束时，段锡朋等表示，将努力与政府周旋，以期早日保释他出狱。陈独秀则沉郁而又不乏幽默地说：

"我现在虽然是有期徒刑，实际上是无期徒刑。我现在年事已高，哪能等期满出狱呢？现在我真不愿出去，有哪个地方像这里清静安适。"段锡朋又关切地问他是否需要冬季御寒的棉衣，这令他又十分开心：

"我先后收到送我的皮袍有十四件之多，正苦无法遣送呢。"①

在狱外还是在狱内，对于此时的陈独秀，似乎已无太大的意义区分。物质生活的艰涩尚能以努力来应付，精神世界的虚匮使他总有些力不从心。走出狱所已不是一种渴望，那种渴望已被狱外的一次次破灭的希望中和而变得平和起来，只有力挽民族危机的冲动才如夜空一束划过的流星。

1937年7月7日，北平卢沟桥的上空响起了震撼全国的炮声，一场全民族的抗战开始了。29日，北平沦陷，第二天，天津失守。8月13日，日

---

① 杨亮功：《早期三十年的教学生活》，传记文学出版社1980年版，第18、19页。

军大举进攻上海，伺机夺取南京。

南京古城的一切都开始震动起来，惶惶众心已使这座不久前还洋溢着升平气氛的首府顿时显出难以抑止的慌乱，因为，急不可待的日军已在进攻上海的第三天派飞机对南京进行了侦探袭扰。

1937 年 8 月 15 日中午，为尽快使国民党政府屈服，日军派出 18 架战斗机如飞蝗般地扑向南京，一时间，南京城防空警报骤然大作，惊醒了多少午间的睡梦，一些国民党的高级官员条件反射般地钻入了地下室，那些地面上的建筑和没有地下室掩身的市民只有在巨大的爆炸声中，在烈焰熊熊、火海滔滔中挣扎着、倒毙着。

国民党戍守南京的空军部队也驾机升空，与袭京的日机展开了空战。南京城的炮声一直响到了下午 5 点方渐渐平息，与此同时，南昌、杭州两地也同时被炸。袭京日机被击落 6 架，国民党军战斗机也重伤 1 架，但是无情的炮火已让它所制造的剧痛深深地留在了南京人的记忆里。也正是从这一日起，防空警报便成了每日必闻的战争音响。

狱所已难以放下一张平静的书桌了，陈独秀总在炮声或飞机的轰鸣声中放下手中的笔，凝望着外面阴森的天空，听那闪着铁光的飞行物掠过屋顶发出鼓震耳膜的嘶吼。

他细心地发现，最初国民党尚有飞机起来拦截，发生了几次空战，可是后来便不见有中国方面的飞机了，日本飞机自由地进出于首都的天空，而且一来总是终日不去。炮弹的碎片也常常飞落在狱所的庭院里，重磅炸弹已不时地在这座大建筑的周围爆发。

空袭警报一响，狱中的看守们，便将铁闸加了锁，避入防空壕，狱中的囚徒们自然被交给敌机安排，任由他们生死。他们起初还有一些恐惧，但时间一久倒也习惯了，索性透过铁窗去欣赏敌机的飞行表演和高射炮在天空中绘成的花团。正是从这两种战备的比较中，陈独秀认识到南京政府在这场战争中已居于何种位置。

出于求生的渴望，南京城中人们的思绪早已被炮火冲击乱了。但陈独秀是幸运的，因为在这让人心绪纷乱的时月里，尚有人深深记起并殷切赶来探望。他就是当时金陵女子大学教授、中文系主任陈钟凡，这位原北京大学的学生穿过层层烟雾来到了狱所，以尽师生之情。

狱所遭受袭击的惨状使忠厚朴实的陈钟凡十分伤感，已突显老弱的陈独秀与五四时期那位思想界的风采明星判若两人，衰枯之躯与阴森的狱所搭配是多么不协调！

回到家中，他心中久久难以平静，他为不能对所敬重的老师做出些许努力而深深自责着。他决定联合胡适和天津南开大学校长张伯苓等一些名士要人来保释陈独秀出狱。思虑成熟，他便四处奔走与胡适等商量联合保释事宜。此事得到了众人的赞同，并草写了联合保释书，送交国民党当局。

此时国民党政府已难以顾及太多，已有心迁都重庆放弃南京的这个政治中心，自然也不愿意将监狱这个包袱溯江而上带到重庆，因为，此时除却飞机、高炮、枪弹不是累赘之外，其余一切便都成为负担了。

如今顺水推舟送人情，南京政府对联合保释表示十分重视，并通过协商之后同意保释。但他们仍不忘尊严，为保释附加了一个前提条件：

"只要本人具悔过书，立即释放。"

这似乎已是国民政府的"顺乎民情"、宽大照顾了，但却令陈钟凡等人十分为难，因为这些保释的人中哪一个不知陈独秀的刚烈个性和率真脾气呢？政府的退让决定使他们又不好再说什么，只有怀抱一丝希望如实告诉陈独秀，在众人的劝说下他或许能稍稍迁就。

陈独秀听陈钟凡等转达完国民党政府让他出狱的条件时，顿时怒气勃发，拍案而起说：

"我宁愿炸死在狱中，实无过可悔！"

陈钟凡等努力劝说，陈独秀依然怒气难消，他一直认为是南京政府霸道地剥夺了他的权利，是对他的迫害，他从来不认为自己有罪。因此，他郑重声明说以后"不要人保"，出狱自然是应该的，是对自己被侵犯自由的归还，但若在返还自由上"附有任何条件，皆非所愿"，他要的是"无条件出狱"。

　　1937 年 8 月 19 日上午 11 点半，敌机又飞临南京城上空，向兵工厂投下了 3 枚炸弹，轰炸将近一个小时后离去。

　　下午 6 点左右，平静了一下午的南京人都以为天已近黄昏，敌机或许不会再来了，不料尖利的警报声使人们刚刚放松的心又是一阵紧缩。霎时，天空中大队的日机飞来，炸弹冰雹一般投落下来，国民党中央军官学校、南京中央大学、考试院等被日机投中。南京老虎桥监狱这座主要关押政治犯的地方，也成了日机累累命中的目标，数枚炸弹淹没了狱囚们惊恐的喊声和忙乱的敲砸声。

　　陈独秀徘徊在监房里，视听外面如山洪海啸、雷鸣电闪般炮火及坍塌声，心情更加沉重，他深深地知道，这种生死劫难对于哭喊于炮火中的人们仅仅是一个开端而不是结尾。

　　一道光亮，紧随着一声雷霆，沉思中的陈独秀忽听头上的监房屋顶一阵爆响，猛觉其扑落而下，他本能地钻到了桌子底下。整个屋顶轰然落地，陈独秀的呼吸里顿时溢满了使人窒息的烟尘味。

　　炮声渐渐地停了，看守们从防空壕里钻出来，查看被锁在狱中囚徒的伤亡情况。陈独秀被看守们指派的勤杂人员从废墟中扒了出来，他镇定自若，掸去灰尘，依然幽默风趣地与别人谈笑。

　　狱所被炸，所有囚犯的人身安全荡然无存。仿佛祸中之福，牢房中的人们似乎多了一层被开释的理由，这于国民政府也实是有了一个下台的阶梯。

　　汪精卫也在为陈独秀出狱之事忙碌着，这是陈独秀不愿看到的，也是他不能看到的。1927 年 4 月 5 日与汪精卫共同发表的《汪陈宣言》使他痛犹在心。这个政治骗手每每想起总令他气愤难抑。1934 年，他在组诗《金粉泪》中曾写一诗讽刺了毫无骨气的汪精卫：

　　"珊珊媚骨吴兴体，书法由来冗性真。不识恩仇识权位，古今如此读书人。"

　　陈独秀最终也无法知道，他的出狱的确包含了汪精卫的努力。就在陈钟凡与胡适等在 8 月中旬共同商议保释陈独秀之时，胡适就写信给汪精卫，让其设法开释陈独秀。8月19日，汪精卫致函胡适，称"已商蒋先生转司法院设法开释陈独秀先生"。

防空警报从8月20日起每天都在惊扰着人们未深的睡梦，飞机声、爆炸声不绝于耳。

对于陈独秀这样一个举国关注的政治犯，如果在监狱中被炸身亡，国民政府定脱不了放任其死的嫌疑。在压力与紧张中，南京政府做出了反应。8月21日，国民党政府司法院院长居正，向国民政府主席林森递交了"呈请将陈独秀减刑"的请示①：

> 呈为呈请减刑事，查陈独秀前因危害民国案件，经最高法院于民国二十三年六月三十日终审判决，处有期徒刑八年，在江苏第一监狱执行。该犯入监以来，已逾三载，爱国情殷，深自悔悟，似宜宥其既往，藉策将来。据请钧府依法宣告，将该犯陈独秀原处刑期，减为执行有期徒刑三年，认示宽大，是否有当，理合呈祈鉴核施行。谨呈

> 国民政府主席林
> 司法院院长

当天，国民政府下发了为陈独秀减刑的指令，称"兹依中华民国训政时期约法第三十八条，宣告将陈独秀原执行之有期徒刑八年减为执行有期徒刑三年，以示宽大，此令"。②

为显示国府的这种足令国人感激涕零的"宽大"，他们还决定在报上"明令宣告"这一令自己都感动不已的恩泽。

也就在同一天，司法院向司法行政部发出了释放陈独秀的训令：

---

① 摘于"国民政府司法院"1937年8月21日"呈请将陈独秀减刑"文呈训字第260594。原件为南京档案馆藏品，墨书缮写。

② 国民政府指令第1844号，中国第二历史档案馆藏。

令司法行政部部长王用宾

为令饬事，查陈独秀危害民国一案，前饬本院秘书处调取该部卷宗呈阅，兹已经本院呈请。

国民政府现将该陈独秀原处刑期减为执行有期徒刑三年，以示宽大。现值时局紧迫，仰即转饬先行开释可也。原卷发还。此令。附卷一宗

从"请文"到"指令"以至到开释的"训令"，如此亟须谨慎研讨的要事，如此繁冗复杂的手续，竟然在不到一天就完成了，国民政府似乎一改腐败官僚的做派，工作效率之高令人吃惊。这里除局势紧张之外，更本真的是他们急于要抛下这个"留之无用、欲罢不能"的尴尬包袱。

第二日，国民政府的《中央日报》以"国府明令，陈独秀减刑"刊发了国民党宽大为怀、国难当前不计政治恩怨释放陈独秀的消息，并强调其"爱国情殷，深自悔悟"。这种为免下台尴尬的托词"欲抑先扬"似乎颇具匠心，"爱国情殷"的"捧"与"深自悔悟"的"压"配合得天衣无缝。从表面上来看，陈独秀是因"爱国情殷"之"高尚"才产生出了"深自悔悟"之内省。那么，"党""国"一体的国民政府也便是令陈独秀"深自悔悟"的对象。如此奥妙的讳隐表述定会令陈独秀默认，"党国"的颜面也由此而保全了，因为这样给人造成的印象是陈独秀已向国民党交上了"悔过书"，政府才有释放的举措。一时间，各类报纸竞相转发，刊登这一重要消息。

狱所被炸以后，连日来，陈独秀一直在忙于整理从坍塌的废墟中扒出的书籍、手稿，潘兰珍陪在一旁忙前忙后。每天都到狱中照顾陈独秀的她在听说监狱被炸的消息后，立即不顾一切地跑来。当看到那间关着陈独秀的狱房屋顶已坍塌时，她一下子惊呆了——老头子完了！泪水顿时夺眶而出。当被扒出的陈独秀洗换完毕走出来时，她简直不敢相信这一奇迹。看到年轻的妻子潘兰珍泪水盈盈的双眼，陈独秀百感交集，一千多个日日夜夜里，她为自己付出了无数的牵挂与关爱，她以善良的心、勤劳的双手为他营造着幸福，

无怨无悔。他深知自己欠她太多了。

潘兰珍也听到了关于陈独秀即将出狱的传闻，她内心异常激奋，出狱之后，二人便可自由地正常地去营造幸福的家庭了。她渴望丈夫出狱，她多次劝说陈独秀设法出去，陈独秀又怎忍让她失望？监狱被炸后，她决定留在陈独秀身边寸步不离，共度艰难。

8月22日，陈独秀从报纸上也看到了国民党政府关于对他减刑释放的消息，他为即将获得自由而欣慰，但"深自悔悟"一词深深地刺痛了他，令他几欲愤怒出声。这失实颠倒之词，实是为自我解嘲乱造谣言，本就无罪，何来"深自悔悟"！但一看到身边辛苦忙碌的潘兰珍，他又极力忍耐着。

同狱的托派成员濮一凡、罗世凡二人闻知消息表示祝贺，并向陈独秀建议对国民政府的措辞应该声明更改，以正民众视听。"爱国情殷"4字，可以默认，"深自悔悟"4字必须言明更正，但陈独秀不以为然。

此时发表更正声明对陈独秀来说十分畅便，因为国府对陈独秀减刑释放的消息传出后，各报纸对这一事件的跟踪报道使记者们对他趋之若鹜，他完全可以趁此机会宣扬自己对国民党这一做法的不满，并声明更正，一洗清白。但陈独秀的做法却令濮一凡、罗世凡二人大感不解，他拒绝了任何记者的采访，即使是无法避而不见时，也避而不谈他们的询问内容，这让记者们非常失望。

在濮一凡的眼里，乖僻的陈独秀一改往日的激厉火暴，他沉稳的内心世界中或许在酝酿着更得体的举措。

坠落的屋顶、凄厉的警报、山崩般的炮声，使陈独秀感受到了生命的渺弱无定，他又想起了刚刚完成并寄出的两章自传。在7月30日，陈独秀致函《宇宙风》编辑陶亢德，告知前两章自传已经完成。在8月中旬，他便将写好的自传寄了出去——他寄予收到的希望并不很大。因为在同样淹没在炮火中的上海，自己的稿件谁知会在哪一声爆炸声中成为灰烬呢？再者，在这烽火漫天之际，《宇宙风》能否继续出版，能否再支持下去，恐怕连主编们自己也难以料定。他拿出底稿，重新审理一遍，并准备续写下去。

在审查过程中他发现了几个可增改之处。于是他便写信给上海的陶亢德，提出将这几处作以修改。信中透露了"日内即可出去"的消息，目的在于表示出狱后他将尽快完成整部自传。对于国民党政府报道关于减刑释放的消息中言他已"深自悔悟"的话，他对陶亢德说："此间小报乱造谣言，请转告一切朋友勿信。"①

炮声依旧在轰鸣，陈独秀认为，在这纷乱的时刻，没有多少为自己申辩辟谣的必要。他决定以暂时的沉默来隐藏满心的愤怒与不快，但自己的忍耐程度告诉他，自己不会沉默太久，或许将打破这种沉默是出狱后要做的第一件事情。

1937 年夏，安庆的气候薄发着灾象，倾盆大雨连日狂泻不止，金色的稻田被汪洋吞没。7 月初，陈松年焦灼地等来了姗姗来迟的暑假，准备与妻子窦珩光一起动身去南京看望狱中的父亲。

这已是 4 年来的习惯了，每逢学校寒暑假时，他们便打点好了去南京的行装。二十七八岁的陈松年，在家乡安庆黄家狮小学任教六七年了，7 年前与窦珩光恋爱结婚。昔日名门望族，如今家道衰微至此。

1930 年，陈松年的生母高晓岚病故后，照料双目失明的祖母的担子就落在了夫妇二人的身上，一家几口人的生活仅靠陈松年微薄的薪水维持。

1932 年陈独秀被捕入狱之时他便带了妻子到南京探望，从此，每年寒暑假期，他们便到狱中给父亲送去一份安慰。记得第一次到狱中探视时，看到父亲衰老而病弱的样子，他禁不住流泪了，久别之忧伤，相见之凄清，亲痛之悲戚，使他难以自已。而父亲却不顾初次相见，像怕别人窥见家丑似的，瞪着眼睛说："没出息！"不知为何，父亲一句话便止住了自己的悲声，这一句话似乎足以使他无地自容。从这一声威严的呵斥里，他感到了父亲的尊严和坚韧的意志力，更有那一声呵斥里包含着刚性的深沉的爱。

---

①　陶亢德：《关于〈实庵自传〉》，《古今》第 8 期，1942 年 10 月 1 日出版。该文为纪念"八一三"五周年所写。

七七事变爆发后，日军进逼上海，窥视南京。此时，作为安徽省府所在地的古城安庆，由于地处长江要冲，居于南京、武汉之间，历来为兵争之地。上海、南京形势日紧，一时间，安庆形势亦骤然紧张，迫于形势，安徽省府又决定搬迁至六安，更使安庆人心惶惶，惊恐不定。此时失明的祖母身体又老病多发，若夫妇二人离开安庆前往南京，则祖母则无人照顾。南京遭到轰炸的消息传到安庆，陈松年一家更为陈独秀的安危担忧，祖母也一直念叨着这个曾给家庭带来一次次灾难的、让她爱恨交加的嗣子，她一次次地催促陈松年去南京看个虚实，并让他设法将父亲保释出来。

陈松年无奈，只好与妻子商定，留下她照料祖母，并到乡下托本家堂兄陈遐年帮助照顾家庭。安排好这一切，陈松年乘轮船顺江而下，到了南京，暂住在本家伯父陈庆云家，准备次日去狱中探望父亲。就在此夜，南京城又遭受了敌机的空袭，陈独秀的监房房顶在炸弹的冲击波中塌落。此夜，陈松年辗转难眠。

次日，陈松年匆匆赶往狱所，令他欣喜的是，他不仅看到了有惊无伤的父亲，还第一次见到了与自己年龄相仿的继母。

从以往父亲的言谈中，陈松年得知这位女性对父亲进行精心照顾，也很感动，心生敬重，他见到潘兰珍行以母子之礼，并以"母亲"称呼。这令潘兰珍既羞，又惊、又喜。她原本想遇到陈氏家人会对她讽刺或冷落，甚至把她从老头子身边赶走。她忐忑不安地等待着冷眼和斥责，不料却等来了一声温馨的呼唤，这一声呼唤足以化解这"两代"间的陌生和隔阂。

交谈在轻松愉快的气氛中进行着，一切家庭的恩怨似乎都在这隆隆的爆炸声里渐渐渺小如尘，渐渐烟消云散。

时光使父子情深，一次次的狱中探视，一段段的父子相处，使陈松年一步步地走近了父亲，父亲的形象更加具体、更加形象、更加真实。

在父亲的言谈举止中，他感受到了父亲的渊博及正常人的血肉和丰富的情感世界。这是一个和蔼可亲而又幽默诙谐的老人。他从父亲的身上找寻不到"古怪乖僻、冷若冰霜、喜形怒于色、难以容人"这些别人对他的评述。敬爱，油然而生，他觉得那种个性与精神的结合体，足以代表一种人格的方向。

出狱，三人都在殷切期盼着。

8月22日，监狱当局向陈独秀宣布了对他减刑释放的"国府明令"——他已成为一个自由人了。闻此喜讯，潘兰珍与陈松年兴奋难抑，立即着手整理陈独秀的书物行装，待出狱手续办妥后，即离开这个伤心之地。

就在当夜8点半，南京城上空又响起了防空警报，大批的日机飞来轰炸，并与国民党的战斗机展开了激烈的空战，空中的战火将南京城映如白昼，老虎桥监狱连中8颗炸弹，似雷雨中一座飘摇的破屋在闪闪的光影下更显得阴森恐怖。夜里12点，警报又响，敌机又至，但没有进入城郊。

已被开释的陈独秀已没有时间对这个生活了数年的地方倾吐感慨，这里一刻也不能再停留了。

第二天一早，陈独秀一扫长夜难眠的疲倦，精神饱满地检点着书物，并对尚未获释的罗世凡、濮一凡作了一番安慰和交代。潘兰珍已来为他做好了出狱前的最后准备。陈松年昨夜住在了伯父陈庆云家，他因为炮声而一夜未眠，第二天父亲就要出狱，他要依照父亲的要求去傅斯年先生家表述他的愿望。

出狱是陈独秀已经预料到的，出狱后的何去何从，也是他需要权衡确定的事。儿子松年自然希望他回到安庆，了却祖母日夜牵挂之心，争取全家团聚的天伦；妻子潘兰珍既愿回家乡侍奉婆婆又怕会遇难堪，自然是没有主张，依顺自己；自己也曾思虑过应该归家尽孝，但南京如此情状，一旦失守，则安庆这一要塞也难保存，即使回到安庆，也难停留太长时日，其他地方又无合适去处。更主要的是，他不愿在此国难民危之际做一个颐养天年的老翁。

他决定留在南京，在这万物震动的氛围里去寻求理想归宿。他与儿子商量后，决定暂住在他北大的学生时为国民党国立中央研究院语言研究所所长及中央大学教授傅斯年家，傅斯年多次到狱中探望，师生之谊颇深，给陈独秀留下了良好的印象。陈松年虽然不理解这种决定，但也不愿违拗父亲的意愿。陈独秀出狱后的去向就这样确定了。

潘兰珍为陈独秀梳洗整理了一下，并换上了新衣，他顿时恢复了往昔的精神容光与风度，变得更加沉稳坚毅。陈独秀在这不自由的地方轻松自由地踱着步，在自由与非自由的临界上审视着高墙电网，不禁感慨万端……

临近中午，陈松年、陈庆云夫妇及其在南京陆军学校当教官的陈子健、傅斯年夫妇、陈钟凡夫妇陆续前来狱中接迎。为了表示党国的礼贤下士，国民党政府还特意委派南京国民政府军事委员会调查统计局局本部秘书兼第三处处长丁默邨（原名丁聚川）以看望慰问的名义来到狱所，观察陈独秀对于出狱的态度，他们没有放弃拉拢的最后一丝希望，暗中早已为他安排好了下榻之处。

同狱的罗世凡、濮一凡也来到了陈独秀的监房，大家祝贺声声，寒暄不断，一派祥和愉快的气氛。

正在这时，典狱长将出狱证明书送来交给了陈独秀并表示祝贺。陈独秀接过来一言不发，他知道自己现在即可自由地走出这座监狱的大门了：冤狱终于了结。

他又望了望站在一旁的罗世凡和濮一凡二人，昔日同甘苦共患难，如今却让他一人先走了，想起过去他们对自己的悉心照顾，今后却无人去照顾他们，不禁又涌起一阵酸楚。

傅斯年、陈钟凡催促陈独秀上车，陈独秀点头同意，这时，丁默邨表达了自己的来意：奉上级之命，备有专车，接陈独秀及其夫人到国民党中央党部招待所去住。

这无疑是看错了对象，陈独秀对此不屑一顾，他态度坚决地拒绝了国民党的邀请，并向丁默邨表示，他已接受了傅斯年先生的邀请，到他家暂时安身，丁默邨无可奈何，又不好勉强，只有叹息作罢。

陈独秀在妻子和儿子的搀扶下走出囚室，在众人的簇拥下走出了监狱的大门，离开了这个关押他 5 年的老虎桥监狱。这大门外久违了的景物于他已是那么的陌生，断壁残垣，满目伤情。这里有他无数深深的足印，无数令他不堪回首的往事。

他回首凝望，当确认那高墙、电网对自己不再具有束缚力时，他戴上帽子向狱卒和狱友们告别，更向这里的一切作别。

一群闻讯候在外面的记者们一拥而上，争相拍照，并开始了各种方式的采访问话：对出狱的感想、对当局的评价、对抗战的分析……

对于这些提问，陈独秀一言不发，在这个时候，在这种心情下，在被"深自悔悟"一词诬谣的愤怒里，他又能说些什么呢？他挤出新闻记者的包围，在傅斯年的搀扶下钻进了迎候在外的一辆黑色小轿车，身后留下了一张张充满着不解与失望的面孔。

陈独秀坐在车中，又望了望表情各异的人群和那禁锢了他1700多个日夜的沉重的监狱铁门，在其他几辆车的陪同下，在一阵汽车笛声中疾速远逝，绝尘而去，开始了他风烛残年中相对自由的生活……

二、陈独秀先生到何处去

陈独秀与潘兰珍一起住在了南京中央路傅斯年的家里，这里的防空警报与轰炸声依旧令他少有喘息之机，住在傅斯年家第一天晚上12点，他就被尖利的警报惊醒，随之便是日机的又一阵轰炸，直到次日凌晨1点才逐渐平息。

在南京，轰炸已成了一张挣不脱的火网。儿子陈松年因牵挂祖母及陈家旧屋，见父亲已安顿好，便匆匆赶往家乡安庆向祖母、妻子告诉父亲出狱的喜讯。

嗣母闻听儿子出狱自然很是高兴，她对久未晤面的儿子没有大多奢求，只望他能伴自己度过残生。于是她便催促孙子陈松年给儿子写信，问他家怎么办，是否搬到南京。

陈独秀接信后心中很是复杂，他知道自己本无住处，且经济困难，生活拮据，搬家很不现实，况且，他也隐隐感到，南京也不宜停留太久，去处尚未真正确定。于是他回信告诉母亲和松年："暂时可以不动。"

最初几日，他在忙碌着接待各方的来访者，交谈中他努力收集着关于抗战的信息，分析着战争的发展趋势，因为这日渐肆虐的炮声不容他袖手旁观。

就在他出狱的当天，天津的《大公报》发表了题为《陈独秀减刑》的短评，对他的出狱寄予了厚望：

"当国家大危难之际，大家的思想和行动都已统一在一个情绪之下，对日抗战之外，再无其他问题。我们欢迎这位老斗士出狱，为他的祖国努力！"

但陈独秀认为最紧迫的事情便是对国民党强加于己的"深自悔悟"一词的辩诬。连日来，他对这种屈意之言始终耿耿于心，郁愤难平。他在傅斯年家稍作休整后便提笔给上海的《申报》馆写了一封信，此信言辞铿锵，意态坚决，不平之气溢满于纸：

> 鄙人辛苦狱中，于今五载。兹读政府明令，谓我"爱国情殷，深自悔悟"。爱国诚未敢自夸，悔悟则不知所指。前此法院科我之罪，诬以叛国。夫叛国之罪，律有明文，外患罪与内乱罪是也。通敌之嫌，至今未闻有人加诸鄙身者，是外患罪之当然不能构成。迩年以来，国内称兵据地或企图称兵据地之行为，每役均于鄙人无与，是内乱罪亦无由。周内无罪而科以刑，是谓冤狱。我本无罪，"悔悟"失其对象；罗织冤狱，"悔悟"应属他人。鄙人今日固不暇要求冤狱之赔偿，亦希望社会人士，尤其是新闻界勿加以难堪之诬蔑也。以诬蔑手段，摧毁他人人格，与自身为顾人格，在客观上均足以培养汉奸。此非吾人今日正所痛心之事乎！远近人士或有以鄙人出狱感想见询者，盖以日来都中有数报所载鄙人言行，皆毫无风影。特发表此书面谈话，以免与新闻界诸君面谈时口耳之间有所讹误。

> 陈独秀（章）
> 八月二十五日 ①

---

① 原载《党史资料》丛刊，1980 年第 2 辑。原件存上海市档案馆，标点为该书作者所加。

信文表白了"陈彭案"本为冤案，原本无罪，"悔悟"无由，力求公众澄清是非，明晰判断。这种举措便是他在临出狱时一言不发的原因。但这种表白的方式并没有达到陈独秀预期的结果，甚至连发表的愿望都未能实现。

信写好以后，寻找发表的媒体着实令陈独秀动了一番脑筋。他首先考虑的是，所选的媒体必须有着客观、理性、正义言论风格，其次便是该媒体在公众中的影响力及其主编的智识。

经过比较，他选定了上海的《申报》。因为当年对于"陈彭案"自始至终的报道不仅具备他首先考虑的因素，在此基础上更添了一份同情心；其次在"陈彭案"开庭审理的过程中，陈独秀自撰的《辩诉状》在国民党的高压下，只有天津的《益世报》登载了全文，在整个上海，只有《申报》在《地方通讯》栏目里，以"苏州通讯"的形式将诉状的要点刊发了出来。而上海其他各报慑于国府压力，只字不敢刊载。

9月9日，这篇书信形式的辟谣与自我剖白带着南京的邮戳飞向了争战正酣的上海。

《申报》馆接信之时，受战争影响，上海各报均缩小篇幅，《申报》也未例外，由五六大张不等而减缩为一张半，且所报道者，均为军事新闻，陈独秀出狱的有关消息难以有缝可插。

《申报》编辑部主持言论的胡仲持见信后与报馆总经理马荫良商量后一致认为，国民党以"危害民国"治陈之罪，制造"冤狱"应予赔偿。而今被迫释放又造谣诬蔑，"深自悔悟"实是自我解嘲。陈独秀信中所提言之在理，完全可在《申报》上谋一席之位。但以何种形式见报却令胡、马二人犯了难。他们犹豫在"读者来信"与"书面谈话"之间而不能决断。怕处理不当而顾虑重重，卡壳在国民党的"新闻检察官"，或被读者忽略，均辜负了作者目的。

另外，二人对托派情况几乎一无所知，他们又托胡仲持的兄长探询中共方面态度，结果共产党方面反应淡漠，表示发表与否由《申报》自己决定。

这样，为谨慎起见，编辑部决定"暂不发表"[①]。因此一直耽误到12月15日，《申报》因拒不接受日方检查而被迫自行停刊。就这样，陈独秀的信便因《申报》的终结而永远成了未发表的声明。

声明虽然没有见诸报端，但它却成了真实的历史记录，为后来的人们拂去了他对"深自悔悟"迁就默认的灰尘。

历史有时是一段不太严肃的戏剧。当年与陈独秀等共倡新文化运动并力主"不谈政治"的胡适，在陈独秀出狱的那几天，已打点好了出洋的行装。南京国民政府已决定派胡适和国民党陆军大学校长蒋百里赶赴美国和欧洲国家游说，争取欧美对国民党政府抗战的支持。

1937年8月29日，也即陈独秀出狱一周后，两位来访者更让陈独秀感受到了人事多变的沧桑。当天下午，已任国民党江苏省政府委员兼教育厅长的周佛海，约时任南京国民政府内政部参事的包惠僧来到了陈独秀寄居的傅斯年家。周佛海从丁默邨那里得知了陈独秀出狱的消息，并且也从报纸上得到了证实，于是便与包惠僧一起来访故旧，听听这个"老头子"对抗战前途的看法。

陈独秀正和妻子潘兰珍一起做饭，在包惠僧的眼里似乎并不见老，50多岁，胡子没剃，正在躬身在厨灶间忙着。忽见二人到来，他一阵惊喜，忙放下手中的活计，与二人热情寒暄。寒暄之后二人询问他住得是否满意，陈独秀表示非常满意，但是内心却对主人傅斯年的打扰怀着深深的歉意。

包惠僧住在南京莫愁路一座独院里，想接陈独秀去住，陈独秀表示，在哪儿住都一样，常见面就行了，不愿意给别人添麻烦，包惠僧也只好作罢。

早在1920年底，周佛海便与施存统等一起在日本东京成立了共产主义小组，是早期的马克思主义者。次年7月23日中国共产党第一次全国代表大会在上海秘密召开，周佛海作为唯一一个海外共产党早期组织的代表出

---

① 马荫良、储玉坤：《关于陈独秀出狱前写给〈申报〉的一封信》，载《党史资料》（丛刊）1981年第1期。

席了大会。1921 年 4 月，包惠僧被上海的李汉俊派到广州与陈独秀接触后，二人过从渐密，6 月 26 日，陈独秀因故不能参加"一大"，便指派陈公博为广州代表，包惠僧也作为他的委派代表参加了会议。此后，包惠僧便成了陈独秀亲密的跟随者。至 1927 年，因大革命失败，包惠僧遇挫消沉，继而脱党。如今，当年"一大"的两个代表却都成了国民党的要员。

自从 1922 年陈独秀被捕入狱后，周佛海与他再也没有见过面，时至今日相别已有 15 余年了；包惠僧与之在大革命失败后也几乎失去了联系，未曾有晤。

久别重逢，故人已非，陈独秀感慨万端地以故交之谊接待了他们，政途见歧却难抑私交之情，三人同座竟然"相见唏嘘"。

在周佛海与包惠僧的心目中，在颠沛流离中，昔日的"书记"如今成了天涯流客，昔日之谊也遭受了重重阻隔，内心充满了感伤；对于陈独秀来说，与二人的相晤难免使他又回忆起大革命失败后那段痛苦、愤懑的时光。平生他最忌恨自己身边的人做国民党的官员或为国民政府做事，而此时，对于这两位他却无从劝说，而且现实共同的敌人乃是入侵的日寇，一样关注的便是民族的危机。

交谈中，他们简单追忆了过去便将话题拉到了抗战上，三人发表了各自不同的看法。周佛海认为，"战事须适可而止，目前须开始外交"，倡言以外交手段解决中日战争。而陈独秀却不同意这种看法，因为中国近代史证明，强兵压境，以外交谈判来平息事端，无异等于屈服，唯有割地赔款求和之一途；包惠僧则希望和战并举，即在不放弃战争的基础上进行谈判。

三人的谈话进行了两个多小时，周佛海因有事要去五台山村，二人只好告辞出来，并邀陈独秀次日到周家继续商谈。

第二天中午，周佛海在家宴请了陈独秀，又谈论了有关抗战的问题。

南京的炮火使在狱的托派全体恢复了自由，七七事变后的 9、10 月间，1931 年因马玉夫告密而被捕的郑超麟、何资深从南京军人监狱获释。

在周佛海、包惠僧走后，郑超麟来到了陈独秀处住宿一夜，晚上，两人谈起了抗战前途，陈独秀将他在即将出狱时就已列出的七条抗战提纲出示给郑超麟。郑超麟看过后表示异议，特别是"暂时对国民党政府休战"一条，实在令他无法接受。他向陈独秀发表了自己的观点，他认为中日战争是"蒋介石对日本天皇的战争"，是"帝国主义战争"，"没有任何进步意义"。他还认为国共合作，中共"会解散组织，全部加入国民党"。陈独秀则反对他这种"左"的观点，认为中共加入国民党是"不会的"。

第二天，郑超麟决定回安徽乡下养病，寄人篱下的陈独秀也不便多加挽留，于是郑超麟匆匆而去，不料这次分别竟成了永诀，陈独秀接踵而来的漂泊生活使他再也没有见过郑超麟。郑超麟走后，他草草收拾了一下便动身前往周佛海家。他又与正在忙碌于"和战问题"的周佛海交换了关于抗战的方略，并在一些方面达成了共识。中午，周佛海设宴款待了陈独秀，以此表达对自己未曾入狱探视的愧疚及对他出狱的接风洗尘与祝贺。陈独秀盛情难却，只得待午饭后告辞。

8月底，陈独秀住处附近遭到日机的轰炸，主人傅斯年不辞而别，避难他去。不得已，陈独秀与潘兰珍又移居南京阴阳营金陵女子大学教授陈钟凡家。对于居无定所的他，此时对战争与和平的感受实在是一种强烈的反差！

陈独秀出狱的消息逐渐地传播开来，各方故友、名士陆续赶来探望慰问，这使他在孤独的流落中获得了一丝丝安慰，陈钟凡的家也较往日顿时热闹起来。没有工作也没有经济来源的陈独秀要关照两个人的生活，自然是捉襟见肘，寄居的生活使他对主人的惊扰总怀着一阵阵不安。

探望慰问者深知陈独秀的艰难处境，便常常在拜访时送些赙仪。这无疑是雪中送炭，但"君子爱财，取之有道"，他对此一概婉言谢绝，只有北大同学和知交的执意赠送他才酌受少许。仅从这"酌受少许"之中，他总难堪地升腾出一股穷途末路的伤感，一切生活的希望于他是那样的朦胧。好在他心存着对抗战的责任和信心，他以繁忙在努力支撑着，这是一个思想者赖以生存的精神食粮。

一天，包惠僧要求陈独秀为他写个字以作留念，陈独秀便买来宣纸，他是热心的，这种热心毋宁说是一种向往——几年来，挥墨题字成了他抒发郁愤情怀的一个最佳的方式。想到一生的革命生涯，身如飘萍，一身渐衰，而国难却晚来风急，他不禁叹然写道：

> 三十功名尘与土，八千里路云和月。
> 莫等闲、白了少年头，空悲切。

他"激烈"的"壮怀"隐隐地透出了失落，也更多地流露了依然昂扬的锐气。其中也有深沉的民族危机下的浓浓的家国情怀，国难当头，忘掉一切的豪情与自我激励蕴含其中。该幅款称"惠僧老兄"，落款"独秀"，写好后，他又亲自送到了莫愁路包惠僧家。

陈独秀有关对日战争的某些观点与周佛海似有相同，经常出席国防参议会的周佛海突然有个令自己十分兴奋的想法：如果陈独秀能成为国防参议会的一员，自己身边不又多了一个可共商国事的政治理论家。于是，他便将这一想法流露给了陈独秀，并与张柏龄等人一起请他参加"国防参议会"。但陈独秀却认为这是个滑稽的想法，他对蒋介石及国民政府的国仇家恨无法消除。他严词拒绝道：

"蒋介石杀了我许多同志，还杀了我两个儿子，我和他不共戴天。现在大敌当前，国共二次合作，既然国家需要他合作抗日，我不反对他就是了。"①

桀骜不驯的性格，使他难以寻到满意的合作者，如今，在他的政治领域里，除了依旧对立的多方政治势力外，他又多了日本这一入侵公敌。在联合与斗争的矛盾中，此时的他似乎只能做一个为联合抗战奔走的呐喊者了。他对于国民政府，只有在抗日问题上才心存希望，除此之外的任何合作，无疑都是丧失理想、信念、人格的投降。

---

① 包惠僧：《我所知道的陈独秀》，《党史研究资料》第3、5、8期。

但蒋介石对他似乎并未丧失信心、破灭希望，他又指派亲信国民党中央秘书长、教育部长朱家骅与陈独秀晤谈，要陈独秀组织一个"新共党"，并答应国民政府在他组织新党时资助 10 万元组织建设活动经费，同时，在国民参政会上，还为他组织的新共产党保留 5 个名额。这无疑是要拉陈独秀进入国民党的阵营中，共创党国的"和平统一大业"。

陈独秀毕生为民主这一理想与主义奋斗，而当国民党将"国民参政会"这一"民主"形式摆到他的面前并作为拉拢的诱资时，他不禁哑然失笑，看来，国民党把他追求的"全权的国民议会"误解为"国民参政会"了。这"组织新共党"的目的不过是在政治上打击共产党的又一阴谋，在国民党这一以独裁为本性的政团的羽翼之下，"新共党"更不过是俯首帖耳的傀儡玩偶或摆设而已。独裁囚笼中的所谓民主不是"畸形儿"便是"痴呆汉"。但这的确是为居家进身求禄的绝佳机会，接受了这个要求，也就意味着他在黄昏夕照中的生活老有所养了。但陈独秀却对这种"机会"嗤之以鼻，弃之如敝屣，坚决地予以拒绝。后来，朱家骅又秉承蒋介石的旨意，请陈独秀出任国民政府的劳动部长，陈独秀也同样拒绝了。

他向着南京政府紧闭着又关上了一扇大门，也没有人不晓得这扇大门的沉重。

在这样的间隙里，胡适与周佛海等人为实现和谈举行了"低调谈话会"，制造抗战悲观妥协的言论，陈独秀当然也成了多次被邀请参加的对象，被拉去与他们"交换"政治意见。盛情难却的陈独秀到会总是以沉默对待。

1937 年 9 月，胡适与蒋百里衔命经上海赴欧美，周国游说寻求海外支持。胡适到美国后，没有忘记大洋彼岸的陈独秀，考虑到他在中国的处境，他不久便为陈独秀联系了一家图书公司，并请他到美国去写自传，这无疑解决了他生活中的经济困难，为他摆脱掉身边的纷扰，投入到一个清静的学术环境中去提供了优越的条件。

胡适似乎已经感知到，他这种寻求国外支持的希望已很渺茫，中国不久必将完全淹没在战争的炮火里，已年迈的老友又怎能幸免这场劫难？为尽朋友之谊，让其有一个清静、恬然的晚年，他便从美国托人带信给陈独秀，让他到海外完成自传，颐养天年。

陈独秀深知老友的良苦用心，但他也知道，此一去也就预示着他革命生涯的终结，况且值此国难之时，去国远离，无异于临危逃脱。再则，以这般年纪漂洋过海，怕是自传未成，身骨已客亡他乡。因此他托传话人向胡适表示，说自己生活很简单，不用去美国，且年事已高，也无兴趣再见生人。

他向美国又关上了一扇大门，这扇大门关得令许多人，包括胡适本人也非常费解。

一条条本可迁就一下便可获取安逸与幸福的道路都被陈独秀堵死了，他不想走那些道路，不与国民党为伍符合他的政治品格，不到美国生活，是因为他爱的有灭亡风险的国家正需要他，他虽不能执兵戈、陷战阵，但仍可以凭自己的言论激励国人。他仍对各种政治力量以抗战为基础上联合充满着希望，这是一个民族主义者、一个爱国者在民族遭受危机时最坚毅的选择。

所有这些，陈钟凡都看在眼里，他不禁为陈独秀拥有这种人格精神而击节赞赏，于是，他提起笔来，由衷地表达了跳荡的激情，笔走龙蛇地向陈独秀赠诗一首：

> 荒荒人海里，聆耳几天民？
> 侠骨霜筠健，豪情风雨频。
> 人方厌狂士，世岂识清尘？
> 且任鸾凤逝，高翔不可驯！ ①

这是对陈独秀人生际遇的慨叹和其脱俗个性的礼赞。万丈豪情，屡遭频

---

① 任建树、张统模、吴信忠编：《陈独秀著作选》第三卷，上海人民出版社1993年版，第405页。

频风雨，世人只反感于他外在的狂傲，又有几人能真正理解那不饰浮华的真性情呢？

陈钟凡将此诗送与陈独秀，陈独秀读罢顿生满腹感慨，这种理解似一股暖流涌遍了全身，于是他步其原韵率笔作和，歌以咏志：

> 暮气薄大地，憔悴苦斯民。
>
> 豺狼骋郊邑，兼之征尘频。
>
> 悠悠道途上，白发染红尘。
>
> 沧海何辽阔，龙性岂能驯。①

他在这苦难的人间，哀矜着生民，他在这群魔乱舞的"似人间"里为理想而艰难跋涉着，始终葆有意志难夺、桀骜而不可驯服的"龙性"。似乎人生的罹难均为顽强者而设，也许他自己因桀骜已付出了太多的代价，而今却到他静心反省的时候，他自己却没有了反省的机会。

在托洛茨基的影响下，1937 年 2 月 21 日，中国托派临委通过《目前局势与我们的任务》政治决议案，认为中共"以抗日为借口，放弃了土地革命，放弃了阶级斗争的基本路线，总之放弃了共产党所有的立场，以最可耻的态度屈服于国民党蒋介石之前，'求其联俄抗日'"。决议案还提出了"打倒国民党，召集普选全权的国民会议"，"反对背叛阶级的史大林党，建立第四国际的新党"等托派的"抗日纲领"。②

7 月 20 日，托派临委又发表了《为日本帝国主义侵略华北告民众书》，猛烈抨击国民政府七七抗战是"欺骗民众，以遮掩自己的投降"。并指出："谁如果要我们民众停止作独立的抗战活动，而统一到蒋介石领导下去进行抗日，那不是资产阶级的走狗，就是日帝国主义的奸细"。将中共和各救国

---

① 张君、房学朋编：《陈独秀诗选》，宜城文艺编辑部印。转引自《安徽师大学报（哲学社会科学版）》1990 年第 3 期。

② 《斗争》第 2 卷第 2 期。

团体的抗日民族统一战线政策看作"正扮演着这种走狗奸细的角色"。依旧号召"打倒欺骗民众投降日本帝国主义的国民党政府"。

分歧，在陈独秀与托派之间明显地存在着。主要分歧点就在于在抗日战争中对国民党政府的态度与策略。当陈独秀把即将出狱时对抗日起草的七条根本意见交由上海的托派组织看时，却遭到了绝大多数人的反对。

在陈独秀看来，要实现抗战胜利，必须在政治、军事、经济等综合因素下，有一系列的纲领和政策，并组织力量，统一领导。而此时国民党是重要的抗日力量。他表示："此次抗日战争，无论是何人何党所领导，任何人任何党派都应该一致赞助。"[①]

中国的托派仍然将国民党政府与日本看作是当前的主要敌人，他们似乎在做着最彻底的革命，力主抗日，而其实是在断送革命，破坏着抗日。

捐弃前嫌，共同站在抗日旗帜下，"民族利益高于党派利益"，这是陈独秀所主张的。

而如今，上海的托派组织在这种宗派主义指导下又有什么出路呢？当一个党派在外敌入侵时，仍不以民族利益为重，却在"煮豆燃萁"，这无疑是令陈独秀痛心失望的。

有一次，陈独秀在包惠僧家与他的一次会谈中表示自己已经不是托派，想发表个声明，但随即又想到，既然不是托派，发表声明岂不是画蛇添足？当他听包惠僧说有谈得来的记者朋友，便打算以记者访谈的方式发表声明。于是，包惠僧便向他介绍了常去周佛海家的《中央日报》社总编辑程沧波。

似乎是冤家路窄，这位总编即是4年前针对陈独秀与章士钊的辩诉状在《中央日报》上执笔写社评的社长程沧波。由于是社评，陈独秀不知其名，但程沧波却忘不了他写的那篇《今日中国之国家与政府——答陈独秀及章士钊》。陈独秀说他想见见程沧波，包惠僧就将二人约到了自己的家里会面。

交谈不算投机，陈独秀仅写了个条子，上书"陈独秀，字仲甫，亦号实

---

① 陈独秀：《从第一双十到第廿六双十》，《宇宙风》散文半月刊第49期。

庵，安徽怀宁人。中国有无托派我不知道，我不是托派"。程苍波表现得十分冷淡，陈独秀将条子交给了包惠僧，包惠僧又递给了程苍波，程苍波在临走的时候却似乎是因忘记而没有带走。

包惠僧在送程苍波时说这个老先生想声明自己不是托派，打算借记者的口说出来。程苍波只淡淡表示"试试看"。包惠僧与陈独秀哪里知道，"老先生"是程苍波早就认识过的，也正是这一"既往之识"，才导致了今日他发表声明的希望如泥牛入海。对于一个总编辑来说，以"方寸之地"发表一个简短声明，自然是徒手之劳，况且，陈独秀发表的声明于"党国"并无损害。他的这种忌恨之心是陈独秀无法知道的，时日一久，逐渐改换意图的"声明者"也由忘记到终于放弃了。

由于托洛茨基对陈独秀的推崇并寄予很深的信任，也由于这位老革命家在国内政界的影响，虽然陈独秀的思想主张不被他们接受，但是，上海的托派组织依旧希望他回到上海统一托派内部思想，使托派有一个崭新的起色。于是，他们便从上海派人来到南京，劝说陈独秀前往上海重整托派，但被陈独秀断然拒绝了。一开始便与托派的观点有严重分歧的他感觉到，即使前往上海，仅内部的争吵就难以预料会扯到何时。这与抗战是不协调的，而更为重要的，是他越来越明显地感觉到了生命的短暂。

在他心里，抗战是自己唯一的使命，抵御外侮是民族存亡的关键，这是国家面临的最大的最急于解决的矛盾。

他需要一种协调，如黄昏中的晚霞与清风，他也希望拼却余生的勇力，以最后的呼声多为这个他恨由爱生的国家与民族开辟一片光明。

妻子潘兰珍是希望和陈独秀一起去上海的，因为她不知自己的父母在炮火连天的南通怎样生活。丈夫的拒绝使她难以明白，但她可以糊涂地予以接受，她知道，老先生的许多事情都是难以懂得的。在此时，她觉得年迈的陈独秀或许比年迈的父母更需要自己。

他朝着上海关上了大门，决定离开他曾经寄托着厚望的托派组织，但这不是什么生与死的决裂，他把这个组织看作是仅仅可以共同探讨意见的革命团体。但这个政治组织对抗战的观点，让他十分失望。

时光匆逝、生命渐衰的伤感总是一闪而过，每当回顾一生历程，每当虑及国家前途，他便总觉生命不能承受如此之重。

上海是不能去了，南京更是国民党的"卧榻之侧"，他很自然地想到了武汉，这是一座有着深厚革命基础的城市。近一段时间，他的好友高语罕偕夫人多次前来看望，高语罕极力建议他到武昌去另谋出路，并为他提供了一些武昌旧友的名址。他曾经骂高语罕去见蒋介石是"无耻之尤"，但对高氏的帮助又深表感激。

在陈独秀的精神世界里，政见与友情是泾水与渭水，他与朋友的反目，常常是因为政见，而他又是重情的，友人的关爱又常常消弭因政见分歧而产生的不快。高语罕的敦促也是使陈独秀欲去武昌的原因。

包惠僧知道陈独秀要离开南京前往汉口，也知已无法挽留，他为不能跟随老友而对其施以照顾而深表遗憾。为了老友到武昌能有一个宽松的生活环境，他便给湖北省主席何成浚写了一封信，请他对陈独秀多加照顾，不要为他设置障碍。何成浚回信表示，他与陈独秀以前曾在北京见过面，也算老相识了，这次也趁机多加拜访。

没有出版界或新闻朋友的帮助，连一则声明都难以发表的陈独秀，自然明白宣传对于建立革命组织的难处，此时他想起了老友汪孟邹，于是便在离开南京的前一天向上海亚东图书馆发了一封信，告知了自己的行踪：

"弟明日由此乘轮赴武昌，俟到彼处再行奉告。"

不仅如此，他还写明了到武昌后的联系方式：

"弟到武昌处住尚未定，赐示望寄实庵收，外加封致武昌武汉大学王抚五校长收可也。"①

9月8日夜8点左右，刚刚发出信不久的陈独秀又听到了凄厉的防空警

_____

① 《陈独秀给耕野的三封信》，《革命史资料》第10期，上海人民出版社1990年版。此处王抚五即前文中提到的王星拱。

报，一阵送行似的炮声在南京城里爆炸了半个多小时。9月9日，草草打点了行装，陈独秀便偕同潘兰珍怀着新的希望登上了前往汉口的轮船溯江而上。

陈独秀站在船头上，回望着南京古城，这是他自被押解到此将近5年的时间里第一次离开南京，他说不出是轻松还是沉重。

每一次离别，对于一个垂老者，都可能是一次永别。

陈独秀似乎未想这些，他已经在船头向前方充满希望地眺望着，似乎已忘却了再多看一眼身后渐远的南京。

而这一次，他的确与南京永别了！

三、合上延安那扇门

托派成员渐渐地都恢复了自由，可是陈独秀却唯独不见王文元，连一点音讯都听不到。原来，王文元于1937年5月间在法租界被国民党特务秘密逮捕，单独关押在与南京反省院毗邻的秘密拘留所里。陈独秀托人四处寻找并打听其音讯，还委托国民党要员朋友到"中统"（即CC系）询问其负责人，回说查无此人。

形势的紧迫使陈独秀深刻地认识到，团结国内一切力量一致抗日是势在必行的道路，像郑超麟那样主张"打倒国民党"无疑是自我削弱。他的这种思路，与共产党的"抗日民族统一战线"相印合，这印合只是意见相同，但他并不愿与中共有所联系，更不抱有任何形式联合的希望。有一次，陈独秀对包惠僧说，"老干们（指王明等人）不会欢迎我，我也犯不着找他们。"[1]但是热心的罗汉的出现却让他与中共又发生了一场始料未及的纠葛。

罗汉，湖南人，早年曾赴法国勤工俭学，大革命时任国民革命军第四军

---

① 包惠僧：《我所知道的陈独秀》，《党史资料丛刊》1980年第1辑。

政治部主任。大革命失败后曾在北平从事地下活动，不久到莫斯科东方大学留学。1928年回国后曾负责托派华北区委工作，属于"我们的话派"。不久被捕入狱，获释后到上海参加托派统一大会。

陈独秀被捕后，他便脱离了托派组织，后来到宜兴的陶器学校当教员，但对狱中贫困的托派成员仍不吝接济。1937年8月下旬，罗汉来到了南京，他主要为了寻找托派组织、帮助营救狱中的托派成员。

罗汉刚到南京寻到陈独秀时，和见其他朋友一样，陈独秀也将自己关于抗日的七条提纲给他看，罗汉表示完全同意，并认为理应作为纲领，不分是否托派，实行最广泛的团结。与叶剑英有了几次接触的罗汉认为这与中共统一战线政策相切近，可向中共提出寻求合作。

陈独秀知道他这个主张，并未鼓励支持，而罗汉却独自积极行动起来，于是他便找到叶剑英，将自己的想法与他谈了，叶剑英自然欢迎，但他表示对此事不能做主，很希望罗汉能亲赴延安，与中共中央面谈，并给他写了一封去陕西的介绍信，还资助了旅费。

对于叶剑英的态度和建议，罗汉喜不自胜，决定立即动身前往延安。中共与国民党虽然在抗日问题上开始了合作，但在行政区域上尚存在着严格的军事界限，所以，罗汉只有先到西安，然后再由西安取道延安。

1937年9月初，罗汉来到了西安，并住在了他的老友林伯渠那里，受到了他们的热情款待。林伯渠是当时八路军驻西安办事处主任，罗汉向他讲明来意后，他十分重视，惊喜不已，陈独秀毕竟曾是自己的总书记，于是，两人便商议去延安的问题。

然而，天公不作美，连日的暴雨，导致山洪毁路，断绝了交通。万般无奈，林伯渠只好决定将罗汉所携带的陈独秀对抗战的七条根本政治主张及只代表罗汉自己意见的合作提议，派专员送往延安并发电报向中央汇报。

消息传到延安，中共中央认真研究了南京和西安发来的材料，认为中国的托派不是苏联的托派，二者存在着很大的区别，在民族革命的旗帜下可以合作，并对罗汉为托派及陈独秀的奔走深表同情。毛泽东表示：

"可以与陈独秀先生等形成某种合作关系，以期一致抗战。……现在我们是团结一切力量抗日，陈独秀托派如果表示悔改，何尝不可一起抗日。"[1]

当时在中共中央负总责的张闻天也持这个意见。于是，中共中央便对陈独秀提出了合作抗日的三项条件：

> 一、公开放弃并坚决反对托派全部理论与行动，并公开声明同托派组织脱离关系，承认自己过去加入托派之错误；
>
> 二、公开表示拥护抗日民族统一战线政策；
>
> 三、在实际行动中表示这种拥护的诚意。[2]

三项条件由毛泽东和张闻天共同签署，很快发给了在西安的罗汉。

罗汉很明白，将这三项条件面陈给陈独秀意味着什么。

他表示，这些条件自己不能代替陈独秀接受，自己只可代为传达。此时罗汉不知，陈独秀已怀着新的希望前往武昌去了。

共产党方面的几个主要负责人也深知陈独秀刚烈的个性，他们也掂量出了中央的这个决定对他的分量，于是他们便开始做罗汉的工作。林伯渠和王若飞在大革命时期与陈独秀同在党中央工作，自然深悉"总书记"的思想与秉性。林伯渠对罗汉说：

"陈在文化史上有不可磨灭的功绩，在党的历史上，有比别人不同的地位，倘能放弃某些成见回到一条战线上来工作，于民族于社会都是极需要的。"

王若飞也表示："自信与独秀共事较久，深悉其倔强个性，但党中央看重组织问题，亦系党内自来之原则，第三国际的支部，决不容许第四国际或第四国际有关系的分子搀入，这乃是自然的事实，所以我极端希望独秀等几

---

① 张国焘：《我的回忆》，东方出版社 2003 年版，第 1331 页。

② 叶剑英、董必武、博古给《新华日报》的信，《新华日报》1938 年 3 月 20 日。

位老朋友，完全以革命家的气魄，站在大时代的前面，过去一切的是是非非都勿须再费笔墨唇舌去争辩。"①

他还表示："因延安有事甚忙，否则可随同南下会晤独秀一次。"

张国焘也曾经在解释中共三项条件时表示："托派中愿意恢复党籍者，须公开脱离托派并承认已经参加托派的错误；不愿恢复中共党籍者，可以与中共在党外合作，支持中共的抗战政策。中共中央也不再对抗日的托派人物采取敌视态度。"②

9月15日，罗汉由西安返回了南京。陈钟凡的家里已没有了陈独秀，南京再没有了陈独秀的身影。

他又来到了八路军驻南京办事处，向叶剑英、博古详叙了事情经过。叶剑英也向罗汉讲述了他走后陈独秀与自己和博古接触的情况。他说，陈独秀曾两次来办事处，双方交换了对抗战的意见，陈独秀"表示赞成抗日民族统一战线政策"，只是觉得共产党在未转变前的路线未免太"左"，转变后的路线又未免太右一些，但对托派问题不明确表示态度。

博古担心中共中央的三项条件"会引起陈独秀的反感"，于是便嘱咐他将这决定"不妨口头传达"，这样弹性较大，可以自由把握，缓冲掉条件的严肃性，他们对如何使陈独秀接受条件可谓用心良苦。

但罗汉对此事依旧难有把握，在没有思考成熟之前或有人陪同的情况下他是不会贸然前往武昌的。

罗汉的做法自然令托派大为震怒。在托派组织看来这种"投降"式的合作几乎是丧尽了托派的"骨气"，这是无论如何也难以容忍的。罗汉在南京和西安与中共频繁接触并寻求合作的消息传到上海后，托派"临委"便就此事做出了反应，托派组织特别是彭述之又要求罗汉明确讲述与中共接触的目的和过程。还发表声明称，托派与中共不但没有"妥协之可能"，而且还要

---

① 罗汉：《致周恩来等一封公开信》，《汉口正报》1938年4月24、25日。

② 张国焘：《我的回忆》，东方出版社2003年版，第1331页。

对其予以"根本粉碎"。还否定了罗汉与中共的合作并与之划清了界限：

"近有罗汉其人，以含糊的'托派'名义，在南京，在西安，向斯大林党上层分子接洽所谓抗日合作。按罗汉从前虽曾与左派反对派（本同盟的前身）有组织关系但五年以前早已脱离；既非本同盟的一员，自无代表向斯大林党接洽合作的资格，其行动亦与本同盟毫无关系。至于其接洽内容之违背本同盟上述一贯主张，当然无加驳斥之必要。恐外界误会，特此声明。"①

上海的托派错误地认为，罗汉所为乃是受陈独秀委派或秉承其意，他们将此与陈独秀出狱后拒绝回上海加入组织联系起来，不禁更加确信自己的判断。于是他们在该声明中对陈独秀旁敲侧击："以前或今后，如有与此类似的任何个人行动，皆与本同盟全体无关，合并声明。"

已陷入两难的尴尬境地的罗汉却不得不面对这一种新的难堪，原本想为老朋友做一件事，却不料招来了指责。忠厚的罗汉几乎愤怒了。

就在与托派组织发表声明的同一天，罗汉便应他们的要求给彭述之写了一封信，详细地表述了事情原委，并对上海托派组织的"枉自多情"与"敏感"给予了讽刺，声明了自己的活动与托派组织毫无干系：

> 弟自仲甫同志与兄等被叛徒背卖，遭受缧绁之厄后，对于一些言论似左行为可疑的同伴就存戒心，一直警戒到他们陆续叛变出去，还未完全弛懈，因此五年以来自己事实上与组织脱离关系，且亦不悉组织之如何组织也。此次赴京，纯本朋友之谊而图援助几位贞坚卓绝的革命老战士出狱，而西安之行亦为此而抗辩一串无稽之谣诬，并申述吾侪老友，最早即主张发动全国武装抗日之事实，尚有'一二八'一役时三人签名所提出之合作纲领可为考证。日昨在兄寓所，晤赵济、独清二位，说彭兄代表现在组织，因洛甫、泽东为商讨联合抗日问题致弟私电开列三条事件，决定弟写一申明文献刊布，以免世人误会上述弟一己经历之事

---

① 《中国共产主义同盟紧要声明》，《斗争》第2卷第9期，1937年10月2日。

件，与现在中国共产主义同盟的有缠夹不清之观测。另亦因与此一崭新
组织陌生到不曾知悉其何时成立。以故如此一节申明，亦惟有烦兄设法
转达也。①

罗汉不仅指出了托派的"敏感"是在"为渊驱鱼"，做着"亲痛仇快"
的可悲之事，还以"不悉组织之如何组织"、"与此一崭新组织陌生到不曾知
悉其何时成立"等荒唐事实对新"临委"的小宗派做法予以讽刺。

罗汉知道，与这个新"临委"领导下的组织的争战是劳心费神而没有结
果的，只能会将事情弄得越来越糟。而自己眼前的困难是如何恰当地处理好
自己、陈独秀与中共的关系。托派的声明指责，使他觉得事情更加严重一
层，也更让他犹豫是否面见陈独秀。他在徘徊中等待着时机。不久，受中共
中央派遣来到南京的董必武，给罗汉带来了一阵安慰，有这位与陈独秀老相
识的中共元老的陪同，受责的风险自然会小些。

10 月 16 日，罗汉偕同董必武乘船溯江而上，找到了已定居汉口的陈独
秀。罗汉的到来在情理之中，而董必武的光临却在意料之外。三人寒暄一
阵，落座热谈。罗汉与董必武将事实经过陈述一遍，又转达了中共中央提出
的三项条件。

陈独秀静静地听着，少有声响，故友重逢的激动与喜悦似乎都被这些在
他背后发生的事渐渐地冲淡了。他内心肯定了自己离京来汉的决定，那曾经
存留于心的本已声息微弱的幻想彻底破灭了。

他对上海托派的失望已有时日，如今对方的攻击更令他沉重之后又添轻
松；他埋怨罗汉的自作主张，出力不讨好，使他愤懑的是中共提出的"三项
条件"。

在董必武的面前，陈独秀认为托派对此事的抨击自然不以为意，自己
不便表态；而当中共提出的三项条件摆在他面前时，对负有这项使命的董必

---

① 罗汉给彭述之的信（手稿），1937 年 10 月 1 日。

武，他不得不发表意见。

他首先表达了为此事热心奔波的各位朋友的感谢，在谈到自己对"三项条件"的态度时，果不出博古所料，他说："我不知过从何来，奚有悔。"[1]"现在乱哄哄的时代，谁有过谁无过还在未定之天，不写，有什么过可悔？"[2]

陈独秀充满怒气的言辞使董必武面露尴尬，他知道，劝说对于他是无用的，陈独秀回到党内的希望，在他心中便烟尘般地随风飘散了。他很快便告辞离汉，回归复命。

董必武走后，他随即又写了封信并重列七条抗战纲领交给罗汉，托他带到南京交给八路军办事处的叶剑英、博古，作为自己对中共提出的"三项条件"的正式答复。

罗汉将陈独秀的信及意见带到了南京。叶剑英、博古看过后，博古认为，陈独秀的抗战意见"与中共中央所决定的路线，并无不合"，他们决定向中央再征求对此事的意见，等周恩来与董必武到武汉后，再与陈独秀进行商谈。

不久，周恩来到达南京，他热情地接待了罗汉，二人谈论了抗战及陈独秀回党的问题，周恩来并就托派向罗汉发表了自己的看法：

"所谓中国托派，事实上亦很复杂，……我可以大约将其分为四派：一派是赞成抗日的，你和独秀属之……"他还表示，"以后对陈独秀这一派的人，可以将'匪徒'二字停止不用。"

周恩来代表中共表达了对陈独秀回党的诚意，同样，这些语言，也是他为日后见到陈独秀后进行劝商的铺垫。但陈独秀已坚定地一边忙于对抗战的宣传号召，一边埋首于策划自己的政治路径了。

他不愿做一个卖弄风骚的特立独行者，他只是一个深沉犀锐的民族主义者、一个执着忠实的民主主义者，为了民族的振兴、为了民主的实现，他愿

---

① 高语罕：《陈独秀入川后》，南京《新民报》晚刊，1947年11月13日。

② 包惠僧：《我所知道的陈独秀》，《党史研究资料》1979年第8期。

为这双层的渴望奉献出殉道者的精神。

他已向着身后关上了一扇扇沉重的大门，但不是将自己故意隔绝到虚无的地方，而是抛却这许多的纷扰去努力开启能够寄养自己理想的那扇大门。

出狱之后，他获得了自由，但正是这一突至的自由，似将他猛然丢弃在四面八方都没有希望产生的冷清的街头，他一时竟不知身居何地、走向何方。

四、"我绝对不怕孤立"

扬子江的波涛拍打着船舷，蒸汽船在沉重的喘息中破浪前行。

南京古城再也望不见了。那里的炮声，那里的火光都抛在了身后，这也是一次忙乱的逃避吗？

武汉三镇寄托着火红的希望，这希望又有几分可资安慰的呢？此次告别南京，在他的感觉中似乎与在他领导共产党时多次告别北京、上海、广州没有什么两样，他几乎坚信，不久，他还会回来的。

蒸汽船漫溯芜湖越过铜陵，安庆渐渐地近了。

陈独秀坐在满是流客的船舱中，在沉闷的气氛里整理着纷乱的思绪，妻子潘兰珍体贴地坐在一边，细语轻声地安慰着他。

隐隐地已有人在评说安庆及江边的古塔了。这个兵争之地，每有战争必动荡不安。如今，日本侵略军能给这座古城避免兵燹的机会吗？这似乎是一个渺茫的奢望。安徽在南京的慌乱之中，将省府搬迁到了六安，安庆已躁动起逃难的人群。

汽笛一声长鸣，船靠岸了，停泊在安庆码头。古城依旧，江水滔滔。

陈独秀与潘兰珍相携走出船舱，站在甲板上凝望着阔别二十多年的古城，凝望着少时常登的振风塔，不禁感慨万端。

这是养育他的摇篮，也是他革命生涯的发轫地。陈家的旧屋，双目失明的嗣母，体人达事的儿子及其一家，使他渴望着踏上故土，那走下摇摇晃晃木跳板的人群不时激起他一阵阵的羡慕。

望着码头上来来往往的一张张陌生而又熟悉的面孔，他不禁发出一声沉重的叹息：即使能走那狭窄的石板条街，那古老的宝塔怕已登不上去了吧！

家，对这位漂泊的革命者，正如身上随时随地携带的长袍一样，家就是自己，自己就是家，这家又像一个符号，缥缈于理想之中。他四海为家，到处又都不是家，家就是他的国，国就是他的家。他因国而走出了小家，他因国而亏欠了小家。两个优秀的共产党儿子因为国革命而被残忍杀害，是党的损失，也是他的小家的重大伤痛。他想到了自己参加爱国会，在大雨中的演说，他想到了自己写的《爱国心与自觉心》，他想到自己那些铿锵有力的话："国人无爱国心者，其国恒亡。国人无自觉心者，其国亦殆。二者俱无，国必不国！"他一生践行的初心就是爱国。

他不会忘记南京监狱里收到的儿子松年写的一封家信，信中有老母亲弃家搬迁的希望。在自己与母亲的这两部词典里，家，正是两种截然不同的概念。

路过家门而不得入，破落的陈家旧宅此时对于他实是一个难以抵御的诱惑。旧宅的一切是否如这江岸上的宝塔一样风物依旧？眼前，是一个令他多次猜想而难作定论的谜。

"汽笛一声肠已断，从此天涯孤侣。"振风塔在身后已渐渐远去了，逐渐暗淡、模糊，最终只剩下一个影子嵌在了记忆中。陈独秀由潘兰珍搀扶着进了船舱，躺在铺上，枕听着船外一如心海的涛声。

他望着侍坐一旁的潘兰珍，欲从她脸上找寻一些未及家门的遗憾，但没有一丝收获。这位年轻的妻子似乎已顾虑到，她与年龄悬殊的丈夫的结合在安庆的乡邻中不会得到多少像陈松年那样的理解与支持。

这于二人倒成了一种与故乡失之交臂的安慰。

船上乱吵吵的，多数是溯江而上的逃难人群，从那一张张慌乱的面色里，他深深地感受到了这个民族的危机与悲哀！"白发老书生"在这种危机中应该做的也只有对抗日的动员与宣传了，于是他便开始构思并拟定了5个题目，准备写一本抗日意见的小册子。

在空中敌机的窥视下，船在江面上经过 3 天多的颠簸终于抵达了武汉码头。陈独秀与潘兰珍走下汽轮，程仲伯早已迎候在码头，他是包惠僧的同学，受同学之托特来接待陈独秀。陈独秀夫妇在程仲伯的陪同下离开了码头，走向了地处南北东西水陆交通的咽喉重镇武汉。

这是陈独秀的故地了，距码头不远，回民街的三层洋房便映在眼前，乳白色的墙壁衬托着红色的屋顶，半圆形的大门显示着西式的建筑风格，这便是原来中共在武汉的临时中央局机关所在地。

往事历历，1926 年 12 月，随着北伐战争的不断发展，国民政府由广州迁往武汉。12 月 13 日，他从沪赴汉主持中共中央政治局特别会议并作了政治报告，提出挽救联合战线破裂的策略，决定在武汉成立临时中央局。

次年年初，他离开上海再次赴汉主持中央工作，以中共中央总书记的身份住进了这座三层洋房三楼中间的一套房间，彭述之夫妇住在他的左侧，蔡和森夫妇住在他的右侧，任弼时的弟弟任作民是他的办公室主任，妹妹任秀兰是他的事务管理员，秘书黄文容又兼作警卫，他出入有车，为革命精心劳作，繁忙而充实。

七一五反革命政变后，陈独秀被作为头号要犯悬赏通缉，他不得不离开武汉前往上海。如今物是人非，山河破碎，十载之后他成了难民潮中的一员站在了黄鹤楼下，他似乎听到有人在临江凭栏，慷慨悲歌：“昔人已乘黄鹤去，此地空余黄鹤楼……日暮乡关何处是？烟波江上使人愁。”

这种迁客骚人的自怜自伤他很少有过，但此时此地，此情此景，令他实在难以避开这种哀吟的震撼。他可以不以物喜，却不能不以己悲。十年的追求，梦幻般地飘散，但他的慨叹中最深沉的还是整个国家与民族的忧虑，顾影自怜的自我感伤却只是与之相生的伴音。

“寻寻觅觅、冷冷清清、凄凄惨惨戚戚”！

陈独秀谢绝了程仲伯的邀请，夫妇二人独寻一家旅社暂居下来。出狱之后，他曾寄居在傅斯年家，后又曾以同样的方式居住在陈钟凡家，寄居的生活已使他感到了诸多不便。倘在平时，他或许能够接受这种诚意，而如今，当他决定在武汉独立开辟一片天地时，他觉得，他的生活环境及生活方式也应以独立的姿态出现了。

夜色下的旅社似一座孤岛，码头的汽笛衬托着恬然与宁静。但陈独秀却从这一切感受到了武汉的不安定。他没有让潘兰珍陪同踏访旧踪，也没有对她讲述自己往日的故事。

深夜，他坐在灯下，开始整理思绪，寻求重建政治组织的途径。自我宣传，是任何一个政治团体发端、诞生乃至运作中必需的依托，他从《安徽俗话报》想到《新青年》，忘不了亚东图书馆的经理汪孟邹这位老友。这位自称"书贾"的先生，从"戊戌"到"辛亥"，从"五四"到"五卅"，从"国民革命"到"共产革命"……始终以独特的眼光和勇气寻求着政治与文化的价值。正是如此，他不曾发达过，正因为他不曾落后过，一种新思想尚在被迫害时代，自己的文字并无一个书贾愿意承印，他却付梓发行了。正是在相互热诚的关怀与人格互赏的基础上，从未曾有过龃龉不调，愉快的合作持续了几十年。亚东图书馆为他提供的条件，汪孟邹的热诚，是没有什么可以替代的。于是，他摊开了纸，又给汪孟邹写信道：

耕野兄：

弟已抵汉，暂寓旅社，日内即移居武昌，地址确定，再行奉闻，近来信可寄王抚五兄转交。

……

此祝

秋安

弟仲甫启

[一九三七年] 九月二十四日 ①

---

① 《陈独秀给耕野的三封信》，《革命史料》第 10 期，上海人民出版社 1990 年版。

居住武昌是陈独秀几天前就已决定了的，大革命失败后，他曾秘密隐蔽在此处，他已认定那里是一个较好的隐居之地。

第二天，陈独秀便托人在武昌城内租定寓所，住进了双柏庙后街 26 号。

这是一所颇具庭院风味的旧式平房住宅，从陈旧的院门、破落的围墙可以看出它已久经风雨。但室内房间布局合理，客厅、厨房、家具齐全。室外青砖铺地，花圃秀树更显得庭院深深、幽静清雅。房子的主人是一个姓兰的桂系军人，陈独秀托人在武昌找房子时，他慕陈独秀之名，慨然邀请他住，并免收租金。陈独秀过意不去，但又盛情难却，只象征性地付些房租。

辗转漂泊，终于有了可以闲庭信步、独立自主的院落！

陈独秀草草安顿下以后，他又想到了汪孟邹，与这位老友取得联系是他一直记挂于心的。但是自从离开南京来到武汉，他一直没有得到亚东图书馆经理的信息，写往上海的那一封封信也都如石沉大海，他几次托人到武昌武汉大学校长王星拱那里，均未得到汪孟邹的回信。他不知道自己的信在前往上海的途中会历经怎样的命运，许多生命与希望都在连天的炮火中陨灭，他不抱有很大希望，但却又不能不殷切期望着。

此时的上海亚东图书馆自八一三事变后，在中华书局等同行业四处设立办事处以辟生存新径的同时，也不得不开始了努力的挣扎，先后到金华、广州、昆明设立办事处。在这种严峻的生存危机中，陈独秀的信对于汪孟邹来说已是无暇顾及了。

上海亚东图书馆自八一三事变后，被迫收缩了发行所，只剩下西藏中路的编辑所一处了。日军派飞机在日升楼（今南京东路浙江中路口）轰炸后，图书馆的店员大部分都纷纷收拾行李，往杭州、徽州逃难去了，徽州的店员也都侥幸平安到达了老家。西藏路只剩下四五个人，门市部也无法再开下去，当陈独秀的信飞到上海时，亚东已空无几人了。

焦虑的陈独秀未等 14 日的信到达上海，又于 16 日写信给汪孟邹，询问前几封信是否已经收到，再次告诉他从南京来到汉口，且已"租定寓所"，并详写了在武昌的住址，期待着汪孟邹的来信。

在这种期待中，他又想到了那个曾常催《自传》稿的《宇宙风》杂志社主编陶亢德。自从8月中旬自己狱中撰成的两章自传手稿寄往上海后，他对此便很少关照。出狱后，他几乎将这位主编遗忘了。于是他便又给上海的陶亢德写了一封信，询问自传稿的命运，并表示了对《宇宙风》能否继续出版的忧心。他不知道此信是否能寄到陶亢德的手里，但他还是怀着一丝希望寄出了。

陈独秀的信几经辗转到了《宇宙风》杂志社，陶亢德收到信后得知他已到达武昌，在他的直觉里，敏于时事的陈独秀已将全部的精力都放在抗战的文章上了，自传已无心思续写。对于陶亢德来说，虽然他要的是自传，最关心的也是自传，但也不能强人所难，况且自己也知道时事中的轻重缓急。

另外，在这烽火漫天之际，《宇宙风》这种刊物能否支持下去尚未可知。但他依旧抱着希望致函陈独秀，每次去信，总还叮嘱强调一句劝他"有暇拨冗续写的话"。在陶亢德看来，《实庵自传》有趁早完成的必要。对于陶亢德的催促与理解，陈独秀更觉情债难酬，心躁不安，但令他有所安慰的是，毕竟与这位主编在动乱中取得了联系。

紧张的局势使陈家小院显得特别的静谧与温馨，开始的一段时间里，他紧闭院门，似乎与墙外世界隔绝着的。他在预备着、整理着要做的事情，为宣传抗日撰文。同时，他又按照从南京到汉口的途中拟定的题目，努力地完成着著述计划。在狱中，他养成了来回踱步的习惯，而如今独立的小院又能更好地满足他的要求，于是，每天早晨在荒芜的园子里踱步，便成了梦醒后的第一项活动，接下来便是一整天的读书写作。

但是，这种"闲逸"也不是一成不变的，他虽然获得了自由，但国民党特务的盯梢跟踪一刻也未曾远离他。虽然包惠僧在陈独秀去武汉前就已写信给湖北省主席何成浚，托其多加关照，但结果却令他大失所望。何成浚接信后又将此事托付给了武昌公安局局长蔡孟坚。可是蔡孟坚却以关照之名行盘问之实，几乎完全干扰了他的正常生活。

有时，他们发现有人在墙外转来转去，甚至，还故意敲敲他们的院门，这令他十分恼火，只有闭门谢客，避免各方面的羁绊。

紧闭大门，拒绝干扰，令他稍得平静，但当他以这种苟且的平静去省视自己的处境时，又不免产生出沉重的失落与愤怒：出得南京老虎桥那座"小监狱"，却又被"收容"进了一座无形的"大监狱"！

这便是民主与自由在近代中国的命运？！

闭门不为思过，也不是重压下的蜷伏，他在专制所造成的气氛中行使着一位思想者永远不会被剥夺的思考的权利。他援笔撰文，印烙着一个思想者辛勤的思维轨迹。

"不塞不流，不止不行，孔子的礼教不废，人权民主自然不能不是犯上作乱的邪说，人权民主运动不高涨，束手束足意气销沉安分守己的奴才，那会有万众一心反抗强邻的朝气。"

在狱中对于国民党政府甚嚣尘上的"尊孔复古"的愤激之词也终于喷发了出来！

自从来到武汉，他便成了真正的思想独行者，这使得他能在诸多的平静中去关照"德先生"，在难抑的激愤中解析眼前的战争。作为一个思想者，在这样风云跌宕的战争中所能做到的也只有以笔代言，做好自己的宣传呼号了。

于是他开始撰写抗战系列文章，在《抗战中应有的纲领》中指出，中国的抗战应"联合苏联及全世界的工农民众（日本的工农民众也在内），共同反对日本帝国主义"；"迅速召集国民大会，集中全国抗战力量，主持和战大局"；"改组全国军队，直隶中央政府"等10条纲领。

对于抗战的结果，他也作了最坏的估计，他认为中国抗战或许"军事上会一败涂地"，但是"我们还是要继续抗战"。他还以此类比说："我半生所做的事业，似乎大半失败了，然而我并不承认失败。"他希望当局"解除人民的痛苦，博得人民之欢心，使人民能够自愿的与政府合作抗战到底"。

在对战争的认识上，主张"中国对日战争，利在发动全国民众蜂起参加，持久抗战，尽可能的使战争范围扩大，以消耗敌人的军力和财力"。① 对于这些抗战文章，陈独秀拟结集成书，贡献于抗日民众。

中华民国第 26 个国庆节快要到了，身居辛亥革命发轫之地武昌的陈独秀，自然忘不了 26 年前的那场圣火。他在租居的寓所里写成了《从第一双十到第廿六双十》一文，回顾了 26 年间中国革命对反帝任务的作用，并指出："此次抗日战争，不是两个帝国主义之间争夺殖民地的战争，而是被压迫民族反抗帝国主义的革命战争。""无论何人何党所领导，任何人任何党派都应该一致赞助。"②

文章完成后，他便寄给了上海的陶亢德，希望能在《宇宙风》上发表。

国家存亡的声息日趋沉重，这年的国庆节似乎较往年的气氛更浓，社会各界都在积极组织各种活动以纪念这一特殊时期中的节日。特别是武汉的青年学生，更是热血沸腾，满怀激情。他们纷纷走上街头，或列队游行，或发表演说，举行各种抗日宣传活动。有的学校还组织了的抗日宣传队、敢死队、义勇军等学生组织。

在这场学生抗日救国运动的浪潮中，武昌华中大学显得更为活跃，青年学生自发地组织了"学生抗战工作团"，并热诚地邀请爱国名人志士为该校发表演讲，以激励全校师生抗日志气，刚到武昌不久的陈独秀被华中大学得知后也受到了诚挚的邀请，处境叵测的他没有拒绝青年们的盛情，他似乎又看到了赵家楼的烈火，耳畔响起的依旧是连绵起伏的"外争国权，内惩国贼"的声潮。而如今，青年们的口号变了，但他们的激情却令陈独秀异常兴奋，他欣然地接受了"抗战工作团"学生代表的邀请。送走学生代表后，陈独秀便伏案开始筹备去华中大学的演讲稿了。

此时的武汉已成了全国文化的中心，北平、天津、上海的文化人云集武汉，"武汉时代"似已到来。就在陈独秀接受华中大学学生抗战工作团邀请

---

① 陈独秀：《我的抗战意见》，华中图书公司 1938 年版。
② 《宇宙风》第 49 期，1937 年 10 月 16 日出版。

的同时，武汉文化界也在筹备着一场大型的抗战演讲集会，作为文化名人，陈独秀自然也在被邀之列，但遗憾的是，武昌华中大学与文化人的集会演讲日期都定在了 10 月 6 日，分身无术的陈独秀只得婉言拒绝了集会的邀请，其实对于他来说，他把更多的希望寄托在了青年人的身上。

第七章　抗战救亡

一、坚定的爱国者

10 月 6 日早晨，潘兰珍早早地做好了饭，并在陈独秀用饭的间隙里又为他备好了出行的衣物。她整理得十分细心，这毕竟是在"老先生"自到武昌以来的第一次在公众中公开露面，"老先生"形象的优劣她自觉有很大责任。饭后，她又为陈独秀修修胡须，梳理好稀疏的头发，拉整好衣服领角，直到满意为止，她才在温存的嘱咐中送"老先生"随同来接的人上路。

华中大学的礼堂里早已聚满了全校师生，大厅里座无虚席，都在期待着一睹这位极具传奇色彩的先生登台演讲。

在校领导的陪同下，陈独秀左手挎着文件包稳步走上了主席台，在演讲席上落座，全场顿时响起了一阵热烈的掌声。他以致意的目光环视全场，那一张张朝气蓬勃的脸使他看到了中国抗战的希望。

简短的台前词之后，陈独秀便切入了正题，洪亮的声音在大厅里回荡着：

"全国要求的抗日战争已经开始了。为什么要抗战？一般的说法，是因为日本欺压我们太厉害。这话固然不错，可是，未免过于肤浅了，一般民众尤其是知识分子，应该明了更深一点的意义，抗战不是一时的感情，而有深长的历史意义。"[①]

---

① 《武汉日报》1937 年 10 月 7 日。

面貌清癯但又精力充沛的陈独秀开言几语便让在场的"知识分子"们不忍释听，这些切中肯綮的透析语言，着实让全场一阵兴奋，又报之一片热烈的掌声。他稳了稳高亢的情绪，便开始从 19 世纪末西欧资本主义发展到帝国主义谈起，贯穿日本与中国反差发展的过程。对于抗战的意义他以肯定的语气强调：

"此次抗日战争，不是基于一时的感情，也不是由于民族的复仇，更不是为了正义、人道、和平这些好听的空洞名词，而是被压迫的民族反抗帝国主义压迫束缚的革命战争。"

全场气氛在沉静与热烈的两极间起伏。

他指出了中日两国的社会主义者在这场战争中应负的任务：都应该各自反对其本国的侵略战争，使之失败。他还分析了抗日战争的两种结果：

"如果中国抗日战争取得胜利，列强在中国的特权，或者不必经过战争，而循外交途径，以次收回，这是一种比较温和的办法，然而绝对不是幻想。""如果此次战败，只有亡国为奴。所以此次战争，乃是中国人或为自由民或为奴隶之关键，每一个中国人对于抗战怠工，不尽他所能尽的力量，事实上是帮助了敌人，即是消极的无形的汉奸！"

对于中国"不至灭亡"的侥幸者和"中国必败"的投降派，陈独秀也都分别给予了指迷和劝告。最后他说：

"所以我们在抗日战争中，首先必须深刻的了解抗战之真实意义，才会有始终坚决不饶的意志。"①

演讲在经久不息的掌声中结束，陈独秀走下演讲台与青年学生代表们握手，并回答他们的种种提问。混在学生中的国民党特务自始至终听了陈独秀演讲的内容，知其尽是抗战救国的言论，便悄悄地溜走了。

为安全起见，学校领导便终止了陈独秀与青年们的问答，将其接到校办，下午又派人护送回家。征得陈独秀的同意后，他的演讲辞也作为校内读

---

① 《武汉日报》1937 年 10 月 7 日。

物向青年学生们印发，后又由学生们带出校外，成了抗日宣传的内容在武汉地区广泛传播。

"陈家小院"厨房里，潘兰珍正张罗着晚餐，陈独秀在她身旁一边忙着拨火，一边兴致勃勃地描述着上午演讲时的情形。潘兰珍静静地听着，感受着他那孩子般的兴奋，虽然她不大明白"老先生"这种欢愉何来，但却不忍有所打断，她深深地知道，丈夫已经久违这种十分投入的喜悦了。于是，她便也时不时地插入一两句连自己都不懂的话，她希望以此来延伸他的喜悦。

青年！让他多么振奋的生命群落！希望！青年是最理想的寄托之所！

一接触青年，他便能寻求到许多美丽的遐想，漾动着许多喷薄的感觉。且不论华中大学的这场《抗日战争之意义》的演讲能够激起多大反响，鼓舞多少士气，那些青年对抗战的勇武精神就足以让他看到曙光。新文化运动之后，他就作为一个启蒙思想家把中国的希望寄托在青年人的身上。在《新青年》创刊号《敬告青年》一文中，他要求青年自我改造成为"自主的而非奴隶的""进步的而非保守的""进取的而非隐退的""世界的而非锁国的""实利的而非虚文的""科学的而非想象的"青年，号召青年从消极保守、退缩、闭塞的状态中自救出来，成为一代新人。那篇文章成了新文化运动的纲领，他也因启蒙青年而成了"思想界的明星"。青年人率真、正直、激情蓬勃、满怀理想，忠于主义，少有中老年人的世故、狡黠、犹豫观瞻、工于心计、患得患失。但青年们正处于成长阶段，单纯幼稚，可塑性强，难辨方向。因此，对青年们的启蒙引导是思想家们首要责任。他正感这种重任在肩，每当他自我省视时，他都惊诧地发现，自己仍具备着青年人的所有个性！而每当他为此冥思细想时，他又坚信在他做着启蒙的努力时，不可拒绝地"沾染"了青年们的"生气"。随着垂暮之年的迫近，他对青年们的爱与希望愈加殷厚。

他决心将更多的努力付诸青年人，特别是青年学生！那一呼百应的气势，似乎总能让他找回抗战的信心和希望。

在国难日危之时，他不会像屈子一样怀沙自沉，更不会像老子一般骑牛西逝。

夜，渐次深沉，陈独秀坐在灯前，攥笔凝思。屋内烟雾缭绕，灯火如豆，他左手紧夹的雪茄不时地凑向双眉紧锁的脸。为了迎接中华民国第26个国庆节的到来，《武汉日报》开始了有关国庆题材的组稿，陈独秀也被约写一篇论文。他没有推辞，他觉得这是一个阐发思想言论的良机，连日来国民党政府的压制令他不得不十分珍惜每一个公开发言的机会。在华中大学的演讲稿虽经多方通融，仍未获准公开发表。他对于国庆是丝毫没有兴趣的，更不会捧颂政府，他可以不爱国民党，但不可以不爱国，在国难日亟的今天，他唯能鼓与呼的便是抗战救亡。

国庆，中华民国，辛亥革命，民族独立，救亡图存……

他在桌上平铺着的纸上写下了一个题目：《辛亥革命之回顾与前瞻》。放下笔，他不禁又想起了1919与1920年间和孙中山的一次谈话，他深深地记得孙中山的讲话内容："袁世凯背叛了中华民族，可是救了革命党人！"陈独秀当然明白他的意旨：辛亥革命后，国民政府以为革命成功，满清已推翻，国民党人也感觉无事可做，没有几人认为"革命尚未成功"。袁世凯复辟帝制，给国民党人送了一副清醒剂，才感到革命征途尚为遥远。孙中山见陈独秀透解其意，于是接着大发议论道："我的三民主义，尤其是民生主义，一般党人都不感兴趣，甚至说我空想，多事，孙瑶卿在汉口公开的反对我提倡三民主义，他们以为革命就是排满，排满就是革命，现在满清已推倒，革命已成功，何必又来谈什么主义呢？他说的这些话，是代表许多党人的心理的，象他们这些近视，还懂得什么是革命呢？"[①]

往事历历，言犹在耳，于是他挥笔写道："我们在今日的抗日战争中，切切不可忘了孙先生的教训，我们要认识中国的革命还未完成，我们不要使政治工作落在军事后面，我们不要以为抗日就是革命，我们要深切的认识抗日战争之目的，是在必须首先排除日本帝国主义在中国的特权，在能够建设

---

① 《武汉日报》1937年10月10日。

民族独立的国家，以发展民族工业，以完成辛亥革命所未完成之任务！"

无论如何，他终将抗战置于一切事务之首，他虽然希望革命，也决意抗日，但已经把握住了轻重缓急。

灯火阑珊，夜色沉沉。一阵倦意袭来，陈独秀伏在桌上睡着了。梦中醒来的潘兰珍一见此状，忙起来轻轻唤醒老先生，并提来烫脚水，为他做着休息的准备。

连日的奔波与劳作使旧病又乘虚而入，胃痛得厉害，血压也开始有了增高。他的确想静心休养，但在这洪波急流中，他无论如何也难以自持了。青年时，他曾在发表文章时署名"陈由己"，但如今抗战却让他身不由己，因为他一直不属于自己。他在华中大学的演讲已给整个武汉造成了不小的震动，有关抗日的采访与报道也便接踵而来。

1937 年 10 月 9 日下午，《抗战》周刊记者采访了陈独秀。他虽然身体不适，但为了抗战他还是欣然接受了采访。

"前两天，武汉文化界有一次较为盛大的集会，陈先生没有到，有许多人都颇失望，因为他们都很想听听陈先生的演说。"[①] 记者用颇具艺术的话语说。

记者礼貌的开场白令陈独秀十分满意，但他又深表愧疚地说："呵，是的，是的。那一次的集会，听说到了很多人，我本来很想参加的。可是先和华中大学约好作一次讲演，恰恰在同一个时候，事实上分身不开了。"

简单的对白之后，记者便立即将访谈引入了正题："现在对日战争，已经全部展开了。从海南到华北，都在炮火连天的状况之下，而东北的义勇军也活跃起来了！前线将士的英勇，不仅得到国人的爱戴，而且得到世界的赞美，可是后方的工作，陈先生以为最迫切的是什么呢？"

"这一次的抗战，军人确是尽了他们最大的力量，勇敢牺牲的精神，是可钦佩的；可是后方却赶不上，前方的血战是何等紧张，而后方竟是这样的

---

① 《抗战》周刊第 1 卷第 6 期，1937 年 10 月 16 日。

松懈，尤其是武汉，简直连表面的工作都做得不够！武汉为全国后方的中心，而空气这样沉寂，太可怕了。所以党政当局，应该积极的发动民众起来，募集公债和训练壮丁，才会有最有效的办法。"谈到后方，陈独秀立即现出不满意的神情来，鼓噪呐喊是需要的，但仅仅用这些能将日寇赶回本土吗？

陈独秀的话似乎共鸣了记者心中早已存在的不满："五万万元的救国公债，湖北承销了一千二百万，现在还没有收足。"

陈独秀说："这是不好的现象。日本人打算筹集二十五万万的侵略费。中国应该筹足此数，五万万还嫌太少，湖北人承购一千二百万，更是太少了。并且此次公债应该多数以现金购买。"

"以现金购买？"记者又问。

陈独秀说："是的！用纸币购买，实际上并不能收'有钱出钱'之效。现代市面上流通的纸币所代表的若干现金，已集中在政府手里，以政府所发行的纸币，以公债形式交纳政府，几乎等于未曾购买公债，其效用至多减少若干通货膨胀，所以以纸币购公债，效果小得很，因为外汇是需要现金的。"

"国民政府实行法币政策，很是成功，曾博得世界各国财政专家的称赞，现金不是早已集中了吗？"记者问。

陈独秀说："政府的法币政策，确是成功，如果法币政策不成功，这次的仗是打不起来的。不过国内的现金仍未能完全集中。因为大部现金都还在乡村里，政府只能集中都市中若干现金，而不能完全吸收乡村的现金，乡间富户的窖藏，比都市里银行的保险库要充实得多！政府应该设法把乡间的元宝和银币以及珠宝等都集中起来，则对日抗战的费用，方可长期支持下去。"

记者问："训练壮丁问题怎样？"

陈独秀说："敌人的炮火很厉害，我们战士的牺牲一定很多，我们应该把全国的壮丁训练起来，然后才能谈得上持久战。"

记者说："据我所知，现在武汉三镇受训的壮丁，大概有 × 万人，× 个月后，可以调到前线上去作战。"

陈独秀回答："不够不够！中国的壮丁，大部在农村里，都市里只是很少的一部分，而且在体质上，都市里的壮丁也还比农村为劣。政府应该征集农村里的自愿作战的壮丁来受训，以作对日战争的后备军。"

记者表示："陈先生所说的两个问题——集中现金和征集壮丁，都是注重在农村里，进行起来，恐怕很为困难。"

陈独秀说："要是民众起来，而且有组织，并不怎样困难。"

记者问："如何才能使民众组织起来呢？在现阶段中，我们应该给予民众以何种训练为最适宜呢？"

陈独秀说："关于组织民众一事，在目前，我希望党政当局，下一个绝大的决心，完成自上而下的改革。社会的改造有两个方式，一个是由下而上，一个是由上而下。现在既没有自下而上的方式，我们不能等待，只好取自上而下的这个方式，我们希望执政的国民党从速完成他。尤其在抗战期中，要做到全国总动员，民众的组织应看成第一重要。"

记者问："所谓'自上而下'改革，是不是由中央、省、县，以至区、乡、保、甲的这个制度，层递下去而运用起来呢？"

陈独秀说："区、乡、保、甲，不能担负这个任务，而且也不大适宜。"

记者接着说："现在上海出了许多新的刊物，都在鼓吹利用这个系统呢！还有许多青年，都准备回乡运动做保、甲长，或去和保、甲长联络呢。"

陈独秀说："据我所知，现在的区、乡、保、甲，和民众还有许多隔阂，并不能切实组织民众，更不能训练民众，我们所谓组织民众，是希望政府能选派优秀青年，分赴各县担负这个责任，而不能厚望于区、乡、保、甲长。"

记者又问："那么，这些青年回乡去后，岂不是要和那些区、乡、保、甲长冲突起来，对于抗日的后方，不是一个大累赘吗？"

陈独秀说："土豪劣绅摇身一变而为区、乡、保、甲长，将来我们如果一旦军事失利，他们又会摇身一变而为汉奸，他们可成为敌人利用大汉奸统治中国的社会基础，我们将如何避免和他们冲突呢？"

记者问道："陈先生对于这次抗战前途的观察怎样呢？将来会有什么

结果？"

陈独秀回答说："对日抗战对内可以使中国统一，对外可以使中国富强。只要政府能领导人民抗战到底，牺牲到底，日本是断然要屈服的！日本屈服以后，他在中国的权利，当然要为中国所收回，中国的主权，可因此而得保完整。"

记者问道："此次抗日胜利，日本在中国特权固可收回，其他各国的呢？"

陈独秀坚定地说："不成问题！土希战争以后，使土耳其的主权渐次完整，但土耳其只打败希腊，没有打败英法，然英法在土耳其后权利也渐渐被土耳其收回了。所以中国只要对日抗战到底，统一固不成问题，独立也不成问题。英美各国和中国的关系，或者可循外交途径来解决，不一定要诉诸战争；假如中国不能振作，他们就非分尝一脔不可了。"

记者问："陈先生既然谈到国际问题，那么，现在快要举行的远东会议，据陈先生的观察，对于中国有没有帮助？"

陈独秀说："会议不过是一种形式，不必重视。"

记者又继续要求："那么，请陈先生把这个会议的背景分析一下。"

陈独秀分析道："苏俄是同情中国的，法国和苏俄有军事和政治的谅解。在会议中，中国可望得到这两个国家的援助。德国此时还离不开英国，不一定会帮助日本，他也不想牺牲中国的市场，可望他中立。意大利的态度倒很令人怀疑。美国的态度，以前不大好，自从罗斯福发表演说后，稍稍改变了，然美国终不会走到英国的前面，法俄也不会采取和英国对立的态度，在远东会议中，最大多数国家还是惟英国马首是瞻。英国太持重了，太保守了，太看重既成事实了，他固然不愿从中国的市场退出，而让日本独占，然而他的态度能够有利于中国至何种程度，中国抗战的胜负是有很大影响的。"

记者接着问："关于宣传，文化界的责任是很重大的了。现在武汉已成为全国文化的中心，平津和京沪各地的文化人，都跑到了武汉，有人还提出了'武汉时代'的口号来，陈先生觉得这个抗战的非常时期，以武汉为中心的文化运动，应该怎样开展呢？"

陈独秀回答说："所谓非常时期的文化运动者，就是文化人的参加抗战运动。小说家、戏剧家、诗人、电影从业人员、音乐家、绘画家、大学教授、新闻记者……凡是以文化为职业的人，都应该把他的精力用到抗战的行动上。我们要把抗战的基础，建筑在广大的农村里，希望各地到武汉来的文化人，不要专门在武汉办刊物，而忘记那急待唤起的农民群众。这样一来，并且可使他们的艺术民众化。"

"听说陈先生要办一个刊物，确否？"

"没有这个意思。现在各报纸杂志都肯登我的文字，我何必自己办刊物呢？"

记者继续问："报纸上说，陈先生今后要专做文化运动，不做政治运动了，是不是呢？"

陈独秀明确地回答："不对！不对。这是《大公报》记者听错了我的说话，现在的抗日运动，就是政治运动，我能够不参加抗日运动吗？那位记者问我，是不是打算参加实际政治运动（他的意思全然是指政府里面的行政）工作，我说，这于我不大相宜，十五六年时，我也没有担任政府里的实际工作，我最怕被政府里的工作所捆住，没有清醒的头脑观察政治局势。换言之，我的个性不大适宜于做官，但是政治运动则是每个人都应该参加的。"

"明天就是国庆了。陈先生准备发表一点东西吗？"

"《武汉日报》约我写一篇国庆论文，我打算把辛亥革命未能成功的原因以及抗日与革命的关系，约略地说一说。只写几百千把字就够了，这个时候，没有人愿意看长文章。"

访谈已接近尾声，一两个小时的对话使抱病的陈独秀略显疲态。窗外，开始飘起了雨。此时，已经将近6点钟了，室内也渐渐阴暗起来，记者还要过江回到汉口，于是就告辞出来，满怀着收获的喜悦踏上了风雨飘摇中的小舟。

窗外，细雨如织，秋天的雨丝在渐浓的暮色中望不见了，但阶前的雨从屋檐上滚落的声音足以证明着它的存在。这里相比南京的喧嚣似乎处处显示着沉静，这沉静又如何不似这眼前的暮色！这里似乎很少听见溯江而上的炮声，但是又有谁能够否定了忘记了它的存在？就像这暮色中的雨？"秋风秋雨愁煞人"，可是，又有多少人怀着这种忘我的忧愁呢？"肉食者谋之，又何间焉"。无论如何也不会成为陈独秀的遁词，与国荣辱同系的沧桑于他似乎早已是一种习惯，而且常常成了聊以自慰的凭借。

他推开门，走进雨中，甚至听不见身后妻子潘兰珍满含嗔怨的劝呼。

他没有走出小院，在这个有风有雨的围墙内，他能感受到夜幕笼罩下风雨的全部内涵。

他仰首四处，搜寻到一团在灰黑的天穹映衬下的树影，凝望着。风，掀起了他的长衫，雨钻进了他的脖颈，他渐渐感受了彻骨的凉意，这种冰冷从肩头一直延遍了全身，他不由得发出一声声咳嗽。

潘兰珍以为自己的言行不妥惹得他生了气，她急忙地冲进雨里，埋怨着又不乏检讨地把陈独秀劝进了屋里。

第二天，窗外灰色的天光过早地唤醒了长夜难眠的人。陈独秀早早地起床了，潘兰珍也开始了为早餐的忙碌，以便饭后为丈夫早早地买来当天的报纸。

10月10日，这是中华民国国庆节的一天，民国的国民们这种应有的喜悦似乎早已被什么东西冲淡，像一杯边兑水边吸饮的牛奶，如今只剩下水一般的味道了。整个武汉三镇很难找出大庆的气氛，只有为党国统掌并乐此不疲的报刊们，努力地在这种沉寂中诵唱着令人发困的赞美诗。

潘兰珍推门进来，带着一脸的喜悦，她边走边展着手中的报纸，并指给陈独秀看。原来她拿着一张《民国日报》名为"双十节"的增刊，《辛亥革命之回顾与前瞻》的标题赫然映入了他的眼帘。

他笑了——这也该是自己对国家而非国民党的国家的一份"厚礼"吧。

此时的南京也更顾不得举行建国周年庆典，而正在忙于频频举行"国防参议会"，因为在此之前，西方英、美等国本着"调停"的态度定于11

月初在布鲁塞尔举行九国公约会议，讨论日本对中国的侵略问题。商讨这次即将到来的"太平洋会议"（或称华盛顿会议）的应付方案，便成了参议会的主题。

"日理万机"的蒋介石只是心情复杂地在10月9日晚，发表了纪念辛亥革命26周年的广播讲话，作了"告将士及民众书"的演说。此前不久，时任日本派遣军司令官的松井石根曾宣言，中日战争的"目的在推翻中国政府"。"调停"的希望似很渺茫，南京上层的主和者也觉和平无望，众心惶惶。

但10月5日美国总统罗斯福在芝加哥发表的"隔离演说"，似乎给一些人带来了一丝希望。日本在亚洲特别是在中国的军事行动大大超出了"绥靖"者们的预料，当日军独霸中国的野心暴露无遗时，他们便各怀鬼胎、互猜心事地开始了"制止"的举动。罗斯福开始鼓吹，各国对侵犯世界正义之国家，予以"强制隔离"。他说："凡目无法纪，蔑视人道，在国际上造成不安与无政府状态者，爱好和平各国均应努力加以反抗，抑欲以孤立或中立政策，而求不为此种事态之所殃及，亦势有未能。"

但是，频频得手的日本却对这种威胁置若罔闻，觉得是不值理喻的童言。就在罗斯福发表演说的第二天，已将上海作为军事基地的日军对南京又进行了更猛烈的轰炸。10点多钟，十几架日机又飞临古城上空投弹，两个小时后退去。午后1点左右，警报又起，敌机又在城南投弹，4点半爆炸声才渐渐平息。晚饭后，本该静寂的石头城又在刺耳的警报声中绷紧了神经。"树欲静而风不止"，这座久经兵燹的城市只有做着沉重而痛苦的呻吟。

时隔不久，即在罗斯福发表演说还不到一周的10月11日，国民党内的主和派周佛海及时任南京国民政府外交部亚洲司司长的高宗武（原名高敏）等便开始对罗斯福的演讲产生了怀疑。罗斯福的"最近演讲纯系对内作用"，似乎并没有针对日本之意。英国对此反而感觉纠纷更不容易解决，美国也似乎表示了已"失调人资格"。所以他们认为，对美国"不仅不宜存奢望，且恐受其累也"。①

10 月 12 日午后，日军对南京城又进行了大规模的轰炸。13 日，国民党又举行了"国防参议会"，讨论"太平洋会议"问题。会上，有人提出对日绝交，汪精卫则反对此种提法，认为此举必将使中国变应战而为挑战，丧失了国际上对中国的同情形势。因此斥责主张绝交者是在破坏"党国"的外交政策，有汉奸之嫌。这也正道出了主和者的共同心声。南京依旧在"和战"的争执中、在枪弹的轰鸣中苟延残喘。

武汉此时似乎成了与南京紧密连接着的一根敏感的神经，各种形式的宣传抗日的集会、演讲似乎是对下游南京那密集的枪炮声的回应。在这种浪潮里，即使努力去清静的人也在感受着那无处不在的震动，何况对一个怀着深沉的民族忧患情结的陈独秀?!

14 日，陈独秀收到了来自上海的托派"临委"陈其昌的一封信，信中谈了上海托派的活动情况并流露了让陈独秀入沪之意。这封信来得实在不是时候，他草草看了一遍就放在了一边，因为他还有比处理这些信更重要的事去做。

10 月 15 日，汉口各界在青年会大礼堂举行了一场声势浩大的集会，陈独秀应邀到会发表了题为《我们要得到怎样的胜利及怎样得到胜利》的演讲。会上，听众十分拥挤，似乎每个人都想从类似的救亡活动中寻求引导家国命运的指南。热烈的掌声中，讲坛上，神情庄重的老人展开了讲稿，一个坚定、自信的声音便在大礼堂里响起：

"我今天要讲的是：《我们要得到怎样的胜利及怎样得到胜利》这个题目。"

台下一片寂静，他顿了顿，环顾台下，接着说：

"现在有许多人都在说：'我们对日战争，要得最后的胜利，'并且说：'最后的胜利必属于我们。'但是，我们要得到怎样的胜利，怎样的胜利才是最

---

① 蔡德金编注：《周佛海日记》，中国社会科学出版社 1986 年版，第 46 页。

后的胜利呢？同时，怎样才能得到胜利呢？这一点，我们应当具体的说明，仅仅抽象的说说胜利，那是过于空洞的。

"今天有很多人在骂'和'，以为和就是投降，其实一个国家打仗，有战必有和，说和并不是一件坏事情，只看怎样的和法。如果是屈服的和，那是投降；如果对等的和，那是可以的。民族战争，和是可以，投降则不可。

"前几天我在华中大学曾经讲过此次抗战意义，今天当然已经用不着再说这一方面的话，不过我当时有一个结论是不能不提一提的：我说这一次抗日不是感情的，复仇的，而是求中国在国际上、经济上脱离半独立的地位，得到完全独立的地位。不然，则我们是奴隶的生存。我们必须经济能自由发展，不受外国任何势力的宰制。这才是我们战争的意义，才是我们战争的目的。"①

他通俗易懂的话语赢来了台下一阵热烈的掌声。他似在演讲，又似在谈心。他接着讲了胜利的第一个目的："我们并不要日本割地赔款，我们只要交还我们的主权，把在中国侵略去的交还我们，这就是我们最后的胜利。"并指出"我们要达到这个目的，必须能够支持长时期的抗战"。在阐述这一问题时，他不禁又流露出了一个中国的思想者特有的仁慈："是不是要他赔款呢？不是。因为赔款是负担在日本人民的身上。"

在对胜利的目的进行一番阐述后，他又把话题转向了对远东会议的展望与分析，由此梳理出了西方各国在这场战争中的相互关系。又通过中日对比，归结出了获取"胜利的因素"："第一，从国外得到大量军火之接济。第二，全国民众蜂涌起来，做到全国财力人力之动员。再加上政府军队的力量，这才能够保证最后的胜利属于我们。"

最后，陈独秀为此次演讲作了结尾："我们要得到胜利，必须在具体办法上指出怎样才能得到胜利；倘空口高喊'最后的胜利必属于我们'，便等于一种咒语，这种咒语，打毁不了敌人，帮助不了自己。"

---

① 陈独秀：《我的抗战意见》，1938年2月亚东图书馆印行。

演讲虽然在热烈的掌声中结束了，但这次形象生动又不乏深刻的演讲及陈独秀演讲神采，已烙印在每一位听者的记忆里。

1937年11月，陈独秀又在武汉大学发表了题为《怎样才能够发动群众》的演讲。他提出了发动群众进行抗日的三件事：第一，必须解除民众自身的痛苦。第二，必须让人民有经常的组织。第三，必须让人民有政治的自由。他认为："只有切切实实做到这三件事，才能够抵抗在我们眼前凶恶而有力的敌人，挽救国家民族之危亡的！"①

国家与民族的生存与利益，于陈独秀实在是一颗"千斤重的橄榄"。在一般人看来，为了这场民族战争，他似乎也开始"不择手段"了，对日战争的紧迫性使他开始寄希望于外国的军火援助和他曾痛恨的国民党政府军队。但是，他不会料到，他为这些类似言论将会付出怎样的代价。

二、"汉奸"风波

1937年11月20日，也就是罗汉偕董必武拜访陈独秀后不久，中共中央理论机关报《解放》便发表了《陈独秀先生到何处去》的时评，指出："当陈独秀先生恢复了自由以后，大家都在为陈先生庆幸，希望他在数年的牢狱生活里虚心地检讨自己的政治错误，重振起老战士的精神，再参加到革命的队列中来。"时评又接着说道，"陈先生出狱后，在武汉一次演讲中说道：'……这次抗战是一个革命的战争，全体民众应当帮助政府，世界也应当帮助中国……'这与中国的托洛茨基的主张已大有差别，托派在目前抗战中主张打倒南京政府，狂吠'左'的民族失败主义，这完全是汉奸理论，完全做着日贼的别动队的作用。"但却对其认为抗日"要发展工业""要发展科学"的观点批评为停留在"五四"时代，思想上仍是"资产阶级的俘虏"。这篇

---

① 《陈独秀文章选编》（下），生活·读书·新知三联书店1984年版，第568页。

文章署名为"冰",作者好似在规劝一个糊涂的老朽,愿其在该文的"冰凉"下清醒。

1937年11月29日,王明(陈绍禹)、康生挟着西伯利亚的寒流从苏联回到了中国并抵达延安。

身兼中共驻共产国际代表、共产国际执委委员、主席团委员等头衔的王明,自称与斯大林谈过话并带着国际路线回来,似乎直接奉了莫斯科的命令而来的。

于是,王明便开始发挥自己的理论"特长",开始四处活动。12月4日,王明的《日寇侵略的新阶段与中国人民斗争的新时期》一文被《解放》等党报转载。文章已不乏含沙射影之词:"在现时内战停止和全民族武装保卫斗争开始的条件之下,……日寇侦探机关,必然更加设法安插自己的侦探、奸细、破坏者、暗杀、凶手和暗害者等到共产党的队伍中来,他们首先是从暗藏的托洛茨基——陈独秀、罗章龙匪徒分子当中,吸收作这种卑劣险毒工作的干部。"

1937年12月9日至14日,中共中央召开了政治局会议,王明迫不及待在会上作了题为《如何继续全国抗战与争取抗战胜利呢?》的报告,秉承国际旨意,主张中共在抗战中"一切经过统一战线""一切服从抗日"。对于中央曾提出的与陈独秀合作抗日的三项条件,王明给予了否定,并"声色俱厉地表示反对",他表示"我们和甚么人都可以合作抗日,只有托派是例外","在中国,我们可以和蒋介石及其属下的反共特务等人合作,但不能与陈独秀合作";在王明的眼里,他的安徽同乡陈独秀连他们革命的对象也不如了。

陈独秀怎么也不能理解同是书生的王明的心思,繁忙于抗战的奔呼中的他尚不知道,自诬蔑自己是"间谍"的那次会议结束后,王明便被任命为长江局书记,踌躇满志地抵达武汉。自此,一场短兵相接的论战便开始了。

1938年1月28日,一篇题为《铲除日寇侦探民族公敌的托洛茨基匪徒》的长文发表在《解放》周刊第一卷第29期上,该文洋洋万余言,只得在2月8日的第30期续刊。一石激起迭浪重生,暂为中国政治、军事、文化中心的武汉又多了一种喧嚣。

全文共有四个小标题，作者康生在该文中首先"论证"了"托洛茨基匪徒是日寇侦探机关最得意的工具"，痛陈"托匪"罪恶，和"无耻近乎勇，有奶便是娘"的奴性。指出"托洛茨基匪徒"是"日寇破坏中华民族解放自卫战争的暗探走狗"。并在"中国托洛茨基匪徒为日寇侦探服务、出卖国家民族的汉奸面目"的标题下开始例证陈独秀等为汉奸、日本间谍：

> 一九三一年，九一八事变，日本帝国主义这里占领了我们的东三省，同时，上海的日本侦探机关，经过亲日派唐有壬的介绍，与由陈独秀、彭述之、罗汉等所组织的托匪"中央"进行了共同合作的谈判。当时唐有壬代表日本侦探机关，陈独秀、罗汉代表托匪的组织。谈判的结果是：托洛茨基匪徒"不阻碍日本侵略中国"，而日本给陈独秀的"托匪中央"每月三百元的津贴，待有成效后再增加之。这一卖国的谈判确定了，日本津贴由陈独秀托匪中央的组织部长罗汉领取了，于是中国的托匪和托洛茨基匪首，在日寇的指示下在各方面扮演着不同的角色，就大唱其帮助日本侵略中国的双簧戏。

在同一标题下，康生的言辞中也常有其醉翁之意："虽然陈匪独秀从九一八以来就与日寇勾结，然而，他还可以在武汉演讲，使用其老奸巨猾的侦探技术，用'中国抗战是为了发展工业科学'的烟幕来掩盖日寇对中国的侵略。让这些日寇汉奸在全国抗战之后方还能继续活动，这不能不是中国人民的耻辱，全国抗战的损失。为了抗战的胜利，中国人民再不能容忍下去。"

"双簧戏"的说法颇具想象力，而王明与康生的一唱一和则是不争的事实。《日寇侵略的新阶段与中国人民斗争的新时期》这篇出自王明之手的导向性文章沿着"一边倒"的路子在进行"大概""可能""也许"的推断。舆论界包括陈独秀本人要求拿出"证据"时，他们只能哑口无言。

武汉的论争并没有淹没日军炮火的喧嚣，自从南京陷落之后，日军溯江而上直取武汉的迹象越来越明显了。在湖南长沙的原北大学生何之瑜考虑到陈独秀的安危，便写信要求他离汉去湘，以便更好地照顾他。起初，陈独秀答应了何之瑜的邀请，准备赴湘去长沙岳麓山下潜心文字学著述。但后来陈独秀认为，如果武汉不守，长沙必危，湘潭亦非安全地带。又兼有伤兵股匪到处滋事，"恐亦不易安居"。

于是他便写信回复，表示"决计入川"，并向其解释自己不愿迁往湖南的原因道："湖南非乐土，城市将难免为战区，乡间亦不免土匪侵害"。1938年2月11日，陈独秀写信给何之瑜说："弟一星期后，当可动身入川（罗汉、季严劝我往）……"在陈独秀的生活日程里，离汉入川只需要打点行装这最后一道程序了。但是，似乎只有陈独秀自己知道，此番的离汉，还包含着另组新政派的理想破灭而对这个城市深潜的失望。然而，就在他将要这离开这座抗战的中心城市时，一盆脏水迎面泼来，他不得不以一个政治家的"本能"丢掉远行的包袱去作下意识的遮挡。

这似乎正应验了他曾经说过的一句话："你谈政治也罢，不谈政治也罢，除非你在深山人迹绝对不到的地方，政治总会寻着你的。"

当陈独秀沉醉在研究抗日的途径中时，却被无端地扣上了"日特汉奸"的帽子。当"白的成为黑的"之时，作为一个怀抱深沉的民族情感的知识分子，除了愤怒还能有什么呢？

对于这一突发的变故，陈独秀显得异常愤怒，唾面自干不是他的个性，他冷静地思索着，以便给此次事件一个有力而得体的回复。

然而，没等他作出具体的反应，武汉的文化界和政界已经是"群情激愤"了。国民党国防参议会参议员周佛海、陶希圣对此事大鸣不平。国民党中央政治委员会委员傅汝霖、梁寒操也更是"义愤填膺"，在互通消息、相互商量之后，便决定对这番诬蔑进行公开反驳。

在关于此事的接触过程中，国民党中央监察委员会委员高一涵、武汉大学校长王星拱（在"五四"时期曾与陈独秀一起散发《北京市民宣言》）、武昌大学历史系教授段锡朋，还有国民党中央立法委员会委员张西曼、林庚白纷纷加入，决定共同为陈独秀辩诬，并在拟好的公开信上签上了名。

3月15日，由周佛海等9人共同签名的一封公开信发表在了《大公报》上：

为陈独秀辩诬
傅汝霖等九人致本报函 [①]

傅汝霖等九人昨致函本报，为陈独秀氏声辩，兹志原函如次：

大公报台鉴：中国共产党内部理论之争辩，彼此各一是非，党外人士自无过问之必要；惟近来迭见共产党出版之《群众》《解放》等刊物及《新华日报》竟以全国一致抗日立场诬及陈独秀先生为汉奸匪徒、曾经接受日本津贴而执行间谍工作。此事殊出乎情理之外，独秀先生平生事业早为国人所共见，在此次抗战中之言论行动，亦全国所周知，汉奸匪徒之头衔可加于独秀先生，则人人亦可任意加诸异己，此风断不可长，鄙人等现居武汉，与独秀先生时有往还，见闻亲切，对于彼蒙此莫须有之诬蔑，为正义，为友谊，均难缄默，特此代为表白，凡独秀先生海内外之知友及全国公正人士，谅有同感也。特此函请贵报发表为荷，并颂撰安。

傅汝霖、段锡鹏、高一涵、陶希圣、王星拱、周佛海、梁寒操、张西曼、林庚白。

该声明除在《武汉日报》和汉口《大公报》上同时刊发外，又被《扫荡报》、《血路》周刊（1938年第12期）等转载，影响进一步扩大。民主人士沈钧儒也在《大公报》上发表声明，表示不赞成随意给陈独秀扣上"汉奸"帽子。

1938年3月17日，《新华日报》对9人的公开信作出了反应，发表了《陈

---

① 《大公报》1938年3月16日。

独秀是否托派问题?》一文,表示这一问题"要由陈独秀是否公开声明脱离托派汉奸组织和反对托派汉奸行动为断","由别人来越俎代庖,均是无济于事"。他们认为陈独秀的沉默是在回避这一问题,而让周佛海等代言。

也就在这同一期报纸上,莫名其妙地出现了林庚白的声明,声明表示自己参与签署的9人公开信中,只是对陈独秀的人格"予以维护,原则上自可赞助",但因该信"颇涉于共产党所指为托派者之语气",自己要求修改而不得,故撰文表示"本人于该函之内容,完全不能同意,应不负任何责任"。

在这则声明之后,《新华日报》又发表了题为《关于林庚白的来信》的评论,对该声明表示赞扬,特别是在对于托派的立场上。同时规劝道:"当此国共两党亲密合作的时候,国民党同志不应把反对托派汉奸的斗争视作是'共产党内部理论之争辩',而应视作是全国人民的责任,同时也是国民党同志的责任"。

无独有偶,第二天的《新华日报》上,又出现了类似的声明,但声明者不是林庚白,而是张西曼。声明自己在信上署名时也曾要求"酌加修改",而其参与的真正原因是"因为在他(指陈独秀——引者)出狱后,作过数度的访问。从他那抵抗倭寇侵略的态度和对我所创中苏文化协会的伟大使命以及中苏两友邦联合肃清东方海盗的热烈期望中,可以证明他至少是个爱国的学者"。

在同一期上,《新华日报》又发表了《再论陈独秀是否托派汉奸》。次日,该报就张西曼的声明又发表了《不容忽视和小心上当的短评》。署名者对公开信的声明和《新华日报》的评论闹得如火如荼。

对于如此严重的人身攻击和诬蔑,陈独秀当然无意让周佛海等人"越俎代庖",他更明白,如此这般的国民党要员占很大成分的"联合声明",只会将事情搞得更乱、更糟。自己是诬蔑的对象,一个愤怒已极的当事人又怎能对此无动于衷?

1938年3月18日,陈独秀自辩清白的文稿以书信的形式完成了,题为《致新华日报》,寄给《新华日报》后,他知道没有多大的希望,于是便又同时寄给了发表过 9 人公开信的《扫荡报》。果不出所料，《新华日报》未见动静，他的这封反诬的公开信，出现在了《扫荡报》上：

"我在去年九月出狱之后，曾和剑英博古谈过一次话，又单独和剑英谈过一次。到武昌后，必武也来看过我一次。从未议及我是否汉奸的问题。并且据罗汉说，他们还有希望我回党的意思。近阅贵报及汉口出版之《群众》周刊及延安出版之《解放》周报，忽然说我接受日本津贴，充当间谍的事，我百思不得其故。项见本月贵报短评，乃恍然大悟。由此短评可以看出，你们所关心的，并非陈独秀是否汉奸问题，而是陈独秀能否参加反对托派运动的问题。你们造谣诬蔑的苦心，我及别人都可以明白了。你们对我的要求是："他如果不甘与汉奸为伍，他应该公开坦白地宣言脱离汉奸组织，并在实际上反对托派汉奸行动"。我坦白地告诉你们：我如果发现了托派有做汉奸的真凭实据，我头一个要出来反对，否则含沙射影血口喷人地跟着你们做啦啦队，我一生不会干这样昧良心的勾当。受敌人的金钱充当间谍，如果是事实，乃是一件刑事上的严重问题，决不能够因为声明脱离汉奸组织和反对汉奸行动，而事实便会消灭。是否汉奸应该以有无证据为断，决不应该如你们所说："陈独秀是否汉奸，要由陈独秀公开声明脱离托派汉奸组织，和反对托派汉奸行动为断"。除开真实的证据而外，声明不声明，并不能消灭或成立事实呵！况且现在并非无政府时代，任何人发现汉奸，只应该向政府提出证据，由政府以法办理。在政府机关未判定是否汉奸以前，任何私人无权决定他们为汉奸，更不容许人人相互妄指他人为汉奸，以为政治斗争的宣传手段。

我经过长期入狱和战争中的交通梗塞，中国是否还有托派组织存在，我不甚知道。我在南京和剑英谈话时，曾声明：我的意见，除陈独秀外，不代表任何人。我要为中国大多数人说话，不愿意为任何党派所拘束。来武汉后，一直到今天，还是这样的态度。为避免增加抗战中纠纷计，一直未参加任何党派，未自办任何刊物。我所有的言论，各党各派的刊物，我都送去发表。我的政治态度，武汉人士大都知道，事实胜于雄辩，我认为任何声明都是画蛇添足。

从前我因为反对盲动政策，被中国共产党以取消主义而开除，此全世界周知的事。所以有人要求我公开声明脱离"赤匪"，我曾以为这是画蛇添足而拒绝之。我现在对于托派，同样也不愿意做画蛇添足之事，你们企图捏造汉奸的罪名，来压迫我做这样画蛇添足的事，好跟着你们做啦啦队，真是想入非非。你们向来不择手段，不顾一切事实是非，只要跟着你们牵着鼻子走的便是战士，反对你们的便是汉奸，做人的道德应该这样吗？

〔一九三八〕三月十七日①

《新华日报》社针对陈独秀的公开信发表了《关于陈独秀来信》，指责陈独秀索真凭实据的要求是"无赖的口吻"，是"装腔作势佯作不知道：在莫斯科几次审判托派奸徒案件中在全世界面前公布了的托派奸徒为德日法西斯蒂特务机关服务的真凭实据，写在日寇华北特务机关工作大纲上利用托派分子为侵华工具的真凭实据，王公度及其他托派奸徒叛卖祖国为日寇效劳的真凭实据"。指出"陈独秀虽然声明了他与托派汉奸没有组织关系，可是直到今天还是托派思想的俘虏，正因为这个原因，所以他不愿意坚决的反对托派汉奸的行动，也正因为这样，中国人民把陈独秀和托派汉奸联结在一起，不是没有理由的"。

但是王明、康生这一番钦差作风很快便受到了抵制。"汉奸事件"愈闹愈大，这种明显的诬蔑对中共来说也无疑是自坏形象。于是延安方面便指派八路军驻长沙办事处主任徐特立负责平息这场政治风波。徐特立便约了何之瑜一同从长沙来到武汉，调解这场纠纷。

谈话在十分平和的气氛中进行，徐特立代表中共向陈独秀转达了对这次

---

① 《扫荡报》1938 年 3 月 20 日。

事件的歉意，并劝其理性地看待此事，莫再发表公开言论，并表示中共方面自己已出面周旋解决。对此，希望远离是非的陈独秀表示了同意。在此期间，周恩来也为这次政治风波的平息付出了很大的努力，他穿梭于各方政治之间，广泛接触各类人士，并多次指派或委托别人去陈独秀家登门拜望，以示安慰，并表示为免事态进一步扩大，希望陈独秀"不要活动，不要发表文章"。

3 月 27 日，日军出动了 80 多架轰炸机对武汉发起了大规模的空袭，武汉的徐家棚遭到了空前的轰击，整个江城的房屋为之而震动，武汉又开始忙乱了。这炮声，更让陈独秀觉得争论已不太必要了。

真是多事之秋，就在他欲将此事搁置不理时，中共内部发生的一件事又牵连到他。

1938 年 4 月 2 日，时任陕甘宁边区政府副主席的张国焘，以祭黄帝陵为名离开延安经西安并于 7 日到达武汉。经过与国民党的一番秘密接触，于 4 月 17 日发表了脱离中共的书面声明。王明、康生的回国，中共党内两条路线的斗争，使这位原本没有市场也没有坚定的共产信念的"革命者"投到了他曾经反对的国民党的怀抱。第二天，中共中央决定将张国焘开除出党。就在张国焘声明脱党并投靠国民党的第三天，中共中央发出了关于开除张国焘党籍的党内报告大纲，并在《新华日报》上予以公布，23 日，《大公报》对此也予以转载，提及张国焘前往武汉八路军办事处期间，"曾见过陈独秀一次"，其目的是"在党外寻找反党的同盟者"。

看到这些离奇的故事，陈独秀啼笑皆非，他于 4 月 23 日给何之瑜写信道：

"张特立（即张国焘）到武汉事，你们想必已在报上看见（今天的新华及大公），我并未遇见他，有人造谣他已来见我，真可笑。"

王明、康生在中共中央的倒行逆施，让以毛泽东为首的中央领导人大为痛心，为了改变这种工作状况，加强与共产国际的联系，任弼时便于 1938 年 4 月 14 日代表中共中央向国际递交了中国抗日战争的形势及中共的工作与任务的书面报告大纲。

5月至6月，共产国际执委主席团讨论中国共产党的报告，任弼时、王稼祥都参加了会议，并宣读了中共中央代表团宣言。宣言与报告大纲得到了共产国际的肯定。另外，自从1935年8月中共中央政治局委员陈云到达莫斯科以后，使共产国际了解了中国革命真相，同时，陈云在《共产国际》上发表的《英勇的西征》《中国共产党是中国苏维埃和红军的组织者与领导者》等文章，使共产国际对毛泽东等中共领导人有了新的充分的认识。

7月，王稼祥离开莫斯科前，受到了斯大林的接见，不久回国抵达延安。9月29至11月6日，中国共产党在延安举行扩大的六届六中全会，王稼祥传达了共产国际的指示，全会批准了以毛泽东为首的中央政治局的路线。会议决定撤销长江局和王明的书记职务。

至此，"汉奸事件"也渐渐地曲终人散了。

张国焘脱共投靠国民党后，便开始了在武汉国民党上层人物中活动。1938年4月24日下午，张国焘来到了周佛海家。张、周二人相见，均不禁想起了16年前二人分别以北京和日本东京代表的身份同在上海出席中国共产党第一次全国代表大会并在上海工作时的情形。那一切恍如昨日，而十余年变化之大，令二人顿生沧桑之感。谈论中，张国焘得知周佛海与陈独秀交往密切，且从周的口中知道刚受冲击的陈独秀对中共正气愤未消，难道他不想见见来自延安的自己？对张国焘来讲，他一直在酝酿着组织一个新的共产党，而此时能拉到陈独秀，这不是很光彩的一面政治招牌吗？于是他向周佛海提出了想见见陈独秀的要求，希望他能提供机会。对此，周佛海欣然答应了，因为组织一个新共党对付延安，蒋委员长也非常感兴趣。

4月27日下午，陈独秀、张国焘被周佛海约到了自己家中，张、陈二人开始了在武汉的第一次接触，这几位中共最早的参与者们在政途的沧桑上不觉有了共同的感慨。三人在周佛海家中共进晚餐。趁着陈独秀对中共的愤恨，张国焘说出了自己组织新共产党的想法，并希望得到陈独秀的支持与合作，以共图大业。然而陈独秀对此非常冷淡，一口回绝了张国焘的拉拢。

事后，陈独秀向包惠僧提起此事说："张国焘想拉我，我对他说我没有这个能耐。"①

不久，在中共五大上曾与陈独秀、瞿秋白等组成 9 人政治局的谭平山出现在陈独秀的面前。自从离党后，谭平山于 1928 年与章伯钧发起成立中华革命党（即第三党）。1930 年 8 月改称"中国国民党临时行动委员会"，1935 年 11 月又更名为"中华民族解放委员会"。已是国民党三民主义青年团筹备委员会委员的谭平山，也找到陈独秀要求共同组织第三党，陈独秀已无意于此，他不愿再乱中加乱，只主张"抗战救国"，于是便也断然拒绝了。

4 月 29 日早上，武汉的上空又响起了防空警报，侵华日军出动 36 架轰炸机在 12 架战斗机的掩护下企图偷袭武汉三镇向天皇献礼。中方空军出动第四大队和苏联志愿航空队共计 60 余架战机迎敌，在武汉上空展开了这座城市前所未有的激烈空战。城中的人看到了两架飞机在空中拖着浓烟坠落。这座江城，也弥漫起浓重的硝烟味道了。

三、决计入川

陈独秀在演讲会和报刊上的频繁露面使他几乎成了公众人物，他有关抗战的主张也颇受影响所及的人认可和拥护。

1937 年 10 月 15 日，陈独秀曾寄给陶亢德的《从第一双十到第廿六双十》在《宇宙风》第 49 期上发表了，在这一期上还刊登了陈独秀的自传广告，告知读者，这部自传将以连载方式在此后每期上发表。

第二天，武汉的北京大学"留鄂同学会"举行了一场欢迎来鄂师友大会，陈独秀受邀参加，在会上，他听取了留日同学及华北同学的报告，并致了解答词。会后与到会者一起合影留念。

---

① 包惠僧：《我所知道的陈独秀》，《党史研究资料》1979 年第 3、5、8 期。

武汉的陈独秀在不知疲倦地写作着,《我对鲁迅之认识》《怎样使有钱者出钱有力者出力》等文章频频脱稿;他在不知昼夜地忙碌着,写讲稿、赴集会,应稿约……这已使他应接不暇了,而此时已成"孤岛"的上海的陶亢德自第49期《宇宙风》发出广告后,就再也未间断过向他催逼续写自传的文稿。因为他那里已是箭在弦上,不得不发。

一方面抗战的各种活动使他分身无术,不可开解;另一方面,陶亢德这一厚重的人情债又压得他实在艰于喘息。他知道二者孰重孰轻,孰缓孰急,包括陶亢德在内。但这种两难他必须面对,最得体的办法是给那位"等米下锅"的"主妇"一个明确的或是自圆其说的交代。在谨慎地思考之后,他怀着复杂的心情给陶亢德回信说:

"……日来忙于演讲及各新出杂志之征文,各处演词又不能不自行写定,自传万不能即时续写,乞谅之。杂志登载长文,例多隔期一次,非必须每期连载,自传偶有间断,不但现在势必如此,即将来亦不能免。《富兰克林自传》,即分三个时期,隔多年始完成者,况弟之自传,即完成,最近的将来,亦未必能全部发表,至多只能写至北伐以前也。弟对于自传,在取材,结构,及行文,都十分谨慎为之,不愿草率从事,万望先生勿以速成期之,使弟得以从容为之,能在史材上、文学上成为稍稍有价值之著作。世人粗制滥造,往往日得数千言,弟不能亦不愿也。普通卖文糊口者,无论兴之所至与否,必须按期得若干字,其文自然不足观,望先生万万勿以此办法责弟写自传,倘如此,弟只有搁笔不写,只寄前二章了事而已。出版家往往不顾著作者之兴趣,此市上坏书之所以充斥,可为长叹者也! 率陈乞恕。"①

将信寄出后,陈独秀似乎了却了一桩心事:终于可以放下这部令他无暇顾及的自传而将全身心付诸抗战了。

1937 年 11 月 20 日,国民党政府宣布迁都重庆。时任国民党大本营第

---

① 参见陶亢德:《关于〈实庵自传〉》,载杨扬编:《自述与印象:陈独秀》,上海三联书店 1997 年版。

二部副部长兼侍从室第二处副主任的周佛海，告别了南京西流湾八号住宅，于下午 3 点 25 分登上了人员杂沓的高官离船，到晚上 8 点才在船上安排到房间，与调任湖南省政府主席的张治中同房。同船的还有国民党军事委员会参谋长兼军政部长何应钦、国民政府内政部部长何键、南京国民政府外交部亚洲司司长高宗武，以及邵力子、吴鼎昌、熊天翼等。子夜时分，这艘超载之船在夜幕中启航了。

11 月 21 日 8 点半，船停芜湖，又增加了一位国民政府立法院院长孙科，才隔过九江直驶武汉。第二天夜里 10 点半，这艘船已到达了武汉。但汉口各旅馆已人满为患，官员们只有在船上过了一夜。如此，随着国民党官员的不断拥来，这个已成为全国文化中心的武汉，又很快成为全国的政治及军事中心了。

武汉似乎成了一个避风港。但是，就在国民党的官员们在武汉刚刚安顿好，喘息未定之时，11 月 24 日，任命唐生智为南京卫戍区司令长官，统率 14 个师 10 万人固守南京。也就在这同一天，武汉的东南方也骤起爆炸声——日本轰炸机的触角已伸到了长沙，武汉自然也已包括在日机的轰炸半径之内，它在极度的忙乱中又有着局势转良的焦渴期盼。

12 月 1 日，日本大本营发布占领南京的命令，松井石根率 4 个师团的兵力于 12 月 6 日包围南京，13 日攻陷了这座城市。蒋介石声言死守 6 个月的南京"家园"只 6 天就丢掉了，接下来的便是日军的血腥屠城。

1938 年 5 月初，关系战略全局的徐州会战拉开了序幕。日军 30 万分六路围攻徐州，13 日，四面被围的国民党军队开始向豫东皖北突围撤退。

6 月 6 日午后，陈独秀携潘兰珍来到了周佛海家，以便更真切地了解时事，以定入川之计。周佛海所谈的事实证明，武汉能守已无太大希望。20 日，陈独秀又一次来到周佛海家，此时，他的离汉行李早已准备好了，他是来向周佛海道别的。几天以后，他便乘船离开了武汉，于 7 月 2 日到达山城重庆。这于他们二人之间竟成一次永诀。

日军占领徐州、开封之后，便于 6 月初分路向武汉发起了进攻。安庆正处在于日军打开的大陆南北交通线上。局势日渐危急，年迈体衰的陈独秀的嗣母又在念叨着漂泊他乡的儿子，她急着要去寻找，家已破碎不保，在这个世界上，已没有谁能够代替陈独秀来充当她老年的慰藉了。

安庆即将沦陷，陈松年无奈，四处打听，才从方孝远那里得知父亲的确切地址。于是陈松年便与妻子一起搀护着陈独秀的嗣母带着孩子乘船前往武汉。母亲及儿子的到来使陈独秀又悲又喜，但是，局势已来不及给他们提供叙旧时机。6月12日，日军在安庆登陆，家乡已经沦陷。

陈独秀决定先将母亲及儿子一家安置到重庆，自己随后就到。他把买船票等事全部委托当时在国民党中做事的包惠僧办理，并给宜昌在国民党政府任职的老友史岳门写信，望其接洽自己家人。于是，陈松年便在包惠僧的安排下乘船前往宜昌。

6月14日，放心不下的陈独秀又给宜昌的陈松年写了一封信，再次嘱托他去找史岳门，设法乘船前往重庆。在史岳门的帮助下，陈松年一家登上了一艘军火船，溯江而上到了山城陪都。

就在陈独秀给儿子发出信后准备乘包惠僧安排的差船入川时，与陈独秀阔别30多年的大姐（其丈夫吴欣然，商人，早丧）从安庆携家逃难突然来到汉口。悠悠岁月三十载，相逢又在乱离中。这颠危之中的相逢，能给人多少沧桑巨变的感觉。于是他便对包惠僧说："老姐姐来了，我怎能撇开他们自己先行！"他决定将老姐姐一家也送到重庆后再动身入川。

6月28日，做完了这一切，陈独秀与潘兰珍一同登上了"中央""中国""交通""农民"4个银行包的专轮前往四川重庆。

身后，武汉三镇只剩下了一个模糊的影子。

又是一次难以成寐的远程流亡。

小轮船在波涛的拍击声中朝着依旧前路未卜的陌生的地方逆流驶去。希望，如船舷的浪花只有那跳跃般的一瞬，换来的只是一场场破碎。

船到了宜昌，水路是渐渐难行了。宜昌，古时又称夷陵、彝陵。三国时夷陵之战中蜀军败逃之处。此时经过此地，难免让人不将古今作比。

船过了宜昌，便是长江上最难行进的三峡了。陈独秀坐在船舱中，感受着西陵峡、巫峡、瞿塘峡这三段水路的颠簸。特别是过巫峡时，两岸危崖耸立，船行其间，处处被大山挡住去路，但驶到眼前，却又峰回路转，前面又展现出一段水道。陈独秀无心去欣赏舱外三峡的奇险，但他却从舱底的水声感受到了"万山不许一溪奔"的愤怒与激越……

白帝城已在眼前了，蜀主曾在此托孤给"天将降大任于斯人"的孔明，而孔明不负重托，曾力挽狂澜。这场戏他是看过的，而不像此时生出如许多的莫名的凄伤。那毕竟是戏，是作了样子给人看的，而如今自己似乎就在这样的现实中叹息着。

思绪在遐想中愈加纷乱起来，他不再去看舱外的一切。困倦地合上眼，但脑海中翻腾着的依然是千军万马排山倒海般的溃逃，还有那"咿咿呀呀"的白帝城上的京戏唱腔。

他终于摆脱了这些思绪的困扰。因为他想到了在武汉演讲时那人山人海般的民众，如今国家的危亡"托孤"给了整个民族而不是某个人！

"我们断然有救！"

7月2日，经过好几日的水上漂泊，轮船终平安抵达国民党的陪都重庆。

陈独秀在潘兰珍的扶携下走出了船舱，出现在重庆码头上。早已等候在那里的高语罕及周钦岳等连忙上前迎接。一路叙话，嘘寒问暖，高、周二人便将陈独秀与潘兰珍暂时安排在重庆禁烟委员会主任李仲公的办事处，住在"上石板街十五号川源公司"的楼上。

经询问得知，母亲谢氏及儿子松年一家10天前即到达重庆，先是住在旅馆里，后又逐渐找到了安徽的同乡及亲戚胡子穆、潘赞化和方孝远等人，不久，陈松年的大姑母吴陈氏也在陈独秀的安排下乘船到了重庆，并与陈氏一家同居一处。亲人皆已有所安顿的情况给了陈独秀些许的安慰。亲情，这个与他外在性情格格不入的名词，到了晚年，似乎一下子被从灵魂深处抽取出来贴到了面庞上。早年，他锻炼儿子的"置之死地而后生"的方法几近残酷，由此还与夫人高君曼拌过嘴。

"五四"时期，1919 年下半年，陈独秀在北京大学任文科学长的时候，延年、乔年两个儿子到北京看他，他们并不直接去陈独秀家里，而是准备了一张名片投递，上面写着"拜访独秀先生"，下面写着延年、乔年两兄弟的名字。此事一时被人们传为笑谈，说陈独秀提倡民主，真是民主到了家里。① 大革命的时候，他与自己的两个儿子互称"同志"，哪里还能寻找到半点亲情痕迹呢？

陈独秀住下后，周钦岳、张慧剑以及他的安徽同乡张恨水忙于为他设宴洗尘，他们都是陈独秀在《新蜀报》《新民报》做事的朋友。其中张恨水原名张心远，是陈独秀的同乡，安庆潜山人，小说家、报人。1936 年 4 月，《南京人报》出版，张恨水任社长，次年 11 月该报宣布停刊；九一八事变后，他即开始写抗战小说，由南京入川后，主写抗战小说，经张友鸾介绍与陈铭德相识并参与《新民报》的筹备，起初编一副刊为《最后关头》，显而易见意指抗战。

此次的宴会，使他想起了不久前在南京的一个场景：那也是一次宴会上，当时他已"决计入川"，于是便征询第三党章伯钧的意见，其时这个《新蜀报》的主编周钦岳也在座，且在四川供职，于是章伯钧转而问他道："仲甫入川怎么样？"周钦岳表示非常欢迎。

如今，周钦岳的盛情证明他正在践行自己的诺言，又兼同乡张恨水的热情劝用，使他顿时淡忘了许多异乡的流落。但他此时尚不知道，周钦岳的欢迎是有条件的。

他私下里向其他朋友吐露了自己的衷心：要求陈独秀入川后"千万不要活动，更不要发表什么政治性的东西，那么住和其他生活方面的问题，我都可以负责。"② 他知道陈独秀的脾性，任何附加条件的帮助他都难以接受，只

---

① 许德珩：《我和陈独秀》，《党史研究》1980 年第 4 期。

② 《周钦岳谈陈独秀》，周祖羲访问整理，1982 年 12 月。

能引发他的怒气。他希望不挑破这层纸而有奇迹的出现，遂告自己的心愿。然而，对于陈独秀来说，能给周钦岳的只能是失望。

喘息甫定，视政治为生命、视国家与民族之前途为前途的陈独秀，又开始为战争而繁忙起来了。

7月7日，是中国抗战一周年的日子，在入川的路上即已思索着抗战一周年给中国带来了什么。他在尚未揩净灰尘的桌子上铺纸提笔写道：

> 这一年是中国历史上最光荣最有价值的一年，一年战争中所给予我们的经验与教训，胜过一百年。……然而经过一年的战争，以一个大力士竟然不能够击倒一个东亚病夫，使他不敢还手，全世界人士都眼见这位大力士的本领不过如此，这位病夫也不是人们以前所想象那样容易驯服的民族，这是敌人失败之第一点。……因此敌人对于一般汉奸，很少敢于信任，一年以来，未曾出现一个有力的汉奸，这是敌人失败之第二点。……然而在此次战争中，我民族抵抗者的人格提高了不少，同时敌人野蛮无赖的面目，在全世界文明人士面前无隐藏的暴露出来，这是敌人失败之第三点。……这各种程度的反战情绪，将随对华战争延长而加强，如果进攻武汉战争旷日持久，得不着效果，受军事压迫的各种反战分子，会日渐抬头，这是敌人失败之第四点。[①]

他又指出中国目前"迫切应该力行"的"四事"：第一，外交上坚决的择用以本国现实利益为本位的政策，争取各国大量物质援助而为己用；第二，民族垂危的今日，在野的党派应该口心如一地援助政府抗战，获得胜利，不应该有保存实力趁火打劫的企图；第三，政府应迅速决心解除人民痛苦，从而组织抗战民众；策四，政府应该下大决心，严惩各级官吏中的贪污分子，对于生活奢华，狂嫖滥赌，人民侧目者，一律发往前线，开挖战壕或

---

① 陈独秀：《抗战一年》，选自《民族野心》，1938年8月广州亚东图书馆印行。

运输以示惩罚。

他实在太忙了，似乎每一根神经都在为抗战而绷紧着，在抗战过程中，他努力使自己站在各党派之外，然而，党派党内之争的旋涡，总将他圈卷进去而身不由己。告别了武汉，他似乎有了一次新的生命，如果说在武汉还有另立旗帜这一"私心杂念"的话，或者难拒干扰，那么在这国民党的新都，他只有专心致志地思索抗战救国之路了。

在常人眼里，此时的陈独秀已是穷途末路，无可依归了，然而对于此时的陈独秀来说，他已不再需要任何依归，如果可以，他愿以一身之躯为挽救民族的抗战呼喊到声嘶力竭。

7月的山城重庆，燠热难耐，而陈独秀衰弱的病体里也燃烧着如火的激情。陈独秀在家时，夫人潘兰珍几乎不离开半步，或挥扇为其驱赶蚊蝇，或在他大汗淋漓时递上凉水浸过的布巾，让其敷在前额上稍事休息。她尽心尽力地为老先生提供着一切方便，又常常站在他的背后看他瘦削的身体和头顶上稀落的头发暗自心酸。她不是没有劝说过"珍重身体""及早休息"之类的话，而实践证明，这些话在丈夫的面前显得多么的苍白无力。她常常由己推人，在这流火的7月，年轻的自己，尚难以忍耐这炙热而又闭闷的酷暑，何况一个已60岁高龄的衰老病体呢？

长期清苦的狱中生活以及缺乏医治，使他的血压不断地升高。上一年离开南京到汉口时，就已上升到高压180mmHg，如今看其苦状，于彼时有增无减。连日的劳累，酷暑的煎焙，使其日趋形衰。潘兰珍知道，从精神面貌上看，他出外与居家完全是两个人。她不知丈夫具体在做什么，但从与丈夫接触的人对他的尊敬、谦恭，她就知道丈夫一定在做着不平凡的事。她将全部精力都用在了照顾陈独秀的生活起居上，忠诚而无微不至，她不敢想象如果没有自己，丈夫的生活会是什么样子。

他们的生活是清苦的，战乱中的物价暴涨，即使陈得秀有着微薄的稿费却也常常会有着数米而炊的拮据，但陈独秀又偏偏不是愿拿别人善意资助的人。他在武昌时，包惠僧从南京到汉口前，曾到周佛海家里，陈独秀北大时的学生陶希圣也在，他托包惠僧带给陈独秀两百块钱，并说钱是北大的几个同学凑来的，送给陈独秀以尽师生之谊。

当包惠僧赶到武昌将钱如数交给陈独秀时，陈独秀执意不收来路不明的钱，直到包惠僧道出了钱的真正由来，他才无奈收下。近几日，他又收到了任卓宣的一张二百元的汇票，任卓宣曾是原中共旅欧支部及湖南省委负责人，后来遭到国民党逮捕，充当了特务。他得知陈独秀生活困顿，便寄钱资助，以表寸心，然而陈独秀却当即淡然寄回了。

陈独秀在汉口时，曾多次到狱中看望他的时任国民政府教育部次长的段锡朋与杨亮功商量，让杨亮功写信给武汉大学校长王星拱，让他请陈独秀到该校教书。因为陈独秀的政治身份，国民党教育部的人不便出面，于是便让杨亮功代为传达段锡朋的意思。因为此时陈独秀生活尚无着落，只有靠《独秀文存》等微薄的版税生活。他们商议，建议武汉大学给陈独秀一种名义，每月津贴数百元，但不一定要他讲课。无功受禄，陈独秀不会去做，真正去做小范围的教书先生，自食其力，又不是陈独秀打发光阴的劳作心愿，因此只有婉拒了这些温暖良善的帮助。后来王星拱又想了其他办法，陈独秀均未应诺。

随着武汉形势的日渐吃紧，长江下游沦陷区的流亡官吏与逃难百姓不断向山城重庆涌来。一下子承担这么多人的衣食住行，使这座陪都的一切都显得无序而忙乱。物质奇缺，价格飞涨，噪乱的山城在奇热中简直要起爆了，而下游水陆两路还有更多背井离乡的人在向重庆涌动来，他们知道，留在战区总是没有紧随政府保险。

作为国民党政府陪都的重庆，机关林立，人口剧增，供应紧张，居住也困难，又加上日机时常侵入骚扰，很多机关、学校和居民纷纷向其周边地区疏散。生活原本拮据、捉襟见肘的陈独秀夫妇也日渐难堪起来，靠微薄的稿费生活也难以为继了。潘兰珍不言尴尬的炊事，陈独秀也非常明白。急躁、酷暑、精神疲劳、血压升高、胃痛接踵而至，温饱尚成问题，问药更难提及。但使夫妇二人欣慰的是，不久前他们竟在这乱离之地遇到了皖籍名医邓仲纯。

邓仲纯（号庆初，又字初），安徽怀宁（安庆）人，与陈独秀同乡，是著名书法家邓石如的重孙，邓叔存（字以蛰）的二兄，早年曾留学日本东京帝国大学学医，与陈独秀相识并建立了很深的交谊。全民族抗战爆发后，他随着逃难的同乡来到了江津，为了能在当地立足，他又与当地的著名乡绅邓鹤年（号蟾秋）攀结为同宗。通过邓仲纯，陈独秀结识了邓蟾秋、邓燮康叔侄，邓燮康1929年毕业于上海复旦大学市政系。五四运动中深受《新青年》影响，对陈独秀很是仰慕。抗战期间，他与叔父邓鹤年等共同竭力关照由外省迁至江津的文化机构、学校及流亡而来的社会名流及学者，最大限度地解决他们的食宿困难。

邓仲纯来重庆行医时得知陈独秀夫妇已到此地，便登门为陈独秀检查身体，除针对性地开列些药品外，邓仲纯还留下了一部分药供陈独秀平时用。看到陈独秀的身体状况和他们夫妇艰苦的生活条件，邓仲纯内心也感到异常心酸，"同是天涯沦落人"，但陈独秀与自己相比却又有着更深重的苦难。巨大的精力消耗，几乎虚脱的身体却还要与普通的逃难人一起承受着嘈杂与拥挤。自己家在江津，距重庆水程90公里，他想多为陈独秀检查身体，却也是无法实现的。凭着职业经验，他觉得陈独秀只有在医生的指导下才能做好身体保健。否则，照此下去，体质的大幅滑坡是肯定是无法避免的。

如果陈独秀能在江津该多好！

这种闪电般的念头让邓仲纯一阵兴奋，他便如实告知陈独秀的病情，并建议他搬迁到江津居住。听了邓仲纯的话，陈独秀十分犹豫。从南京到汉口，又从汉口到重庆，这都是在自己的直觉之下，又经过深思熟虑的结果。而今，离开重庆却是从未想过的！这意味着什么？遁入深山吗？难道已无其他的路可走？他也感觉到在这种环境中生存的艰难，但他舍不下这种宣传抗战主张的机会与环境，就如他曾经不愿意去香港一样。陈独秀没有当即允诺，希望邓仲纯能让自己慎重考虑，邓仲纯也不愿强人所难，只是向他讲述了江津的大致情况。

江津是在重庆上游的一个县城，当时，人口约有80万左右，是川东的一个大县。这里地势较重庆平坦，环境也较安静，况且气温也较重庆清爽多了。全民族抗战爆发后，随着局势的紧张，安徽国立第二中学经教育部批准立案后，就搬迁到这里，并按该县中学排次更名为"江津九中"。

这所中学用来收容战区中安徽籍来渝的教员和学生。徐州会战失败后，安徽籍的教员及其家属、学生纷纷迁到江津，"江津中学"如一个"皖人收集站"，安顿了几千人。而当时江津国立九中的校长便是陈独秀早年的同学邓季宣，他的好友潘赞化也是该校的总务主任。

邓仲纯回江津后，邓季宣从他那里得知陈独秀所处的困境，二人便商议将他迁到江津来。

生活的艰难，环境的险恶，陈独秀日趋加重的病体，虽然让夫妇二人十分难耐，但陈独秀却从来没有过离开重庆的念头。一个月来的演说与撰文，他畅达于这种政治活动的得意，觉得除却食宿的不便与艰难以及病痛的折磨外，整个精神还是很欢愉的。谁知那个无名的江津会是怎样一个地方？闭塞的江津会有这样的政治、文化、军事中心能让他更真切地关照政局吗？

但是，人的生存毕竟依赖着环境，他一生都在努力追寻着规律与法则。在忍受着强烈的病痛时，他隐隐地感觉到了生命的脆弱与衰微，当他经历着无米难炊的尴尬时，也叹息生活无情的捉弄。

不久，邓仲纯又来到了重庆，随同他的便是江津九中的校长邓季宣。他感喟两位同乡的古道热肠，他也对那个很不知名的江津怀着一种朦胧的希望：那里不如重庆能让自己拥有更多政治活动的机会，但也不一定就比自己想象的太差。终于，因"政治的和物质的条件不允许，他只好退居人事比较闲适生活比较便宜的江津去做寓公"① 了。

经过一番审慎的考虑和艰难的比较抉择后，他终于答应了两位好友的要求。1938 年 8 月 3 日，陈独秀夫妇携带着沉重的行李，在邓仲纯与邓季宣的帮助下登上木船，离开了重庆，朝着江津驶去。

---

① 淮南病叟：《陈独秀入川后》，南京《新民报》1947 年 11 月 19 日。

四、寓居江津

船靠岸了，对于流亡惯了的人，任何一个未曾到过的地方，都不会让他感受到陌生。

江津确是聚集了许多皖籍人，方孝远、朱蕴山、胡子穆、光明甫，等等，那一张张陌生而熟悉久违的面孔，在这里都见到了，这令陈独秀也有了一阵不知是幸福抑或清冷的兴奋与感叹。

然而，随之而来的一件事，却熄灭了他的兴奋，希望没了而尴尬顿生。

当这一对老夫少妻随着邓仲纯、方孝远带着沉重的行李来到他们租住的地方欲作安顿时，邓仲纯的妻子却对这两位客人冷若冰霜，几乎说出不许入住的话来！或许是看不惯这年若父女的老夫少妻，或许是嫌外人介入自己的生活会有诸多不便，或许是狭窄的妇人之心怕亏了家用，又或许她根本就不理解为人之妻的真正含义，以及男人之间无私的互助之心。无论如何，对陈独秀来说，无情的事实已摆在了自己的面前！

邓仲纯也十分难堪，关于接独秀来江津，与妻子商量过，她也没有表示反对，然而如今不知怎么一见他们夫妇却突然变了卦？夹缝中的他一边劝说妻子，一边向陈独秀表示歉意，他深知妻子脾气，自己是拗不过的。然而，大量流客的涌入，使江津的住房十分紧张，他所租住的这家房东告诉说，他们的房间也都全部出租，已无余剩。让他们夫妇到哪里去呢？

此后几天，邓仲纯、方孝远便多方寻找住所，几日均无结果。偌大一个江津，竟难以觅到适合陈独秀夫妇居住的地方，难道这里对于他们真成了"上无片瓦，下无立锥之地"？一生漂泊的陈独秀此时真切地感受到了出门的艰难，住无着落的他一连几日都没有写东西，在无奈与艰难的愁思的拥塞下，哪里还有半点空间？

1938年8月7日，多方努力未果的方孝远、邓仲纯终于找到了一处住所，这一住所在江津东门城内的郭家公馆。房东感于出门人的不易，便将储藏家用的房子合并，才腾出条件不算太好的一间来。

只要有闲房可住，这也便是不易中之大幸了，条件差一点，又怎得计较？况且，也没有挑拣的余地。

当天，陈独秀夫妇便搬住到这间热如炉火般的小屋，成了它的临时主人。

无论如何，终于有了属于自己的稍稍安顿身家的住所。整理好房间，他的第一件事便是撰写文章了。

8月8日，一篇《我们为什么而战》便脱稿了，这是几天来他在忧郁中思索的结果。这几天里，他对于物质与人的关系，有了更深刻的体味性认识，他从这一认识出发，分析了这场民族战争之所以发生的最根本的原因：生命依赖于物质的生存。这里，他不自觉流露了艰难于物质贫乏的感受：

"各个人以至全民族是不能靠空气生存的，要靠衣、食、住、行上物质的条件，而且要有很好的丰富条件，才是光荣的生存，而不是贫苦的屈辱的生存。"[①]

他在这篇文章中指出，日本对华战争"正是不要中国有民族工业，要中国民族永远为日本民族生产工业原料，做他们的农奴；日本民族永远过工业的光荣的生活，中国民族永远过农业的屈辱的生活，如此，中国民族并不是不能生存，而乃是屈辱的生存，不是光荣的生存"。"所以，此次我们对日战争，固然可以说是为民族生存而战，然而明了正确的说，应该是'为民族工业而战'。"

他的生活似乎又转入了正常，刚刚稳定下来的陈独秀便想起了在重庆的母亲及儿子一家。高龄的母亲与自己一样在重庆生活，或许比自己更难，儿子又没有生活来源，对她又能有多好的照顾呢？大姐原是商户，但是又能资助到什么时候呢？自己在南京监狱里时，化名周西岑的外甥吴季严也因搞托派活动被当局逮捕，关押在南京的水西门监狱（陆军监狱）。被释放后回到安庆，陈独秀在重庆时听大姐说他与妻子李秀泉已启程入川，若如此，母

---

① 陈独秀：《我们为什么而战》，1938 年 11 月广州亚东图书馆印行。

亲、大姐一家、儿子松年一家，不说生活，就连住房也会十分紧张。另外还有受北大同学会委托照顾自己的罗汉，和随罗汉而来的妻子方志环，那里，他不知该会有如何的安排。

他满怀牵挂地给儿子写了一封短信，简叙了到江津的情况，并对重庆方面的亲友均作了安排：

> 松年：
>
> 　　三日抵此，不仅用具全无，屋也没有了。方太太到渝，谅已告诉了你们。倘非带行李多件，次日即再回到重庆矣。倘非孝远先生招待（仲纯之妻简直闭门谢客）即有行李之累，亦不得不回重庆也。幸房东见余进退两难，前日始挪出楼房一间（中午甚热），聊以安身。总比住小客栈好些。出门之难如此。幸祖母未同来了。此间租店屋，非绝对没有。但生意外来人不易做。据邓季宣的意见，景义仍以和胡子模合力在此开米店为妥当。在此收谷碾米运往重庆出售，与本地人交涉比较少也。季严等已到重庆否？倘大批人俱到，绣壁街住不下。罗太太（方志环女士）及季严夫妇，可住金家巷的房子。此房子可与薛农山先生接洽，此人上午在黄家垭口（四达里五号住宅），下午则在时事新报社。他们已到否？望即写信告诉我。
>
> 　　　　　　　　　　　　　　父字〔一九三八年〕八日九日 ①

他原本想自己先到江津，等稳定后再接母亲和松年一家来，然而，如今自己生活尚成问题，这些想法难有希望。安排好这一切后，他便又开始了创作抗战文章。

自从离开了武昌以后，陈独秀与老友汪孟邹依然没有中断联系。他想仍如在武昌那样，将自己在重庆所撰文章结集出版成单行本，以便更广泛地宣

---

① 郭因：《陈独秀生平二三事及其他》，《文史资料选辑（安徽）》1980 年第 1 辑。

传自己的抗战主张，影响民众抗日思想。

在重庆，他不断给老友写信，介绍自己的生活状况，并整理自己到重庆后所发表的演讲稿或文稿，寄往广州亚东图书馆。据汪孟邹来信告知，以《民族野心》为书名的单行本不久即可出版发行。汪孟邹十分同情陈独秀的处境，为了能对他有所帮助，名正言顺地补贴他的生活，只有如此遂了老友心愿了，尽管日军占领上海后，亚东的经营状况几乎已处于崩溃边缘。

如今，陈独秀在重庆的抗战文论已经缩结，又该有一个新的启端了。但从体力与精力上，他已隐隐觉得，再想如在武昌和重庆那样的集稿成书，已是不大可能了。但他仍然没有半点的灰心，再过几天便是"八一三"抗战一周年了，这样一个抗战的光荣日子，他不能不着笔撰文。

对于"八一三"抗战，他肯定了"战地扩大"，"达到消耗敌人的目的"是正确的，认为"我们所有的把握，只是一个'拚'"，"我们拚着失地，拚着丧师，拚着牺牲工厂，拚着伤亡满地，甚至拚着一片焦土"，"只要拚得他无可奈何，不得不对我们稍微客气的说和，我们便算是胜利了"[1]。

在他看来，中国只要忍受别人不堪忍受的牺牲写痛苦，显示出不易欺侮的力量，敌人或会因此"知难而退"，而我们应在痛苦与牺牲中"真正得到教训"。若如此，"经过两三个五年计划，我们便可以由破落世家变成新兴世家"。

来到江津后，陈独秀的生活更苦了，他几乎断绝了经济来源。所幸有邓仲纯等人的资助，并且为他检查身体，极大地控制了病情，才使得他能够潜心读书、写作。

与在重庆相比，他已开始很少在公开场所露面。但是，对于时事与政局，他却没有丝毫的漠然，而是更加密切地予以关注，并不断地思索着。他此刻不再如初来时那般的孤独，因为有许多朋友并未忘记他，好友郑学稼即来了两封信，信中的安慰的确使他忘记了许多。

---

[1]　陈独秀：《八一三》，《政论》旬刊第 1 卷第 20 期，1938 年 8 月 15 日。

8月的江津，似一盆火旺的炭火，强烈的高温，几乎使陈独秀不能攀笔，血压在高温中不断增高，并伴有间断性的眩晕。但他在努力支撑着，以深邃的目光关注着自己民族的命运。

他不仅将抗战的目光投向侨胞们，而且又将目光投向了日本的社会主义者。8月21日，他又完成了《告日本社会主义者》一文。他谴责日本的山川、佐野、铃木等社会主义者转向"爱国主义"，赞助"自己的帝国主义政府，压迫侵略被压迫被侵略的民族"。指出中国的抗战对象是日本帝国主义的财阀和军阀，而不是反对日本平民，侵略中国"本是日本帝国主义者的要求，而不是日本平民的要求"。

他还为日本社会主义者做了一个榜样：若"中国战胜日本后，成为一个帝国主义的国家，侵略日本时，则中国的社会主义者，便应该首先反对本国政府"并"赞助日本政府及人民对华抗战"。他"希望日本的工人和倾向社会主义的青年"能够给他以"合理的回声"。①

文章写完后，他便寄给了重庆的薛农山，希望能发表在他所主编的《时事新报》上，因为在重庆时，薛农山曾邀陈独秀为《时事新报》撰稿。

《告日本社会主义者》寄出一周多了却迟迟不见回音，他只好又寄给了《政论》旬刊。9月5日，《政论》将这篇文章发表了出来，而《时事新报》却依然没有动静。或许是自己性子太急了，未等《时事新报》妥善安排便出现在了《政论》旬刊上，这引起了薛农山的不快，于是他也便没有说什么。

但是薛农山又从重庆来信并提出"有暇赐稿"之类的话来，这使陈独秀顿生受愚之忿，在这种余怒中，他给郑学稼写了一封信：

> 学稼兄：两示均已读悉，日来因血压高，头昏眩，不能伏案写字，故未及覆。今天稍好一点，始能勉强作此信。来信所谓胡氏似有神经病，是否指胡秋原？望示知。其在《时事》所为文颇不似有神经病者，

---

① 陈独秀：《告日本社会主义者》，《政论》旬刊第1卷第22期，1938年9月5日。

想兄别有所见也。……我辈立论，应在寻求真理，非求其有利无利于何方也。《论资本主义》一文，《时事》不能发表，为什么？《告日本社会主义者》一文，也不能登载呢！望代向农山兄问明示知。农山兄即今还催我为《时事》做文章，做出又不能登（弟之头昏即由于天热勉为文而起），既不登载，又不以实情早日告诉我，此殊非待朋友之道。待朋友不宜耍手段！此祝暑安。卧榻草此，恕不能详。弟仲甫手启。①

他似乎仍然脱不掉那一种多疑与急躁，不知为何，自从来到江津，往往唤醒他在南京狱中的记忆。在南京，他曾经对胡适有过这样误解式的恼怒，困境中的心胸往往很是狭窄，似乎原来的至交都会在自己落难时投来戏弄与讥笑。

信写完后，他便于 9 月 12 日从郭家公馆寄出。文章写而不能登载，的确让他也丧失了一些创作的信心，又兼连日来江津持续不降的高温，使他头晕得厉害，耳朵也开始轰鸣起来，他不得不接受邓仲纯的劝告放下了手中的笔。

文章写出而难以见刊，使他总是不断地想着老友汪孟邹。自从迁到江津以后，他就没有间断与他的联系，介绍自己在这个新环境中的艰难。从对方的来信中得知，此时的广州局势已开始紧张，日军已有大批开进的动向，亚东的经营实在堪忧。

历史总是充满着戏剧性，两位对政治有着不同见解的思想家似乎在蹈循着一种反变的规律。曾经力主不谈政治者，却时时饱受着政治的青睐，而一贯主张谈政治者又往往遭受着政治的捉弄。当陈独秀处于政治或生活的困境中时，他的"文化老友"胡适正受着政治的宠爱，过着风光的生活，也常常在这个巨大反差的时期，陈独秀的其他朋友便开始"越俎代庖"地向胡适发出了求助之声。

---

① 郑学稼：《陈独秀先生的晚年》，《掌故》月刊（香港），1972 年 4 月。

1937 年 9 月，胡适受命于危难之间，被国民政府委派到欧美进行游说，以争取各国援助。此后便在美国做着非正式的外交工作。1938 年 9 月 17 日，他又被国民政府正式任命为驻美大使，10 月就职，开始了正式的外交工作。

上海托派决定利用胡适这一身份，助陈独秀出国，希望能为他在美国高校里谋得一个客座教授的地位，让他赴美讲学。但是托派组织又不便与国民政府官员胡适出面接触，于是便找到了与胡适、陈独秀友情深厚的亚东图书馆的经理汪孟邹。所幸的是，汪孟邹并没有推辞，其实他也正想帮助困顿中的老朋友。于是在 10 月 21 日，也就是广州沦陷的那一天他给远在美国的胡适写了一封信，信中说：

> 仲甫于七月二日由汉到渝，每月至少两次与我通讯，现住离渝百二十里之江津东门内郭家公馆，小轮船四五小时可达。日撰文二三篇，归《时事新报》发表，每篇送三四十元，以维生活之需。乃近得他来信，说胃病复发，血压高之老病亦发，甚至不能低头写字。他今年六十高龄，使弟十分悬虑，未能去怀。私意如就吾兄在美之便，或向政府设法，为他筹得川资，使他与爱人潘女士得以赴美游历旅行，病体当可易愈，因他体气素强，诸事乐观之故。到美之后，如林语堂卖文办法，陶行知演讲办法，该可生活无虞。此事国内友人均无力量办到，不得不十二分仰望吾兄为此高龄老友竭力为之。如幸谓然，即请斟酌分别进行，感甚祷甚。①

信寄出后，远在异国的胡适或是公务太忙，或是在那没有战场的国度里已想象不到他这位中国老友的艰难，最终也没有写出一封回信。这些当然是孤愤的陈独秀所未知的了，否则，难免又会让他气愤难平地说出与胡适之

---

① 《胡适往来书信集》（中），第 384 页。

"绝交"的话来。

冬天渐渐地来了，陈独秀衰病的身体与不胜炎热一样不胜严寒，对天气的变化反应特别敏感，吃药与吃饭一样成了必需的事情。虽然邓仲纯经常来为其看病，但住所相距的一段路程总让他感觉到极大的不便，况且，他觉得，自己也有点老了。

在江津行医的邓仲纯，以精深的医术、高尚的医德而出名，业务有了很大发展，于是他便在该年冬将其在四牌坊街的诊所迁到了黄荆街83号，邓蟾秋叔侄资助其开了一家医院，取名"延年医院"。

该医院分为前后两个院，邓仲纯夫妇即住在后院。也许为了表达上次妻子拒其门外的歉意，能让陈独秀看病更方便一些，邓仲纯再次登门热情地邀请他搬去同住，邓蟾秋叔侄也慕陈独秀名气给予了热情照顾，并劝他答应邓仲纯的邀请。邓仲纯的妻子看在邓氏叔侄的面子上，便也没有说什么。

住在"延年医院"的后院的确是陈独秀希望的：一来自己可以免交房租，节省了家庭开支，二来与邓仲纯朝夕相见，便于照顾自己的病体。但是，初来江津之痛，使他难以确定是否会再次被邓妻拒之门外，于是他婉言谢绝了老友的美意。但邓仲纯却是真心要求他搬去同住，再三邀请，陈独秀怕有斤斤计较之嫌，也便勉强答应了。

1939年元月初，陈独秀夫妇在冬日的严寒里迁到了江津城内黄荆街83号。

自此，他们便又有了一个新"家"，与邓氏夫妇同宅。

不久，在重庆处于困境中的儿子陈松年一家也携同双目已经失明的老母来到了江津。一下子增加了这么多人，不可能全部住下，于是陈独秀便在同乡朋友的帮助下，找到江津国立九中的校长邓季宣、总务主任潘赞化，将陈松年安置在该校搞总务工作，勉强维持家中生活，并住在了九中；老母亲则与陈独秀夫妇住在一起，因为身体状况不佳，她已不愿意再离开儿子半步了。潘兰珍努力地支撑着这个二老一少的三口之家，虽然更加清苦而困顿，却始终任劳任怨。

母亲的到来令陈独秀十分欣慰，毕竟分住两地使他总有无限的牵挂，如今母亲来了，就在自己身边。几十年的漂泊生活，欠下了几十年的养育之情，此时想来令人万分愧怍！

母亲已经看不到自己了！她已双目失明。看到她衰老的神情和体态，他总是不自觉地审视自己，一种悲凉之感骤然而生。他知道母亲的日子不会太长，但是自己的日子又何其长呢?! 两个衰老的生命说不定何时便会相继而去了。

自从来到江津，他便失去了在重庆的那种火红的感觉。他觉察到了自己的精神状态在一天天的沉落，他努力去改变过，但结果总是有着力不从心的颓然。他想靠稿费来支撑生活，却往往是杯水车薪，入不敷出；对于身体，他能够忍受住任何病痛，却不能让他有所改善。来到江津的困顿与凄苦只有他一人有着最深沉的感受。

他没有因迁到江津而自悔，他也知道，这一切似乎全是无奈之中的必然。

关于迁居江津，他曾经以李太白的题赠朋友作自我解释，那诗里不乏原作者的飘逸与浪漫：

> 问君何事栖碧山，笑而不答心自闲；
> 桃花流水杳然去，别有天地非人间。

如今，此诗如果出自别人之口，对自己岂不成了一个绝妙的冷嘲！

回眸来时的路：南京，汉口，重庆，江津，这每个驿站似乎连成了一串乱离中孤旅的足迹。留下这一足迹的人，在路的尽头，在黄昏中怅望着夕阳，吐出了一声深长的幽叹：

"——老了……"

第八章　西风残照

一、寂寞的人与孤独的思想

1938 年 6 月初，占领徐州、开封后的日军，分路向当时已成为国民党政府政治、军事和文化中心的武汉三镇展开了猖狂的进攻。

国民党政府将武汉看作了关系抗战全局的战略位置，日军也把夺取武汉定为获得最终胜利的关键性一着。

日军以畑俊六大将为司令长官，先后投入 12 个师团，120 余艘舰艇，500 余架战斗机，共 35 万兵力；国民党军队由蒋介石驻武汉亲自指挥，国民政府军事委员会调集第五、第九战区部队及海空军，共 14 个集团军、129 个师、70 余万人及 40 艘舰艇、100 多架飞机投入战斗。于是，全民族抗战以来战线最长、双方投入兵力最多、伤亡最大的武汉大会战开始了。

从 6 月 12 日日军在安庆登陆开始，中国军队在武汉外围的皖北、赣北和鄂东等地纵横数千里的战线上进行了大小战斗数百次，共毙伤日军 20 万人，中国军队也遭受了巨大的伤亡。

在华南，日军为策应武汉的攻势，于 1938 年 10 月中旬在广东大鹏湾登陆，进攻广州。20 日，广州失陷。迫于华南的形势和武汉战线上不断增强的压力，就在广州失陷的第五天，武汉也在作了 4 个半月的顽强抵抗后沦落于日军之手。

自从双目失明的母亲来到江津，她不能自顾的凄凉的晚景，常常感染着同样多病之秋的陈独秀，令他望而生悲。而已觉日薄西山的谢氏，却有着无限的欣慰：自己本无子，弥留之际有嗣子在侧，死而无憾。她已为上苍给予"老有所终"的恩典而心满意足了。

潘兰珍对于这位慈祥的婆婆非常尊重，视为亲母。在她看来，这位老太太对她与陈独秀的结合从未有过半点异样的表示，她似乎早把自己当作了陈家正式的一员。由敬而爱，所以对这位嗣母的照顾也一丝不苟，无微不至。陈独秀也常常放下手中的书和笔，端起潘兰珍做好的饭菜坐在母亲的身边，一口一口送到她的嘴里，然后一句一句地听她那不着边际却亲切无比的唠叨。这唠叨，似童年的歌谣，但童年的歌谣里没有如许多的沧桑。

每当此时，潘兰珍总是提醒丈夫去续写书桌上的文章，一切由她来耐心地服侍。然而，陈独秀似乎没有注意到这些劝告，依旧专注地聆听着这个苍老的声音，思绪已飘到那遥远的往事中了。

如此艰难而又饱含亲情的时光似乎给这位动情的老人留下的反哺机会太少了。1939年3月22日，这位慈祥的老人便在亲人的一片悲恸声中，在依然弥漫着黑暗的黎明前离去了。

情感世界里一片失亲的孤凄！这是继延年、乔年那一双爱子被杀害的痛苦后，从未有过的孤凄！

如今葬母实可悲，他年葬吾知是谁?!

大姐的哭声共鸣着自己一腔的凄惨，也更是一种四念难支的震颤！儿子的悲号，更使他不忍自视！

漂泊之中，寄人檐下，本不宜披麻戴孝，宣张丧事。然而大姐却坚持要以家乡丧礼来安排衣素、守灵等尽孝道的仪式，陈独秀也只得顺从她了。

正值此时，受北大同学会委托照顾陈独秀的罗汉也来到江津，赶上了这次葬礼，也为这位漂亡的老人化了纸钱。葬过老人，鉴于陈独秀虚弱的身体状况，他在江津又住了一个多月，才赶回重庆。但是，这一次的分别，对于陈独秀与罗汉来说，却不幸成了永诀！罗汉此去，再也没有回来过。

1939年5月3日、5月4日，日军派飞机对重庆进行了前所未有的大轰炸，罗汉在这次劫难中被炸身亡。

葬过母亲后，悲痛、忧郁中的陈独秀病况愈劣。

5月5日，他在给时任重庆卫戍总司令部中将顾问的杨鹏升回信时，表达了丧母后的凄苦情状：

"弟遭丧以后，心绪不佳，血压高涨，两耳日夜轰鸣，几于半聋，已五十日，未见减轻，倘长久如此，则百事俱废矣。

"先母抚我之恩等于生母，心丧何止三年，形式丧制，弟因主短丧，免废人事，然酒食酬应以及为人作文作书，必待百日以后。"

对于这一次的精神打击，于他似乎很难恢复了。

不久，国共两党都不约而同地想起了这个独立黄昏中的老人。

也许这是他曾经的预言："你谈政治也罢，不谈政治也罢，除非你在深山人迹绝对不到的地方，政治总会寻着你的。"但是，他现在到了幽僻的深山中，政治依然循迹而来。

鉴于陈独秀在抗战中的言论，以及他的政治影响，中共中央决定将陈独秀劝往延安，让其亲身感受延安军民的革命氛围，从而帮助转变其革命思想。

1938年9月至11月，中共中央在六届六中全会上批判了王明的错误，在撤销了长江局的同时又设立了中原局和南方局，分别由刘少奇、周恩来二人领导。江津正属南方局的工作范围，所以，说服陈独秀一事自然落到了善做思想工作的周恩来身上。

不久，周恩来又托陈的好友朱蕴山前往江津劝说，一来以这种朋友的身份不会引起国民党注意，比较安全，二来又淡化了政治色彩，更容易让陈独秀接受。

朱蕴山秉承周恩来之意，去江津黄荆街83号造访陈独秀，力劝其前往延安。然而陈独秀却对他说，中共方面已没有他政治上的知音了。李大钊已作古，延年、乔年也死了，自己的思想与延安已大不相同，想到在那样的环境中，自己会陷于政治的孤独，他便凄怆地说："他们开会，我怎么办呢？"

陈独秀淡然拒绝了中共方面这最后一次的邀请。

在江津的这个时期，也常有陈独秀昔日的学生去看望他这个患病的老人。

陈独秀到江津不久，时任该县县长的黄鹏基受其老同学龚灿滨之约，前往郭家公馆看望他。黄、龚二人都曾是北大学生，虽然他们未听过陈独秀的课，但都曾是《新青年》的热心读者，对该杂志的主撰者陈独秀一直怀着崇敬之情。在他们的印象中，陈独秀不大像花甲之年的老人，紫色脸膛上的双眸依然蕴藏着创办《新青年》的活力，神情沉郁而矜持。在看望陈独秀返回的途中，黄鹏基对龚灿滨说："陈先生是受监视的，重庆方面常派人来侦察他的行动，一两个月要来问问。"

1939年中旬，湖南长沙即将成为新的战场，何之瑜便动身到了江津。在北大同学会的帮助之下在江津九中做历史教员，并受北大同学会的委托，让他这位曾追随陈独秀多年的北大学生接替罗汉，以便就近看望、照顾多病的陈独秀。

许德珩曾是北大学生，1919年10月12日，赴法勤工俭学。1927年元月回国后在广州中山大学教书，并任黄埔军校政治教官。全民族抗战爆发后，他迁往重庆，该地常遭日机轰炸，为安全起见，他便在白沙找了两间房子，把他的子女安排在那里，自己仍住在重庆。这期间，他常在重庆与白沙之间来往，每次必经江津，所以有时就到江津看望老师，师生聚首，谈及"五四"往事，不禁感慨万端。

包惠僧自到重庆后，也与陈独秀有着不断的书信往来，信中，陈独秀常劝包惠僧不要做什么参事，要做官做个县官也好。包惠僧想接他到重庆陈家桥一起住，陈独秀不愿再回重庆，便推辞说："年老多病，行动不便。"

气温渐渐地升高了，夏天很快又到了，母亲谢世后，陈独秀的身体状况一直没有明显的恢复，高血压、胃病、心脏病也因天气的不断转热开始了连锁反应。由于许久没有撰写文章，稿酬这一项重要的生活来源也断绝了。罗汉也没了音讯，虽然北大同学会的帮助也常常解决了他的燃眉之急，但他依然要时时为生计发愁。

此时，在江津白沙镇的邓鹤年闻知陈独秀生活窘迫，贫病交加，顿生同情之心，于是便热情地邀请陈独秀夫妇到白沙镇小住一段，休养病体。

陈独秀没有拒绝这份热情，他与潘兰珍一起离开了"延年医院"到了白沙并受到了邓氏全家的热情招待，被安置在华贵舒适的下松林邓氏别墅——"康庄"。许多当时避难于当地的社会名流闻知也纷纷慕名登门造访，由于身体原因，均请邓家代为挡驾。

自从到了白沙镇，生活的舒适无忧使陈独秀的病体也有了很大的好转，气色与精神也有了很大改观。在白沙镇休养期间，恰赶上邓鹤年七十大寿，慕于邓氏的名望，前来祝寿者很多，仅馈礼就收了三万五千多元。邓鹤年当即慷慨地说：

"将所接祝寿现金，悉数捐赠聚奎中学。"

"聚奎学校"的前身是"聚奎师院"，由邓鹤年的父亲邓石泉所创办。邓鹤年是邓石泉的第五个儿子，聚奎学堂第一任堂长邓鹤翔的弟弟。他能诗善文，一生经商，为人正派，自奉甚俭，常着布衣，有时还穿草鞋；待人接物和蔼可亲，在重庆商界享誉很高，最令人称道的是他博施济众。他在重庆经营盐业结束后，拥有 60 万元左右的财产。为继承先父德风，他多次出资捐助这所学校来发展当地教育。该校罗马歌剧院样式的学生礼堂就是他出资一万多银圆建成的，内有三层看台，可容纳千余人；堂额有于右任题书的"鹤年堂"三字。

在为邓鹤年祝寿的晚宴上，陈独秀又想起了邓鹤年常说的话："集财非难，散财实难。集而不散，用而不当，非道也。遗之子孙，资之作恶，尤非道也。"于是他感慨地对"聚奎中学"校长周光午说：

"一个人聚财不难，疏才实难。像蟾老百万家财，以十五万赠聚奎中学，五万元办图书馆，自己留下五万元度晚年，其余分赠亲友学侄留学费和兴办社会事业，真是不易矣！"

为了表达对邓鹤年的敬重，晚宴结束后，陈独秀满怀兴致，挽袖挥毫写下了"大德必寿""寿考作仁"两个篆字条幅，作为一份厚礼赠送给了邓鹤年老人。邓鹤年为表示对陈独秀题书的珍视并留于后人，便请石匠将这两个条幅分别镂刻在黑石山风景最好的鹰嘴石和团石上。

陈独秀写完了条幅，又与佛学大师、书法家欧阳竟无、邓仲纯、文学家台静农 5 人具名，由欧阳竟无执笔，写了一篇《邓鹤年先生七十寿序》，盛赞邓老疏财的德义之举。

另外，为了表达对邓鹤年相助之情的感激，陈独秀接受了周光午的邀请，带病在聚奎中学的"鹤年堂"为该校师生作了一次精彩的演讲。

演讲那天，陈独秀身穿蓝布长衫，外套马褂，脚蹬布鞋，衣着十分简朴。他中等偏高的身材，背微驼，面目清癯，两眼深沉有神，颏下留着稀疏的山羊胡，颧骨突出。倒背着双手，步履从容，显得十分慈祥。他说话带着浓厚的安徽口音，慢条斯理，引经据典，抑扬顿挫，很有学者风度，使人很难把他和一个叱咤风云的政治家联系起来，许多学生还以为他是私塾先生。他在给学生讲话时心平气和，没有慷慨激昂的语调，就像摆家长龙门阵一样平易近人。

演讲大约有 40 分钟，学生们听得很投入。他先从匡衡凿壁偷光谈起，劝青年要珍惜光阴，努力学习，为民族作贡献；接着又谈日本帝国主义想霸占中国，全国人民要一致对外，争取抗战胜利。

讲演完毕，陈独秀走下讲台，学生分列两旁热烈鼓掌，他点头微笑着，徐徐前行，显得很高兴。

久病而抑郁的陈独秀难得一次高兴，一找到那种登高一呼的感觉，他便会焕发出青春的活力，令他兴奋不已。他陶醉于这种轻闲与悠然之中，想静静地休养一段，什么都可以想，什么都可以不想。然而，陈独秀仍旧没有去到那"与世隔绝的地方"，政治又似幽灵般地追寻到了白沙镇。

在国民党方面，自从 1 月份便开始营造一个"反共合理"的舆论氛围。1 月 16 日，张君劢发表了《致毛泽东先生的公开信》，提出要取消边区，取消八路军、新四军，"将马克思主义暂搁一边"。国民党政治文人叶青等连连发表反共文章为实施具体的反共措施制造舆论。

张国焘投靠国民党之后，急于为其献策献媚，以获赏识。在国民党反共情绪开始高涨时，他顿觉时机来临，便向蒋介石建议：派国民党知名人士公开访问陈独秀，重提中共对其"托匪汉奸"的诬蔑，将其盛怒之下的言论及其对抗战发表的主张一起编辑成册，来对付中共在抗日宣传上的影响。

蒋介石听从了张国焘的建议，便派胡宗南（时任第八战区副司令长官）和戴笠（字雨农，时任国民政府军事委员会调查统计局局长）携带着水果、茅台酒之类的礼物到江津白沙微服私访陈独秀。

他们随身携带的还有 1938 年 3 月 15 日由傅汝霖、段锡朋等人在《大公报》和《武汉日报》上为陈独秀的所谓"汉奸"事件辩诬的公开信，这是行使离间之计的依托。在他们看来，这封信一定能激起陈独秀对延安的愤怒，并且在某种程度上会使他生出对国民政府方面的感激。然而他们把陈独秀的私人感情估价得太高了，似乎理性也在这位老人身上丧失殆尽。

但他们又有顾虑，因为他们事先探知，罗汉去后，高语罕夫妇经常不离陈独秀左右。高语罕曾是黄埔军校著名的政治教员，胡、戴二人尊其为师。这次接触的目的如果传到中共方面，那么，便会授以把柄，今后反共的实际行动就会被中共批判为"蓄谋已久"，这对国民党方面将大为不利。

所以，蒋介石要求胡、戴访问陈独秀的行动，一定要绝对保密。但为了让陈独秀重视他们的访问，不被轻率地拒之门外，蒋介石同意对陈独秀本人可以表明是奉他之命进行拜访的。本来要让张国焘一同前往见陈，但张却认为见到陈独秀双方都会十分尴尬，不利于这次行动，蒋介石才只让胡、戴二人前往。

国民党的官员他接触的也不少了，但是，对于胡宗南、戴笠这两个从未交往过的国民党官员的不速之访，陈独秀很觉意外。胡、戴二人见到陈独秀，果然高语罕夫妇也在一旁，并寸步不离地为其招待客人。陈见到二人，便问是不是受蒋先生"关照"而来的，胡、戴答是，但对张国焘一字未提。

陈独秀刚开始认为两人是奉命来审查他的政治行动，为避免牵扯与麻烦，于是说"自从逃难入川，虽以国事萦怀，却并不与闻政治，更不曾有任何政治活动。但天下兴亡，匹夫有责，不知二位先生来意如何？"

由于胡宗南在蒋介石军事集团中实力较强，所以名气很盛，陈独秀对他在重视中又多了一份警觉。访问是以胡宗南为主，戴笠为陪。胡宗南在回答陈询问来意时，一面出示带去的简报资料，一面挑拨说：

"陈老先生受到中共人身攻击一事，大家不平则鸣。傅汝霖、段锡朋君诸先生，是陈老的学生，忘年之交的朋友，诸先生为陈老恢复名誉的辩护启事，乃国人之公论，民心之所向。今特来求教，请陈老谈谈对国事的看法。值兹二次大战爆发，德军席卷欧陆，波罗的海四国乃苏俄前卫边沿，被德军闪电一击，不一周而尽失，眼看苏俄处于极不利之局。国内国共问题，由分而合，由合而斗，大战当年，如国策不能贯彻，前途实堪隐忧。为今之计，陈老意下如何？"

令胡、戴二人意外的是，陈独秀并没有像他们预料的那样，说出一番慷慨激昂之词。

最后，陈独秀又书李白的《山中答俗人》一诗相赠，以表示自己已遁迹山林，仅有不问时政的隐士闲情。

摆脱了这些政治的纷扰，陈独秀努力使自己返归自然，但是，他并不是一个安享富贵之人，待他身体稍有好转，便提出要回江津县城，因为，他许久没有读书撰文了，他感到很失落。匆匆两个月过去了，生命还会有多少"两个月"呢？他婉言谢绝了邓家的真诚挽留，与潘兰珍一起又回到了江津。

夫妇二人又住进了"延年医院"后院。也许是几个月的隔别，加上邓妻对潘兰珍并未消除的成见，两位妇人总也不能和睦相处，且偶有口角之争。邓仲纯与陈独秀二人对此都很为难，所有的调解与劝说均为无效。

别扭、口角已破坏了生活的和谐、愉快，这种气氛如一面镜子，一经破裂再难缝合。况且，又一个酷热的季节已经开始，这座小城又似烧透了的砖窑一般炙热烤人。解决这一问题的最好的办法只有离开这个地方，最好是在乡下凉爽的农村。陈独秀没有接受邓仲纯的挽留，开始另寻他处了。

不久，在江津县县长黄鹏基的安排下，陈独秀与潘兰珍迁居到了江津县城大西门外 15 公里左右的鹤山坪施家大院——"延陵别墅"。城郊鹤山坪本是偏僻的丘陵山岗之地，远看似仙鹤挺立，故而得名。施家大院乃是江津一中校长施明璋家，因居家人少，有余房，并且有县长出面，施明璋当即允诺下来。

夫妇二人在施家住了下来，但是，他们给别人留的通信地址依然是"江津县黄荆街八十三号"，其信均由邓仲纯收到后再转交给他。因为陈独秀的身体状况一直不好，邓仲纯每隔两三天便从县城到他住的乡下一次，为他进行免费诊疗。乡下通信不便，乡间的周转羁押，往往使信件还没有邓仲纯送来得快。这下，邓仲纯倒似陈独秀的一个私人保健医生兼义务通信员。施家大院的确较"延年医院"清静凉爽多了，但由于身体状况，他仍无力撰写文章。

清幽的乡间环境似乎熏染得他沉静了许多，也使得他不得不在许多的时光中回顾往事。回忆，是暮年人生的一种较显著的思想方式。

陈独秀不禁将思绪一下子回溯到前清光绪二十九年（1903 年）。那一年，是他作为一个真正的文化人开始活动的一年。那一年 8 月 7 日，他与章士钊、张继等人在上海新马路梅福里创办了《国民日日报》，聚集了大批文人志士，轰轰烈烈到 12 月初，该报终因外绝销路，内生诉讼，又兼经费短缺而被迫停刊。该年年底，他回到安庆，又与房秩五、吴汝澄一起筹办《安徽俗话报》。

在此之前，汪孟邹于该年冬在芜湖开办了新书店"科学图书社"，贩卖新书报、教科书等。该书店的墙上还挂有陈独秀写的一副对联：推倒一时豪杰，扩拓万古心胸。为给《安徽俗话报》寻找发行机关，陈独秀看上了汪孟邹的"科学图书社"，于是便通过安徽知名人士胡子承与汪协商，终于如愿。图书社欢迎陈独秀到芜湖并让该社执行《安徽俗话报》的发行工作。从此，《安徽俗话报》成了陈独秀生发文章的肥沃土壤，每期必有妙文连篇。虽然该报仅支持了不到两年，但的确为他后来创办《新青年》积累了宝贵的经验及丰厚的文化底蕴。

1922 年，该社印制了一本《廿周纪念册》，他还能记起他在这个小册子上说过的话：

> 二十年前，孟邹以毫无商业经验的秀才，跑到芜湖开书店，实是盲目的行动；然当时为热烈的革新思想所驱使，居然糊糊涂涂，做到现在的状况。我那时也是二十几岁的少年，为革新思想所驱使，寄居在科学图书社楼上，做《安徽俗话报》，日夜梦想革新大业，何物臭虫，虽布满衣被，亦不自觉。当日社中到夕晤谈的好友，章谷士、曹复生，可怜如今都没有了！这二十年中，孟邹办了个亚东图书馆，我做了几本《新青年》，此外都无所成就。惟彼此未曾做十分无人格的事，还可以对得起死友。一九二二年，四月九日，书此以志芜湖科学图书社廿周纪念。

他还记得胡适为该社的寄言是："给文化做了二十年的媒婆。"陶行知的寄言是："赈济了二十年学术的饥荒。"

往事历历，他难以忘记为《安徽俗话报》作出卓越贡献的芜湖科学图书社，但是，它已于 1938 年在芜湖沦陷时完全毁于日军之手，这个安徽的第一家新书店，也是 30 多年的老书店竟毁于一旦！

如今，自己的文章写出后也不能发表，这是他常常不愿再写文章的原因。这种时刻，总让他怀念办《安徽俗话报》时发表文章的随心所欲的感觉：那时，哪里会有今日如鲠在喉的焦躁呵！你完全可以做一个文章的制造厂！而这一切，芜湖科学图书社无疑是其中的必要条件。

生活的困顿，也常常让他思念芜湖科学图书社的模式。亚东图书馆经营困难时，他曾建议模仿芜湖科学图书社扩大经营范围以形成经济互补，并对汪原放说：

"加文具部，很要紧。文具生意的利息也不错，和书籍同做，财政可以活泼得多。"

回忆着过去，他不禁对消逝的芜湖科学图书社愈加怀念起来，这种怀念，又在逐渐的强化中转化成了强烈的向往！

那卖卖铅笔、墨水、信封、信纸的悠闲，岂不是很有味道！再则，又可以糊口养家、解决艰难的生计问题！而更重要的，还可寻回那种尽情挥洒、激扬文字的快意！

静极思动，一股强烈的冲动促使他提起笔，给汪孟邹写了一封信，他要东下芜湖，重开那个逝去的科学图书社！

这似乎是一个挣扎于疾苦现实中的人，在力图找寻那曾经拥有过的梦一般的过去，带着一种渴望，更带着一种草率。

但是，信寄出后，自瞻现实，他又渐渐地冷却了那份流星般的激情。他开始自嘲这股浪漫情怀，那里毕竟是沦陷区，况且自己一身重病，毕竟也朝夕不保，已不是当年那个挥手即可赶赴四方的陈仲甫了！

他终于没有再去芜湖，那毕竟是一个只能令人向往的梦！

从梦幻回到现实的人往往会有一种莫名的失落与烦躁，面对眼前的环境，他又生出一种不满足的感觉来：这个院子坐落在一个小山坳里，未免显得太闭塞；院子里施家的孩子的吵闹总令他心里很乱，不知在于主观还是客观，他总感到这个院子已失去了初来时的那种安静。

一个多月过去了，他已深深地感觉到与这个环境不可调和，便又在期待着能出现一个新的选择对象。

他终于又于偶然中寻到了另一处居所。

有一天，陈独秀到了江津县城想买几本书，以疗救精神的饥饿，由于囊中羞涩，他不愿进新书店，便踱步到一个旧书摊上。这使他有了一个意外的发现，书摊上有一本《杨承鲁读〈皇清经典〉》的手稿。翻看其中内容，有与自己正在写的《小学识字教本》书稿相关的介绍，觉得很有参阅价值。于是，他便很感兴趣地买下了这本手稿。

第二天，他与邓鹤年、邓燮康叔侄在茶馆中摆谈，提到了购买杨氏的手稿一事，邓氏叔侄便给他详细讲了杨承鲁的情况：杨承鲁，原名杨禅，又名杨志道。是清朝有名的二甲进士，生前曾有300多亩土地，家中藏书很多。

其家就在他所住的鹤山坪施明璋家 2 里路远的地方，一生著述丰富，还有好几箱书稿来不及整理就去世了。

杨承鲁有一个孙子名杨庆余，是江津中学的教员，很想将祖父的《杨承鲁读〈皇清经典〉》《群经大义》《杨氏訄林》《龙溪日记》等 6 部遗著出版，很希望有位名家代为校正、整理并作序。杨承鲁生前趁国学大师章太炎到成都之际，把自己的《杨承鲁读〈皇清经典〉》拿去请教，章太炎很不欣赏，随手便批了"杂乱无章"几个字，未予理会。

陈独秀购书一事传到杨家，便激发了杨庆余的灵感：此事让陈先生去做，是不会辱没祖父的。于是他便邀请陈独秀住到清静的杨家旧宅，帮助自己实现夙愿。

对于陈独秀来说，也是结识了一个故去的同路人，因为，杨氏的著作中对小学的研究也很有独到之处；再者，自己改换一个新环境的愿望也在这偶然之中实现了。

于是他便接受了杨庆余的邀请，又与潘兰珍一起搬到了离施家大院 2 里多路远鹤山坪石墙院杨承鲁旧居——"杨氏山庄"住了下来。

杨承鲁的 3 个儿子也均已去世，杨家旧居由杨承鲁的儿媳杨彭氏管家，院内景致幽美，假山鱼池，青竹绿树，蔚然成林；院外视野开阔，青山幽谷，宛如画图。

陈独秀与潘兰珍被安排在偏房，卧室是一个上无天花板，下是裸土地的普通民间瓦屋，另外还有一间书房和厨屋。

这里，便是陈独秀流亡的生命里程中最后一个驿站了。

二、《小学识字教本》

1940 年 3 月 5 日，蔡元培逝世于香港！

生命之易逝若此！预料之外又在意料之中！可毕竟太突然了，在这本应互相话别的残岁中，竟没有彼此的哪怕是满含凄凉的问候！失去后才顿觉需要，需要时常痛呼事已晚矣！

就是那个曾经提倡学术思想自由，并聘自己为文科学长的人！如今不复存在了！

就是那个能将守旧的陈汉章、主张复辟的辜鸿铭、参与洪宪的刘师培与主张革新的胡适、钱玄同、陈独秀熔为北大一炉的蔡孑民，就是那个在北大校园与自己并肩推行改革的蔡校长，永远地去了！

暗杀团，北大，进德会，《新青年》，"五四"，北京工读互助团，第四次被捕，第五次被捕，南京狱中……这每一个壮烈或者落魄的故事里，都有那位老先生忠厚、温和而又不乏睿智与凝重的帮助。纵书千万言，也诉不尽无限的缅怀与悲戚！

故友的离去，使他又一次展开了沉重而又尘封着的历史画卷，反刍着沧桑往岁。

一个文人，一介书生，痛定之后唯有以文字来表达与寄托哀思了，为自己，为他人，更为后人。

"'人生自古谁无死'，原来算不了什么，然而我对于蔡孑民先生之死，于公义，于私情，都禁不住有很深的感触！四十年来社会政治之感触！"

提笔便是慨伤，他接着回忆了与蔡先生初次相识的情形，从暗杀团到北京大学，并赞扬了蔡元培的两种个性特点，"是一位无可无不可的老好人；然有时者关大节的事或是他已下决心的事，都很倔强地坚持着，不肯通融，虽然态度还很温和"；"这样容纳异己的雅量，尊重学术思想自由的卓见，在习于专制好同恶异的东方人中实所罕有"。

"五四运动，是中国现代社会发展之必然的产物，无论是功是罪，都不应该专归到哪几个人；可是蔡先生、适之和我，乃是当时在思想言论上负主要责任的人，关于重大问题，时论既有疑义，适之不在国内，后死的我，不得不在此短文中顺便申说一下，以告天下后世，以为蔡先生念！"

3月24日，这篇题为《蔡孑民先生逝世后感言》的追念文章，发表在了《中央日报》上。

蔡元培的死，令陈独秀倍感伤心、凄凉与孤独，许久，他的精神都难以振作起来。20日那天，他又接到了杨鹏升的信，那时他刚刚为《中央日报》写过纪念蔡元培的约稿，写时尚有一种精神支撑，写过之后，却是一阵不可恢复的颓然。

他几乎没有精力再去想什么、写什么，故一直也没有复信，始终沉浸在对往事的追忆与痛惜之中。与杨鹏升信一起收到的，还有他要杨为他印制的一些信封和信笺，二者均为特制，信封上印有"仲甫手缄"，信纸左下方印有"独秀用笺"。这是他的必备品，也是常用品，他拜托老友为他印制一批信封信笺，的确又节省了一项不小的支出。这些，也是另一种形式的资助，不禁又让他生出"屡承厚赐，何以报之！"的感慨。

信中杨鹏升还要求陈独秀能为其已故高堂撰写墓志铭文，这又无形地勾起了他的感伤，这段时间以来，他总是在与生命的终结发生着或隐或显的联系，母亲，蔡元培，纪念文，墓志铭，……风雨飘摇一孤舟，他力图寻找书生的情趣，却总被这一切冲击得支离破碎。在重庆疗养时，即让白寿良为自己刻制了一枚文字生动的印章，想激起蛰伏的书生雅兴，却又常常被失意沉沉笼罩。

杨鹏升给他邮来的信及信封信笺给他带来了一丝安慰，4月7日，他勉强振作精神给他写了一封回信。时间是疗救一切感情创痕的良药，然而对陈独秀来说却是越久远越沉重。距蔡元培的死已一个多月了，他依然掩饰不住地流露出失去故友的痛惜与悲伤：

"弟前在金陵狱中，多承蔡先生照拂，今乃先我而死，弟之心情上无数伤痕中又增一伤痕矣！"

时至5月，江津的气温又逐渐升高，暑气渐显的县城给陈独秀带来了"人留天不留的"惋惜与无奈。他愿意留在江津，留在"延年医院"，一来可由邓仲纯随时关照病体，二来通信比较方便，但乡村的相对宁静与清爽也让他向往。毕竟鱼与熊掌不可得兼，县城的漫漫暑期让他望而止步，况且，有邓医生的经常下乡，诊病与通信问题随即解决，只是有些间接，不像在黄荆街这样随便罢了。另外，尚有国民政府教育部紧催的书稿等着他完成，国立编译馆已预付了五千元稿酬，又怎能将其一拖再拖呢？

前些天，国立编译馆馆长陈可忠又请陈独秀编写学生用的《中国文字说明》一书，陈独秀答应了这份要求，这样一个由政府部门支持的学术研究的条件，怕是大多数纯粹的知识分子乐此不疲的事情。对于这个书生之情已经开始回归的陈独秀，能借此机会展开自己倾心的文字学研究，未尝不是一件很有诱惑力的事情，同时，对于也食人间烟火的他在生活极端困顿中还能获取一份稿酬，未尝不是一种生存本能的需求。

"君子爱财，取之有道"，靠这份辛劳换取的报酬，或许会让自己少一些受人救济的"行乞之辱"。回到乡下，这或许是"三全其美"的办法，同时也是迫不得已而为之的办法。主意已定，陈独秀便在邓仲纯的帮助下回到了鹤山坪石墙院。

5月13日，陈独秀回到鹤山坪不久，编译馆馆长陈可忠报请教育部再预支给陈独秀五千元稿酬。第二天，教育部长陈立夫批示："前稿已否交来？照发。"最后决定，这笔款项将在该年度高等教育救济费下动支。教师用书尚未编写完毕，一连串的事故，令陈独秀自己也不能保证圆满完成，所得到的教育部上次预支的稿酬无论在何种困难下都未动分文。在这种存款备变的潜意识里，他流露了对人世多变、难卜前路的力不从心。

大量流亡民众仍在不断地涌往江津，物资的紧缺也渐渐突现出来，本来就靠别人接济过活的陈独秀夫妇更感受到了生存的压力。他们已开始了典当、变卖。柏文蔚送给他的灰鼠皮袍，以及他在狱中收到的十多件皮袍都已进了当铺，曾经"正苦无法遣送"的衣物此时的确解决了一些燃眉之急。

生活的窘迫使吃菜也成了奢侈的消费，为了节约开支，手脚勤快的潘兰珍便在后院的空地上开辟了一处小园，种上了菠菜、辣椒、洋芋等陈独秀平时最爱吃的蔬菜。在空闲时，陈独秀也常常给菜圃浇水、施肥、捉虫，以排遣心中的忧郁。

沉默，几欲令他消沉，一个多月过去了，他依旧沉浸在悲痛与无聊之中。长久不能写作令他十分烦闷。

陈独秀的病况一直下滑，少有恢复，邓仲纯仍一如既往地穿梭于县乡之间，调理着老友的病体。但有一次，邓仲纯因急事缠身未到，陈独秀病情加重，便在潘兰珍的帮助下到"延年医院"找邓仲纯看病。在邓家，他又收到了6月30日杨鹏升写来的信，信中不乏家常之语，给病中的陈独秀带来了一丝丝安慰。

真是祸不单行，待病情稍有控制，他们回到石墙院时却惊讶地发现家中一片狼藉，窗户大开：住所被盗了！

夫妇二人赶快查点财物，发现几只装有换洗衣服、书籍和手稿的箱子不见了。最后统计，一共丢失了衣服和被褥等十多样。衣物等的丢失陈独秀倒不可惜，贫家不惧盗劫，而让他痛心的是，他所写的《小学识字教本》书稿及其他尚未出版的书稿也被盗贼窃走了。另外，还有他的心爱之物——在武昌时杨鹏升为他所刻的"独秀山民"四字阳文篆书印章也被偷去。

或许是陈独秀的名气和与他来往的人激发了窃贼的偷念，他所接触的人有邓鹤年等一类富户名绅，又兼其与县长一类的官员密切往来，窃贼便断定这位行踪诡异的老人也同样富庶，家中定有许多金银，洗劫一次必有惊人的收获；或许是整日闭门不出的陈独秀诡异的行止引起了国民党政府的猜疑，不知道他整日写些什么，便想借此检查陈独秀的作为。

危急的国际形势，多舛的身家命运，一次次冲击着这位暮秋中的老人。寓所失窃，使贫困的生活雪上加霜，这于他并不算什么，也还能扛，但一种生存的不安却笼上了心头。

家中被盗的第二天，他给杨鹏升写了回信，信中告诉了失盗一事，并对变幻无常的时事家情发出了沉重的喟叹：

"弟对大局素不敢乐观，近益情见势绌，倘一旦不支，成渝水陆大道，必为敌人及汉奸所据，乡间又属土匪世界，无军队或秘密会党势力，亦不能生存，兄为川人定无大碍，弟为老病之异乡人，举目无亲，惟坐以待命耳！"

西欧的局势，成都的空战，又使他真切地感受到了近在咫尺的战争，这位多难的老者对抗战已没有了太大的把握，自己这个"老病之异乡人"还能再经得住几次颠簸？"举目无亲"的孤单，旦夕不保的病体，不能不令人发出"坐以待命"的无助的空叹！

接踵而来的变故使陈独秀思考了许多，物价暴涨使他们的生活难以为继，正如他后来于 10 月 19 日给杨鹏升的信中所说："谷物之暴涨，则全属人为。封锁时代又加以奸商横行，此事无法解决也。"失窃一事不仅给他们的生活雪上加霜，更让他失去了安全感。听别人说，江津西南的赤水县及江津上游的江安县物价尚低，治安较好，他便打算到那里居住，以便脱离这艰难的生存之地。

但是，他的身体状况又让他有所顾虑，为此，他决定先到重庆治疗好自己的病，待身体康复，能远行并足以作较长支撑，然后再到赤水或者新安定居。考虑成熟后，他又在已经落款的信后追加了自己的打算：

"此间已势不可居，拟九月初赴渝治病，在渝南岸至多住一个月，即拟移居赤水或江安县城居住，不审此二城中兄有知友否？"

他希望能得到杨鹏升对他迁居的帮助，信发出后，杨鹏升爱莫能助的回答令他十分失望，他也反视自己，虽然能摆脱眼前的困境，谁又晓得赤水与江安不久是否也会成为现在的江津？再则，离开了江津，也就意味着离开了好友邓仲纯，那里有随时为自己诊病的好医生吗？即使有，自己肯定又多了一项更加昂贵的药费开支，不像邓仲纯这样免除自己的所有医费。思前想后，迁居赤水或江安的打算只得放弃。

自从寓所被窃后，万事俱废的伤感使他寻求书生雅兴的激情更为强烈了，这是一种生存理念遭受危机后向另一种生存意义转借的心理动机。他在给杨鹏升的信中曾流露出了一个书生的本色与雅致：

"弟拟求四个好友各写一小斗方，四个女画家各画一小斗方，装成四条屏以为纪念，近已各得其三，想求为兄写一小幅（纵横皆写），嫂夫人倘喜作画，更为画一小幅，则或为完璧矣。尚蒙许可，得书即将纸寄上（纸幅大小一致，故以由弟寄上)。"

这仿佛是一种巧合，但这种巧合中不能不让人感受到潜藏着的一种书生雅致的"苦涩"。5 年前他在南京狱中时，也曾对章士钊作过类似的请求，并向其表达了此举的心迹："拟择朋友中能书者四人，各书一幅，合为一小屏，朝夕瞻对，以释消愁。"如今这种"书画活动"的方式与当年几乎雷同，也未尝不是一种与狱中孤凄之情的暗合，在这惊人的相似里，如今无奈而为书生之事的苦痛昭然于众。

1940 年底，他又致函杨鹏升，催促他将纸与稿速转交于在重庆的章士钊，因为章士钊已答应陈独秀"纸到必写"，并嘱咐杨鹏升说：

"纸及稿倘尚未寄，盼即寄去，惟稿必钞付，恐其失去或有第二次甚至第三次向兄索稿之事，因此人疏懒生活无秩序，自幼即如此，去来更习名士派，不可治矣。至于写，弟可担保其终必践约也。"

并告诉他说："其旧居已毁于轰炸，方在修理中，暂居'通远门外两路口重庆村八号'，信件可案此处。"

《小学识字教本》书稿的被窃遗失，使他更觉偿还这笔债务的紧迫。从 9 日下旬开始，他便凭借残稿和记忆重写该书，并在研究文字学的间隙里涉猎些中国古代史著作，并偶然涉笔成篇。1940 年 11 月 16 日，他的一篇《中国古史表》发表在了《东方杂志》上，后来他又根据《史记》"王帝纪"重订"古史系统表"，并将其寄给陈钟凡以征求意见。陈钟凡回信与其商榷，认为此表缺乏考古学上的根据，难成定论，但陈独秀不以为然，"依然固执己见"。

书法是陈独秀一直执迷的爱好，因病而迫处闲暇时，他常常用心练笔，并与欧阳竟无、台静农等研讨书法艺术，并自有许多心得意领。

这年 9 月，新任县长罗宗文慕名到陈独秀家作了礼节性的拜访，他来到石墙院，见陈独秀已经颇显衰老了，从这副老态龙钟的情状里，他几乎看不出陈独秀曾经是那样一个有影响的人物。

他与陈独秀在书法方面有了共同语言，在罗宗文的感觉里，陈独秀的书法颇有功力。陈独秀在与他谈书法时说："写字既要有天分，又要有功夫，天分表现在外秀，也要下功夫锻炼内劲。"他认为陈独秀的书法也的确达到了"内劲外秀"的境界。后来陈独秀也作过回访，并给罗宗文写了一个条幅，内容是杜工部的七律《曲江对酒》第二首的后四句：

> 穿花蛱蝶深深见，点水蜻蜓款款飞。
> 传语风光共流转，暂时相赏莫相违！

在思想的苦痛中，他在学术研究方面付出了常人难以达到的艰辛，11月28日，他终于完成《小学识字教本》上篇，交稿于江津白沙镇的国立编译馆。但是，这部分书稿送审时，国民党教育部部长陈立夫却认为书名命为"小学"二字十分不妥，易与"中学""小学"之意相混淆，让陈独秀修改或另择书名。但陈独秀却认为陈立夫无知，不解"小学"之意，拒不同意，并坚持说："一字都不能动。"

书名的争执搁浅了该书上篇的出版，若为别人，或许会作出无条件的让步，但对于陈独秀来说，退这一步实在是"挟泰山以超北海"。无奈，编译馆为了缓和这种矛盾，只将该稿油印50册，分赠给了学术界人士。直到1941年9月19日，他还在致函询问魏建功：

"此书迟迟不能付印，其症结究何在耶？若教育部有意不令吾书出版，只有设法退还稿费（请问问陈馆长，如有此事，嘱他直言勿隐，以便弟早日筹备退还稿费）。如何，希有以示知！"

对于衰老的陈独秀来说，无论从事于学术研究还是政治活动都难免会付出沉重的代价，这种代价，似乎只能是对生命里程的裁减。长期的积劳与营养不良，使他更加不耐寒暑。11月底，他又被迫迁居江津县城中黄荆街83号"延年医院"，原因是"乡下天寒，盗风又大炽"。

本来，在陈独秀的心灵深处，他出狱后的第一选择还是想重操旧业——研究学问。毕竟，年龄已经将他逼到这样一个平静的角落；二来他也想借此过一段稳定安静的生活。

自从"日特汉奸"事件发生以来，他几乎是孤注一掷地要去捡起"学问"。此时的他心里也十分清楚："学问"的事情单纯雅静多了！

1939年2月16日、3月16日，他在南京狱中就已完成的《广韵东冬钟江中之古韵考》陆续发表在《东方杂志》上。著作的问世，似乎应是对书生之心的安慰，然而，于他似乎又挑起了一丝伤痛：那种狱中生活已不再续写，而那种生活中的主要内容却不得不重新捡起。难以自持，也难以想象，羸老之躯何时竟受染了如许的多愁善感。

在研究文字学之余，他又捡起了自己的书法爱好，然而此时并不常为人题字，即使有之，也并不是太刻意用心。这年秋天，邓仲纯的外甥葛康素久仰陈独秀之名，幼年时期就常常听他的祖母谈到陈独秀，并从陈独秀与外祖父邓艺荪的信中见到了他的书法，一直非常仰敬。他听舅舅说陈独秀在江津，便经常到他那里求教书法要领。这对于陈独秀来说又在闲暇之时多了一种精神寄托。

葛康素的外祖父邓艺荪（1858—1913）字绳侯，与陈独秀同乡，早年皖籍维新人士，曾与陈独秀有过长期的密切交往，是办新学、图救国的教育家，安徽新学的主要奠基人，他还是清代艺术家邓石如之孙。邓艺荪有5个儿子，邓仲纯、邓叔存（字以蜇）分别是他的次子、三子。葛康素的父亲葛循叔是邓绳侯的女婿，早年与陈独秀、苏曼殊也曾是密友，不幸早逝。在江津，邓仲纯之所以像尊重长辈一样倾力对待陈独秀，在很大程度上与他和父亲的交情有关，再则，陈独秀的磊落个性也着实让他敬仰。

1938年春，日军进逼皖城，葛康素也乘船到达汉口，他听说陈独秀在汉口，便在一天晚上去拜访他。当时陈独秀住在旅馆的小楼上，室内非常空寥，只有几件箱箧。葛康素见陈独秀已经老了，身穿布衣，须发斑白，但是精神却非常饱满，还没有失掉少年英豪气魄。陈独秀见到葛康素说他十分像仿他的父亲葛循叔，勾起了他早年丧父的伤痛，令他一阵凄怆。

那天晚上，他与陈独秀谈及家乡事，到二更时分方回到了自己租住的旅店。不久，葛康素也逃难到了江津，在江津得到了舅舅的很大帮助。他居住在江津德感场，终日苦练书法，以至于达到废寝忘食的地步。

在葛康素与陈独秀相处期间，陈独秀曾给他写了三条书法论：

一、作隶宜勤学古，姑能免俗。

二、疏处可容走马，密处不使通风；作书作画，俱宜疏密相间。

三、初学书者，须使粗笔有骨而不臃肿，细笔有肉而不轻拖，然后笔笔有字而小成矣。笔划拖长宜严戒，犹之大枪大戟，非大力者不能使用也。

陈独秀给别人写字多作草书，信笔挥洒，或精神贯注气势磅礴，或任手勾勒拖沓笔画，情之所指，尽显率真，淡泊名利，超凡入圣。他用笔遒劲，墨气盎然直追古人，又为葛康素作了一笔书成的屈原《哀郢》，具有书法全新格调。他还赠给葛康素的五兄葛康瑜一条小幅，上写赠友人诗：

何处乡关感乱离，蜀江如几好栖迟。

相逢须发垂垂老，且喜疏狂性未移。

该书卓荦肆姿，风格独到，堪为心书。

在书体方面，陈独秀的书法小篆最佳，古隶次之，但是，求其书法的人得到篆隶二体的较少。邓仲纯即得过"我书意造本无法，此老胸中常有诗"的篆联，该书笔姿圆润，自然之间而不失规矩。

自从迁到鹤山坪石墙院，陈独秀拖着虚弱的病体将大部分精力都用在了整理遗稿和撰写《小学识字教本》一书上。他没有了为其他报刊写文章的时间和精力，《教本》的稿酬虽已获批，但又不能现支，因此，也就基本上断绝了经济来源。所幸，因代人整稿换得了免付房费的待遇。夫妇二人所住的房屋年久也无人整修，雨天常常进水。室内只有两张木床，一张书桌，几条凳子和几个衣箱和书箱：这些便是他们的全部家当了。

在极端困顿时，一向拒受施舍的他也开始极其尴尬而又矜持地接受好友真诚的周济，但那毕竟使他付出了巨大的心理争斗的代价。他觉得即使是这样的迫不得已，也难以自我安慰；即使还去这所有的赠予，也难以寻回已被如此削去的知识分子的清高与自尊。

1939年10月19日，他在给杨鹏升的回信中说："承转寄某先生所赠陆百圆，如数收到"，对于这些热心的资助者，他似乎常常这样的无颜以对。

清苦的生活使本就衰弱的身体长久得不到营养的补给，而渐渐地令他难以支撑了。虽然邓仲纯常来诊病，效果却总是不太明显。邓仲纯说重庆有名医周伦、曾定天二人在治疗高血压病上有独到之处，并建议陪他去一趟。陈独秀同意了，12月30日，他便给杨鹏升写了一封回信，告诉他日内打算到渝就医，可能要在重庆住两三个星期，并将《告少年》一诗抄寄一份，附于信后。

1940年元月4日，便与邓仲纯一起到了黄荆街83号，准备再由江津前往重庆。但听说该医生将于下个月到达重庆坐诊，重回鹤山坪不是不可，若下个月往重庆去，又徒增了颠来倒去的麻烦，况且，与邓仲纯住在一起，可随时照顾自己的病情。于是，在邓仲纯的挽留下，陈独秀留住在了"延年医院"，以待下月前往重庆。

杨鹏升得知生活困苦的陈独秀病重且须住院，当即给他回信询问详细情况，以便资助其住院诊疗。

10天后，江津城里的陈独秀又接连收到了由章士钊转寄来的两封信，对陈独秀去渝治病一事及其费用问题寄予很大的关切。

由于陈独秀曾给杨鹏升写信说过要去重庆，而迟迟将近一月未去，到了月底，他在想要去重庆的时候提笔又写了一封信，说明了事情的原委，并对杨氏的关怀致以感谢：

朋升先生左右：

由行严兄转来十五日、廿二日两次惠书均读悉。弟一病十月，未能写作，颇为烦闷。承公垂念，感何如之！本月四日即移居城中，惟以医生下月初始由歌乐山抵渝市开诊，故至今迟迟未行，兹已决于三五日内由此赴渝，抵渝即直住宽仁医院，住一二星期仍回江津。至于医药费，曾与编译馆约过一稿可以支取应用，不应以此累及友好，友好皆贫如我。素无知交者，更不愿无缘受赐，吾兄盛意，心感之而已。此祝

　　健康，夫人均此

弟独秀手启
〔一九四〇年〕一月卅日

　　信末还附言嘱告两事："公为行严所刻印章样本已为转去。行严兄已移居中三路聚兴新村五号。"

　　2月6日，陈独秀离开江津前往重庆住进了宽仁医院2号病房。住院期间，他静心养病，很少走动，不想会晤政界中人。在医生的精心护理和潘兰珍的细心照顾下，病情有所好转。

　　经过两周的治疗，陈独秀的病况有所减轻，住惯了清静的乡村，他对重庆的喧嚣、杂乱感到异常烦躁，更感到住在鹤山坪的清静来。听医生讲，若要完全根治其病达到完全康复，需要长期静养。对于陈独秀来说，他更感到了来自医院住院费的压力，再加日机不断进城骚扰，又无书可以消遣，便决定离开重庆重返乡下。邓仲纯也建议他到延年医院住一段，这与住在宽仁医院一样的效果，既有重庆的方便，又有乡下的清静，况且还可以省去许多住院费。

　　陈独秀接受了邓仲纯的安排，于2月20日乘船又回到了江津县城，住进了延年医院，准备观察一段病情后再回石墙院。刚刚住下，他便给那个诚直热心的军人杨鹏升写了一封信，告知自己已回江津及暂住延年医院的情况，望其莫烦牵挂。但信发不久，他便又接到了章士钊转寄黄荆街83号的杨鹏升的信及汇款。他当即于2月26日满怀感激地写了回信：

鹏升先生左右：

　　回江津后即上一函，谅已收到，顷接行严兄由渝转来十六日手书并汇票三百元一纸，不胜惶恐之至！此次弟留渝只二星期，所费有限，自备差足，先生此时想亦不甚宽裕，赐我之数耗去先生一月薪金，是愈不可，寄回恐拂盛意，受之实惭怍无既，辱在行乞，并谢字亦不敢出口也。

　　此祝

　　健康

弟独秀手启　嫂夫人同此问安
〔一九四○年〕二月廿六日

　　收到汇款，他的确感觉到了来自老友的温暖。钱，此刻于他是一种莫大的需要，然而，他同样有着知识分子那种特有的自尊，他也曾有过那种将金钱称为"阿堵物"的超然物外的心理。如今这种绝对自洁的心理不是没有，而是被困顿的生活现实长期压抑了，但这种压抑，又从未曾让他饥不择食、来者不拒。

　　"素无知交者，更不愿无缘受赐"是他接受帮助的第一准则，再则，凡是国民党的高级官僚或者中共叛徒的赠予，他都不会接受。在南京时，他的学生罗家伦、傅斯年曾亲自送钱给他，但他执意不收，驳得二人很失情面。端茶送客时还对二人说："你们做你们的大官，发你们的大财，我不要你们的救济。"

　　入川后，叛徒任卓宣曾因陈独秀生计艰难而汇给他二百元钱，也被他原封不动地退了回去。这些人，虽然完全出于私人的同情而没有丝毫的政治目的和党派用心，但他仍以独立的革命者的人格予以拒绝。

　　在这段休养的时间里，他不能看书、写作，书都在石墙院，纵有书生之情，也难以如愿。再则，医生嘱咐他要静养，不可操劳过度。《小学识字教本》是不能进行了，去写抗战文章，也身体不许了，再则，在国民党统治区发表主张抗战的文章已成了令他愤怒的困难！实质是自己失去了言论自由的权利，连贡献利国利民的抗战主张也不受欢迎了！这些主张，是作用于现实的抗战的，写出而不能公诸民众，无异于过期的失去价值的新闻！

他还曾经大加责备《时事新报》老友薛农山不发表自己的《告日本社会主义者》等文章是在对自己"耍手段"。如今，他似乎仍不清楚，曾经"十分抗战"的国民党已转变风向，努力和日本进行谈判妥协了，在这段需要谈判双方"平心静气"的时光里，哪里还会需要他大喊抗战的言论？！他想把发表与出版的希望寄托在亚东图书馆，但亚东在广州失陷以后，经营也几乎濒于停顿，希望愈大，失望愈大。

1941年1月16日，《东方杂志》上发表了他忍寒撰写的《禹治九河考》一文。所得稿费固然不能支撑生活，但能让空落的心绪有所依托，也未尝不是打发光阴、苟延残喘的方式。

3月份，陈独秀收到了杨鹏升附有"千元汇票一纸"的信，信中还提到求他写大字对联，但对于千元汇款却没有说明用处。23日，他给杨鹏升写了回信，答应给他写大字联，并询问他所寄的汇票"作何用"。此时，陈独秀尚不知道这位朋友的良苦用心。

另外，在此之前，国民党政府"知陈（独秀）穷困"，便由朱家骅赠给他五千元，被陈独秀拒绝。后来又委托张国焘转赠，张国焘也知道陈独秀平素个性，知道陈独秀定不接纳，得知郑学稼与他近来书信交往较密后，他便托郑学稼转赠陈独秀。陈独秀接款后问明由来，因自己不便与张国焘直接联系，便于3月15日给郑学稼写了一封信，并将张国焘寄来的五千元支票一并寄去嘱咐他当面还给张国焘，并说"却之不能，受之有愧，以后万为我辞"。对此，张国焘感叹道："仲甫先生，总是如此。"①

陈独秀在江津没住多久，又回到了鹤山坪。一来天气渐暖，二来他又实在放心不下石墙院那个"家"。

回到鹤山坪后，他的病情时好时坏，血压很不稳定，有时增高到高压

---

① 郑学稼：《陈独秀先生晚年的一些事》，台湾《传记文学》第30卷第5期。

210mmHg 以上，常常头昏目眩。因此，有一段时间，他也就很少写文章、研文字，延展着在他看来苟且偷生的生活。他不再勉强自己，而是在凄怆中寻求着一种恬适与自然。

他很少参加社交活动，但偶尔也会被地方上一些上层人士邀去共赴宴会。但是，宴会上，他已不像往昔那样谈笑风生，而总是沉默寡言，难见爽容。

他有时也在潘兰珍的伴随下，到江津县城东的"支那内学院"游玩。"支那内学院"是由佛学大师欧阳竟无在江津重建的一个研究印度佛学的单位。

1918 年，欧阳竟无与章太炎等人在南京设立"支那内学院"；抗战时期欧阳竟无逃难入川，重建了这座佛学研究院。这座学院坐落在风景宜人的长江之滨，又是江津公园的所在地。陈独秀喜欢到这个清静的地方，有时和潘兰珍，有时和高语罕。他和高语罕一到这里，便与欧阳竟无谈文赏艺、切磋书法、聊天，或偶尔与同乡老相识、70 多岁的老进士苏鸿怡等人一起打牌。

他在到江津风景区东门公园游玩散心的同时，也顺便到西门的康庄一带踏青赏景，这里，曾是他小住过的地方。此处背依青山，面临大江，万树桃花，遍地橘林，风景幽美，实是一个修身养性的绝妙所在。每每来到这个地方，他都流连忘返，不忍离去，常常不由自由地发出一声感叹："此地风景甚好，得此佳景，平生足矣！"

半载以来，他除了写过一些信、几篇怀旧感伤的诗和一些即兴挥洒的书法外，收获也不是太大。1941 年春，他扶病将自己在南京狱中写的音韵学手稿《连语类编》整理一遍，并为该书写了短序，此篇论稿是为他的另一论著《中国古代语言有复声母说》提供佐证的。在《小学识字教本》上篇完成以后，他又开始重订自己南京狱中写成的《古音阴阳入互用例表》，此表将说文、至篇、广韵、集韵所收文字，依类录入，见古阴阳入三声之互相通转。该表于秋日整理完毕后，又作了一篇长序，交给魏建功，嘱咐他在白沙序印，并且分赠给朋友或学生。

在热心朋友们的资助下，生活的压力的确减轻了不少；在国共两党的政治夹缝中他也只有选择沉默。这些于他，成了一种不可多得更应该珍惜的机会和条件。这些条件是朋友的资助为他创下的，任何理由的虚掷时光都是对那种真情的亵渎；在政治方面，他已选择了孤立，这同样是学术研究者不可缺少的思想独立、自由的良好条件。在这种生活环境与心理环境下，他加紧了文字与音韵学的研究，他决意在有生之年将自己写过的学术文稿全部整理完毕，为自己的一生在学术方面作个缩结，画个完满的句号，如果不能公开印出，他便用朋友所赠之资自己油印出来。

一些书稿整理好后，他便将其分寄给在音韵学上很有研究的教师魏建功、国立图书馆的台静农、成都的陈钟凡等人，让他们读后以便发现文中纰缪在书印出前及时改正。他力争不放过一点点可作正确修改的地方，虽然书稿已经寄出，但是他仍在审视手中原稿，一有发现不妥之处便立即写信给魏建功补正，这种严谨的治学态度令魏建功等人十分敬重。

《古音阴阳入互用例表》整理好并自序长文后，他便托付魏建功在白沙油印，在书未印出前他又对许多地方作了认真的补充。书稿交给魏建功后，他不断与其书信联系，以一个十足的学究姿态与他讨论着文字音韵学问题。他专注地修正着文稿，对每一个字的考证都不疏忽。

《古音阴阳入互用例表》的印出令陈独秀一阵欣慰，无论如何，音韵学的研究成果已见之于世并将产生一定的影响。

三、文人的风骨

在蔡元培去世后不久，又一个噩耗传来：

老姐姐在油溪镇去世了！

自从陈独秀的大姐吴陈氏在老兄弟的帮助下到达重庆后，同样耐不住那座陪都的杂乱以及日机的不断骚扰，不久便随外迁的人群离开重庆到了距江津上游 40 余华里的油溪镇，凭借以前经商的积蓄，除维持自家生活外，还经常资助困境中的兄弟陈独秀。

1940 年春天，大姐病重，陈独秀拖着病体溯江而上到油溪镇看望过她，一见到老姐姐，他便有一种同病而怜的酸楚。兄弟姐妹 4 人，长兄、二姐早年去世，如今只剩下 4 人中最长和最幼的两人，而这两片秋风中的残叶又不知哪个先行飘落！二人临别时，老姐姐拖病远送，依依难舍，木立怅望，谁知在这一惜别中，老姐姐的缠绵里竟包含有多少对生命的依恋和对亲人的缱绻！

"骨肉生死别，即此俄顷时"，几个月后，老姐姐便已作古！脑溢血病带走了这位令陈独秀敬重的亲人，终年 69 岁。她与老母亲一样，没有长眠故土，却客死在遥远的异地！自己也会和母亲、大姐一样吗?!

姊妹四个，如今只余一人，亲友逝去，充塞于心胸的不仅仅是孤独！纵然衣袖能揩干纵横的老泪，却怎样也难以抚平这一道道心灵的伤痕！

当年兄长陈庆元逝世后，他曾写了《述哀》一诗，表达了亡亲之痛。如今，他又不得不以此种方式送走他的老姐姐。除却这一方式，贫病中的老书生又能以什么方式来述尽心中的哀思呢?! 在极端悲痛中，他饱蘸笔墨写下了撼动人心的《挽大姐》一诗。

"大姐今又亡，微身且苟延。"这是一个多么凄凉的自叹！老姐姐的死，对于孤独中的陈独秀无疑似一次秋冬之夜的严霜，打在了胡须上，打在了稀落的头发上，更打在了寒如冰冻的心上，在他颓唐的神情里，更显出了颤颤巍巍的龙钟之态。

安葬完大姐后，陈独秀一直处于心绪的低谷之中，对满月怀乡，对残月自怜，孤独地回忆着自己的平生往事。精神与情感世界的几近溃落又加重了原本就恶劣的病情——他也无力去做别的事情了。

每至黄昏，潘兰珍便扶携老先生步出院门，或踱到村头，或漫步在近村的田间。

金色的夕阳的光辉祥和地洒满了大地，也将它最后的激情铺满了天空。

当它将最后一瞥留在地平线上时，仍能让人从中看出它驱逐黑暗的那份自信。等到第二天，它又将以湮灭一切黑暗的崭新姿态泼洒无限的光明。它有着生命的轮回，而自己却拿着生命的单程票蹒跚地接近了路之尽头。

暮霭沉沉，游鸟归巢，牧童的短笛，缥缈的炊烟，释耕的牛声……一切都在呼唤着归去来兮。这夕阳中的感受，又总令他顿生"梦里不知身是客，一晌贪欢"的忘却一切的澄静的心境，也正是这种心境，又在刹那间爆发出难以名状的忧伤，这种忧伤不仅仅是对生命的本能依恋。

从上海到江津辗转，从政治的神经中枢到政治的神经末梢续滑，从长江头到长江尾的流落，其间贯注了多少伤痛与辛酸，寂寥与失望！

这种复杂的触动使他不能自持，失亲的悲伤也罢，逝友的凄惶也罢，傲立的孤寂也罢，书生自有他将其酝酿并挥笔成篇的惯用技法，这种技法，也是书生在遭受心理危机时无奈的突围之策。他回到家中，铺纸挥毫，昏黄的灯光下便显现了他斑斑点点的心迹：

> 嫩秧被地如茵绿，落日衔山似火红。
>
> 闲倚柴门贪晚眺，不知辛苦乱离中。

远避政治，放手学术，过多的清闲，让陈独秀陷于对往事深深的回忆之中，亲友迭逝，除三子陈松年一家外很少再有亲人，在江津的亲戚胡子穆在平日的交往中给予了真正的亲人般的帮助。诗写完后，他加上"写给胡子穆"的标题抄给了这位与他同在异地的亲人。

长时间抱病写作，使陈独秀愈发感觉到了劳作后的疲惫，药力对他病体的效用越来越微弱。虽有友朋的资助，但印书又开销了不少，物价又较以前高出了许多；"遇到疾病医药，难免就有些掣肘"，虽有邓仲纯的定期来诊，但江津县城距鹤山坪毕竟有 30 多里，风霜雨雪时又哪里会很及时？困病如孪生的压力又促逼而来。手里虽有国民党教育部预付的一万元稿酬，他又不愿挪动分文，都存在银行里以备将来书不能出版时全部归还。《小学识字教本》上篇完成后不能付印，下篇写出亦不知何期，学生用的文字说明书更无着落，他又怎能在这方面停滞不前！但是，他毕竟比先前感觉到更加力不从心了！他一直都在力图完成《小学识字教本》下篇，但又因政势世事而时断时续，进展不畅。

时间已到了隆冬季节，陈独秀却耐不住山中的寒冷，稍有气温变化，他便觉冷彻全身，在这种感觉里，他早已没有了温度的概念，天与地似乎是一个庞大的半透明的冰体，将他封在其中。

春节又要到了，家家都开始洋溢着淡淡的节日气氛，而他们清冷的庭院里却没有一点点吉庆。虽然也时有朋友来看望他，但是总有"人散后，一钩新月天如水"的凄寂感觉。儿子陈松年也时常从县城前来探望，但他又不可能失去江津九中的工作来鹤山坪住下照顾父亲，因为全家人的生活都要依靠他这份微薄的工资支撑，来到四川后，他们又添了个女儿，生活也很是紧张。父亲的身边有潘兰珍在，妻子窦珩光还要照顾一双儿女，不方便也不可能单独到鹤山坪侍候公公。一切都决定了陈独秀只有孤独，寒冬里周围渐浓的节日气氛与他们这个沉寂的小院形成了多么强烈的对比反差！孤寂的石墙院与周围的气氛似乎不太随和，热闹的乡村与这个石墙院的静寂也显得多么不谐！

看着潘兰珍忙着简单的家务，听着院外偶尔响起的一两声爆竹声，他心潮起伏。"腊八鸡叫年来到，姑娘要花，小子要炮，老婆要衣裳，直打老头的光脊梁！"

旧年末新年初，中国人往往在传统的喜庆中合理地膨胀着欲望，然而最愁苦的只能是一家之主，石墙院显然没有那么多膨胀的欲望，也不可能有；对于陈独秀，也没有人向他施加压力，有的只是老夫少妻互相的关爱与体贴。"贫贱夫妻百事哀"，然而他们两人却在困难的生活中相濡以沫，彼此间没有一句怨言。

旧年的夜，人最容易生发出太多的希冀，老病的陈独秀似乎也萌动着童心，这种欲望，在热闹与寂清的比衬里迫使他只有向书生的情怀中回归。他得知欧阳竞无先生有一本书法《执金吾丞武荣碑》帖，其书风淳古峭雄，属力峻劲拔之汉隶佳品，汉碑在山东济宁。他很想得到此帖而研其书法，于是便凝神自视，写了一首令人不能不为之动容的诗：

> 贯休入蜀唯瓶钵，久病山居生事微。
> 岁暮家家足豚鸭，老馋独美武荣碑。

这首诗，读来让任何一个人都不忍拂其愿望，他没有写信，也没有作附注，直接将此诗寄给了欧阳竞无大师，以诗代笺向其表达了凄苦中的他想借阅《执金吾丞武荣碑》的要求。欧阳竞无大师接诗自然理解陈独秀的意思，很快便将碑帖借给了他。

该诗由欧阳竞无及其朋友从江津传到了重庆，立即激起了一位老友的极大同情，朱蕴山便立即以私人的身份提着买来的几只鸭子赶到鹤山坪去看望他。

来到石墙院，院子里冷冷清清的，没有人声，他敲开院门，潘兰珍将他让到屋里，告诉他老先生的胃病又发作了。

朱蕴山看到床上的陈独秀已远非昔日，只见他痛得热汗淋漓，勉强与这位老友打了个招呼，双手捧腹，并不时地翻转着身子。潘兰珍扶其吃过药，朱蕴山努力地安慰了他一阵，待其病痛稍稍安定下来，两人开始谈心，一同回忆着沧桑多变的过去。

朱蕴山环顾破屋四处，一床一桌，几架书，几条凳子，其余再无像样的家什。隆冬刺骨的寒风从破旧的窗户吹过来，冷得人直打冷战，这里哪里有半点的温馨！

他望着床上病容如云、憔悴不堪的陈独秀，不禁深深地叹了口气。

平时的物价即已高得令陈独秀靠人接济的生活难以为继，在年底，人们都在忙着置办年货，这个本来物质供应紧张的地区物价较平时一下子高出好几倍，这对于陈独秀夫妇来说无疑是在过名副其实的"年关"，洋溢着喜庆的即将到来的春节竟似一场突如其来的生活灾难。

看来，只有离开这个地方才能根本缓和严峻的生计问题了。他向人打听到贵州的贵阳物价较低，便又打算迁到那里。

1942 年 1 月 9 日，他写信告诉杨鹏升，打算迁居到贵阳：

"川中生活，日益不支，弟病虽未全好，或可冒险乘车往贵阳，以彼处生活比川中便宜一半。"

他想极力逃避现实的生活困境，摆脱"川省地势海拔较高"对高血压病的不利影响而"适彼乐土"，到一个没有寒冷、没有酷暑、没有病痛、也不会有家庭经济危机的地方去，然而，他静下心来思虑一番，才真正觉得逃避眼前的现实已是太不现实了。

几乎和上次萌发迁居赤水或江安的念头一样，他犯了毫无二致的错误，这种下意识的雷同的草率决定，虽然表现着一样的困窘无奈，但很显然这次产生的念头必将消失得更快。贵阳距此迢迢千里，山重水复，这种身体状况，不知能否到达目的地。即使可达，人生地疏，举目无亲，岂不将面临着更多更大的困难？如果到达该地，依然难以生存，此时又该怎么办？能再折回此地吗？他在这个两难的夹道中左冲右突着，终于渐渐地静息了下来，他以同样的办法否定了自己又一次迁徙的念头。

2 月 12 日，他又写信告诉杨鹏升，表示仍住在原处，取消了辗转南方的打算："贵阳之行已决计作罢，终以病体不胜此跋涉也。"

虽然陈独秀又取消南行的计划，但他的信却引起了杨鹏升的深深不安。他知道，这位老人个性虽然刚烈、率直，但不到万般无奈的情况下，他绝对不会以多病之躯行此下策，他对南迁计划的取消，在很大程度上正表现出他已走投无路，从这些来信中，他可以想见到陈独秀夫妇的生活境况已严峻到了何种程度！

他深深地叹息着，又给陈独秀写了一封信，他知道已行动不便的陈独秀与朋友的主要交往方式是书信，并且陈独秀也向自己索要过信封和信纸，于是他又让人为其印制了一些，随信一起邮寄到江津鹤山坪。另外，为了解决其夫妇的生计问题，他又想了一个办法，去信要陈独秀给他写对大字联，然后汇去了现金 1000 元作为对书联的报酬。让他给自己写对联，只是一种扶济危困的借口。为这位老朋友，杨鹏升的确尽了最大的努力了。

接到杨鹏升的寄物和汇款，陈独秀万分感动，这凝结着老友无限牵挂之情的 1000 元，对他们夫妇来说无疑是"久旱之望云霓"。在感激之余，他又突然为自己告诉杨鹏升南迁之事而后悔起来，这似乎是在变相地向老朋友伸手要钱，虽然自己当时并没有这样的思想，但对于外人来说，又如何能脱得这样的嫌疑？

于是，他很快在 4 月 5 日给杨鹏升写了回信，修改了他去贵阳的原因："前次移黔之计，主要为川省地势海拔较高，于贱恙不宜，非为生活所迫。"告诉他所赠的 200 本信纸 100 张信封已如数收到，非常感谢。对于杨鹏升寄来的汇款，他说："前两函厚赐，于心已感不安，今又寄千元，且出于吾兄之请求，更觉惭恶无状，以后务乞不再如此。""前敬题大联"，来函说已经收到，"殆伪造此言，以慰我耳"。

看来，对于杨鹏升的良苦用心以及其"美丽的谎言"他早已洞察于心。他完全可以装糊涂，让朋友继续对他进行这"美丽的欺骗"。但是，他的率真绝对容不下这些糊涂，哪怕是一星半点！对于这些不得不接受的帮助，对于这些已无返还和报答可能的资助，除了表示感激之情、深深愧疚以外，他还能做些什么呢？

"位卑未敢忘忧国"，无论处在于何种境地，也无论他的言行中所表现出的书生意气如何越来越浓，他的政治情怀始终未泯，在外界局势的动荡里，他总是难以自持，在政治这个"大磁场"里，他总是一枚有着高度灵敏性的小磁体。

从 1941 年夏苏德战争爆发后，到 1942 年 1 月国际反法西斯统一战线正式形成，国际战争形势发生了很大的变化：

1941 年 12 月 7 日，日军偷袭美国重要海军基地珍珠港，太平洋战争爆发。第二天，英美对日宣战。第三天，国民党政府也对日宣战。11 日，日本的同盟国德、意也对美国宣战，战事进一步扩大。23日，中、美、英等国在重庆召开了东亚联合军事会议，决定派出盟军在东南亚协同作战。

1942年1月，苏、美、英、中等26个国家在华盛顿签署共同反对法西斯侵略国家的联合宣言，保证互相援助，不与敌人缔结单独停战协定或和约。世界反法西斯联合阵线终于形成。

在陈独秀看来，此次世界战争只不过是两大帝国主义集团的犬斗，苏联也在帝国主义阵营中，与英法美一样是纵容法西斯的罪魁祸首，它的参战，仅仅是为了解决本国的生存危机，而没有太大的进步意义。

或是江津太闭塞了，鹤山坪也太小了，他对国内外的形势所有的了解，都是地方报纸的道听途说，或是大部分时间沉于文学研究，使他较少地去思考政治问题，也或许是衰老的生命，长期艰难的生活，使他都感到力不从心，一股悲观的情绪暗暗潜入了心里，云雾般地笼罩着，以往常挂在嘴边上的"不进则退"这句自励励人的警语再也听不到了。总之，希特勒在欧洲的席卷之势，又兼日本在亚洲的烽火重燃，使他感觉到了民族战争的更大艰难。

在这个时候，他是静不住的。《小学识字教本》实令他重债难还，但又不得不放下该书下篇的研究，又从"象牙之塔"走上了"十字街头"。外界政治势力的喧闹，使他不得不放下学术研究的笔去频频观望，并发表些直觉性的言论。

入春以来，他的病情进一步严重起来，并且再也没有减轻过，胃痛得常常不能自持，高血压一直在210mmHg上下徘徊。

1940年，在江津的北大同学会曾请了一个有名的医生给陈独秀诊断，在检查后说，他的心脏不能再扩大半指，否则可能生存期会低于3年。

长期的狱中生活使他又在肠胃病未愈的情况下，患上了高血压。几年来息影山村，生活困窘难安，营养极度缺乏。

初春，气温渐渐变暖，他愈加感到不适。即将到来的夏暑又将是一种难耐的煎熬。能在夏季到来之前治好高血压，暑期定会减少许多痛苦。最初，他听有位医生说有一种偏方，即用蚕豆花泡茶水喝可治高血压，此方既经济简单，疗效又好。于是他便让潘兰珍或邻居们摘来如法炮制，并经常服用。虽然效果不太明显，但也没有什么不良反应，他的病情依然没有大的好转。

四、"盖棺论定老书生"

书生的情怀往往能抚慰政治的失意和生活的烦忧，他也常常练练书法，3 月下旬，江津县上任一年多的县长罗宗文，被调往重庆西北的铜梁县，在要离开江津之前，他又送纸去求陈独秀写对联。陈独秀在老病之中，不拂相求之意，遂提笔写一对联："还师自西旅，祖道出东门"，写完后，他又在联边落款为："宗文先生，长斯邑年余，今调走铜梁县，出纸求书，因集散氏铭以赠，即乞改之。独秀。"在边款的下方，他又谨细地盖上了两个印章，一个是"陈独秀"三字，另一个是"仲甫"二字。

重病缠身，除却潘兰珍能给他带来许多安慰外，则是希望能有更多的朋友来看望他，并且长久相聚。没有朋友的日子里，他除却读书写作以外，常常一个人回忆着过去，当然，也常常难免有浓重的悲凉，令他慨叹不已。这个时候，他总是想起 1926 年，那时他住在汪孟邹家里，求见自己的人特别多，他深深记得老友汪孟邹的感叹："近来，我们的门槛都给人家踏坏了！要看仲甫的人真多啊！"而今，"门前冷落鞍马稀"，他难以平静于这种现实。虽然，他也知道别人都该忙着他们自己的事情，但这种门可罗雀的凄清里到底说明着什么呢?! 他想起了许多旧友与依然往来的朋友，他能感受到每一位的真诚，可是为什么总找不到往日的情形呢? 他多么希望有更多的人欢聚在身边! 因为他感到生命太孤单! 台静农、魏建功、欧阳竟无、周光午、邓鹤年叔侄……这些朋友都有一段时间没有来往了。

他整理着往日的手稿，拣出了去年秋写的那篇《对月忆金陵旧游》一诗，他提起一支残笔，将该诗重新抄录了一遍。他写得很慢，每一个字都显得非常吃力，也没有了狂草的飘逸，似乎仅仅是在抄，全然失去了章法。许久，才将诗句抄完，他默默地重复着最后两句"何处渔歌惊梦醒，一江凉月载孤舟"之后，又吃力地作了落款："壬午暮春写寄静农兄独秀自鹤山坪"，他重重地叹了口气，让潘兰珍为他收起了纸笔。

5月12日中午约12点，他又像往常一样，用水泡制蚕豆花茶水饮用，饮用半小杯后不久，忽觉一阵腹痛，并伴有腹胀与呕吐之感。他很快意识到这是饮用蚕豆花的缘故。这一突如其来的变故令潘兰珍很是着慌，她赶忙就近请来了医生，讲明情况，医生马上为其切闻施药。待症状有所控制，医生问明病因，又让潘兰珍拿出陈独秀尚未用完的蚕豆花来，发现其中部分已经发霉，用开水泡过后，汁水成黑色，味道也不正。又经询问方知，陈独秀这次所泡服的蚕豆花采摘时曾遇雨，晾晒了好几天才干，想必是因霉变而产生了毒素。医生周密地嘱咐了一些注意事项，便离开了这座孤零零的石墙院。

待一切忙乱都归于平静之后，一抹斜阳映照在杨氏旧宅陈独秀所住的两间厢房上。

医生走后，潘兰珍侍在一旁，端汤送药，不敢有所远离，并不断地安慰着他，她很是埋怨自己照顾不细心，内心深深地自责着。

潘兰珍的自怨自艾让陈独秀更觉不安，看着眼前这位已伴随自己走过十多年人生历程的女性，内心禁不住一阵心酸。十多年来，自己几年的地下生活、5年的囚徒经历、5年的辗转流离，无不时刻牵累着她，是她以青春、勤劳、善良为自己撑起了另一半天。如果没有她的朝夕照应，自己这把朽骨早已不知抛往何处了！

十多年的相处过程，是贯穿着感情和谐共振的过程，这个过程，于他来说不仅仅洋溢着幸福与满足，也鼓荡着感激与愧疚！此刻，他蓦然觉得自己的归宿不久将至，而她的路还很长，该及早寻一个归宿。然而他终究没有说什么，面对她的善良、体贴与殷勤，他又怎么能张得开口呢？情绪，乱极了。

这一夜，他虽然早早地躺在床上，但思维却在漫无边际地忙乱着，找不到真正的归宿。窗外，夏虫的欢鸣，是无数"青春的歌唱"；窗内，僵卧的身躯，发出一声重似一声的叹息……

夏虫欢欣于已经到来的属于它们可资安享的季节，它们满足于适宜于自己的生存环境；他反观自己，并没有一点生不逢时的叹息，因为，他这种个性，生在何种时代，或许都将扮着一个叛逆的角色！祖父曾经对他那句"此儿将来不成龙即成蛇"的判词或许正是源于对这种个性的透析。

他聆听着窗外无忧无伤、无烦无虑的夏虫的喧闹，终究没有生出一丝羡慕，因为从它们的声音里，他听得出，它们只是在为着夜色朦胧中那种失真的感觉歌唱，而对所生存的环境，丝毫没有去影响、去改善的理想与希望，为自己，为同类。

窗外，欢鸣如风；窗内，往事如潮……

院门传来了叩击声，显然不是潘兰珍回来了，因为她无须敲门。敲门的人听到院内苍老、微弱而又间杂着的兴奋的应声，推门而入，来到了屋里。

令陈独秀惊喜的是，许久未曾谋面的老朋友到了！

冷清许久的小院顿时增添了许多温情。寒暄、叙旧，对于陈独秀来说，潘兰珍出去后，那种形影相吊的孤清都被老友的到来一扫而净了！不久，潘兰珍从院门外进来，陈独秀将他们互相介绍后便让她出去买些肉来，中午款待老友。

潘兰珍买肉回来，便在自家小院摘了些四季豆，感受着陈独秀许久都没有过的欢愉，高兴地张罗着午餐。

或许是友人的来访增加了他进餐的兴味，或许是几天都没有好好进食，此刻顿生了腹中空荡的感觉，潘兰珍做的四季豆烧肉忘记了节制，不知不觉中，他吃过量了。

送走老友后，他似乎仍余兴未减。潘兰珍又将中午没有吃完的饭菜重热一遍，作为晚餐，陈独秀又吃了一些四季豆烧肉。晚饭后他便感觉腹部不适，似是胃病复发，逐渐疼痛难忍。他吃了些药，躺在床上，腹痛使他无论如何也难以入眠。就这样辗转反侧，一直折腾到子夜时分，他顿觉肠胃如在翻腾，接着便是一阵剧烈的呕吐。吐过之后，陈独秀感觉稍稍好些，但是，他仍然难以安然入眠，此后几次如厕下泻，焦虑不已的潘兰珍陪伴他度过了又一个不眠之夜。

第二天，陈独秀依然腹泻不止，他自感四肢乏力，精神异常疲倦，没有起床。潘兰珍又去附近请来了医生，为其诊断开药，但病情依然不见减轻。因为陈独秀最明显的症状便是腹泻，于是也遵照医嘱服了些"骨炭末"，缓解了腹泻，感觉稍好。

在随后的两天里，他一直躺在床上，也无欲进食，"骨炭末"制止了腹泻，他的感觉也随之好了起来。所以，他几乎没有惊动亲友，静待病体完全康复。在这两天里，潘兰珍望着枯瘦的老先生，常常以泪洗面，苦情难诉，这种凄然相向的情形不能不使人顿生悲凉。"若你流泪，湿的总是我的脸；若你悲戚，苦的总是我的心。"在默默的相视里，该有着多少的相互依恋！无语问情情满心，无心为言言已通，十多年的默契，总不该就这样遽然而终吧！

两天的服药与静养，让陈独秀的精神有了好转。5月17日，早晨醒来，他感觉稍有轻松，于是便起来想下床活动。在潘兰珍的帮助下，他勉强下地并开始盥洗，但很快便感觉一阵头晕目眩，于是又被她搀扶到了床上静静地躺了一会儿。许久，他又想到厕所中去，在潘兰珍的搀扶下坐起后，仍然感觉眩晕剧烈，只得又躺下，力不从心的无奈让他顿生绝望，这不是在死亡的边缘上挣扎吗?!

希望，似乎很渺茫，在举手投足都不能自主的情况下，还有什么是属于自己的呢？他喘息着让潘兰珍去邻居中寻人向江津城通信，去叫儿子陈松年、何之瑜，他强打精神给入城的人写了一张便条，让其次日到县城交给何之瑜，便条上嘱托让何之瑜请至友邓仲纯也到这里来，另外，还让他联系在重庆为他治过病的周纶、曾定天两位医师，因为这两位医师在重庆曾为陈独秀详细诊查过病情，在治疗高血压等病上很有效，陈独秀对二人的医术医道十分信赖。

晚上7点半，他又勉强上厕所，刚站起来就晕倒了，整个身体像一片枯叶飘落在地上，四肢僵直，失去知觉，身上冷汗淋漓。潘兰珍惊慌失措，赶忙去叫来邻人帮忙将陈独秀安放在床上，并让人请来医生。

大约过了一个小时，陈独秀渐渐苏醒过来，微启双目，无力地看了看床侧的人，潘兰珍带着哭泣的声音轻轻地呼唤着老先生。9 点，陈独秀努力想睁开眼看看唤他的人，却又一次昏厥了过去。3 刻钟过后，陈独秀又渐渐地醒来，他只觉全身冰凉，冷汗如注，一会儿又觉全身如置火炉，炙热难耐，发烧症状约持续了又一刻钟，才逐渐退去。如此反复多次，整宿未停。

5 月 18 日清晨，江津九中的何之瑜接待了陈独秀委托传信的人，他匆匆问了些情况，便当即告知在同校工作的陈松年，让他先请假前往鹤山坪，自己将一些琐事安排好后随即就到。来人走后，他便按照陈独秀的要求约了邓仲纯，同时给重庆的周纶、曾定天两位医师写信，请求二人来江津鹤山坪为陈独秀治病。

何之瑜、陈松年与邓仲纯等人聚集到鹤山坪时，陈独秀的病情已非常危险，躯体僵困无力，唯头脑尚时有清醒。邓仲纯又对症地为陈独秀施了些药剂，病情又有所缓和。

陈独秀病重卧床的消息，很快便在他的亲友中传播开来。朱骝先、蒋梦麟以北大同学会的名义各为陈独秀送上了五千元法币，作为医药费；段锡朋、王星拱也以此名义各送了两千元，还有许静人、余骐等也以该名义分别送了一万元和五百元。

消息传到江津县城后，邓燮康、高语罕与周弗陵等立即偕同下乡探视。看望过陈独秀的病情后，都感到他的时日不长，邓燮康、高语罕等人便以沉重的心情商量他的后事。

未等其他人开口，邓燮康便毅然承担了衣衾棺木等全部事宜，回江津城后，"四处奔走，寝食不遑"，特别是在陈独秀的棺木问题上"几经变化，几经周折，至于舌敝唇焦，声泪俱下，卒底于成"。[①]

---

① 高语罕：《参与陈独秀先生葬仪感言》，重庆《大公报》1942 年 6 月 4 日。

邓仲纯最清楚陈独秀的病情，他知道老先生已处膏肓境地，这样衰枯的身体，又兼肠胃病、高血压、心脏病多疾并发，实在是回天乏术。但出于生存的本能，老先生依然寄希望于重庆的曾、周二位医生来，邓仲纯安慰老先生，何之瑜已经给两位医师发了请函，不久便抵鹤山坪。然而，曾、周二人迟迟未来，他们或许是陈独秀及众人的最后希望了。

陈独秀的病况在急剧地恶化，时间已不能再拖延了。于是何之瑜与邓仲纯两人便将陈独秀的详细病历及病因病况写了出来，决定让人到重庆去见二位医师，拿给他们斟酌对策，最好能请二人到江津来。

潘兰珍愿去重庆为老先生请医。大家认为，这也许是最好的办法了，潘兰珍是老先生的直系亲属，且陈独秀在重庆治病时，潘兰珍与两位医师已很熟悉。再则，在大家看来，潘兰珍守在老先生身边，总是看着他的病状，都怕她伤心过度。于是潘兰珍便在众人的嘱托里，由鹤山坪到江津，又由江津乘船行180里水路到了重庆。

潘兰珍寻到了两位医师，详细地说明了情况，并递上了何之瑜写的病历病况。潘兰珍请求两位医师到江津去为老先生治病，但是二人非常抱歉地表示，医务繁忙，实在脱不开身。但他们非常仔细地看了她带来的病历病况，细心地研讨治疗方案，并开具了处方。

为了表示对陈独秀先生的崇敬，二人又"各赠药品"，周纶医师还将其太夫人用以预防血压变化的针剂分开一部分赠送给了陈独秀，让潘兰珍一并带去，并安慰她老先生的病并无大碍，休养一段就好。但二人深知，陈独秀病至此况，他们也已经没有了挽救之计，即使赶到江津也是于事无补。于是，他们不得不找些托词，并对这位令人同情的病人亲属讲了这些违心的话。

潘兰珍在万般感激之下回到了江津鹤山坪，众人一看她只身一人回来，顿时都明白了许多。

潘兰珍的孤身而归令何之瑜束手无策，好几天里，他都辗转病床之畔，苦闷不安。而潘兰珍，她不敢相信老先生会离她而去，这种病况在先前也曾有过的，可每次不是都好过来了吗？况且，她是深信曾、周两位医师的话的。

两位他所信赖的医生已没有了到来的可能，这使卧病床第的陈独秀内心顿时腾起一阵失望。他听着自己身边长一句短一句的慰词与劝说，困倦地闭上了眼睛。

几天来，他在蒙蒙眬眬中，在时迷时醒中见到了许多许久都未曾见面的亲戚和老友。这使他内心升起一阵阵慰藉，但在这种慰藉之中，又并生着一种万念俱灰的绝望。几天来，在巨大的病痛中，思维画着时断时续的轨迹，常常，这些知觉的空白，使剧痛也变得木然。

"鸟之将死，其鸣也哀，人之将死，其言也善。"他吃力地与亲友们断续地叙说着往事，从他那衰微的气息里，人们依然能从中感受到浓重的温情。"政事"已是没有机会也没有能力再想了，一切都已归缩到了生命本能的内核。

儿子松年就在病床一边，儿媳窦珩光也带着孙女长玮、长与，还有侄孙长文这些天真烂漫的孩子奔来了；这些久违的天伦不幸而又有幸在这生命的衰存之际出现了。

何之瑜也在榻边，邓仲纯也来了，高语罕也来了，邓燮康也来过……一个熟悉的面孔就是一段内容丰富的往事，一句温馨的话语就是一则深沉的抒情诗。每当想起将与这一切作永久诀别之时，整个思维空间里是多么的惨凄与悲怆！此时，他觉得自己与高语罕的政治恩怨也在那一声声抚慰中涣然冰释了。

包惠僧的妻子夏松云与原北大学生杨子烈，也将段锡朋等北大同学凑的300多元亲自送到了鹤山坪。陈独秀看到了夏松云，立即想到了那位善良忠厚的老友包惠僧，从中共一大前后至今，这位老友在自己艰难的生活中没少帮助，由汉入川，也多亏他的安排。在这行将离去之时，要是这位老友也能在眼前，则必将增添无穷的宽慰。他满怀深情地对夏松云说，"惠僧要是来了多好！"从陈独秀的语调及表情里，夏松云感受到了这位老人对丈夫包惠僧的需要。

死亡，对于他不止有过一次的威胁，五次被捕，哪一次不是与死亡迎面而来又擦肩而过？自来江津后的屡次病重，哪一次没有感觉到那一刻的迫近，近在咫尺？母亲的死，蔡元培的死，大姐的死，哪一次永别，不增加一层对死亡的感受？大哥早亡了，二姐也早去了，兄妹4人，他走在了最后，也更让他多增加了几层悲伤；苏曼殊、李大钊这些相处甚洽的文朋政友也给自己留下了太多的思念。人，终究要走那条路，自从诞生之日起，便开始步向死亡的终端，或英年早逝，或百岁就木，都必经那一个自然的法劫。如今，自己已似一粒熟透了的桃子，飘荡在凄风苦雨中，又有何憾而不从容落地入土？他不为自己的寿终正寝而安慰，也不为未长眠故土而悲苦，生前尚不能选择所归之处，又怎能在死后计较葬身何地？

生命的轨迹，在曲折微行中艰难延伸……

一个生命的衰荣，已经在瞬息之间。

5月22日上午，陈独秀在日趋衰微的气息里又昏厥过去，守在一旁的邓仲纯忙给他注射了强心剂，他苏醒过来后旋即又昏厥过去，前后反复三次，每次都被强心剂从死亡的边缘拉了过来，每一次昏迷都伴着潘兰珍一阵揪心的哭唤，每一声哭唤，都悲绝得云愁雾惨。

死亡，响着沉重的脚步声疾然走来……

墓地，已经选好了，还不止一处，这似是亡身他乡的人最值得欣慰的拜献。邓燮康闻说老先生很是欣赏自家在县城大西门外桃花林边新建别墅康庄园地的景致，于是慷慨决定在此处辟出一片以作安身之地，其叔邓鹤年闻说也欣然力赞其成。另外，江津育才中学校长孙茂池也代表该校，慨然愿辟校园中适当地区，迎葬先生灵柩，并且还设想在其墓旁独立建造几间房舍，陈列先生遗物，供后人观瞻。

陈独秀的病状，让人似乎只有等待着那一刻的到来。

不断的高烧，长时间的卧床，使得陈独秀大便秘结，许久没有如厕大解，憋堵难耐。23日，邓仲纯等又让人请来江津县城的西医邹邦柱、唐熙尧两位先生到鹤山坪诊视，两医生给陈独秀实施灌肠后，大便才通顺下来。虽然感觉稍稍轻松，但是病情仍没有一点减轻，二人无奈，只得告辞而去。

在接下来的一天里，陈独秀时时感觉到一种生理上的紧张，有着极想睡而不能睡的慌乱与躁动。这种感觉越来越明显，越来越沉重，气息短促，几欲窒息。这样一直持续到第二天，在这个过程里，他更加真切地感觉到了生命的衰落与无助，虽然有着对生的依恋，但也时时有着对死的从容，正在这自然而平静的死亡前的状态里，他觉得，身后之事已该有个交代了。

5月25日上午，他欲给潘兰珍留下嘱托，于是屋子里只剩下这老夫少妻二人。潘兰珍含泪望着老先生，十多年来，他在对自己力尽丈夫之责的同时，又常常融入了无限的慈父般的关怀。

繁重的创作与研究，脑力的消耗、体力的削减，迭连的疾病，使他完全变成了另外一个人。世间有几个这样的操劳者？她对于自己的先生，在暗自伤心之外，只有以无限的理解、体贴与照顾来作以对这份恩情的回报。

陈独秀望着泪流满面的潘兰珍，眼角也滚出了几颗混浊的泪滴，这位善良的女性，只将丈夫的生死存亡看得重如山阿，而常常忘却了自己，自今年入春自己病重以来，她牺牲了多少休息时间，付出了多少体力劳动，受到了多少的担心惊吓，这一切都是他对她欠下的厚重的债务。

"流泪眼看流泪眼，断肠人望断肠人。"屋内，死一般的沉寂，两人，心海都在翻卷着波浪。他很抱歉不能为她留下可资生存的家用，现有的一万元银行存款还是教育部预付的稿酬，平时未动分文，看来，也只得交给一人作为自己丧葬的费用了，而能给她的只有几个瓷碗和一些衣服！这是在物质上他欠她的债务；自己去后，潘兰珍则青春尚在，未来的生命历程中，她真正成了天涯孤旅！这是在精神与感情上他欠她的永远不可补还的债务。

生离，如朦胧的月日；死别，如凋零的英花。在这相视的凄然里，互相托付的是灵魂的精华嘱告！

这种较强的精力状态已持续了许久了，为了在又一次昏厥前将应该嘱咐的人见尽话说完，他只得向她交代了一些生活后事。

嘱托完潘兰珍，他便让她叫何之瑜来到床前。

不久，何之瑜坐在了榻边，静候着老先生发言。

陈独秀望着这个以友兄相称的原北大学生，顿生慈爱与感激，4年来，他为了照顾自己，的确做出许多牺牲，自己存亡已定，未完又不能做的事只能交给他了，他相信他能做好。

陈独秀缓了一口气说："这几天，你用的哪里来的钱？"

何之瑜没有想到老先生会问他这句话，稍一迟疑，然后说："我自己也有点钱，我向农工银行也借支了一点钱。"

陈独秀说："自己有钱存在人家银行里生利，你向人家借钱用，那才真笑话哩。"他所说的"存在人家银行里生利"的钱，是指教育部预付给他的一万元稿费。说完，他便让潘兰珍去取存款单。

潘兰珍转身去拿存款单了，何之瑜不想让病重的老先生为经济上的事劳心，于是便转移话题似的说：

"重庆曾、周两医师有快信来，都说你要静心养息，一切琐事我都会安排的。"

陈独秀很明白地说："我知道你早安排了。"

"怎么知道的哩？"何之瑜感到很惊奇。

陈独秀反问道："你那天为什么不和松年同时上山来哩？"

何之瑜对陈独秀的细心很觉意外，还没等他回话，这时潘兰珍将存款单取来了，陈独秀便让她将其交到何之瑜的手上，然后说：

"我的钱都存在农工银行，你将存单收下，如果我好了，再交给我，不然，由你去支配。我没有别的东西，几个瓷碗和衣服都给她。"他努力地欠欠身子，抬起左手向坐在床右边的潘兰珍指了指，然后他接着对何之瑜说，"我的事情你都知道，一切由你安排好了。"陈独秀说完，又一阵喘息，所要交代给何之瑜的只有这些了。

何之瑜看老先生不再说什么，他与潘兰珍帮陈独秀躺好后，便退出房门，来到了另一间屋子，也就是陈独秀的书房。他将老人刚才与自己的谈话内容告诉了邓仲纯和陈松年，当时几个人都主张将存款单仍然交给潘兰珍收存。因为何之瑜觉得，北大同学会日前转到自己手上的两万多元足够操办老先生的一切身后事务了，况且老先生又没有给潘兰珍留下什么，一个妇道人家，来日生活的艰难实堪为忧。

身后，似乎已无太多牵挂，所有应该交代的与亲友都一一谈过话并作了记录，陈独秀一下子平静了许多，枯瘦的脸上，神态更加安详。这一阵又一阵的嘱托也使他显得异常困倦，潘兰珍凄哀的眼泪，他是看到了，每想起那个瞬间，那个让自己与潘兰珍生死两茫茫的一刻，他就感觉到喉部像被什么堵塞着。如果还有牵挂，那便是对这位陪伴了自己十多年哀戚与共的女性的牵挂！以前思想的鳞爪与学术遗著他是不再牵挂了，因为那一切都已托付给了何之瑜。

又是一天多粮水没进了，卧病在床以来，他时常感觉到的是一种体力的衰竭，而现在，这种衰竭已明显地作用在思维的空间里，意念也由面到线，由线到互不连贯的点，最后，连这些点滴的感觉也渐渐淡薄而几至于无形。

不断闪烁的知觉中，他感知到身边站着潘兰珍，他有一种强烈与她说话的渴望！他艰难地示意潘兰珍再靠近些，然后用极其微弱的语气说：

"今后……一切自主，生活……务求…自……自立。"

潘兰珍流着泪伏靠在老先生的身边深深地点着头，抽泣着。

陈独秀感觉到那一声声抽泣、那一次次震动似乎都来自另外一个世界，这个世界并不遥远，但他却深深地感觉到跨出这小小的一步的艰难！

重庆的包惠僧也深深地惦念着鹤山坪那位老友，陈独秀在重庆时，他们没有间断密切的非政治的往来，后来陈独秀迁到江津后，由于山水阻隔，时事繁忙，两人很少有过晤谈，只是他从江津来渝看病时，到宽仁医院看望过他几次。如今，他从北大同学会那里也得到了陈独秀患病的消息，但他觉得不会太严重。

夏松云从江津回来后，将在鹤山坪的见闻与感受都告诉给了丈夫，并将陈独秀想念他的那种渴望之情也讲述给他听。包惠僧听了妻子的话，一阵激动又一阵愧疚，第二天便匆匆忙忙由重庆到江津，于下午 1 点多钟赶到了鹤山坪破败的石墙院。

当这位老先生气喘吁吁地站在了陈独秀的病房前时，他的老友在上午 9 点钟就已没了知觉！他内心凄楚地自问："难道连最后一次诀别的机会也没有了吗?!"

他想走进屋里，握一握老人的手，或者唤醒他的沉睡，与他说上几句话，然而，一旁的何之瑜却对他说此时不宜进入惊动。何之瑜又告诉他，这种昏迷状态以前也有过多次，过一会儿就会醒的。他只得叹息着站在屋外。

潘兰珍从屋子里出来，见到了包惠僧，深知几天来老先生对他的念叨，于是便泪流满面地引着包惠僧进去看看陈独秀，她甚至于将老先生醒来的希望寄托在了丈夫的故友身上。

包惠僧随着她进屋站在了陈独秀的床边，只见老先生安静地躺在那里，全没有了先前的生气，枯槁的脸沉静似水，泛着冰凉的光。这种沉静，是他一生中极难见到的，稀少得让人不忍去惊破。他听了何之瑜的告诫，压抑住抚摸他、呼唤他的冲动，默默地凝视了许久，静静地退出了房门。

僻静的鹤山坪，渐渐地被浓重的暮色淹没了，村庄里燃烧的万家灯火，似给即将远足的魂灵照亮前行的路。

晚上 8 点多钟，屋中的潘兰珍，又一次喊包惠僧进去，因为老先生有了醒来的迹象。包惠僧来到了陈独秀的床前，只见潘兰珍一只手托着他的头，另一只手拉着他的手，轻轻地而又不乏激动地说：

"老先生，侬醒醒，包先生看侬来了!"

然而陈独秀却没有反应，他模糊地知道夫人在说什么，然而却连抬眼皮的力气也没有了。

潘兰珍想象，如果他想见的身边这位老友出现在他的视线里，那种瞬间的激动或许会助他打破沉睡。再则，在最后的一瞬能看到想见的人，正了却了老先生又一桩心愿。或许，此时老先生已感觉到了身边的这一切，他想启目去看而无能为力，他心里正燃烧着一种焦急，他或者需要她去推开遮挡希望与光明的似两扇沉重的铁门的眼皮。

她轻轻地拨开了老先生的眼皮，将他的老友送进他的视界里。包惠僧没有放过这珍贵的时机，他紧紧地看着他，盯着这一濒临衰亡的心灵的窗口。只见陈独秀的眼珠滚动了一下，似有所觉，几颗眼泪似这一枯井里珍存已久的精华，为老友的到来作了最后的奉献！

老先生的眼皮又重重地合上了。或许是了却了又一桩心愿，释然地睡去了。

气息越来越微弱，脉跳越来越散柔。

在邓仲纯的示意下，潘兰珍、陈松年夫妇，老先生的孙女长玮、长与，侄孙长文，何之瑜、包惠僧都围在了陈独秀的身侧，去感受老先生最后的心音，然而，任凭儿孙们如何呼唤，老先生终于再也没有了反应，在浓重的夜色里、在昏黄的灯光下、在亲人的悲伤里，停止了心跳！

破旧的陈家小院里传出了一阵凄厉的哭声。

这一刻，正是 1942 年 5 月 27 日夜 9 点 40 分。

在陈独秀逝世后的几天里，重庆地区的新闻有所报道。5 月 29 日，《江津日报》一版刊发了《一代人杰溘然长逝》的消息，消息中说："陈独秀于本月 27 日晚 9 点 40 分急性胃炎与脑充血并发，医治无效，溘然长逝。"并称赞他为"一代人杰"，入川隐居江津后"研究小学，贡献较多"；重庆的《大公报》也发表了《悼念陈独秀》的短评，还有《时事新报》《新民报》等对陈独秀之死也有短小的消息见报。消息中评价道："青年时代的陈独秀，向宗教宣战，向偶像宣战，一种凌厉之气，不失为一个前驱者。"对他的后期评价道："他究竟是一个较有操守者，因为我们还得到他'身后萧条'的消息。"

陈独秀瞑目后，其丧葬事宜由何之瑜、邓鹤年、邓燮康等人主持办理。邓鹤年先生年逾七十，息影白沙，闻听陈独秀逝世噩耗，便急忙来到江津，登岸之后，毫不休息，又马上赶至鹤山坪石墙院吊唁。另外，朱家骅、樊嵩甫、郑学稼等纷纷发来吊唁电报，以示哀悼痛惜之情。陈立夫、欧阳竟无、许静人、胡小石、金鸣宇等都送了赙仪费。

陈独秀的墓址就定在了江津县大西门外鼎山山麓的康庄。他躺在这里，至少不会玷辱主人这片净土，也不会辜负这里的山川景物。

陈独秀的遗体按照乡俗被盛装在邓燮康置办的楠木棺中。入殓时，周光午、邓仲纯的外甥葛康素也在旁边，只见陈独秀"举体柔弱，面目如生"，"默观遗容，怆然者久之"。① 接连几日，高搭的灵棚里悲声不断。

一切准备妥当之后，也便到了为老先生送行的日子。6月1日，亲友们最后一次瞻视后向遗体告别。陈独秀的灵柩从距江津县三四十里外的鹤山坪一直抬到县城大西门外鼎山山麓桃花林邓氏康庄，山上山下沿途观瞻者颇多。在这种国难未解的形势政局下，在这样落后的山乡，有这样隆重的葬礼，实在是罕见的。

送葬时，"左右乡邻壮丁不期而会者一二百人，沿途护卫，且放鞭炮以示景仰惜别之意"。② 送葬之人有陈独秀的夫人潘兰珍、儿子陈松年夫妇、孙女、孙子、同乡、朋友、学生。江津县几乎所有党政要人包括各乡政府、名流绅士都参加了葬礼，另外，国立九中高三分校还为陈独秀举行了追悼会；还有双石小学师生一百多人随行送葬。

当天中午，各界人士在邓氏康庄为陈独秀举行了追悼会。追悼会上，高语罕致了悼词《参与陈独秀先生葬仪感言》。该文稿在对邓鹤年、邓燮康、孙茂池等人为陈独秀的丧事尽心操劳并慷慨资助的古道热肠表示感激与赞扬之后，又对陈独秀的一生功绩和品格进行了概括和评价。

高语罕说："他的学问、事业以及他的整个的人格，自有他的全部遗著和他留在中国近四十年来的政治史、文化史，思想史和社会运动史上不可磨灭的爪痕在，后之人自可据以给他一个公平的批评。"

高语罕在评述陈独秀在中国文化史和思想史上的地位时，赞扬他在五四

---

① 葛康素：《谈陈仲甫先生书法》，《书学》杂志，1944年重庆出版。

② 高语罕：《入蜀前后·独秀之死》。

运动时代"堂堂正正"地提出了"拥护德（谟克拉西）先生——民主；拥护赛（因斯）先生——科学"这两大口号，并说"自此以后，一直到今，我们所努力奋斗以及政府现在所号召全国起来抗战的，还是这两个口号做我们的指导原则"。

在评述陈独秀在中国新文学运动史上的地位时，他说："独秀先生等在五四运动毅然以革新文学为己任，实为适应中国当前之新需要。当时振笔直书，对旧文学宣战，虽然有人认为有点过火，然这种改革在思想上是一种革命运动。"

在评述陈独秀的为人时，他说："一个思想家或一个文学家，若果要在他的生活奋斗的过程中，使他的学术上的创作和他辉煌灿烂的人格保持着绝对的和谐，就必须具有一种为真理而牺牲的坚定意志和勇敢精神，而这种精神与意志之表现，第一是耐得穷，吃得苦。"

他又回忆了陈独秀生前一些生活典型的人生片断，证明了他正是这样一个人。最后又强调说："必须认识独秀先生这种为人的精神，才可以了解他的整个的人格和他在中国文化史上所留给我们的遗产是怎样一种价值。"并坚定地补充，"我们绝对不愿夸张。"①

下午1点半，陈独秀的灵柩被安葬于他生前曾数次"驻足游目之所"，这里曾是他由衷赞叹并流连忘返的地方，而今托身长眠，应是遂了夙愿。

一座新坟，孤立在萋萋芳草中，不久，经过何之瑜等的努力"芟芜剔秽，竖碑砌道，莳花草，艺果树，敷布景物"，坟墓有了很大改观。其碑文"独秀陈先生之墓"，是由葛康素的五堂兄葛康瑜书成，并亲自鋆刻。书刻均具古法，颇有古姿。

潘兰珍为了表示对老先生的永久缅怀之情，站在陈独秀的墓碑前照了一张相。先生长眠之地，前临波涛滚滚的长江，背靠橘林茂盛的青山，鼎山虎踞，凡江龙蟠，岚光映耀，帆影出没，天然一派旖旎风光。

---

① 高语罕：《参与陈独秀先生葬仪感言》，重庆《大公报》1942年6月4日。

抗战胜利后，在陈独秀逝世5周年时，陈松年遵照遗嘱借一个福建商人放的木筏，将父亲的棺木起出，没用什么钱就将墓迁回了故乡安庆。或许是人走茶凉，在曾经生他养他的故乡，竟没有他流亡之地的人的热忱。

安庆，仿佛早已忘记了这个人，一些故旧及文化界早知迁墓一事，可是在灵柩即将入皖时，"并无发动往接的意思"，于是，有得知此情的人不禁对陈独秀发出了"江津寂寞，安庆亦寂寞"的感慨！就在这出奇的静寂中，陈独秀的墓迁到了安庆市郊集贤关附近大龙山下独秀峰前叶家冲的丛林中入土，与原配夫人高晓岚合葬一处，并立一碑，上刻"先考陈公仲甫之墓"。

安葬完陈独秀，遵照遗嘱，何之瑜请魏建功、台静农、方孝博、陈钟凡对其遗著进行了收集整理，拟日后出版，并从其版税收入及存款中拨出一部分，作为必需的工作经费。

留给潘兰珍的是陈独秀的存款、5个瓷碗和一些衣物。那几个古瓷碗据说是在20世纪30年代曾任国民党政府立法委员会委员的何遂，有一次在南京主持工程施工，挖掘出了一批古董文物，年代久远，品位不俗，其中即有这5只古碗，碗底上印有"显德四年"的字样，显然是珍稀的古瓷。何遂差不多都将这些古物送作人情。陈独秀在狱中时，何遂去探望他，并将这5只古碗留作纪念。后来，陈独秀由京入汉，由汉入川，辗转流离均带在身边。

潘兰珍带着陈独秀的这些遗物，在朋友的帮助下离开了鹤山坪，来到了重庆附近朱蕴山、光明甫自办的农场工作，自食其力。后来迫于生计，改嫁给当地一个国民党的下级军官，不料，相处不久男人就病死了。无奈，她只好又离开重庆回到了上海，在浦东一所学校里帮人烧饭，赖以维持生计。后来她与养女潘凤仙生活在一起相依为命，直到1949年10月病故。

不管"亲戚或余悲，他人亦已歌"，还是"平生不下泪，于此泣无穷"，毕竟，世间已无陈独秀！

策划编辑：房宪鹏

责任编辑：王世勇

图书在版编目（CIP）数据

百年独秀：书生革命家的家国情怀/张宝明，刘云飞 著 . —北京：
人民出版社，2024.5

ISBN 978－7－01－026481－3

I.①百… II.①张… ②刘… III.①陈独秀（1879—1942）－人物研究
IV.① K827=6

中国国家版本馆 CIP 数据核字（2024）第 077687 号

百年独秀

BAINIAN DUXIU

——书生革命家的家国情怀

张宝明　刘云飞　著

人民出版社 出版发行

（100706　北京市东城区隆福寺街 99 号）

中煤（北京）印务有限公司印刷　新华书店经销

2024 年 5 月第 1 版　2024 年 5 月北京第 1 次印刷

开本：710 毫米 ×1000 毫米 1/16　印张：29.75

字数：422 千字

ISBN 978－7－01－026481－3　定价：128.00 元

邮购地址 100706　北京市东城区隆福寺街 99 号

人民东方图书销售中心　电话（010）65250042　65289539